隧道工程维修管理

要点集

关宝树　编著

人民交通出版社

内 容 提 要

本书主要参考国外相关文献资料,理论联系实际,围绕隧道工程维修管理的要点展开论述。全书共分十二部分。第一、二部分分为绪论和基本原则;第三至第九部分为主体,是关于隧道变异的内容,主要分析了各种变异产生的原因,并以实例的形式给出了相应的对策;此外,还包括基础及应用研究、隧道补修补强材料、沉管隧道维修管理等内容。

本书的读者对象主要为从事隧道工程维修管理的工程技术人员,也可作为隧道工程设计、施工人员及高等院校相关专业师生的参考书。

图书在版编目(CIP)数据

隧道工程维修管理要点集/关宝树编著. —北京:人民交通出版社,2004.7

ISBN 978-7-114-05081-7

Ⅰ.隧… Ⅱ.关… Ⅲ.隧道维护—施工管理
Ⅳ.U457

中国版本图书馆 CIP 数据核字(2004)第 051465 号

书　　名:隧道工程维修管理要点集
著 作 者:关宝树
责任编辑:陈志敏
出版发行:人民交通出版社
地　　址:(100011)北京市朝阳区安定门外外馆斜街 3 号
网　　址:http://www.ccpress.com.cn
销售电话:(010)85285656,85285838,85285995
总 经 销:北京中交盛世书刊有限公司
经　　销:各地新华书店
印　　刷:北京虎彩文化传播有限公司
开　　本:720×960　1/16
印　　张:31.25
字　　数:516 千
版　　次:2004 年 9 月　第 1 版
印　　次:2022 年 9 月　第 1 版　第 4 次印刷
书　　号:ISBN 978-7-114-05081-7
定　　价:78.00 元
(如有印刷、装订质量问题的图书由本社负责调换)

目 录

第一部分　绪　论

一、隧道工程维修管理的基本认识

维修管理是指混凝土结构物在使用期间，保持结构物性能在容许范围内的技术行为。

在合适的设计、施工和维修管理条件下，隧道结构物会具有良好的承载性、耐久性和满足耐久性要求的使用寿命。但如设计、施工不当或对某些潜在的因素考虑不周，或维修管理不善，就会出现劣化现象或加速劣化的发展，从而造成结构物耐久性的降低或使用寿命的缩短。维修管理的目的就是保证隧道良好的运营条件和结构物的使用功能，不断地延长结构物的使用寿命。世界各国对此都非常重视。

隧道工程维修管理工作的基本原则是确保隧道的功能和运营环境的质量，为此应对影响隧道结构物安全性、耐久性的变异进行检查及调查，并采取适当的对策和措施。

对隧道结构物的要求是由其特殊的性质所决定的。隧道结构物与一般工程结构物，在性质上有很大的不同，不了解这一点，就不可能真正地认识隧道。

从维修管理角度看，隧道结构物的性质，概括地说，有以下几点是需要我们关注的：

·隐蔽性：地下结构与其他结构最大的不同就是它的隐蔽性。隐蔽性使我们无法迅速发现结构物的变异，增加了判断结构物变异的“隐蔽”原因的难度。

·环境影响：隧道的运营环境，如列车运行振动引起的结构疲劳、电力的迷流等对结构物使用寿命的影响，是不可忽视的。地下结构物除受自然环境的影响外，还受到地下环境，如围岩和地下水条件变动的影响。

·可维修性：工程结构一般都是可维修的，只是有的易于维修，有的难于维修而已。隧道属于难于维修的一类，它的可维修性是比较差的。因此，在隧道结构物的设计施工中建立“少维修”的概念是非常重要的。

·既有结构物的状态:既有结构物使用期间的长短、结构物变异状态和程度等,对维修管理的影响是巨大的。

正是由于隧道结构物的这种与众不同的性质,对隧道结构物的耐久性、可靠性及可维修性提出了不同的要求。

从现有的资料看,目前满足结构物功能要求的混凝土的耐久性可能只有60年左右。喷混凝土就更低些,只能满足30年不维修的要求。而一般混凝土结构物的使用寿命,都应该在100年以上。这样,提高混凝土的耐久性,就成为当务之急。

表1-1列出一些混凝土结构寿命平均值的调查数据。简易的混凝土制品约为20年,桥梁、隧道约为50年,大坝为100年以上。

混凝土结构寿命平均值的调查数据 表1-1

结构名称	10年	20年	30年	50年	法定偿还期	100年	>100年	合计
大坝	0	0	2	28	2	82	88	202
桥梁	0	8	35	134	4	52	3	236
隧道	0	2	20	122	5	74	21	244
防波堤	3	24	51	84	8	17	12	199
公共建筑	0	4	17	94	101	25	16	257

最近,日本一些有识之士提出“2020年的警钟”,即“日本将从土建大国变成修缮大国”。2020年的结构物维护费和改建费,仅建设省就超过2兆亿日元,是今天的3倍,维护费用将成为国家财政的巨大负担。我国铁路隧道的修建已有近100年的历史,许多隧道都已经进入高维修管理阶段,维修管理费将大幅度地增长,这是不容忽视的。公路隧道正进入建设的高潮期,应该从一开始就重视引入“少维修”的概念,使结构物具有符合要求的耐久性。

因此,不管是新建还是既有结构物,都要消除“免维修或不能维修”的误解,而建立起“把劣化构件或构件的性能恢复到设计意图的使用水准以上的补修、补强”的概念。也就是说,要构筑一个把设计、施工、维修管理结合到一起的体系。这也是目前各国土建工程技术的重要发展趋势。

在山岭隧道中,即使结构的变异状态相同,结构物的安全性和耐久性也会有很大的差异,这是屡见不鲜的。例如,衬砌表面发生开裂的情况、衬砌背后与围岩密贴和有空洞存在的情况、衬砌厚度充分和不充分的情况、开裂有无发展的情况等，对隧道使用功能的影响，对变异的评价是完全不同的。因此，在隧道的维修管理中，必须要掌握在隧道使用过程中，发生和可能发生的各种变异（病害）现象，并推定变异发生的原因，评价结构物的损伤程度和研究是否采取相应的措施和对策，以延长结构物的寿命，提高结构物的服务功能。这就是隧道维修管理技术的重要使命。

在结构物中如何考虑维修管理的作用，目前大体上有三种观点：

①能完全防止劣化现象发生，不需进行维修管理的观点；

②容许某些劣化现象发生，同时采取有计划的维修管理保证结构物的使用年限的观点；

③以维修管理为前提，劣化现象发生时，进行补修、补强的观点。

目前大多数结构物基本上是按第②种观点进行设计与施工的。

结构物的维修管理技术，首先要了解和掌握结构物在使用过程中的劣化状态。从图1-1中可以清楚地看出维修管理工作的重要性。

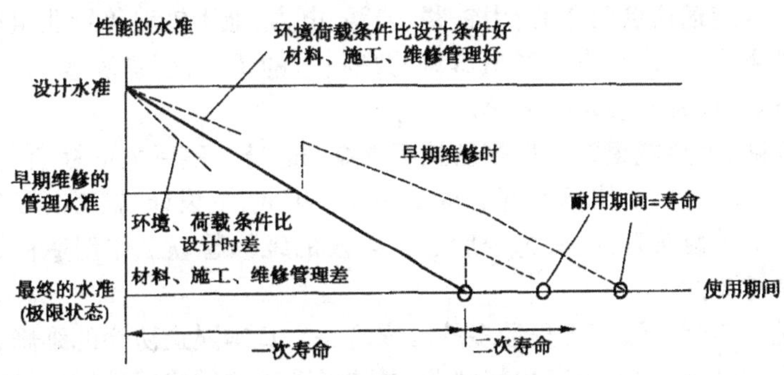

图1-1　结构物劣化曲线

从隧道及地下工程使用过程中的经验看，各国采取的维修管理基本模式是：检查→发现变异→推定变异原因→明确变异后的结构物的健全度→制订相应的整治措施→整治。

也就是采用“早期发现—及时维护”或者说是“勤检查、早发现、少维修”的维修管理模式。这也是我们应该建立的隧道及地下工程维修管理模式。

二、隧道工程维修管理的现状和存在的问题

如何利用工程学的方法，有效地解决、防治和减轻灾害的破坏效应是当

前结构工程学的一个新的研究领域。为了解决这一问题，许多国家都把确立结构物的耐用期间(寿命)的研究作为基础性研究，而给予了极大的关注。

日本从20世纪80年代起，在铁路隧道、水工隧洞中引入健全度的概念，对结构物的剩余寿命进行评估，获得了实质性的进展。特别是将专家系统引入结构物健全度的评定，效果很好。美国则以结构损伤度的概念，进行结构物损伤的评估方法的研究，也取得了一定的进展。但从整体上看，对地下结构物耐用期间的研究，是相当不充分的。

例如，最近一段时期，日本的铁路隧道相继发生3次重大的混凝土掉块事故，引起了日本运输省的重视。1999年6月27日，山阳新干线福岗隧道发生衬砌混凝土剥落，造成列车破损的重大事故；10月9日，山阳新干线北九州隧道的边墙上端又发生混凝土剥落事故；11月28日，室兰本线礼文宾隧道再次发生重达2t的拱部衬砌混凝土的剥落，造成货物列车脱轨事故。我国也曾发生拱部突然坍落、拱后空洞无回填等事故。上述事故说明维修管理的重要性，也说明维修管理是世界各国关注的永恒的课题。例如，日本隧道界以日本隧道协会为中心，由铁路、公路、电力、地下铁路等行业组成隧道维修管理委员会，进行有关隧道维修管理技术的研究，引进和普及技术，提出建议，组织情报和技术交流等。

我国铁路、公路隧道的总里程已接近5000km，是一笔巨大的社会财富。管好、用好这些财富，是维修管理的重要任务。因此，从设计、施工阶段就开始考虑今后的维修管理问题，为今后运营阶段的维修管理工作创造良好的条件是非常重要的。

日本是目前修建隧道工程最多的国家之一。日本隧道协会的维修管理研究委员会，在广泛调查研究的基础上，对隧道工程的维修管理提出了许多有价值的建议，其中许多建议和方法可以供我们参考。

从各国的现状看，研究主要集中在以下几个方面：

·维修管理的基本模式；

·隧道结构变异现象的分类及其标准化；

·结构变异的原因、变异现象和变异原因的因果关系；

·结构变异程度的分级及其判定；

·结构变异的防治措施(整治、对策)等。

我国近5000km的铁路、公路隧道基本上是采用矿山法修筑的，目前在维修管理方面存在的主要问题有以下几点：

(1)还没有真正地把维修管理的理论和方法运用到隧道的维修管理中，

在这方面与一些国家的差距十分明显。也就是说，在维修管理中要建立一个新的概念，即结构物在设计基准期内受到劣化外力作用（环境条件的变化等），以把劣化状态控制在容许水准以内为目标；同时，根据经济性来设定材料规格、设计基准和施工工艺，并确定相应的维修管理基准的概念。

(2)缺乏早期发现变异现象的检查和检测方法，特别是铁路隧道由于洞内的运营条件差(潮湿、阴暗等)，很难早期发现变异的前兆和变异现象。因此，在日常检查中，充实、改进和完善检查和检测方法是当务之急。

(3)对既有隧道功能状态的判定和评价方法有待提高。

(4)目前，我国有近百年历史的铁路隧道已经进入"高维修"管理期。为了延长或提高隧道的使用寿命，必须改变"重工程、轻维护"、"重治理、轻检查"、"重晚期、忽视早期"等传统观念，建立"预防为主、早期发现、及时维护、对症下药"的基本观念。形成这种传统观念的原因是多方面的，有体制上的，有经济上的，也有技术上的。

(5)目前，我国铁路隧道变异的整治方法落后。不仅与国外隧道工程的变异整治方法相比是落后的，就是与国内其他工程的整治方法相比也是落后的。这当然与隧道工程自身的特点有关，但缺少对整治方法、材料及工艺的系统研究和整理也是很重要的一个原因。因此，将一些成熟的、有效的和先进的整治方法模式化是十分必要的。

三、隧道工程维修管理的基本理念

根据作者的体会，针对目前存在的问题，隧道维修管理的要点就是"预防为主"、"早期发现"、"及时维护"和"对症下药"。

预防为主：预防维修管理是最好的维修管理方法。也就是说，在劣化发现之前进行详细的检查，并采取必要对策不让劣化发生是最经济的维修管理方法。因此，建立一个完善的检查体系是十分重要的。

早期发现：隧道变异的发生一般都是有前兆的，早期发现这些前兆，并作出正确的判定，及时处理可能发生的变异，是当前各国进行隧道维修管理的基本前提。这一点对我们具有更重要的意义。早期发现、正确诊断、推定变异发生原因应该成为我们进行维修管理的重要内容。

及时维护：拖延处理发生的变异，只会使变异继续发展，最后可能导致隧道各种事故的发生。实践证明：出现了变异，就要及时处理，这样会收到

“事半功倍”的效果。隧道是修筑在地下的线状结构物,围岩动态及环境条件是十分复杂的。因此,即使进行了详细的调查,有时也很难充分掌握隧道的变异状态。在变异有发展趋势的情况下,在变异发生的初期阶段,只要采取一些简单的措施就可解决问题。但如在发展过程中,就必须采取强有力的措施了。

对症下药:隧道发生变异,就和人生病一样。因此,有人把隧道的维修管理认为是“隧道临床医学”。“对症下药”就是临床医学的重要原则。隧道的变异是各种各样的,整治的方法也是各种各样的。因此,必须了解变异和各种整治对策的相互对应关系,以期获得最好的治理效果。

归根结底一句话,就是要大力提高我国隧道工程的维修管理技术水平。

本要点集根据以上几方面存在的问题、维修管理的基本理念和作者的体会,分析存在问题的原因并提出解决问题的方法和途径,供有关技术人员参考。

第二部分　隧道工程维修管理的基本原则

要点一　维修管理等级的划分

前面已经指出，维修管理的定义是：在结构物使用期间内，维持结构物在要求性能水准以上的全部的技术行为。

这里有两点需要加以解释：一点是结构物使用期间的概念；一点是全部技术行为的概念。

结构物的使用期间与结构物的耐用期间是有区别的，两者的相互关系示于图 2-1。

图 2-1 中的预定使用期间是根据对未来结构物要求性能的种类和水准以及社会、经济方面考虑，配合设计耐用期间由设计决定的。

如图所示，目前一般都是按设计耐用期间比预定使用期间长进行设计的。设计耐用期间比预定耐用期间短时，就要采用补修、补强的方法进行维修管理。

耐用期间是受到劣化种类和劣化程度影响的。实际的耐用期间有的比设计耐用期间长，也有的比设计耐用期间短，是由劣化程度决定的。

全部技术行为包括设计、施工、初次检查、劣化预测、检查、评价及判定、对策等行为，也是维修管理的基本内容。

因其对社会和经济的重要程度、对第三者的影响度、预定使用期间等的不同，结构物或构件维修管理的必要性有很大不同，劣化预测、补修、补强等维修管理的难度也不相同。因此，作为维修管理的第一步，进行初次检查，收集结构物的情报，对维修管理进行合理地划分是必要的。

日本把维修管理划分为四级，即：

(1)预防维修管理（A 级）：以不引起结构物性能降低为目的而进行的维修管理，也称为预防保护。

此类维修管理一般多在重要度高、需要监控的结构物中进行。例如：

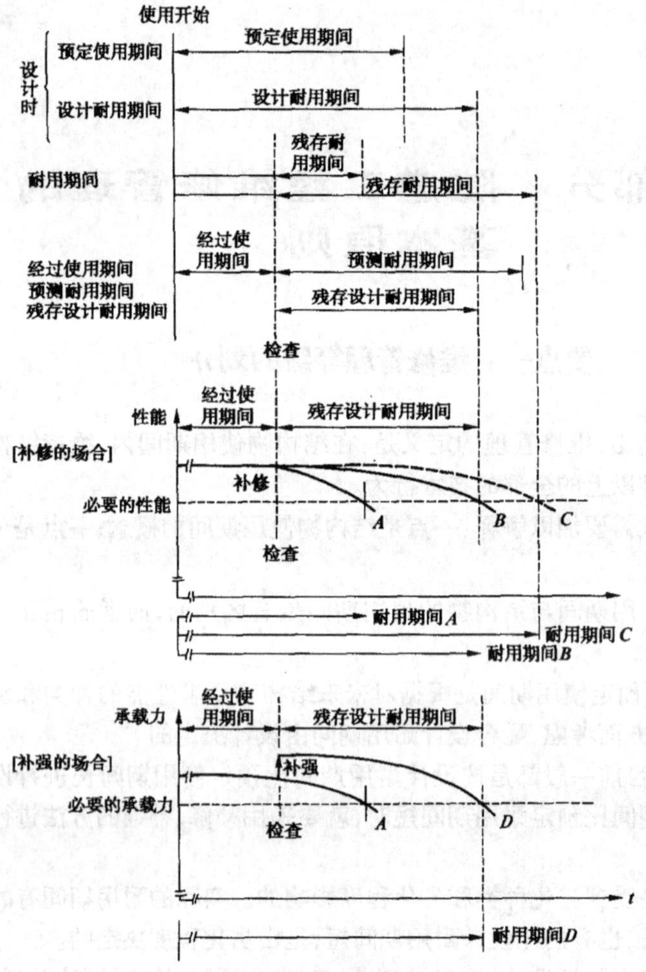

图 2-1 耐用期间及使用期间的关系

·当劣化出现后,采取对策有困难的结构物;

·劣化不在表面出现,而在内部发生的结构物;

·设计耐用期间长的结构物。

(2)事后维修管理(B 级):对应结构物性能降低而实施的维修管理,也称为事后保护。

一般在以下的场合中进行:

·劣化表现在外表,可采取任何对策的场合;

·劣化表现在外表,采取对策没有困难的场合。

(3)观察维修管理(C级):以目视观察的检查为主,对结构物不采取补修、补强等直接对策的维修管理。

此类维修管理一般在还可以继续使用的场合或能够确保第三者安全的场合进行。

(4)无检查维修管理(D级):不对结构物进行直接的检查,而根据围岩和周边结构物的变异检查进行的维修管理。此类维修管理一般在直接检查非常困难的场合,只能采用间接地检查进行评价及判定的对象中进行。

要点二　结构物要求的性能

在进行结构物维修管理时,应明确对象结构物要求的性能,这样才能对症下药。一般情况下,结构物要求的性能如图2-2所示,大体上分为安全性能、使用性能、对第三者影响的性能和美观、景观及耐久性。

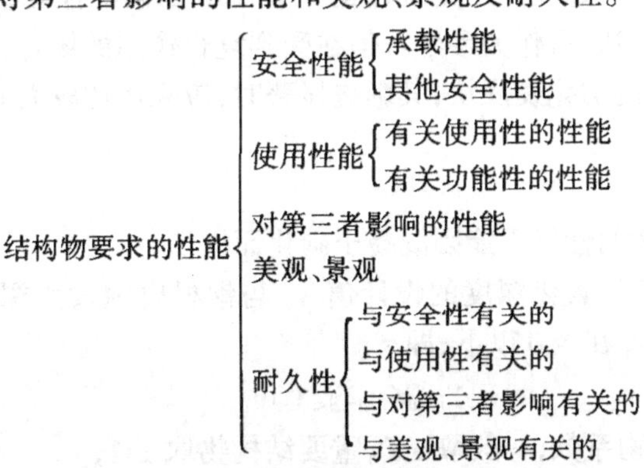

图2-2　结构物要求的性能

安全性能一般是指包括抗震性能在内的承载性能及其他的安全性(结构物的倾倒和滑动等),也包括结构物崩塌的安全性。作为结构物使用的基本条件,就是要保证在整个结构物使用期间内结构自身的安全性,一般都是指结构物的承载性能。根据结构物承载性能的检查结果,计算构件的承载能力并作出评价。

结构物的使用性能是以结构物的使用性或功能性为对象的,其中包括变形、振动、防水性等,这些性能是随时间而变动的。

结构物耐久性是以安全、使用、对第三者影响、美观、景观四个性能的耐久性能为对象的。在维修管理中,耐久性是以维持结构物要求的性能在容许范围内的性能来定义的。

对第三者的影响是指结构物一部分(例如混凝土保护层)脱落对结构物下方的人造成危害的可能性。例如,隧道拱部掉块对列车或行人的危害,也可以说是一种安全性能,但因与结构物的承载力无关,检查方法也不同,因此作为对第三者的影响以示区别。

由于结构物的种类、设计条件、维修管理条件等,在使用期间内作为材料的混凝土和补强材即使产生劣化和质量降低,也要确保混凝土结构物的要求性能,不产生使用上的问题。因此要对混凝土的碳化、氯化物离子的腐蚀、冻融作用、化学腐蚀、碱性集料反应等的抵抗性以及结构物的防水性和耐火性等进行核查。核查的目的是确保结构物所要求的性能,而不是确保混凝土的性能。

影响混凝土结构物耐久性的因素,除单独作用的情况外,一般都是复合作用的。但评价多按主要因素独立作用的情况进行。目前考虑复合作用影响的核查技术还没有建立。这里提出的一些影响因素的性能核查方法,是日本目前采用的方法,可作为参考。但在受到复合作用的场合,与单独作用的情况比,结构物的劣化发展快,其影响显著时,应采用比较大的安全系数。

一、碳化核查

混凝土结构物的性能不能因混凝土碳化而损伤。

碳化核查应确认碳化深度的设计值 y_d 与钢材腐蚀发生深度 y_{lim}之比乘以结构物系数 γ_i 在 1.0 以下,即

$$\gamma_i y_d / y_{lim} \leqslant 1.0 \tag{2-1}$$

式中:γ_i——结构物系数;一般取 1.0,重要结构物取 1.1;

y_{lim}——钢材腐蚀发生深度(mm),一般用式(2-2)求出;

$$y_{lim} = c - c_k \tag{2-2}$$

c——保护层期待值(mm),一般取设计保护层;

c_k——碳化残值(mm),在通常环境下取 10mm,盐分小环境下取 10~25mm;

y_d——碳化深度的设计值,一般按式(2-3)计算:

$$y_d = \gamma_{cb} \alpha_d t \tag{2-3}$$

α_d——碳化速度系数的设计值(mm/年),一般按式(2-4)计算:

$$\alpha_d = \alpha_k \beta_e \gamma_c \tag{2-4}$$

α_k——碳化速度系数的特性值(mm/年);

t——对碳化的耐用年数(年),一般用式(2-3)评价的碳化深度,耐用年数的上限取100年;

β_c——表示环境作用程度的系数;一般不易干燥的环境,向北的面取1.0,易干燥的环境,向南的面取1.6;

γ_{cb}——考虑碳化深度设计值 y_d 离散性的安全系数,一般取1.15,高流动性混凝土的场合取1.1;

γ_c——混凝土材料系数,一般取1.0;但上面的部位可取1.3;养生条件差的场合一律取1.0。

采用普通硅酸盐水泥的混凝土的水灰比在0.5以下,保护层大于30mm的场合,一般可不进行碳化核查。

二、氯离子侵入造成的钢材腐蚀核查

结构物所要求的性能不能因氯离子侵入造成的钢材腐蚀而损伤。

氯离子侵入造成的钢材腐蚀核查应确保在钢材位置的氯离子浓度的设计值 C_d 与钢材腐蚀发生限界浓度 C_{lim}之比乘以结构物系数 γ_i 的值在1.0以下,即:

$$\frac{C_d}{C_{lim}} \cdot \gamma_i \leqslant 1.0 \tag{2-5}$$

式中:C_{lim}——钢材腐蚀发生限界浓度(kg/m^3),一般取1.2kg/m^3,受到冻融作用的场合,取比1.2kg/m^3小些的值;

γ_i——结构物系数,一般取1.0,重要结构物取1.2;

C_d——钢材位置的氯离子浓度的设计值(kg/m^3),一般按式(2-6)计算:

$$C_d = \gamma_{cl} \cdot C_0 [1 - \mathrm{erf}(0.1c / 2D_d \cdot t)] \tag{2-6}$$

C_0——混凝土表面的预计氯离子浓度(kg/m^3),一般取表2-1的值;

c——保护层的期待值(mm),一般取设计保护层厚度;

t——对氯离子浸入浓度的使用年限(年),一般以使用年限100年为上限;

γ_{cl}——考虑钢材位置氯离子浓度设计值离散性的安全系数,一般取1.3,高流动性混凝土的场合取1.1;

D_d——对氯离子的设计扩散系数(cm^2/年),一般用式(2-7)评价;

$$D_d = \gamma_c D_k + (w/l) \cdot (w/w_a) D_0 \tag{2-7}$$

γ_c——混凝土材料系数，特别取 1.0；

D_k——对混凝土的氯离子的扩散系数的特性值（cm^2/年）；

D_0——表示混凝土中开裂对氯离子移动的影响的常数（cm^2/年），一般取 200cm^2/年；

w——开裂宽度（mm）；

w_a——容许开裂宽度（mm）；

l——开裂间隔（mm）；

erf——误差函数。

混凝土表面的氯离子浓度 C_0（kg/m^3） 表 2-1

飞沫带	距海岸的距离（km）				
	海岸线附近	0.1	0.25	0.5	1.0
13.0	9.0	4.5	3.0	2.0	1.0

三、冻融作用核查

结构物要求的性能不能受到冻融作用的损伤。

冻融作用核查，应以相对动弹性系数的最小限界值 E_{min}和其设计值 E_d 之比乘以结构物系数 γ_i 的积小于 1 为原则，即：

$$\gamma_i E_{min}/E_d \leqslant 1.0 \tag{2-8}$$

式中：γ_i——结构物系数，一般最好取 1.0，但对重要结构物，可取 1.1；

E_d——相对动弹性系数设计值；

$$E_d = E_k/\gamma_c \tag{2-9}$$

E_k——相对动弹性系数的特性值；

γ_c——混凝土材料系数，一般取 1.0，上面部位取 1.3，但混凝土与标准养生的试件质量有差异时，全部取 1.0；

E_{min}——满足冻害性能的动弹性系数的最小值，一般按表 2-2 取值。

相对动弹性系数特性值 E 在 90%以上的场合，一般可不进行核查。

关于冻融作用的集料膨胀飞出、剥落、微小开裂等混凝土冻害劣化程度和结构物性能的关系，目前还没有定量评价的研究成果。因此，要规定冻害劣化程度和深度的限界值，并把它作为核查的指标是困难的。根据现状，研究混凝土有无受冻害的可能性，同时，研究从混凝土表面到一定深度的劣化程度，是比较现实的。此时要求出混凝土从表面到一定深度的冻融循环次数和最低温度的关系，并应考虑混凝土结构物质量的离散性、温度分布、饱水度等。一般来说，混凝土自身有一定的抵抗冻融作用的能力。

满足冻害要求的结构物的相对动弹性系数的最小值 E_{min}(%)　表 2-2

条件 / E_{min} / 结构物露出状态	气象作用激烈场合或冻融循环反复的场合		气象作用不激烈的场合，冰点以下的气温的场合	
	薄的场合	一般场合	薄的场合	一般场合
(1)连续的或水饱和的场合	85	70	85	60
(2)普通的露出状态，不属于(1)的场合	70	60	70	60

注：①水路、水槽、桥台、桥墩、隧道衬砌等接近水面，水饱和的部分及这些结构物的极、梁等离开水面，融雪、流水等能够涉及到，也按水饱和部分处理；

②断面厚度 20cm 以下的部分。

混凝土的抗冻性除与混凝土质量有关外，还受到最低温度、冻融循环次数、饱水度等多种因素的影响，要想对其进行评价是不容易的。

四、水密性核查

结构物要求的性能，不能因透水而损伤。

水密性核查应以结构物被核查部分的单位时间的透水量的设计值 Q_d 和容许透水量 Q_{max} 的比值乘以结构物系数 γ_i 的值在 1.0 以下为原则。

$$\gamma_i Q_d / Q_{max} \leq 1.0 \tag{2-10}$$

式中：γ_i——结构物系数，一般取 1.0，重要结构物取 1.1；

Q_{max}——单位时间的容许透水量(m^3/s)；

Q_d——单位时间的透水量设计值(m^3/s)，按式(2-11)计算；

$$Q_d = \gamma_{pn}(K_d \cdot A \cdot h / L + Q_{cjd}) \tag{2-11}$$

γ_{pn}——考虑单位时间透水量设计值(m^3/s)离散性的安全系数，一般取 1.15；

K_d——结构物中混凝土透水系数的设计值(m/s)；按式(2-12)计算：

$$K_d = K_k \cdot \gamma_c \tag{2-12}$$

K_k——混凝土透水系数特性值(m/s)；

γ_c——混凝土材料系数，一般取 1.0；

A——相当透水经路断面的混凝土全面积(m^2)；

h——结构物内面和外面的水头差(m)；

L——相当透水经路长度的核查部分的断面厚度的期待值(m),一般取设计断面厚度;

Q_{cjd}——核查部分的开裂或施工缝的透水量设计值(m^3/s)。

对结构物进行防水处理,以确保结构物的水密性,应采用适当方法对防水效果进行评价。

水密性核查不是针对结构物的全体而是针对各部分进行的,其指标原则上采用透水量。

混凝土结构物的水密性不仅取决于健全部分的水密性,也与开裂和施工缝等不连续面的水密性有密切关系。一般情况下,开裂和垂直施工缝的透水量比健全混凝土部分要大得多。因此,结构物具有水密性要求的场合,要避免开裂的发生,可以通过配置控制开裂钢筋和采用膨胀材来控制开裂的发生和裂缝宽度。施工时,也要切实地处理好施工缝,垂直施工缝要采用止水板等。

不能防止开裂和有施工缝等不连续面存在的场合,确定核查部位时应考虑其位置,对其影响要进行评价。核查部分的透水过程按一维问题处理的场合,可用式(2-11)计算的健全部分透水量和开裂及施工缝的透水量的总和来评价。

开裂部分的透水量可根据既有研究成果和工程实践,采用下式评定:

$$Q_{cjd}=\frac{\gamma_w}{12\ a\ \mu_w}bw^3\ \frac{h}{L} \tag{2-13}$$

式中:γ_w——水的容重,取9790(N/m^3);

a——考虑开裂构件内部的弯曲和开裂表面粗度影响的系数,根据研究结果,可取25;

μ_w——水的粘性系数,取1.002×10^{-3}(Ns/m^2);

b——核查部分的开裂长度(m);

w——开裂宽度的设计值(m)。

混凝土透水系数,根据既有研究结果,一般与水灰比有关,可采用下式进行评价:

$$\log K_p=4.3W/C-12.5 \tag{2-14}$$

式中:W/C——水灰比。

对混凝土结构来说,还需进行化学腐蚀、碱性集料反应以及耐火性等核查,此处从略。

要点三　维修管理的步骤

维修管理的步骤示于图 2-3。

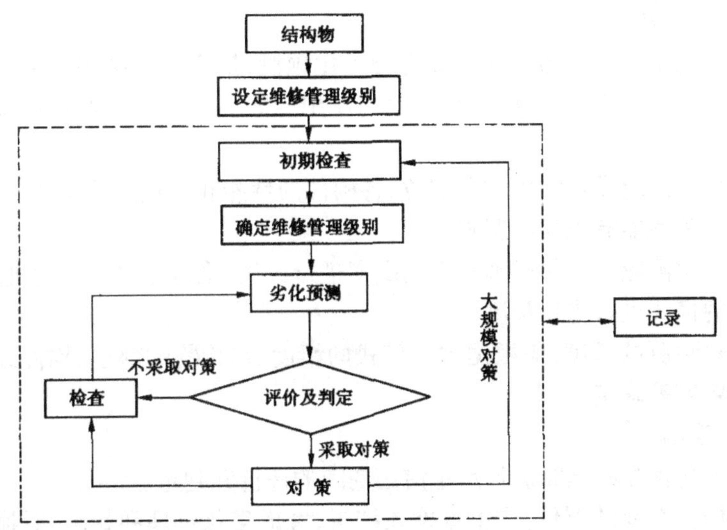

图 2-3　维修管理的步骤

一般来说，结构物的耐久性和耐用期间是未知的。因此在设计阶段，应规定维修管理的级别，编制在使用期间内把结构物要求的性能维持在容许范围内的维修管理计划，构筑进行初次检查、劣化预测、调查、评价及判定、对策等的维修管理体制。

一、第一步

作为维修管理的第一步，在新建结构物中就是在开始使用前进行初次检查，在既有结构物中把最初的检查作为初次检查收集结构物的情报。这是实现“预防为主”的基础，也是以后分析结构变异和整治的基础。

二、第二步

应从初次检查出来的变异中选定劣化现象，并根据结构物的特征，基于劣化因素的外因和变异的特征进行劣化机理的推定。

劣化机理的推定应根据适当的步骤实施。

新建结构物的场合，应考虑设计、施工、使用材料等的记录和结构物的环境条件及使用条件,推定劣化机理。

对于既有结构物,应考虑结构物的环境条件和使用条件,并加上变异特征等推定劣化机理。

根据环境条件、使用条件及变异特征不能推定劣化机理的场合,应采用代表评价项目的劣化指标推定劣化机理。

三、第三步

对检查中发现的劣化现象要进行劣化预测,推定结构物的性能是否达到满足要求的水准,推定结构物残存的使用期间和是否要采取进一步检查和对策。

劣化预测应掌握结构物各部位、各构件的性能和劣化的关系,明确各种劣化对各种性能有怎样的影响。

劣化预测应对劣化机理和劣化因素进行分类,推定相关的劣化机理,采用适当的模式进行劣化预测。

劣化预测的精度,应根据劣化模式的精度、结构物的部位、构件或结构物的重要度等确定。

四、第四步

在劣化预测的同时进行预定使用期间的评价和判定。

结构物性能的评价,应根据检查结果,考虑劣化机理和状态,对检查时和预定使用期间完了时的劣化发展状况和性能降低采用适当方法进行评价。

对结构物性能降低的判定,在评价结果中采用规定的判定基准确定是否需要采取对策,包括必要时采取紧急措施的判定。

评价和判定要按初次检查、初次检查以后的检查等分别对应进行。

初次检查以后的劣化评价和判定,原则上分为基于目视检查结果的评价和判定,和基于详细检查结果的评价和判定两个阶段进行。

五、第五步

根据初次检查、劣化预测、调查、评价及判定的结果,进行对应的设计和施工,治理结构物的变异。

因结构物性能降低而采取对策的场合,应考虑维修管理级别、残存使用期间、维修管理的难易等采取适当的对策。

对策施工中,应采用观察、量测的方法对施工中和施工后的状况进行监视,以确认对策的效果。

特别是对地压等外力产生的变异，施工中和施工后的监视格外重要。施工时，隧道周边的条件常常处于不稳定的状态，为了确认能够安全地施工，希望用量测方法继续进行监视。施工后在一定时间内也要继续监视，以确认对策的效果；万一没有出现预计的效果，就要根据调查结果研究立即追加对策的措施。

要点四　变异对策的基本原则

对结构物性能降低而采取对策的场合，应考虑维修管理级别、残存使用期间、维修管理的难易等采取适当的对策。

对变异有以下判定和评价时，应采取合适的对策进行整治：

·结构物具有的性能，例如耐久性、安全性、使用性、对第三者的影响等，有之一及以上的降低，并超过容许限界的场合；

·即使当前没有问题，但根据劣化预测，残存使用期间中结构物性能降低会成为问题的场合；

·与最初的劣化预测有很大出入，劣化速度迅速发展，性能降低成为问题的场合。

在采取对策时，应切实掌握结构物性能降低的劣化机理，特别是进行补修或补强时选择适当的工法和材料是非常重要的。

在进行对策的设计和施工时，于选定工法和材料的同时，应规定目标性能的基准。目标性能的基准如图 2-4 所示，可分为以下几类：

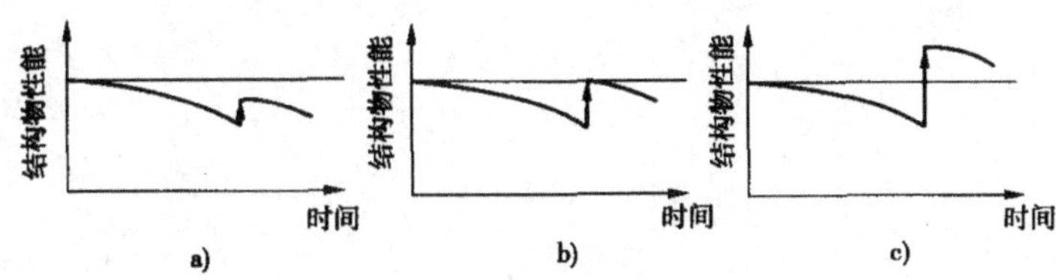

图 2-4　目标性能基准的分类

a)介于建设时和现状之间的性能；b)建设时的性能；c)比建设时更高的性能

·介于建设时和现状之间的性能；

·建设时的性能；

·比建设时更高的性能。

与结构物基本性能和目标水准对应的对策的分类列于表 2-3。

与结构物基本性能和目标水准对应的对策种类　　表 2-3

结构物基本性能	对策的目标水准		
	介于建设时和现状之间的性能	建设时的性能	比建设时更高的性能
耐久性能	补修	补修、补强	补修、补强
安全性能		补强	补强
使用性能		恢复使用性、补强	提高功能性、补强
与第三者影响有关的性能	补修	补修	
美观、景观		修景	修景

从表 2-3 中可以看出，结构物维修管理的对策主要有补修、补强、修景、恢复使用性、提高功能性等几类，此外还有强化检查、使用限制、解体拆除等，可根据判定结果参考表 2-4 的关系进行选择。

表 2-4

结构物维修管理对策的选择表

结构物性能	评价及判定	对　策																															
		补　修				补　强				修景				恢复使用性				提高功能性				使用限制				解体、拆除				强化检查			
		维修管理级别				维修管理级别				维修管理级别				维修管理级别				维修管理级别				维修管理级别				维修管理级别				维修管理级别			
		A	B	C	D	A	B	C	D	A	B	C	D	A	B	C	D	A	B	C	D	A	B	C	D	A	B	C	D	A	B	C	D
耐久性能	I	○	○			○																								○	○	○	
	II	○	○			○	○																										
安全性能	I					○																○									○	○	
	II					○	○		○													○	○	○	○	○	○	○	○			○	
使用性能	I					○								○				○													○	○	
	II					○	○							○	○			○	○	○	○	○	○	○	○	○	○	○	○			○	
与第三者有关的性能	I	○	○															○												○	○	○	
	II	○	○	○														○	○	○	○	○	○	○	○								
美观(景观)	I									○																							
	II									○	○																						

注：I：可能有问题的情况；II：有问题的情况；○：选择可能的对策。

第三部分　隧道变异的检查和调查

为了尽早发现劣化、损伤、初次缺陷，确实掌握结构物的性能，使之维持在要求水准以上，应采用适当方法进行检查和调查。发现初次缺陷、损伤的场合应立即进行处理。

初次缺陷的定义是：施工时发生的开裂和蜂窝麻面、施工缝、砂筋等。

损伤的定义是：地震和外力等造成的开裂和剥离，是在短时间内发生的，其变异不随时间而发展。

劣化的定义是：由劣化外力造成的、随着时间而发展的开裂和剥离等，与损伤有所区别。

初次缺陷、损伤和劣化统称为变异。

检查应按结构物的维修管理级别规定的检查方法、试验方法、频率等实施。

检查有初次检查、初次检查以后的检查（日常检查、定期检查、详细检查、临时检查），应根据结构物的重要度及劣化预测进行合适的检查。

各种检查在维修管理中的地位示于图 3-1。

一、初次检查

初次检查是在结构物使用开始前、使用中或实施对策后进行的检查。其目的是掌握初次缺陷、损伤、劣化的有无，同时推定劣化机理和进行劣化预测。

这里所谓的初次是指进行维修管理的初次，如新建结构物使用开始前，在既有结构物进行的最初的检查等。而对于采取大规模对策的结构物，因结构物规格产生变化，其后进行的最初检查也视为初次检查。

初次检查的目的是掌握结构物性能的初始状态。从确认有无初始缺陷、损伤以及明确劣化预测的初始数据等方面来看，掌握结构物性能的初始状态是极为重要的。在劣化预测中，推定可能产生劣化的机理，掌握对结构物有影响的环境条件（盐害、寒冷、温泉、城市等）及材料和设计、施工的状况也是重要的。

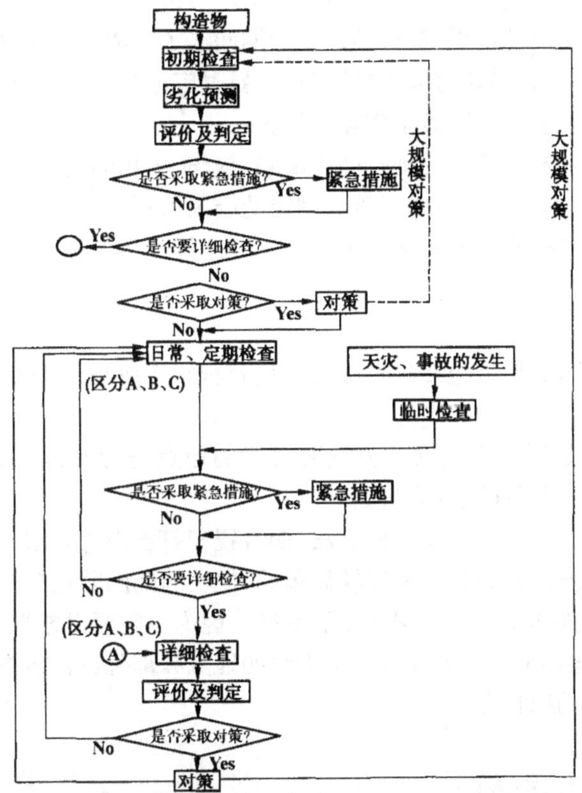

图 3-1　各种检查在维修管理中的地位

初次检查原则上对整个结构物实施。初次检查的项目和方法，原则上采用目视和打击声的方法，当有困难时，可采取调查与设计施工有关资料的方法。

检查可以采用比较容易实施的目视、打击声等非破坏检查方法，也可以采用取试件的方法。前者比较容易实施，对确认初次缺陷是有效的，但不能获得保护层和混凝土品质的详细的、定量的数据，后者能够得到详细的数据，但费时、费事。

根据初次检查的结果，应推定结构物中可能产生的劣化的机理。同时根据实施的劣化预测，以结构物可能产生的劣化机理为对象，进行劣化预测的模式化。

在初次检查中，应基于结构物和构件的初次缺陷、损伤、劣化的有无，进行检查的评价和判定。

确认有混凝土块剥落的场合，应迅速采取对策。

基于劣化预测的结果，进行预定使用期间终了时的评价和判定。

基于上述结果，确认有以下情况时，必要时应进行详细检查：

·确认发生变异，并明确是劣化的情况；

·确认发生变异，但不明确是初次缺陷、损伤、劣化的情况；

·预定使用期间终了时的评价和判定的结果为不满足要求性能的情况。

对于初次检查确认的初次缺陷、损伤，应进行适当处理。

二、初次检查后的检查

初次检查后的检查包括日常检查、定期检查、详细检查及临时检查等。

1.日常检查

日常检查是用日常巡回的方法对可能的地点进行的，以掌握劣化、损伤、初期缺陷的有无和程度为目的。

日常检查可采用比较简易的方法，如目视和打击声等方法，掌握发生劣化的地点和状况。检查自身是比较简单的，但实施的间隔比较短，可以较好地掌握劣化和损伤发生的时期和发展状况。因为不需要设置脚手架等特别措施，只能对能够采用目视和打击声方法的地点和部位进行检查。

日常检查的项目有：

·开裂状况；

·浮动、剥离、剥落；

·钢材的露出状况和有无锈蚀；

·有无锈迹、游离石灰；

·有无漏水；

·异常的位移、变形；

·异常声和异常振动；

·有无变色等。

日常检查的方法有：目视、摄影、录像等检查和打击检查。

2.定期检查

定期检查是以掌握劣化、损伤、初次缺陷等有无为目的而实施的检查。定期检查的部位包括日常检查的部位和日常检查中难于进行的部位。一般来说，为了掌握日常检查中难于掌握的部位的劣化、损伤、初次缺陷等的状况，需要设置脚手架，必要时要采用非破坏检查和取样相结合的方法。在定期检查中能够获得结构物和部位、构件的系列数据，对确认劣化的发展和劣化预测是有用的。定期检查也是以目视和打击声方法为主，必要时配合以取样检查。

3.详细检查

详细检查是在初次检查、日常检查、定期检查及临时检查中认为有必要时，为了详细地掌握结构物状态和产生的劣化状况而进行的检查。

详细检查应在需要详细数据的部位，即产生劣化变异的部位进行。如果这样的部位比较大，为了掌握其状况应对该范围进行均匀分配检查，以获得必要而充分的数据。劣化范围比较集中的场合，当然要取得变异部位的详细数据，但也要收集其附近的没有产生变异部分的数据，以便进行综合分析。

详细检查的目的是：

·已经明确产生劣化的场合：明确其劣化机理，详细掌握其发展程度；

·已经产生变异，但不明确属于劣化、损伤、初次缺陷中的哪一类的场合：明确变异属于哪一类；

·与变异的有无无关的场合：获得劣化预测需要的数据；

·变异属于损伤、初次缺陷，其程度严重的场合：详细掌握损伤、初次缺陷的程度。

详细检查项目包括：

·开裂的宽度、长度、深度、发展状况；

·浮动、剥离、剥落；

·钢材的腐蚀情况、钢材的露出情况；

·保护层、钢材位置等的配筋状态；

·混凝土的物性；

·碳化深度；

·氯化物含量；

·残存膨胀量；

·有无内部缺陷；

·混凝土的断面面积；

·异常的位移和变形；

·振动特性；

·有无游离石灰和漏水；

·表面有无变色；

·化学腐蚀因子的浸透深度；

·劣化外力的测定等。

检查项目应与结构物的性能相对应，两者的大致关系可参考表3-1。

性能和检查项目的组合　表3-1

检查项目		耐久性能	安全性能	使用性能		第三者影响
				使用性	功能性	美观、景观
劣化外力	荷载强度及反复荷载	○	◎		○	
	氯化物离子供给量	◎				
	干湿反复(盐害)	◎				
	温度条件(碱性集料反应、盐害)	◎				
	冻融作用	◎	△			
	水的供给	◎				
	化学作用	◎	△			
材料方面	工程记录	◎	◎		○	
	混凝土物性	◎	◎		○	
	氯化物离子供给量	◎				
	钢材腐蚀	◎	◎			
	碳化深度	◎	△			
	残存膨胀量	◎				
施工方面	保护层	◎	○		△	
	配筋状态	△	◎		△	
	内部缺陷	◎	◎			
结构方面	设计基准	○	◎	◎	△	
	断面尺寸	◎	◎	◎	△	
	开裂状况(深度、宽度等)	◎	◎	○		◎
	刚性(变形量等)		◎	◎		
	振动特性	△		◎		○
	支持状态		◎	○		○
	补修、补强的经历	◎	○	○		
	路面的凸凹度		△	◎		◎

续上表

检查项目		耐久性能	安全性能	使用性能		第三者影响美观、景观
				使用性	功能性	
第三者的影响度	游离石灰	○		△		◎
	漏水	◎		△		◎
	混凝土浮动	◎		△		◎
	混凝土掉块	○		△		◎
	表面变色	◎		△		◎

注:○:宜考虑的项目;◎:应考虑的项目;△:视情况考虑的项目。

4.临时检查

临时检查是在地震和台风等天灾、火灾及车辆冲突等作用在结构物上的场合进行的检查。此时检查的目的是掌握灾害后结构物受到损伤的状况,判定是否需要采取对策。

要点一　铁路隧道的变异检查

针对铁路隧道的特点,日本将维修管理中的检查分为总体检查和个别检查。铁路隧道的检查体系如图 3-2 所示,检查的概略流程如图 3-3 所示。

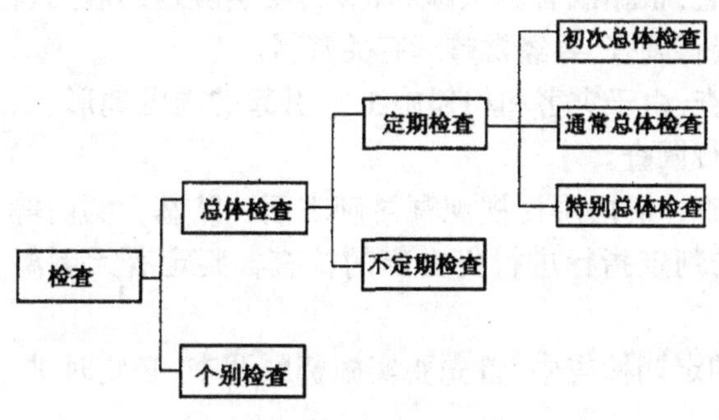

图 3-2　铁路隧道的检查体系

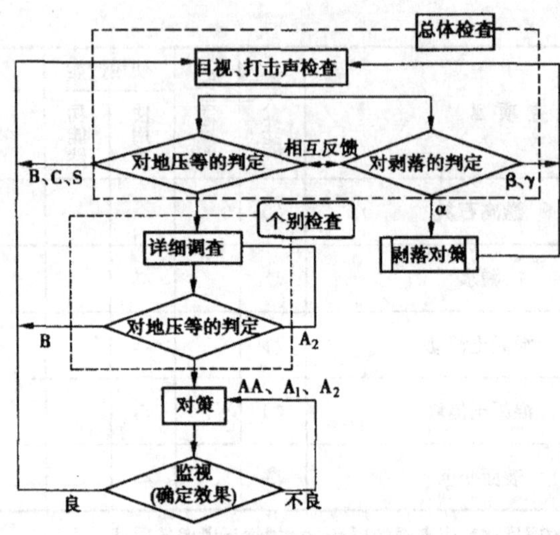

图 3-3 检查的概略流程

一、总体检查

总体检查由周期不超过 2 年的定期检查和必要时进行的不定期检查构成。

总体检查是以掌握隧道状态为目的的,主要采用目视观察和打击声检查。其检查流程示于图 3-4。不管有无变异,对整个隧道要进行不超过 2 年的、定期进行的总体检查(定期检查)。

总体检查时应进行以下调查:

·资料调查:根据既有的文献和记录,明确隧道的履历、构造、当地条件等。为进行资料调查,要经常整理有关资料。

·环境调查:由于灾害和相邻施工等引起的周围地形、水理环境的变化等,用目视进行调查。

·洞内调查:洞内用目视观察衬砌表面、路基、洞门等有无变异,基于目视观察的判定指标进行打击声的检查,判定有无剥离、劣化的程度等。

在实际的定期检查中,首先要实施资料调查,必要时进行环境调查,并进行洞内调查。

对外力、劣化、涌水的健全度判定为 AA 级时,应立即实施对策。健全度为 A 级时,应作为个别检查对象。对剥落的健全度判定为 α 级时,如不

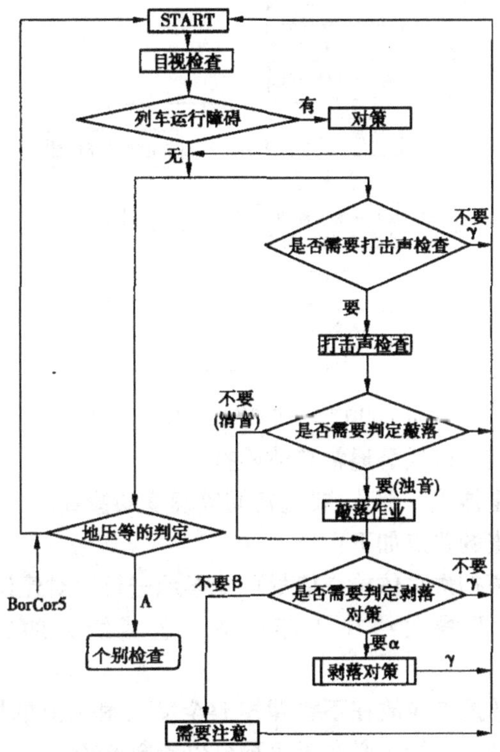

图 3-4　定期检查的实施流程

能敲落和虽然能够敲落但不能改善健全度 α 的场合，应立即实施对策。

认为发生变异的场合，应记录其时间、位置、范围、种类等，作为个别检查和今后检查时的基础资料，应编制变异展开图并保存好。

1. 定期检查

定期检查包括：

·初次总体检查；

·通常总体检查；

·特别总体检查。

定期检查体系如图 3-5 所示。

(1)初次总体检查

初次总体检查以整个隧道为对象进行。

初次总体检查是以详细掌握衬砌的初次状态，对有剥落可能的地点采取相应措施而进行的目视检查和打击声检查。

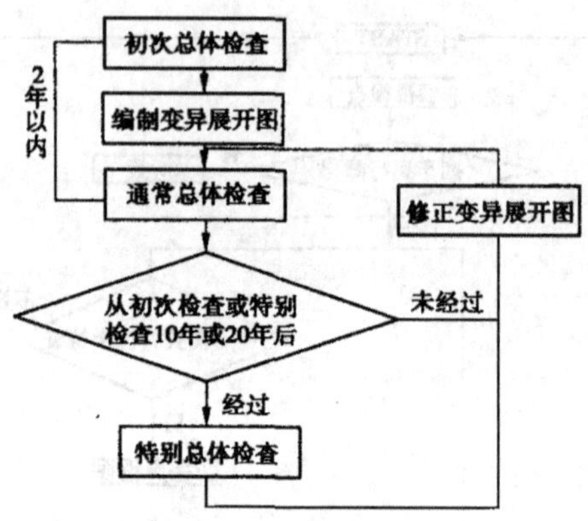

图 3-5 定期检查体系

初次总体检查可以代替通常总体检查。

检查对象的全体或一部分,要进行同等程度的检查。

初次总体检查的要点如下:

①对既有隧道初次总体检查应尽可能早地进行,对建设中的隧道应在完成后进行。新干线大约在 1 年以内,运营线大约在 2 年以内进行。

②目视检查的重点应放在不要漏掉健全度 A 和 α、β 的情况,调查应在有充分照明的条件下进行。必要时可配合以摄影调查。

目视的判定和是否需要打击声检查,可根据表 3-2 和表 3-3 进行。对打击声的检查结果可根据第五部分要点一的表 5-3 判定。必要时应采取对策。

壁面有煤烟等污染不能判别开裂的场合,要清洗壁面进行目视检查或进行打击声检查。

③初次总体检查的结果应记录在变异展开图上,并加以保管。

(2)通常总体检查

通常总体检查以全隧道为对象进行。其要点如下:

①初次检查后两年以内进行通常总体检查。

②目视检查重点放在已经判定健全度为 A 和 β 的地点的发展性和新的健全度为 A 和 α、β 的地点。以全体为对象,用充分照明徒步进行检查。必要时辅以摄影检查。

打击声检查,在目视检查认为有必要的场合,采用能够适当判定内部状况的方法进行。

目视检查的判定指标(初次总体检查)——素混凝土衬砌用

(目视检查的抽出项目和判定指标) 表 3-2

部位	原因	类别		目视检查的变异现象的抽出项目	判定指标	
					打击声检查	个别检查
衬砌	外力	衬砌的变形、位移		目视可以判断的变形、位移		◎
		弯曲压缩开裂(压溃)		·锐角开裂面 ·开裂等的闭合、交叉、平行	○	◎
		轴力剪切开裂			○	◎
		挤压剪切开裂			○	▽ 根据开裂模式图判定。判定可参考第九部分的要点一
		放射状开裂			○	
		拉伸开裂		开裂等的闭合、交叉、平行	○	
				显著的开口、显著的错台	○	
	施工	施工缝	拱部		○	
			其他	目视程度的浮动	○	
				开裂等的闭合、交叉、平行	○	
				显著的开口、显著的错台	○	
		混凝土施工缝	拱部		○	
			其他	目视程度的浮动	○	
				开裂等的闭合、交叉、平行	○	
				显著的开口、显著的错台	○	
		麻面			○	▽
	材料劣化(水泥流出、变色、龟裂等)			目视程度的浮动	○	◎
				水泥流出呈土砂状、变色	○	◎
				网目状或龟甲状开裂	○	◎
	结冰			显著的结冰		▽
	漏水			显著的漏水		▽
				土砂排出、堆积		▽
				细菌分解物堆积		▽
	凹凸部(断面变更、突起、缺欠等)			目视程度的浮动	○	
				伴有开裂等	○	

续上表

部位	原因	类别	目视检查的变异现象的抽出项目	判定指标	
				打击声检查	个别检查
衬砌	补修		需要注意的补修材料	○	
			目视程度的浮动	○	
			开裂等的闭合、交叉、平行	○	
			显著的开口、显著的错台	○	
	添加物	支持混凝土	目视程度的浮动	○	
			以支持螺栓为中心的放射状开裂	○	▽
		螺栓等		○	
路基	路基、轨道的变异		翻浆冒泥		▽
			下沉或鼓起		◎
			水平位移		◎
其他	排水		排水量过多		▽
			排水不良		▽
			显著的堆积砂		▽
			变形、破损		◎
	洞门		前倾		◎
			下沉		◎

注:①○:进行打击声检查;

◎:进行个别检查;

▽:视情况进行个别检查;

②开裂等包括:开裂、灌注缝、接缝等;

③以下场合应采取紧急措施:

·有可能产生限界障碍的场合;

·防碍架空线的场合;

·列车有可能空转的场合;

④需要注意的场合指:

·纤维板等;

·漏水管、隔热层等;

·后抹的砂浆等;

⑤显著的指:3mm 以上的情况。

目视检查的判定指标(初次总体检查)——钢筋混凝土衬砌用

(目视检查的抽出项目和判定指标)　　表 3-3

部位	原因	类别		目视检查的变异现象的抽出项目	判定指标	
					打击声检查	个别检查
衬砌	外力	衬砌的变形、位移		目视可以判断的变形、位移		◎
		弯曲压缩开裂(压溃)		·锐角开裂面 ·开裂等的闭合、交叉、平行	○	◎
		轴力剪切开裂				
		挤压剪切开裂				
		放射状开裂			○	◎
		拉伸开裂				▽
	施工	灌注缝	顶板或拱部	目视程度的浮动	○	
		混凝土施工缝		目视程度的浮动	○	
		麻面		目视程度的浮动	○	
	材料劣化(水泥流出、变色、龟裂等)			目视程度的浮动	○	◎
				水泥流出呈土砂状、变色		◎
				网目状或龟甲状开裂		◎
				与主筋或配力筋平行的开裂	○	▽
				钢筋露出	○	▽
				有锈迹	○	▽
	结　冰			显著的结冰		▽
	漏　水			显著的漏水		◎
				土砂排出、堆积		▽
				细菌分解物堆积		▽
	凹凸部(断面变更、突起、缺欠等)			目视程度的浮动	○	
				伴有开裂等	○	
	补　修			需要注意的补修材料	○	
				目视程度的浮动	○	
				开裂等的闭合、交叉、平行	○	
				显著的开口、显著的错台	○	
	添加物	支持混凝土		目视程度的浮动	○	
				以支持螺栓为中心的放射状开裂	○	▽
		螺栓等			○	

续上表

部位	原因	类别	目视检查的变异现象的抽出项目	判定指标	
				打击声检查	个别检查
路基		路基、轨道的变异	翻浆冒泥		▽
			下沉或鼓起		◎
			水平位移		◎
其他		排水	排水量过多		▽
			排水不良		▽
			显著的堆积砂		▽
			变形、破损		◎
		洞门	前倾		◎
			下沉		◎

注:①○:进行打击声检查;

◎:进行个别检查;

▽:视情况进行个别检查;

②开裂等包括:开裂、灌注缝、接缝等;

③顶板或拱部指下图的阴影线部分:

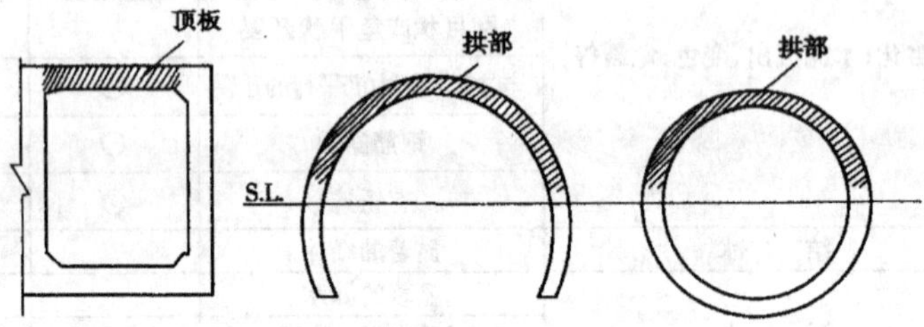

④盾构隧道的 RC 管片没有必要;

⑤盾构隧道的 RC 管片,用锤打击时,有损伤的场合,只在该地点慎重地进行打击和敲落;

⑥以下场合应采取紧急措施:

·有可能产生限界障碍的场合;

·妨碍架空线的场合;

·列车有可能空转的场合;

⑦需要注意的场合指:

·纤维板等;

·漏水管、隔热层等;

·后抹的砂浆等。

⑧显著的指:3mm 以上的情况。

目视的判定和是否需要打击声检查,应根据表 3-4 和表 3-5 进行。对打击声检查的结果,应按第五部分要点一表 5-3 进行判定,必要时应采取措施。

目视检查的判定指标(通常总体检查及特别总体检查)——素混凝土衬砌用

(目视检查的抽出项目和判定指标)　　表 3-4

<table>
<tr><th rowspan="2">部位</th><th rowspan="2">原因</th><th rowspan="2">类　别</th><th rowspan="2">目视检查的变异现象的抽出项目</th><th colspan="2">判定指标</th></tr>
<tr><th>是否需要打击声检查</th><th>是否需要个别检查</th></tr>
<tr><td rowspan="17">衬砌</td><td rowspan="14">外力、施工造成的</td><td>衬砌的变形、位移</td><td>目视可以判断的变形、位移</td><td></td><td>◎</td></tr>
<tr><td>弯曲压缩开裂(压溃)</td><td rowspan="3">·锐角开裂面
·开裂等的闭合、交叉、平行</td><td rowspan="3">○</td><td rowspan="3">◎</td></tr>
<tr><td>轴力剪切开裂</td></tr>
<tr><td>挤压剪切开裂</td></tr>
<tr><td>放射状开裂</td><td></td><td>○</td><td>◎</td></tr>
<tr><td rowspan="2">拉伸开裂</td><td>开裂等的闭合、交叉、平行</td><td>○、△、△</td><td rowspan="8">▽
根据开裂模式图判定</td></tr>
<tr><td>显著的开口、显著的错台</td><td>△</td></tr>
<tr><td rowspan="3">接 缝</td><td>目视程度的浮动</td><td>○</td></tr>
<tr><td>开裂等的闭合、交叉、平行</td><td>○、△、△</td></tr>
<tr><td>显著的开口、显著的错台</td><td>△</td></tr>
<tr><td rowspan="3">混凝土施工缝</td><td>目视程度的浮动</td><td>○</td></tr>
<tr><td>开裂等的闭合、交叉、平行</td><td>○、△、△</td></tr>
<tr><td>显著的开口、显著的错台</td><td>△</td></tr>
<tr><td>麻面</td><td>目视程度的浮动</td><td>○</td><td>▽</td></tr>
<tr><td colspan="2" rowspan="3">材料劣化(水泥流出、变色、龟裂等)</td><td>目视程度的浮动</td><td>○</td><td>◎</td></tr>
<tr><td>水泥流出呈土砂状、变色</td><td>△</td><td>◎</td></tr>
<tr><td>网目状或龟甲状开裂</td><td>△</td><td>◎</td></tr>
</table>

续上表

部位	原因	类别	目视检查的变异现象的抽出项目	判定指标	
				是否需要打击声检查	是否需要个别检查
衬砌	结冰		显著的结冰		▽
	漏水		显著的漏水		▽
			土砂排出、堆积		▽
			细菌分解物堆积		▽
	凹凸部(断面变更、突起、缺欠等)		目视程度的浮动	○	
			伴有开裂等	△	
	补修		需要注意的补修材料	○	
			目视程度的浮动	○	
			开裂等的闭合、交叉、平行	○、△、△	
			显著的开口、显著的错台	△	
	添加物	支持混凝土	目视程度的浮动	○	
			以支持螺栓为中心的放射状开裂	○	▽
		螺栓等		○	
路基	路基、轨道的变异		翻浆冒泥		▽
			下沉或鼓起		◎
			水平位移		◎
其他	排水		排水量过多		▽
			排水不良		▽
			显著的堆积砂		▽
			变形、破损		◎
	洞门		前倾		◎
			下沉		◎

注:①○:进行打击声检查;

△:在以下场合中进行:

·比前次检查有发展的场合,如开裂有发展、从开裂处发生新的漏水或从开裂处显著漏水等;

·前次检查判定为β的场合;

◎:进行个别检查;

▽:视情况进行个别检查;

②开裂等包括：开裂、灌注缝、接缝等；

③以下场合应采取紧急措施：

·有可能产生限界障碍的场合；

·妨碍架空线的场合；

·列车有可能空转的场合；

④需要注意的场合指：

·纤维板等；

·漏水管、隔热层等；

·后抹的砂浆等；

⑤显著的指：3mm 以上的情况。

目视检查的判定指标（通常总体检查及特别总体检查）——钢筋混凝土衬砌用

（目视检查的抽出项目和判定指标）　　表 3-5

部位	原因	类　别	目视检查的变异现象的抽出项目	判定指标	
				是否需要打击声检查	是否需要个别检查
衬砌	外力、施工造成的	衬砌的变形、位移	目视可以判断的变形、位移		◎
		弯曲压缩开裂(压溃)	·锐角开裂面 ·开裂等的闭合、交叉、平行	○	◎
		轴力剪切开裂			
		挤压剪切开裂			
		放射状开裂		○	◎
		拉伸开裂			▽ 根据开裂模式图判定
		接　缝	目视程度的浮动	○	
		混凝土施工缝	目视程度的浮动	○	
		麻　面	目视程度的浮动	○	▽
	材料劣化(水泥流出、变色、龟裂等)		目视程度的浮动	○	◎
			水泥流出呈土砂状、变色		◎
			网目状或龟甲状开裂		◎
			与主筋或配力筋平行的开裂等	○	▽
			钢筋露出	○	▽
			有锈迹	○	▽
	结　冰		显著的结冰		▽
	漏　水		显著的漏水		◎

续上表

<table>
<tr><th rowspan="2">部位</th><th rowspan="2">原因</th><th rowspan="2">类 别</th><th rowspan="2">目视检查的变异现象的抽出项目</th><th colspan="2">判定指标</th></tr>
<tr><th>是否需要打击声检查</th><th>是否需要个别检查</th></tr>
<tr><td rowspan="11">衬砌</td><td colspan="2" rowspan="2"></td><td>土砂排出、堆积</td><td></td><td>▽</td></tr>
<tr><td>细菌分解物堆积</td><td></td><td>▽</td></tr>
<tr><td colspan="2" rowspan="2">凹凸部(断面变更、突起、缺欠等)</td><td>目视程度的浮动</td><td>○</td><td></td></tr>
<tr><td>伴有开裂等</td><td>△</td><td></td></tr>
<tr><td colspan="2" rowspan="4">补 修</td><td>需要注意的补修材料</td><td>○</td><td></td></tr>
<tr><td>目视程度的浮动</td><td>○</td><td></td></tr>
<tr><td>开裂等的闭合、交叉、平行</td><td>○、△、△</td><td></td></tr>
<tr><td>显著的开口、显著的错台</td><td>△</td><td></td></tr>
<tr><td rowspan="3">添加物</td><td rowspan="2">支持混凝土</td><td>目视程度的浮动</td><td>○</td><td></td></tr>
<tr><td>以支持螺栓为中心的放射状开裂</td><td>○</td><td>▽</td></tr>
<tr><td>螺栓等</td><td></td><td>○</td><td></td></tr>
<tr><td rowspan="3">路基</td><td colspan="2" rowspan="3">路基、轨道的变异</td><td>翻浆冒泥</td><td></td><td>▽</td></tr>
<tr><td>下沉或鼓起</td><td></td><td>◎</td></tr>
<tr><td>水平位移</td><td></td><td>◎</td></tr>
<tr><td rowspan="6">其他</td><td colspan="2" rowspan="4">排 水</td><td>排水量过多</td><td></td><td>▽</td></tr>
<tr><td>排水不良</td><td></td><td>▽</td></tr>
<tr><td>显著的堆积砂</td><td></td><td>▽</td></tr>
<tr><td>变形、破损</td><td></td><td>◎</td></tr>
<tr><td colspan="2" rowspan="2">洞 门</td><td>前倾</td><td></td><td>◎</td></tr>
<tr><td>下沉</td><td></td><td>◎</td></tr>
</table>

注:①○:进行打击声检查;

△:在以下场合中进行;

·比前次检查有发展的场合,如开裂有发展、从开裂处发生新的漏水或从开裂处显著漏水等;

·前次检查判定为β的场合;

◎:进行个别检查;

▽:视情况进行个别检查;

②开裂等包括:开裂、施工缝、接缝等;

③以下场合应采取紧急措施:

·有可能产生限界障碍的场合;

·妨碍架空线的场合；

·列车有可能空转的场合；

④需要注意的场合指：

·纤维板等；

·漏水管、隔热层等；

·后抹的砂浆等；

⑤显著的指：3mm以上的情况

壁面有煤烟等污染不能判别开裂的场合，要清洗壁面进行目视检查或进行打击声检查。

③通常总体检查的结果记录在变异展开图上，应便于修改并加以保管。

(3)特别总体检查

特别总体检查可代替通常总体检查，以全隧道为对象进行。

①为了提高目视检查的精度，新干线的隧道至少每5次中进行1次(10年以内进行1次)特别总体检查，其他线上的隧道每10次进行1次(20年以内进行1次)。

②目视检查重点放在已经判定健全度为A和α、β的地点，以全体为对象，用充分照明徒步进行检查，必要时辅以摄影检查。

打击声检查，在目视检查认为有必要的场合，采用能够适当判定内部状况的方法进行。

目视的判定和是否需要打击声检查，应根据表3-4和表3-5进行。对打击声检查的结果，应按第五部分要点一表5-3进行判定，必要时应采取措施。

壁面有煤烟等污染不能判别开裂的场合，要清洗壁面进行目视检查或进行打击声检查。

③特别总体检查的结果记录在变异展开图上，应便于修改并加以保管。

2.不定期检查

不定期检查是在地震过后、大雨后、融雪时和相邻施工等可能产生变异的场合，以及认为有必要时随时进行的检查。

不定期检查的调查种类和方法以通常总体检查为准。以特定项目进行的不定期检查，应限定在该项目内进行。

二、个别检查

个别检查在总体检查认为有必要的情况下进行。个别检查参照图3-3进行。

要点二 公路隧道的变异检查

公路隧道的检查与铁路隧道大体相同。检查的目的是掌握隧道的现状,早期发现异常和变异,判定采取应急措施和对策的必要性,以及为进行合理的隧道维修管理收集和积累资料。

检查首要的目的是掌握隧道的现状,发现对隧道安全和功能有影响的变异,根据周围的变异程度,尽早采取对策,及时处理确保安全通畅。

第二个目的,为了实施有效的维修管理,及时地、不间断地掌握变异的发展程度。特别是,各种变异多数是发展的,因此建立日常的监视体制是很重要的。同时也要继续观察过去已经发生变异的地点和采取过对策的地点,监视变异的发展和有无再次发生的可能,这一点也是极为重要的。

公路隧道维修管理的步骤如图 3-6 所示。检查分为日常检查、定期检查、异常检查和临时检查几类。

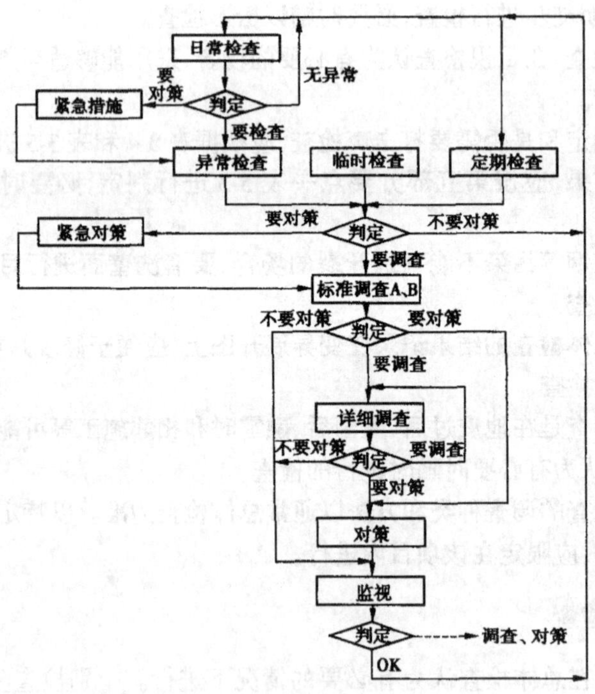

图 3-6 公路隧道维修管理的步骤

1.日常检查

所谓日常检查,是为了早期发现变异等,原则上与道路巡回检查一并进行、以隧道全长为对象的目视检查。

根据目视和车中的感觉,掌握从车中能够识认范围的隧道状况及道路的利用状况,及早发现衬砌的剥离、剥落及异常涌水等对隧道利用者的安全性、舒适性产生影响的变异。

日常检查的主要项目见表3-6,检查记录格式见表3-7。

日常检查的检查项目 表3-6

项目	检查对象	项目	检查对象
衬砌	剥落、漏水、结冰等	排水设备	滞水、侧沟破损
洞门	剥落、剥离、结冰	路面	落下物、滞水、冰盘、路面和路肩变异
内装板	破损	其他	
顶板	破损、漏水		

日常检查报告格式 表3-7

日常检查报告书	路线名称	检查者

检查项目

洞门

剥落、结冰

其他

洞内

衬砌 剥落、漏水、结冰

内装板 破损

顶板 破损、漏水

排水设备 滞水、侧沟破损

路面 落下物、滞水、冰盘、路面和路肩变异

其他

隧道名称	检查时间	位置	异常地点	异常状态	判定及处理

状况描述

2.定期检查

定期检查是为了隧道的维护而定期进行的，主要以目视及简易检查器具、以隧道全长为对象进行的检查。检查的目的是发现有无对隧道耐久性可能产生重大影响的大的开裂、开裂的急剧发展等变异。因此，基本上采取徒步的目视检查为主。但在日常检查中不能确认的地点，要尽可能地用简易的器具进行详细地观察。近几年，由于光学器具进行变异状况记录技术的发展，光学器具在徒步检查中也开始得到应用。

3.异常检查

异常检查是在日常检查中发现异常时进行的检查，以日常检查发现的地点为对象。检查的重点和方法与定期检查相同。

4.临时检查

临时检查是在发生地震、集中暴雨以及隧道内事故灾害的场合，主要以确认隧道安全性为目的而进行的检查。

定期、异常和临时检查的检查项目见表 3-8。

定期、异常及临时检查的检查项目 表 3-8

项　目	徒 步 目 视
衬砌	开裂、剥落、错台、剥离、施工缝错动、漏水、结冰等
洞门	开裂、错台、剥落、剥离、倾倒、下沉、漏水、结冰、钢筋露出、变色
内装板	变形、破损
顶板	变形、破损、漏水
路面及排水设备	滞水、结冰、沉砂、错台、开裂、路面和路肩变异
其他	

定期、异常和临时检查的检查格式见表 3-9。

定期、异常及临时检查的报告书格式 表 3-9

<table>
<tr><td colspan="2">定期检查
异常检查　　报告书
临时检查</td><td>路线名称
隧道名称
日期</td><td>检查者</td></tr>
<tr><td>检查项目</td><td>洞门
开裂、错台、剥离、剥落、倾倒、下沉、钢筋露出、变色及其他</td><td>洞内
衬砌：开裂、剥落、错台 剥离、施工缝错动、漏水、结冰等；
内装板：变形、破损；顶板：变形、破损、漏水；
路面及排水设备：滞水、结冰、沉砂、错台、开裂、路面和路肩变异</td><td>状况描述</td></tr>
</table>

续上表

<table>
<tr><td colspan="3">定期检查
异常检查　　报告书
临时检查</td><td colspan="2">路线名称
隧道名称
日期</td><td>检查者</td></tr>
<tr><td>位置</td><td>异常地点</td><td>异常状态</td><td>判定及处理</td><td colspan="2" rowspan="3"></td></tr>
<tr><td>NO30</td><td>侧壁</td><td>开裂、漏水</td><td>S</td></tr>
<tr><td></td><td></td><td></td><td></td></tr>
</table>

示例：山阳新干线隧道安全总检查

1.概要

在山阳新干线的隧道中发生混凝土剥落事故后，从1999年10月25日到1999年12月15日(约50d)，全力进行了整个线路的隧道安全总检查。其规模之大是前所未有的。

山阳新干线共有142座隧道，总长280.495km，占全线长度的51%，是一条隧道工程比较集中的线路。这次检查针对全部的隧道工程，检查面积达590万平方米。

检查方法采用最一般的敲击方法。特别是明确规定了重点检查部位(图3-7、图3-8)，如剥肩部等。要求按50cm间隔进行检查。

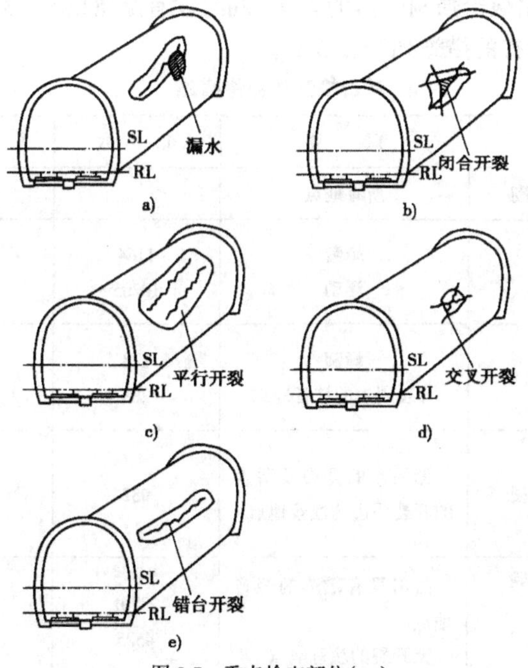

图3-7 重点检查部位(一)

a)单独开裂;b)闭合开裂;c)平行平裂;d)交叉开裂;e)错台开裂

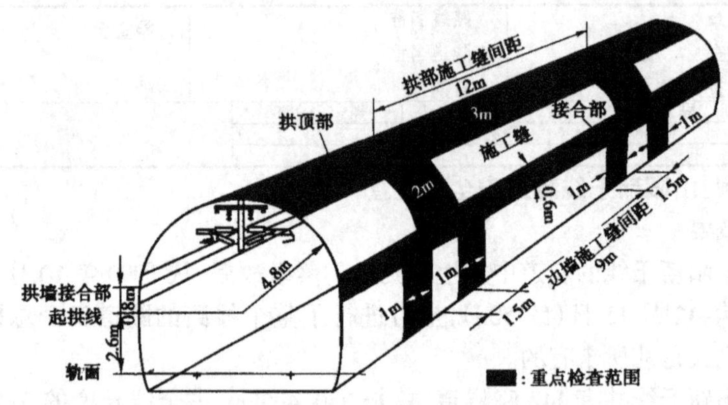

图 3-8 重点检查部位(二)

2.检查结果

以隧道衬砌的局部变异为例,敲击检查的结果如下:

以发出金属声为健全的,达衬砌面积的 99.8%,没有清音的只占 0.2%(9690m^2);其中用敲击强制敲落的有 2302m^2,没有敲落的有 7387m^2。

基于敲击检查的措施列于表 3-10。

敲击检查和补修措施 表 3-10

措施		概要	个数	面积(m^2)
敲击	隧道衬砌	所有地点		约 590×10^4
补修	敲落	蜂窝 浮动	1164 10205	4457 1856
	钢板等补修	蜂窝 开裂周边的浊音地点	178 283	195 212
监视	个别监视	无漏水的开裂及漏水的开裂周边的浊音地点	982	340
	试件试验	敲击没有敲落的轻音地点 无开裂的浊音地点	23801 4525	5262 1378
不采取措施		清音地点		约 589 万(99.8%)

对敲落的部分，采用金属网板（90cm × 90cm 的金属网）的补修方法（图 3-9）。与钢板比较，金属网重量轻，施工性好，不需要事先弯曲，与衬砌表面压紧后，承载力可达 12kN。

此次检查处理了蜂窝 1342 处，约 641m^2。其中 1164 处强制敲落，剩下的 178 处用金属网板和钢板补修。蜂窝的面积大多数在 0.02～0.4m^2 范围内，多发生在拱部的施工缝附近。这与当时的施工方法有关。

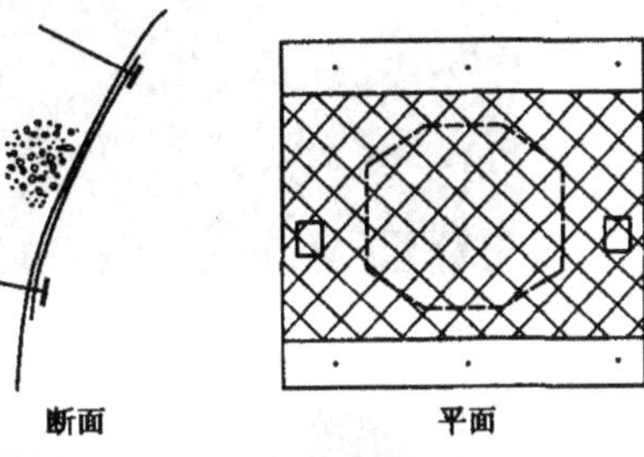

图 3-9　金属网板的补修

发生清音的地点有 34006 处，其中，10205 处被敲落。尔后在表层的蜂窝表面用薄砂浆和混凝土层覆盖。即使强制敲击也没有脱落的有 23801 处，都采取试件进行内部确认。结果认为：混凝土材料的不均质性是造成清音的原因。

发生浊音的地点有 5790 处，基本上都强制敲落。在发生浊音处，与闭合开裂等重点开裂有关的地点有 1265 处。此外，“闭合开裂”、“平行开裂（有漏水）”、“交叉开裂（有漏水）”、“错台开裂（有漏水）”共有 283 处；而同样开裂、但没有漏水的有 982 处。各种开裂形态示于图 3-10。

对上述开裂，在检查期间就进行处理的有闭合开裂 68 处，采用钢板处理。对平行开裂和交差开裂也采取了同样的措施进行处理。

对发生清音而不能敲落的地点，采取试件进行内部调查。其结果列于表 3-11 和表 3-12。

试件外观观察的分类（清音处）　表 3-11

模式	与周边混凝土有质的差异	表面混凝土不均质	混凝土内部不均质	内部有蜂窝	派生的开裂	合计
周边有开裂	12	72	7	24	21	136
周边无开裂	42	73	5	14	0	134
全体	54	145	12	38	21	270

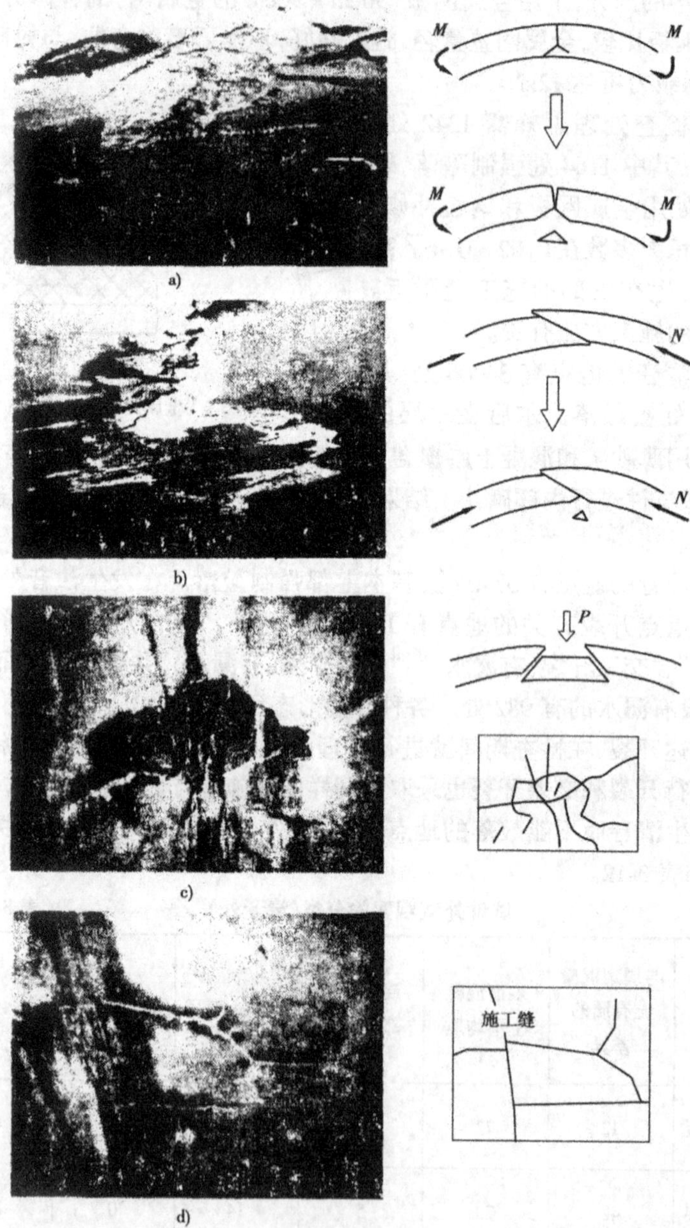

a)

b)

c)

d)

图 3-10 各种开裂形态

a)弯曲压缩开裂(压溃);b)轴力剪切开裂;c)放射状开裂和挤压剪切开裂;d)拉裂等的闭合

试件外观观察的分类(浊音处)　表 3-12

模式	表面混凝土不均质	混凝土内部不均质	内部有蜂窝	开裂的反射音	合计
单独开裂	12	3	1	6	22
无开裂	8	0	3	0	11
全体	20	3	4	6	33

由此可见,混凝土不均质和内部蜂窝占一大半。

根据隧道衬砌混凝土的剥落事故的调查、分析,为了避免今后再次发生类似的事故,“隧道安全问题研讨会”同时提出今后维修管理的方针,建立了新的检查体系。新的检查体系与以前的检查体系的比较,列于表 3-13。

以前的检查体系与新的检查体系的比较　表 3-13

项目	以前的检查体系	新的检查体系		
		初次检查	通常检查	特别检查
周期	2 年以内	既有:及早 新建:完成后	2 年以内	新干线:10 年 其他线:20 年
目视检查方法	徒步	在充分照明条件下,近距离检查	在充分照明条件下,近距离检查	在充分照明条件下,近距离检查
敲击检查方法	检查者的判断	开裂闭合地点和易于成为盲点的地点	基于变异展开图,根据开裂的状态和发展实施	基于变异展开图,根据开裂的状态和发展实施
记录方法	各会社的判断	变异展开图	修正变异展开图	修正变异展开图

第四部分 隧道变异现象及其分类

要点一 隧道变异现象、原因及特征

一、变异的实态

既有隧道发生的变异现象，根据变异发生的地点，一般有如图 4-1 所示的分类。

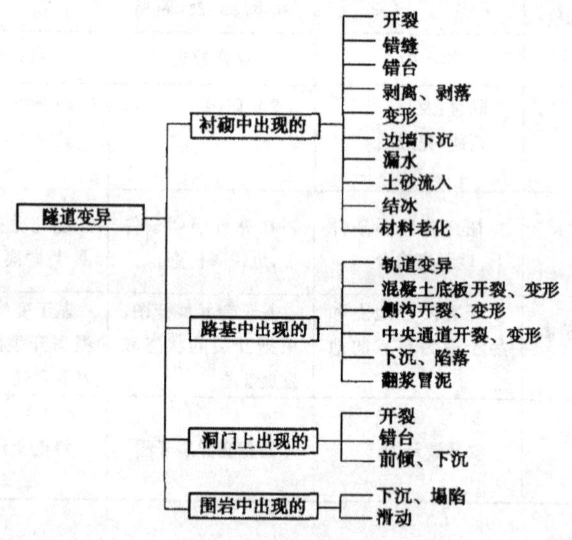

图 4-1 隧道变异的分类

日本根据 1990 年的公路隧道变异的实态调查结果，公布了以下数据，对分析隧道变异现象是有参考价值的。

1. 变异项目

漏水发生的比例，如图 4-2 所示，包括轻微漏水在内，约占 60%。除漏水以外的变异发生的比例，如图 4-3 所示，包括轻微的变异在内，约为 20%。变异具体项目的发生频率示于图 4-4。开裂是最多的，其次是剥离、施工缝张开、石灰析出等。

2.使用年代

调查隧道的使用年代的比例示于图4-5。20世纪70年代以后的隧道约占半数,而50年代以前的隧道仅占20%左右。

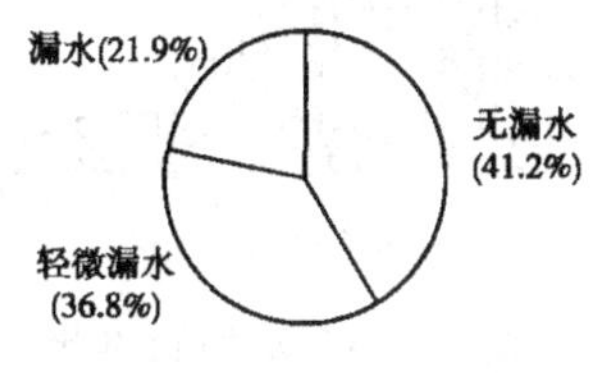

图4-2 漏水发生的比例

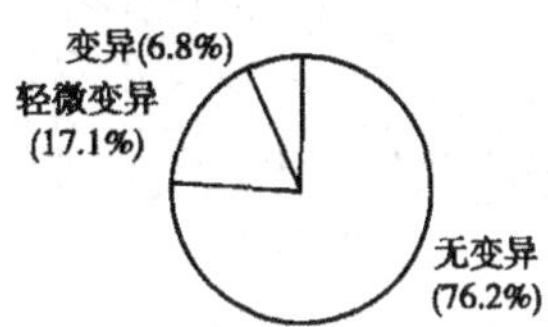

图4-3 除漏水外的变异发生的比例

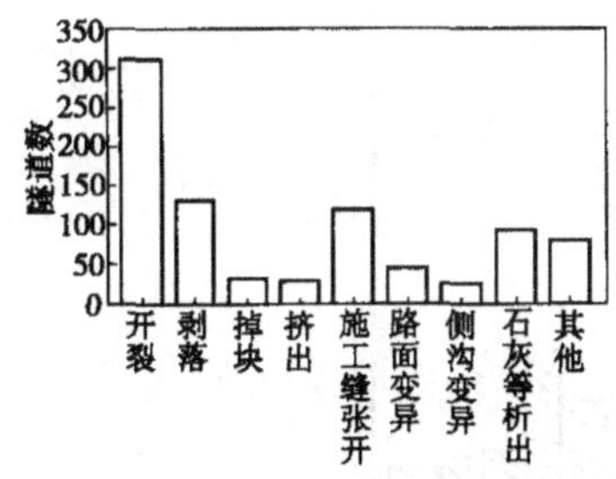

图4-4 变异具体项目的发生频率

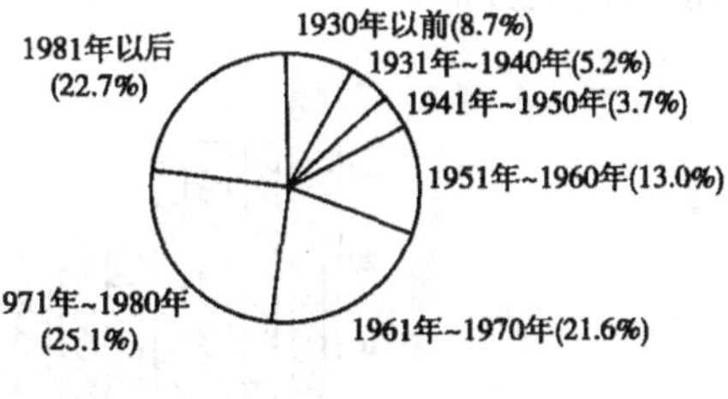

图4-5 使用年代构成比

发生变异(漏水除外)的隧道,按使用年代划分示于图4-6,20世纪60年代前后的隧道发生变异的较多。与营运中的隧道相比,即变异发生的比例如图4-7所示,20世纪30~80年代发生的比例较高,特别是40年代最多。而80年代以后和30年代以前变异发生的比例较低。

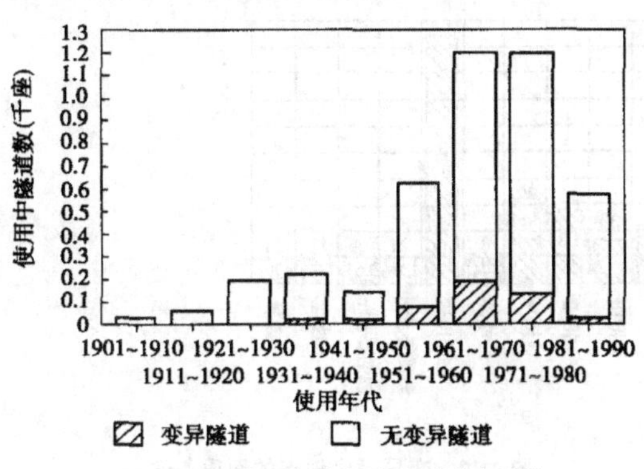

图4-6 按使用年代划分的隧道变异数

从营运开始到发生变异的年代示于图 4-8。约 80% 是在营运 30 年后发生的,营运后 10 年以内发生的约占 30%。

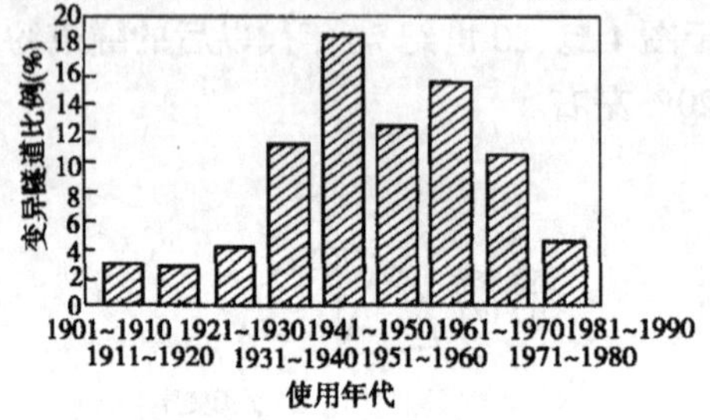

图 4-7　按使用年代划分的变异发生的比例

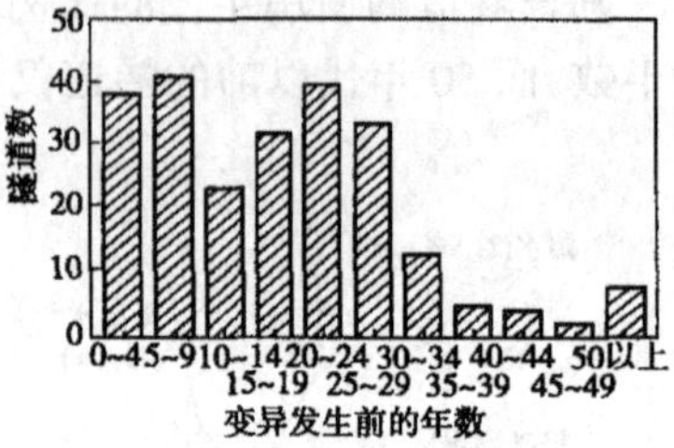

图 4-8　变异发生前的年代

3.周边环境

变异发生地点的埋深,如图 4-9 所示。浅处发生变异的比例较高,其中包括洞口的变异。

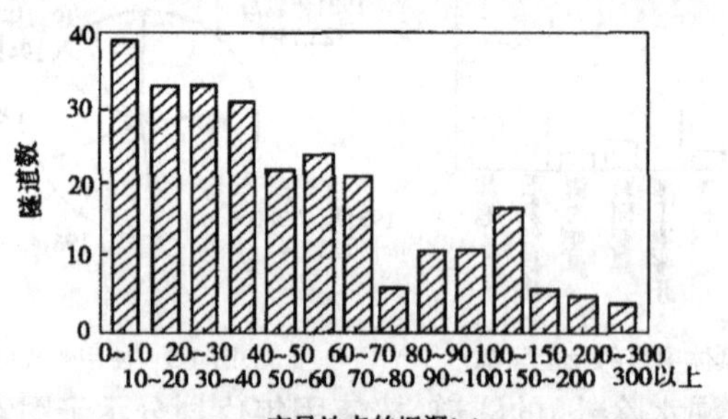

图 4-9　变异发生地点的埋深

变异发生地点的地质条件如图 4-10 所示。在第三纪地层中,变异比较

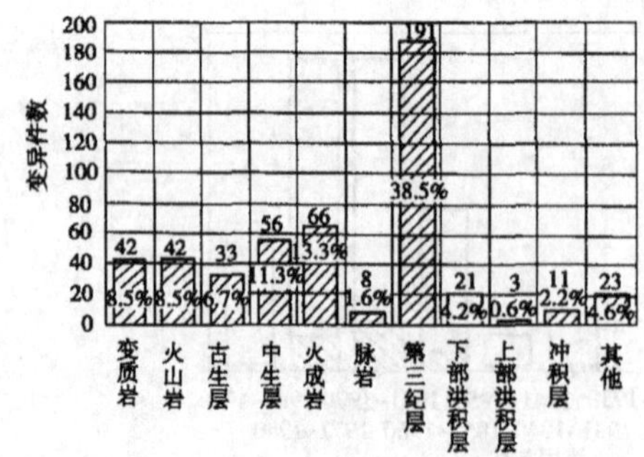

图 4-10　变异发生地点的地质条件

突出。

4.变异原因

变异原因如图4-11所示。公路管理者考虑的变异原因，主要是漏水、冻害，其次是材料老化、偏压和衬砌背后空洞。

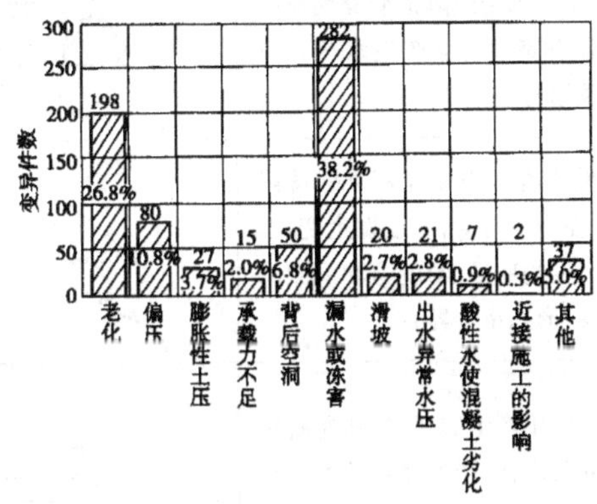

图4-11　变异原因

二、变异原因及特征

既有隧道发生的变异，有因外力所造成的，有因材质劣化所造成的，也有是因漏水所造成的。此外，设计施工条件也会产生一定的影响。一般来说，发生变异时，表4-1所列的变异原因多数是重复作用的。因此，即使进行详细的调查，有时也很难对变异原因作出明确的判定。

变异的原因和特征　　表4-1

原因		概要	备考
外力	松弛土压	松弛土压，指围岩自然松弛，不能承受自重，而作为荷载作用在衬砌上，以垂直压力为主。因此，拱顶多沿纵向发生张开性的开裂	垂直压力 SL SL (展开图)
	突发性崩塌	隧道上部有比较大的空洞，空洞上部的岩块可能与围岩分离而掉落，视情况会对衬砌产生冲击。如衬砌强度不足，衬砌可能破坏，发生突然崩塌	集中荷载 SL SL (展开图)

续上表

原因		概要	备考
外力	偏压、坡面	在坡面下，倾斜的片理等会产生偏压作用，是蠕动造成隧道变异的原因之一。靠山侧拱肩会产生水平张口开裂以及错台	 (偏压) SL SL (展开图)
	滑坡	滑坡粘土在地下水作用下强度降低，沿滑面产生滑动，隧道发生变异。因滑坡产生的变异，与隧道和滑面的位置有关，形态也各异	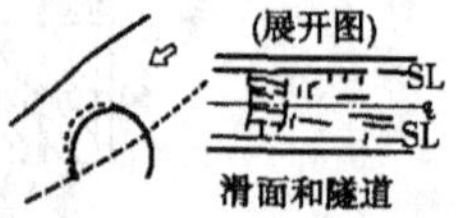 (展开图) SL SL 滑面和隧道
	膨胀性土压	膨胀性土压产生的变异，在左右边墙或拱的两肩，易产生复杂的水平开裂，拱和墙的接缝处易产生错台	 SL SL (展开图)
	承载力不足	承载力不足，易产生纵向的或横向的不同下沉。前者多发生环形开裂，后者除有沿轴向的回转外，还有斜向开裂	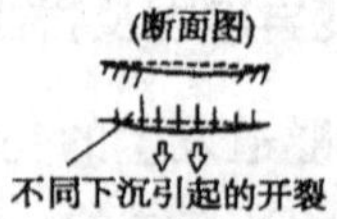 (断面图) 不同下沉引起的开裂
	水压、冻结力	水压、冻结力，与涌水关系密切。通常侧压是主要的，在边墙和拱肩多产生水平开裂	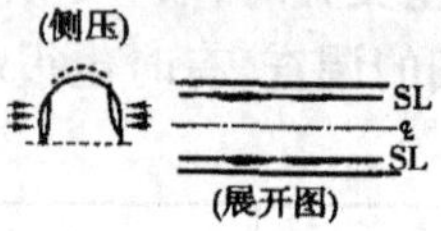 (侧压) SL SL (展开图)
材质劣化	经年劣化	主要指混凝土的碳化。混凝土的碳化，主要是混凝土中的强碱生成物氢氧化钙与大气中的二氧化碳反应，失去碱性而碳化	
	冻害	在寒冷地区的隧道，冻害是衬砌劣化的最主要的原因。冻害的发生机制有混凝土中水分的冻结和伴随的体积膨胀	
	盐害	此种变异主要是混凝土中的钢材腐蚀、海水和混凝土的反应产生的多孔质化	

续上表

<table>
<tr><th colspan="2">原　因</th><th>概　要</th><th>备　考</th></tr>
<tr><td rowspan="6">材质劣化</td><td>有害水</td><td>围岩中的地下水，如火山地带的强酸性水，对衬砌是有害水，是造成衬砌劣化原因之一</td><td></td></tr>
<tr><td>使用材料、施工方法</td><td>起因于使用材料和施工方法的变异，早期发生的较多。使用材料不当，会出现水泥异常膨胀；施工不当也会造成开裂</td><td>干燥收缩及外气与围岩温差引起的开裂</td></tr>
<tr><td>钢材腐蚀</td><td>因钢材腐蚀造成体积膨胀，使混凝土沿钢筋开裂和使钢材断面减少，造成承载力的降低</td><td></td></tr>
<tr><td>碱性集料反应</td><td>因碱集料反应的变异事例，到目前为止，还比较少</td><td></td></tr>
<tr><td>火　灾</td><td>火灾时，混凝土处于高温状态，会使强度、弹性系数等力学性质劣化。表面发生爆裂现象，会发生剥落、开裂等</td><td></td></tr>
<tr><td>其　他</td><td>通行车辆的排气等与漏水等化合会产生强酸性水</td><td></td></tr>
<tr><td>其他</td><td>背后空洞</td><td>背后空洞不仅是围岩松弛、土压增加的原因，也阻碍了被动土压的产生，是造成衬砌强度降低的原因之一</td><td></td></tr>
</table>

续上表

原因		概要	备考
其他	拱厚	设计厚度小时，有预计土压作用时，会造成变异	
	无仰拱	施工时没有设置仰拱，但施工后因某种原因土压增大，会造成无仰拱地段的变异	
	漏水	漏水，有的是因外力产生的变异引起的，有的是因衬砌自身所引起的	

从表4-1可以看出，产生变异的原因是多方面的，大体上分为外因（外力和环境等外部因素）和内因（材料和设计、施工等构造上的因素）两大类（图4-12）。

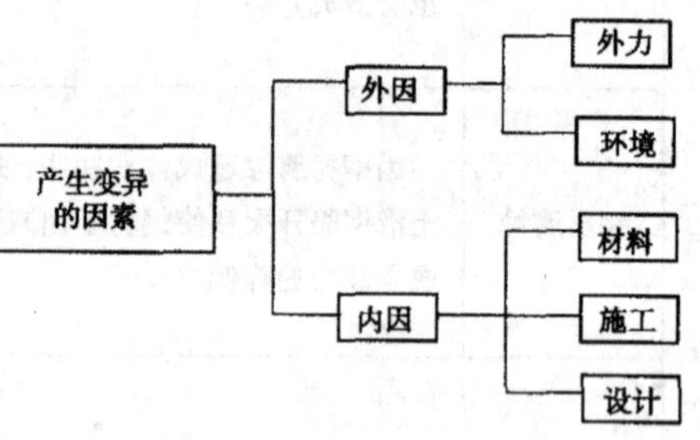

图4-12 隧道产生变异的原因

隧道的变异多是由多种因素产生的，应根据内因和外因的组合来推定变异原因。为此，在正确地推定变异原因时，要有隧道工程学的知识和经验，系统地理解各种现象的特征，来推定变异原因。

(1)外因

外因的分类如图4-13所示。

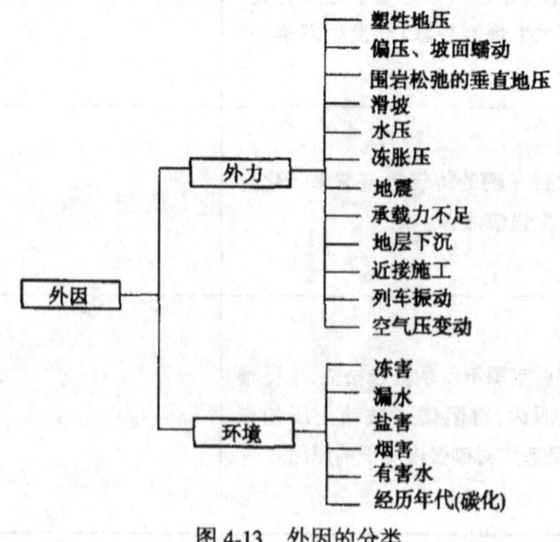

图4-13 外因的分类

(2)内因

隧道产生变异的因素一般都包括内因。内因的分类如图 4-14 所示。内因是促进外因造成变异的重要因素,在原因推定上是不能忽视的。

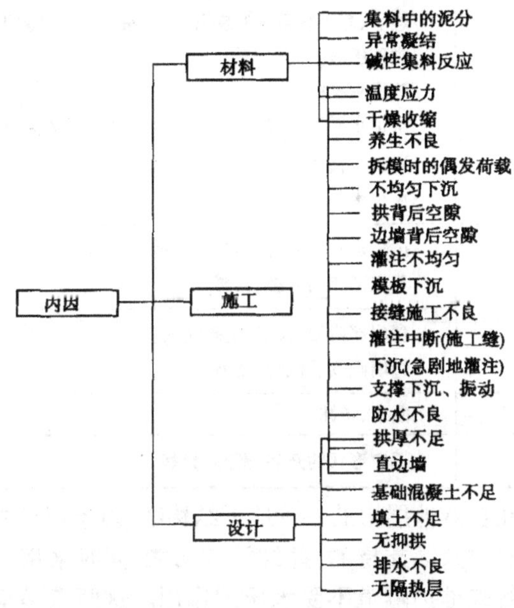

图 4-14　内因的分类

产生变异的因素的详细内容列于表 4-2,可作为推定变异原因的参考。

主要变异原因(内因)和促进的变异现象　表 4-2

变异原因(内因)		变异现象的特征
设计	直边墙	·边墙上部倾倒、边墙间隔缩小、边墙水平开裂、错动
	基脚混凝土不足、填土不足	·偏压、坡面蠕动造成的变异在发展
	无仰拱	·轨道变异:水平、高低等 ·轨道变异:土砂流入、地层下沉 ·边墙下部挤出、水沟开裂
	排水不良	·边墙下部挤出、水沟开裂 ·土砂流入、地层下沉
	无隔热层	·边墙开裂 ·拱、边墙错缝

续上表

变异原因(内因)		变异现象的特征
施工	拱背后空洞	·隧道宽度缩小 ·边墙、起拱线附近的拱肩开裂、错缝、错动(侧压增大) ·拱顶压溃 ·隧道高度缩小 ·拱顶水平开裂、错缝(没有回填压注或压注不足)
	边墙背后空洞	·隧道拱顶缩小 ·拱顶水平开裂、错缝
	厚度不足	·拱顶水平开裂(拱顶厚度不足) ·不定形状的开裂、剥离
	刹肩不良	·刹肩部错动、漏水、土砂流入 ·边墙倾倒、隧道宽度缩小
	防水不良	·漏水、结冰
材料	材质不良	·不定形状的开裂、剥离、剥落

山岭隧道是修筑在自然地层中的一种地下结构物,对土压等外力来说,是由围岩和支护结构双方共同支持的,并维持其功能;同时采用与漏水、涌水量相匹配的排水系统来维护隧道不受水压的作用。这两点是很重要的,是地下结构的重要特征。

而且,在隧道施工过程中,更精确地预测长期的围岩动态,以现在的技术水准还办不到。因此,使用阶段也会产生预料不到的外力。

有外力作用时的隧道的局部动态,有隧道壁面向净空内挤出而出现主动区域和向围岩方向挤压而出现被动区域两种情况。在被动区域的衬砌背后有空洞时,背后的围岩对变形不能提供反力,对外力来说,是易于产生变形的结构。此外,空洞部分的围岩形状是凸凹不平的,被动区域和主动区域在衬砌背后与围岩是不均匀接触的,因此会产生较大的应力。另外,空洞部分的围岩可以说是和毛洞状态一样的,围岩会松弛而逐渐扩大。所以,衬砌背后的空洞对隧道来说是极为有害的。在没有充分的围岩支撑力的情况时,为不使隧道下沉,应设置仰拱等结构物。

排水系统不充分时,地下水位会上升,产生水压并使围岩劣化。

所以,要保持隧道内良好的排水条件;同时对衬砌背后的空洞进行回填,以防止外力作用而引起的变异。

使用阶段外力的变化,可分为以下分类:

·施工阶段的外力在继续发展；

·从施工阶段或比较早期，外力有增加的趋势；

·外力间断地增大；

·外力加速地发展；

·外力间断地增减。

对外力的增加，如结构物的耐久性不充分时，或坡面不稳定，再加上围岩劣化、气象等条件时，变异将发展、扩大。因此，有无发展性对外力的增加和耐久性的降低是很重要的。但各个隧道的特征不同，评价也会不同，这一点要加以注意。

地压等外力产生的变异，衬砌劣化产生的剥落、剥离等的变异，漏水冻结产生的变异等场合，在进行健全度判定和对策的设计、施工时，应根据洞内调查结果正确地掌握衬砌和路基的变异现象，同时，根据资料调查和环境调查的结果和整理的量测结果等，确实地推定变异原因。

但是，推定隧道的变异原因需要丰富的经验和工程学、地质学、结构力学等多方面的知识。隧道变异的机理根据变异事例的积累、试验、解析等逐渐地被掌握，但还有许多不明确的问题。施工造成的变异也有许多是不明确的。同时，隧道竣工很长时间后，施工当时的情报很难找到；再加上其他原因，推定变异原因就更为困难。

考虑地压作用的变异的场合，需要推定有多大的地压。但隧道是一个利用围岩相互作用来保持荷载的结构物，由于围岩的不均匀性（裂隙的存在等）、隧道自身的不均匀性（厚度的差异、开裂的存在、背后空洞的存在等），与桥梁等作用荷载比较明确的结构物是不同的，荷载的推定也是极为困难的。

因此，推定隧道变异原因决不是一件容易的事。但对各个变异隧道应从各个角度进行调查、分析，同时听取专家的意见和指导，推定出可能性高的原因，并以正确的原因推定，编制合理的对策以及设计和施工方法。

目前，支持变异原因推定的系统正在开发之中，部分已经实用化。我们期待着能够完成从隧道检查到健全度判定、变异原因推定的自动诊断系统的开发早日完成。

在进行原因推定时，从衬砌开裂推定变异原因是最直接的方法。其前提是开裂必须模式化。一般来说，开裂是隧道变异最有代表性的现象。开裂一般按表 4-3 分为四类。在一般情况下，这四类皆按开裂处理。

图 4-15 和图 4-16 表示开裂发生原因的分类。开裂与隧道产生变异的因素一样,大体上分为外因和内因两种。实际上,开裂都不是由单一的因素引起的,而是几种因素综合作用的结果。也就是说,开裂有的在营运一开始就存在,也有的是在营运开始后,因外力等因素而出现。对两者的划分是需要一些经验的。

开　裂(按形态分类)　表 4-3

部位＼条件	有台阶	无台阶
母材	错动	开裂
施工缝	错缝	离缝

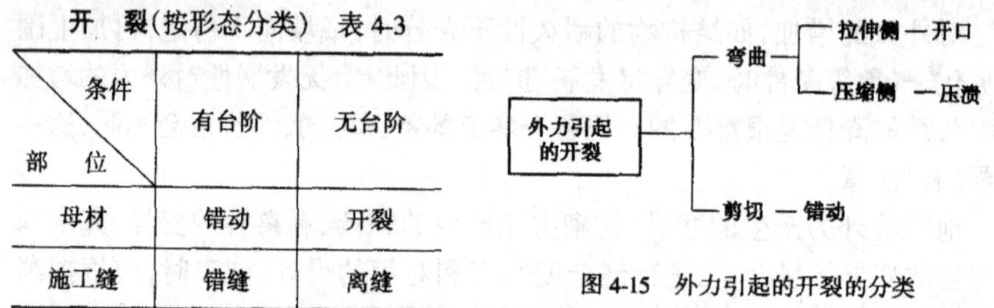

图 4-15　外力引起的开裂的分类

为此,掌握不同因素产生的变异的典型的开裂形态,进行综合判断,对于查明开裂原因是很重要的。

因地压产生的开裂的形态,示于图 4-17,可供参考。

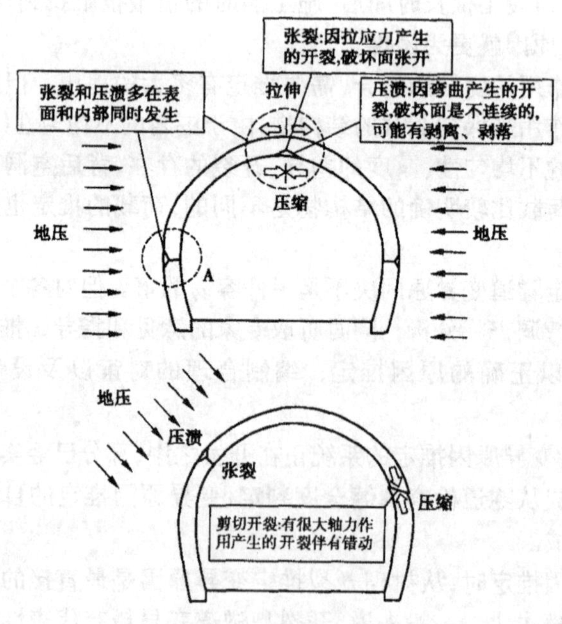

图 4-16　外力产生的开裂模式图

图 4-17　压溃和拉伸开裂(模型试验结果)

综上所述,隧道变异可按以下原因进行分类,即:

·由外力引起的;

·由材质劣化引起的;

·漏水引起的;

·设计、施工不良引起的。

要点二　松弛地压引起的隧道变异

一、变异的特征

松弛地压,如图 4-18 所示,是围岩自然松弛,不能支持其自重而作用在衬砌上的荷载,是以垂直压力为主的。在拱顶处沿隧道纵向多产生张开性的开裂,这是主动区域的开裂特征。

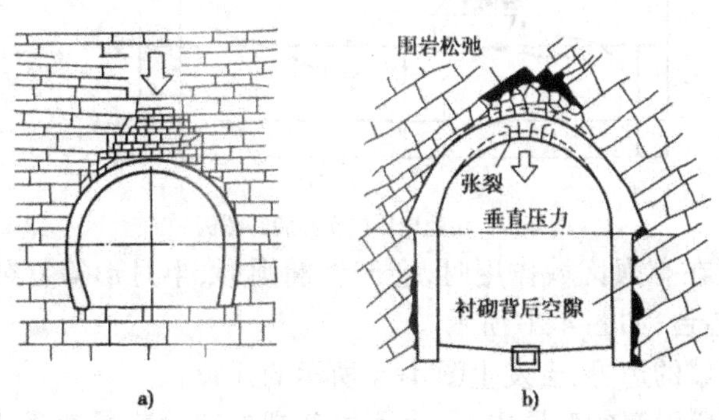

图 4-18　松弛土压的模式图

a)水平成层围岩的情况;b)非水平成层围岩的情况

二、发生机制

在硬岩中，由于节理面的结合力因风化和水的作用而降低，使松弛地压增大。在软岩、土砂中，因干湿的反复和冻结、融化的反复而使围岩劣化。软岩、粘性土时，因含水量的增加而使物性降低，也是发生松弛地压的原因。此外，衬砌背后有空洞也是使地压增大的主因之一。

隧道开挖时产生的围岩松弛会逐年发展，是由于围岩自重、列车振动引起的现象，典型的因素有以下几点：

·因风化使节理面结合强度降低；

·因砂质围岩中细颗粒成分流失使粘结力降低；

·衬砌背后空隙促进围岩松弛，使衬砌发生弯曲应力，虽不损害拱部的功能，但承载力显著降低；

·施工衬砌厚度不足；

·衬砌劣化，砖及砌块衬砌接缝材料劣化。

三、开裂的形态

松弛地压沿隧道纵向连续作用时，松弛围岩的重量主要作用在拱部，拱顶附近是主动区域。此时，拱顶沿隧道纵向产生开口状的开裂，如图 4-19 所示，在拱的两肩处(被动区域)产生斜向开裂和龟甲状的开裂。

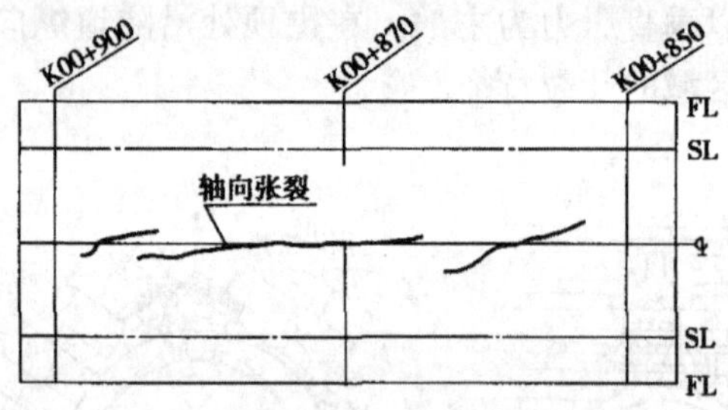

图 4-19 松弛地压的变异展开图例

松弛地压在有限区域作用时，会产生椭圆形、半月形等复杂形状的开裂，并伴随有错台，如图 4-20 所示。

在限定区域的边界，会发生图 4-21 所示的开裂。

在松弛地压引起的变异中，一个不可忽视的变异就是突发性崩塌。隧道的变异在崩塌前能够用目视确认的变异状态，通常都是发展性显著的。

在此种情况下，要一边观察、一边采取措施，予以处理。

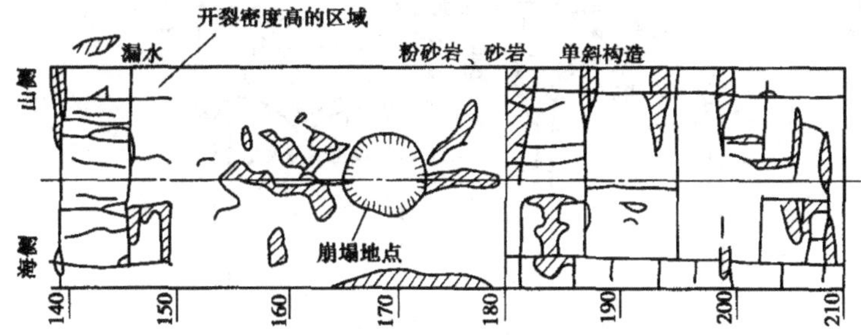

图 4-20　松弛地压（限定区域集中作用）

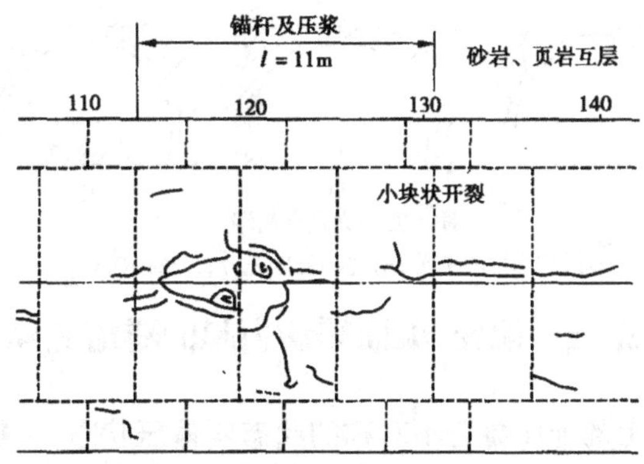

图 4-21　松弛地压（限定区域边界集中作用）

近几年，有很多突然发生崩塌的情况，但没有显著变异，或者只观察到较轻微的变异。关于这种突发性崩塌的崩塌机制，目前还没有搞清楚。但大致来说，有以下两点需要注意：

(1)施工时在衬砌背后留有空洞，没有得到充分地回填。图 4-22 所示为某隧道突发性的崩塌事例。拱后空洞严重，向进口方向目测长度超过 20m 以上，空洞高度达 1m 左右，宽度也是很大的，空洞无回填。

(2)完成后 10～20 年间，如图 4-23a）所示，随地下水的土砂流失，隧道上方产生较大的空洞，空洞上部的岩块突然掉落，而使衬砌受到冲击，衬砌强度不充分时，就会发生破坏；衬砌强度充分时，如图 4-23b）所示，就留在衬砌的上部；或如图 4-23c）所示，衬砌破坏；埋深小时，空洞可达地表面。此现象基本上是由围岩分离的岩块的重力所造成的，可按松弛地压处理。

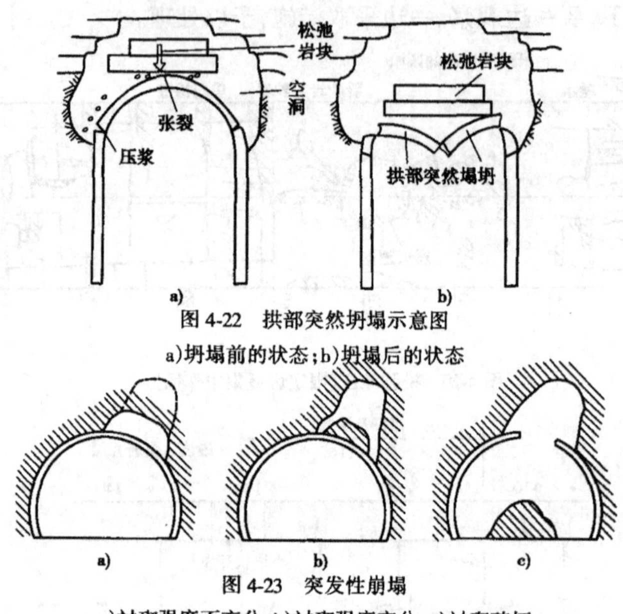

图 4-22 拱部突然坍塌示意图

a)坍塌前的状态;b)坍塌后的状态

图 4-23 突发性崩塌

a)衬砌强度不充分;b)衬砌强度充分;c)衬砌破坏

要点三 偏压、坡面蠕动引起的隧道变异

作用于衬砌上的地压显著不对称的状态叫偏压状态,一般多出现在斜坡地形处。坡面蠕动指没有滑坡面的、缓慢的坡面移动,与滑坡不同。偏压与坡面蠕动的变异模式图示于图 4-24。

一、变异现象及原因

1.变异现象

偏压、坡面蠕动产生变异现象的特征列于表 4-4。

偏压、坡面蠕动变异现象的特征 表 4-4

部 位	变异现象的特征
衬砌	·山侧拱肩处水平开裂、错动; ·拱顶或稍靠河侧处压溃; ·山侧刹肩处错动; ·绕断面轴转动; ·河侧边墙水平开裂,但偏压使终端附近也产生斜向开裂
地表	坡面蠕滑(植被根部弯曲),滑坡征兆

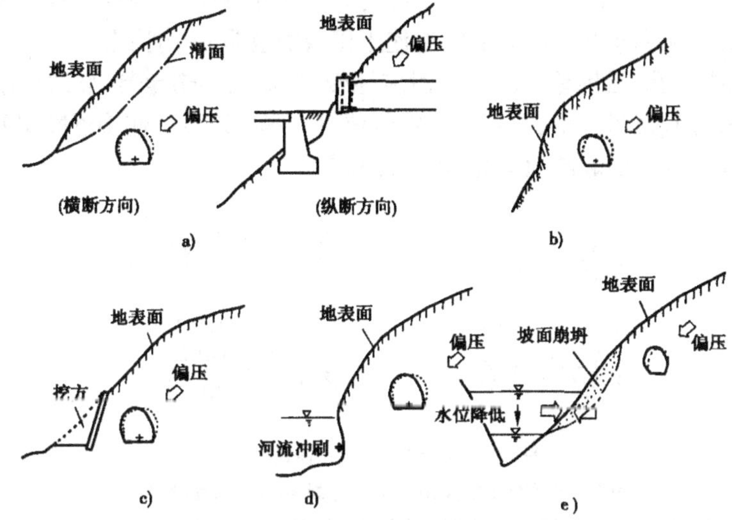

图 4-24　偏压、坡面蠕动变异模式图

a)隧道上部滑坡蠕动;b)偏压地形;c)坡面挖方;d)河流冲刷;e)河流水位降低使边坡崩坍

2.变异原因

(1)外因

偏压、坡面蠕动的外因列于表 4-5。

偏压、坡面蠕动的外因　　表 4-5

因　素	诱发变异的条件
地形	·自然地形:与坡面平行、埋深小、岩堆、崩坍地、滑坡、河流冲刷坡面 ·人工地形:地面挖方、兴建住宅、水坝渗水水位上升或水位急剧降低、坡面崩坍
地质	·强风化带、软岩(页岩、片岩等)滑坡体
气象、地震	·暴雨、地震

(2)内因

隧道受到山侧的偏压时,应视其状况或采取减轻偏压的方法或采用能承受偏压的结构。但一些老隧道,因地形或施工费用、技术尚未开发等原因,没有采取充分对策的情况是不少的。由于偏压易于产生变异的内因列于表 4-6。

偏压、坡面蠕动的内因　　表 4-6

因　素	诱发变异的条件
设计	·偏压衬砌、填土、上部挖方等不足; ·河侧边墙基础嵌入深度不足、直边墙、无仰拱
施工	·衬砌背后有空洞、刹肩不良、厚度不足

总之，洞口的偏压衬砌强度不足、填压土不足、洞口无仰拱等都是发生偏压的原因；地表水和降雨等的渗透使土压增加也是一个原因。

从地质上看，岩堆地、崩塌地、滑坡地带、河流的冲击地带、软岩（泥岩、页岩、片岩等）、强风化带、硬岩的倾斜节理、片理等，以及一侧接近断层和破碎带的情况，都易引起隧道变异（图 4-25）。

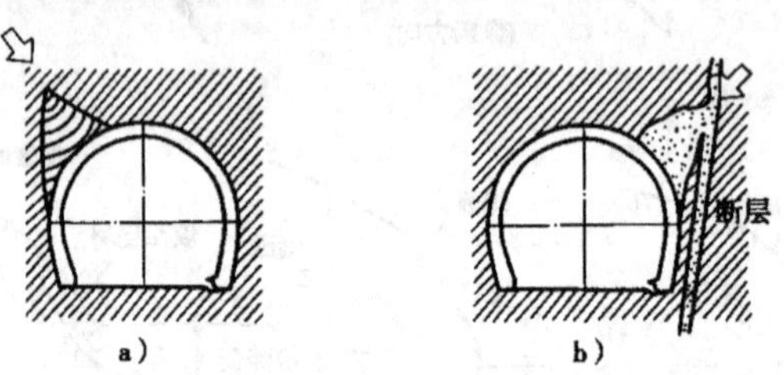

图 4-25 层状岩层的偏压模式图

a)片理、节理倾斜的情况；b)一侧接近断层和破碎带的情况

此外，气象条件，如暴雨、融雪、滑坡等也是应予以关注的。

人为原因，如近接施工、施工中崩塌处回填不足等都是发生变异的因素。

二、开裂形态

即使很小的偏压作用，也会产生开裂。作用的土压左右是不同的，一侧拱肩附近是主动土压，使另一侧的拱肩附近的断面上抬，而形成被动土压的作用区域。此外，当拱肩有接缝时，会产生错台。如图 4-26 所示，主动土压作用侧的拱肩产生纵向的开口开裂。如图 4-27 所示，被动土压侧的拱肩产生龟甲状（压缩性）的开裂和斜向开裂。从拱顶到拱肩断面上抬的部分，易产生局部的压溃。偏压作用的端部（起点和终点）附近将产生斜向开裂和环状开裂。拱和墙的接缝处会产生错台。

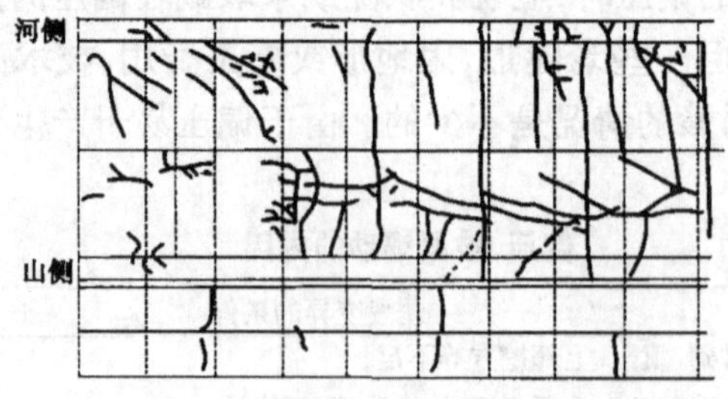

图 4-26 偏压和承载力不足的开裂模式图

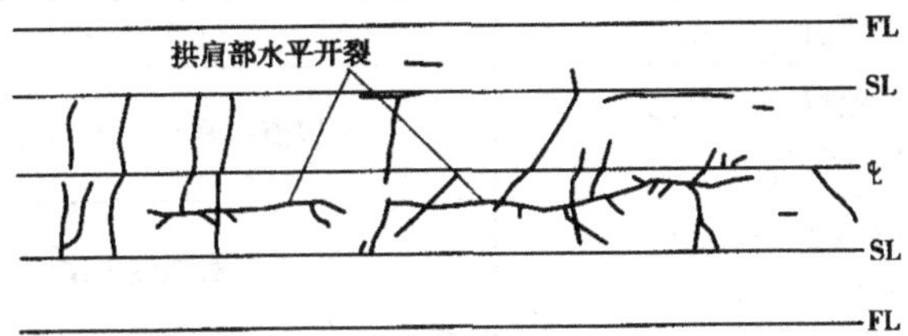

图 4-27　偏压、坡面蠕动的隧道变异展开图

从地面上看，变异区域的地面会发生植被的变化，变异速度随季节而异。

要点四　滑坡引起的隧道变异

构成斜坡的地表表层因地下水等而产生的滑动现象，或者随之产生的移动现象均称为滑坡。与偏压、坡面蠕动一样，这种现象多发生在岩堆、第三纪的软岩地带、温泉作用的变质带、构造线附近的变质岩类地带，但一定与水有关。

滑坡的发生机制是沿滑面的粘土，由于地下水的作用而强度降低，产生沿滑面的滑动。滑坡的主因和诱因的分类列于表 4-7。

滑坡的主要原因和诱发原因　表 4-7

主　因	·地质：第三纪层、构造线地带、破碎带、温泉地、其他
诱因	·地表水：表面水、池沼水的浸透，增加自重，物性变化； ·降雨：雨、融雪的浸透； ·地下水：水位上升，孔隙水压、透水压力增大； ·流水、贮水池水面：下部冲刷、波动、水位急速下降，破坏力学平衡； ·人为作用：挖方、填土、结构物； ·火山作用； ·地震

一、变异特征

视隧道和滑面的位置关系，滑坡引起的隧道变异特征列于表 4-8。

滑坡引起的衬砌变异　表 4-8

隧道和滑面的位置关系	变异特征
隧道与滑面纵向相交的情况 图 4-28a)	因面外剪力发生复杂的开裂
隧道在滑坡体内或在滑面之下 图 4-28b)	类似偏压作用

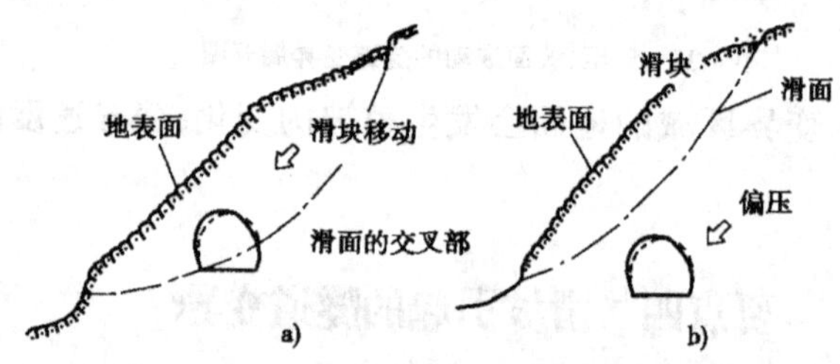

图 4-28　与隧道直交的滑坡
a)滑面与隧道交叉；b)隧道在滑面之下

滑面在隧道断面内或隧道下方时，可发生表 4-9 所列的变异。

滑坡变异现象的特征　表 4-9

部　位	变异现象的特征
衬砌	·山侧拱部、边墙水平开裂、错动 ·拱部压溃 ·隧道断面转动、边墙间距缩小 ·滑面与隧道交叉附近剪切破坏(水平、横向、斜向等开裂、错动、剥离等)
轨道	·变形、底鼓
隧道路基	·变形、侧沟错动
地表	·坡面移动、下沉、开裂 ·滑落岩体扩大 ·隧道下面坡面挤出

滑面与线路交叉时，滑动土块中有一部分将随着滑动土块向谷侧移动，与滑动土块外侧发生很大的错动，所以，在交叉处附近发生复杂的剪切应力，除水平开裂以外还会发生横断方向开裂及斜向开裂、错动等。此外，都伴随发生轨道变异、断面轴转动、拱顶压溃等，变异的规模是很大的。当然，滑面不一定在隧道内。还要注意前后路基和轨道的变异，同时，进行地表的观察和移动量测(滑坡计、倾斜计)，以期给规划中选择实施措施和方法时提

供充分的数据。

滑坡的发生是因滑面的粘土在地下水的作用下，强度降低，而使滑动土块沿滑面滑动。但发生机制有主因（与地质有关的）和诱因（水、人为、火山、地震等）之分。

二、开裂形态

滑坡引起的变异，因隧道与滑面的位置关系而异。在隧道与滑面相交的部分，如图4-29所示，交叉部的一侧随土块移动，其相反侧没有移动。因此会产生很大的错动，因剪切作用产生斜裂、错台等，并剥离。加上断面轴的移动、回转、下沉等，变异的规模是很大的。隧道在滑动土块内时，隧道的变异有以下特征：

·靠山侧拱、边墙发生开口的开裂及错台；

·隧道断面向斜上方抬起，拱部产生局部压溃；

·纵向稍弯曲，产生环向开裂；

·因隧道断面轴回转产生斜向开裂；

·产生路肩变异和底鼓；

·边墙附近的净空缩小。

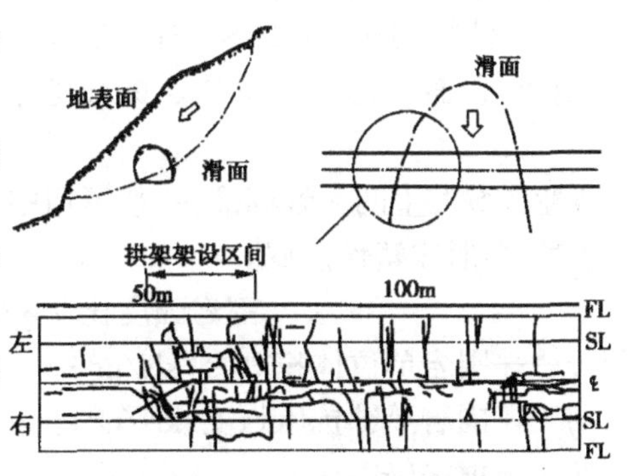

图4-29　滑坡引起的隧道变异模式图

产生滑坡时，坡面变异的特征是：

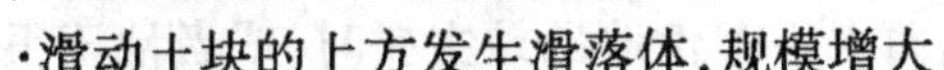

·滑动土块的上方发生滑落体，规模增大；

·坡面移动、下沉、开裂；

·滑动土块下部产生坡面挤出。

滑动土块沿隧道纵向滑动时，滑动土块内的隧道区段的变异有以下特征：

·产生环向开裂和与之正交的井字形开裂、裂缝宽度扩大；

·接缝沿纵向张开，路肩变得凸凹不平；

·洞门端墙与洞口衬砌为一体时，洞门整体向外移动；无基础时，墙面前倾；

·因被动土压难于作用，随洞门整体移动的同时，拱和边墙的接缝易产生错台；

·路肩侧沟易变异。

要点五 膨胀性土压(侧压、底鼓)引起的隧道变异

一、变异现象

所谓膨胀性土压就是使隧道净空缩小,而挤出的围岩产生作用于衬砌和支护结构上的土压。

狭义的膨胀性土压,是由风化围岩和含有粘土矿物围岩的体积膨胀所引起的,围岩的塑性变形也可包含在内,这是从现象上来说的,因为这是很难区分的。膨胀性土压一般的特征是围岩的位移和土压随时间长期增长,同时会产生使衬砌和支护结构破损,是很大的土压。

在地质方面,泥岩、页岩、蛇纹岩、温泉余土等易发生膨胀性土压。

塑性区域发生的大致标准,一般可用围岩强度比来表示;当围岩强度比小于2时,会形成塑性区域。

$$\text{围岩强度比} = q/h \cdot \gamma \tag{4-1}$$

式中:γ——围岩单位体积重力(kN/m^3);

q——围岩单轴抗压强度(kN/m^2);

h——埋深(m)。

引起膨胀性土压的结构因素有:不设仰拱、衬砌厚度不足、拱背后有空洞。

由于边墙刹肩处施工不良,而水平塑性地压是主要时,或者地压很大时,变异特征如下:

·边墙或拱肩水平开裂;

·边墙挤出、净空宽度变小;

·底鼓(轨道边沟上抬,底板、仰拱变异);

·拱顶部压溃;

·避车洞变异(人孔环裂)。

膨胀性土压的变异典型示例如图4-30所示。在左右边墙或拱的两肩易产生复杂的水平开裂,有接缝时会产生错台。此外,拱背后有空洞时,衬砌会上抬,产生局部压溃。无仰拱时,易产生路肩变异和底鼓。

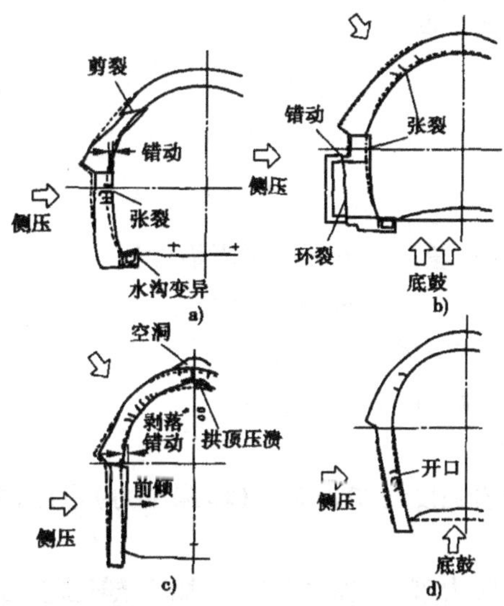

图 4-30　膨胀性土压的变异典型示例

a)剪切开裂；b)避车洞变异；c)边墙前倾；d)边墙水平开裂

二、发生机制

1.外因

隧道开挖改变了隧道周围的应力状态，当隧道围岩强度显著小于埋深压力时，或强度劣化显著时，隧道周边产生的塑性区会扩大(图 4-31)，而使作用在衬砌上的荷载增加。易于发生塑性地压的地质条件如下：

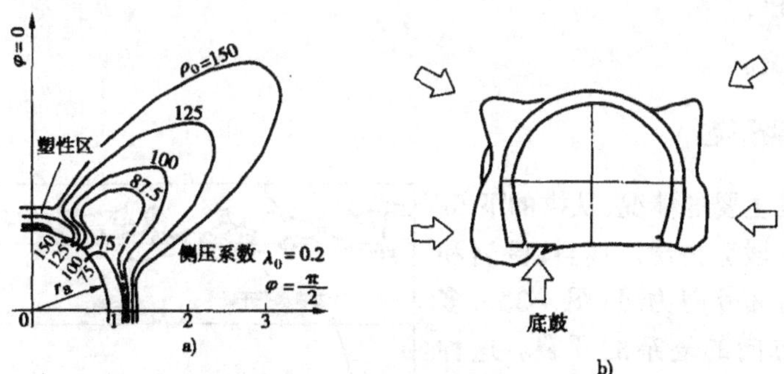

图 4-31　膨胀性土压引起的塑性区及其模式图

a)圆形隧道的塑性区；b)塑性区域的模式图

·含有大量蒙脱土的新第三纪泥质岩、凝灰岩；

·风化、变质的结晶片岩；

·变质岩；

·变质安山岩；

·蛇纹岩；

·断层破碎带。

在上述地质条件中，埋深比较大的围岩强度比

$$q_u/\gamma \cdot h \leqslant 2 \tag{4-2}$$

式中：q_u——围岩单轴坑压强度（kN/m^2）

γ——围岩单位体积重力（kN/m^3）；

h——埋深（m）。

围岩强度比是围岩强度与初始应力（埋深压力）之比，主要应用于第三纪泥质岩中。

一般对围岩初始应力来说，围岩强度很大时，隧道施工时周围围岩不会产生破坏；但围岩强度比初始应力小，其比值小于2后，周边围岩会产生破坏，在隧道衬砌上作用很大的土压。

2.内因

隧道衬砌如没有构造上的缺陷，则是一个与围岩共同承受荷载的牢靠的结构物。而产生变异的隧道都会有一些构造上的缺陷，成为变异的内因。由于塑性地压而易于产生变异的构造原因有：

·衬砌拱顶背后有空洞；

·厚度不够；

·无仰拱；

·直边墙。

三、开裂形态

侧压是主要的情况，从拱的下部到边墙的一段会挤出。而且，围岩和衬砌背面有面外剪力时（图4-32），多产生水平方向的复杂的开裂。这种开裂多发生在隧道的左右侧。隧道断面从左右挤出的结果，拱顶多数上抬，此区域变为被动区域。如拱背后有空洞、围岩软弱时，拱顶会产生局

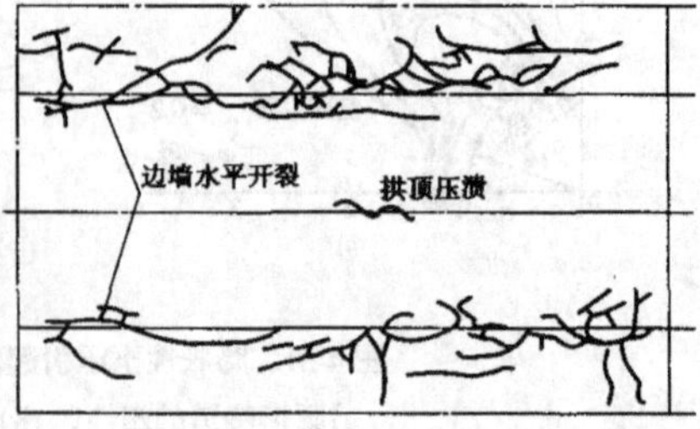

图4-32 膨胀性土压引起的变异模式图

部压溃。此外，拱顶有被动反力作用时，就不会上抬，而在拱的两肩因剪力产生水平开裂，也会出现错台。如图 4-33 所示，拱和边墙间产生错台，并在拱的下部和边墙产生雁状开裂。

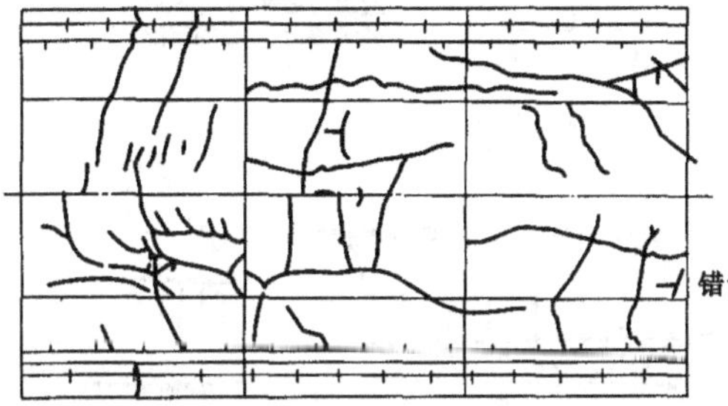

拱部剪切错台

错台

图 4-33　错台及剪切引起的变异展开图

隧道轴与断层斜交的情况，几乎都是产生斜向开裂。边墙下部挤出显著时，边墙下部的塑性区变大，造成路肩发生变异、电缆管破损、路肩侧沟变异、发生底鼓等。此时，路肩变异不是左右同时发生，而多是一侧先行发生。

要点六　承载力不足引起的隧道变异

一、变异特征

承载力不足与隧道变异的关系，如图 4-34 所示，多是沿纵向或横向的不均匀下沉。前者易产生环向开裂，后者随隧道轴的回转产生斜向开裂。洞门则发生端墙前倾和开口性的开裂。

二、发生机理

1.外因

隧道边墙底脚处的承载力不足，会造成隧道的不均匀下沉，这在风化变质的围岩和倾斜地形的隧道（尤其是一侧边墙与岩层密贴，另一侧边墙处于未固结地层上）中屡屡发生。

2.内因

与地层下沉一样，隧道已经变异和结构上有某些缺陷时（尤其是边墙底脚处的支承面积不够，嵌入深度不够，排水不良等），下沉会促进变异的发展，有产生新的变异的可能性。

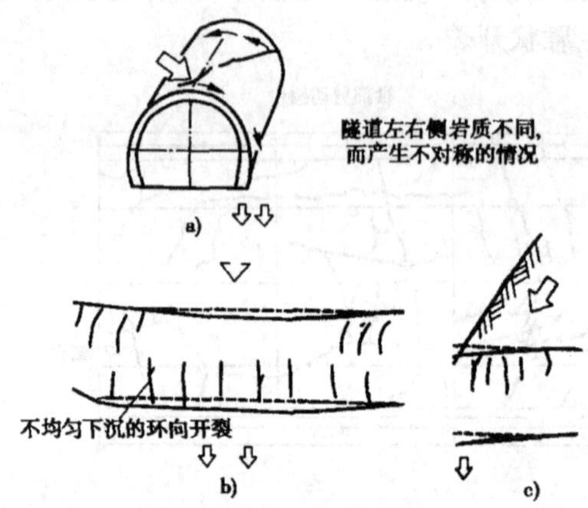

图 4-34 围岩劣化、承载力降低
a)洞口、河侧下沉；b)断层和破碎带；c)洞口不均匀下沉

3.变异现象

由于承载力不足产生的下沉会造成环向开裂，但产生像错动那样的大变形是很少见的。但洞口多位于如外因中所述的地形、地质条件中，要加以注意。此外，洞门下沉的同时，还会前倾，也要加以注意。

承载力不足发生的原因有以下几点：

·因土压增加，造成承载力不足；

·围岩劣化，造成承载力不足；

·塑性区扩展到边墙正下方，造成承载力不足；

·围岩含水量上升，造成承载力降低；

·寒冷地区，围岩冻结、解冻时，承载力急剧降低；

·边墙底部支持面积不足、边墙基础深度不足、排水条件不良等。

三、开裂形态

承载力不足引起隧道开裂有几种模式：在隧道纵向发生不均匀下沉时，隧道边墙的接地部发生垂直开裂，并逐次产生环形开裂；下沉区间和不下沉区间的边界部在拱的上部产生垂直开裂，逐次形成环形开裂；此外，也发生斜向开裂。

重力式或半重力式的端墙多采用与洞口部分离的结构，洞口部的承载力不足时，如图 4-35 所示，洞门端墙将前倾，洞口部的拱部产生环状开裂，路面也产生开裂。图 4-36 所示就是因洞口的承载力不足而产生开裂的情况。

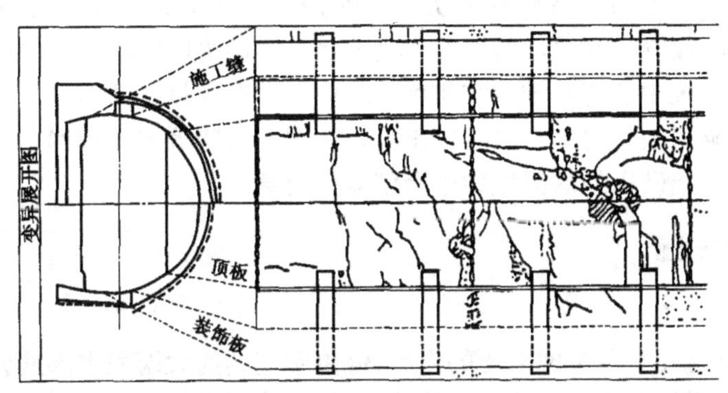

图 4-35　承载力不足、背后空洞的事例

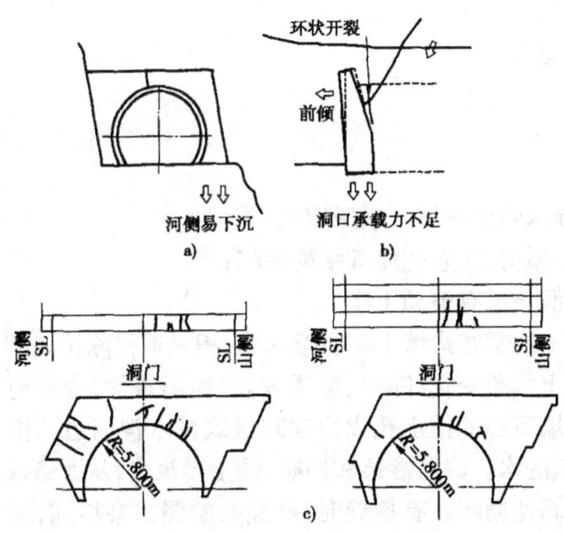

图 4-36　洞口附近的隧道变异模式图

a)不同下沉的变异；b)洞门前倾；c)滑坡地带隧道洞门变异模式图

要点七　水压、冻胀力引起的隧道变异

一、变异特征

水压、冻胀力与水有密切的关系，作用于隧道时，通常都是侧压型的。从衬砌的接缝和开口性的开裂以及排水孔等涌水的同时，土砂流入到洞内和排水系统中。土砂堆积在排水系统中，使有效排水断面减小。排水系统包括衬砌表面、衬砌背后、排水孔、排水沟（暗渠式、边沟、中央排水沟等）等。土砂以外的沉淀物也会使流路闭塞。

二、发生机理

1.外因

通常，隧道几乎不考虑水压的作用，但由于连续的大雨积水渗透会使水压急剧增大，再加上内部缺陷或其他外力原因，使隧道受力处于极限平衡状态，造成隧道变异。

需注意的地点：

·沟下地表水集中的地点；

·新设的贮水池和坝；

·大雨时冒水泡的地点。

2.内因

内因包括：

·排水不良、导水断面不够→水压增大；

·厚度不够，材质劣化，直边墙等结构缺陷；

·衬砌背后空洞→没有被动土压。

在山岭隧道中，通常在边墙下部设排水孔，积极地排除坑内的水。若排水功能降低，再加上气象变化(降雨、融雪等)和地形条件，会使地下水位急剧上升。因此，边墙下部的排水孔周边和暗渠式排水沟周边的围岩会产生超过固有限界流速的水。因其渗透和冲刷，使土砂流失，从而造成排水系统功能的降低，形成恶性循环。有接缝时，接缝处的漏水会增加，并使大量的土砂流入排水系统。

在寒冷地区，衬砌背后的围岩冻结，会产生冻结力。在冻胀性的围岩中，水体积增加 20%～30%，极易在拱顶附近产生压溃等变异。

易于发生水压的地形条件是：

·河流正下方和地表水集中的地点；

·大雨时出现水泡的地点；

·受贮水池和坝的渗水影响的地点；

·排水系统能力不足的地点。

易于发生冻胀力的条件是：

·冻结深度比衬砌厚度大的地域(积算寒度大于300℃·d)；

·有水的供给；

·易于发生冻胀压力的围岩；

·无隔热材的隧道。

岩层的冻胀条件列于表4-10。土砂的冻胀条件示于图4-37。

岩层(固结围岩)的冻胀条件　表4-10

判定指标	易冻胀条件	备　考
单轴抗压强度	$<500N/cm^2$	
粉细砂以下含量	>20%	最有效的判定指标
干燥密度	$<1.5g/cm^3$	
饱和湿润密度	$<2.0g/cm^3$	干燥后24h沁水的密度
含水量	>25%	

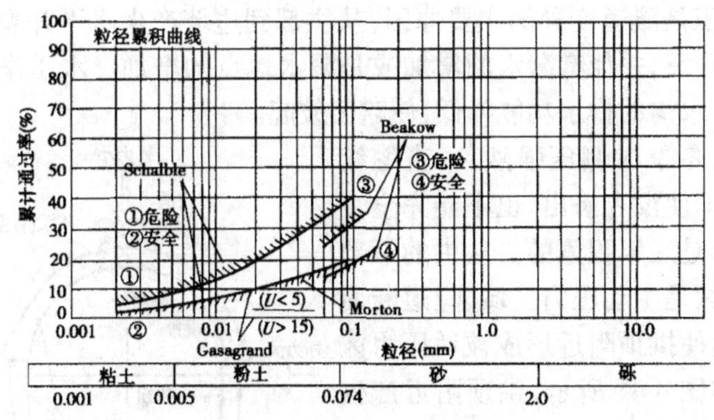

图4-37　土砂(未固结围岩)的冻胀条件

地下水位急剧上升的情况示于图4-38。

渗水和上部贮水池等引起的地下水位变动示于图4-39和图4-40。

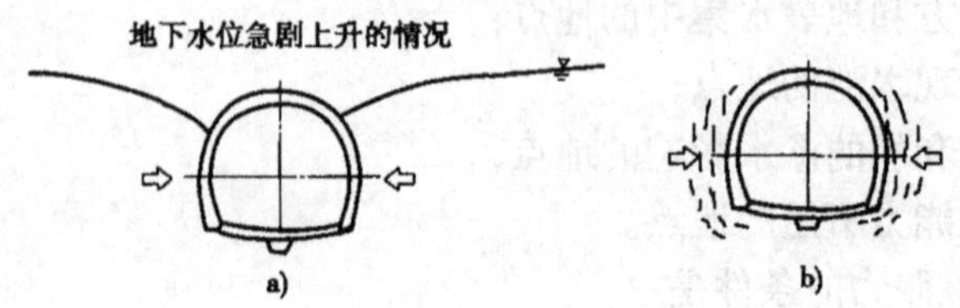

图 4-38 水压、冻胀力

a)水压作用;b)冻胀力作用

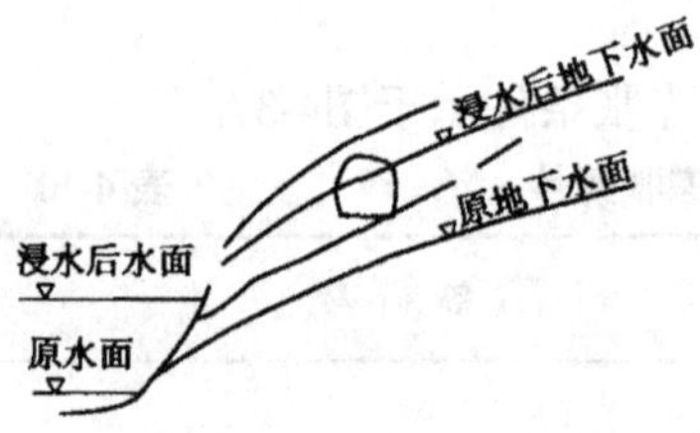

图 4-39 渗水引起的地下水位的变动

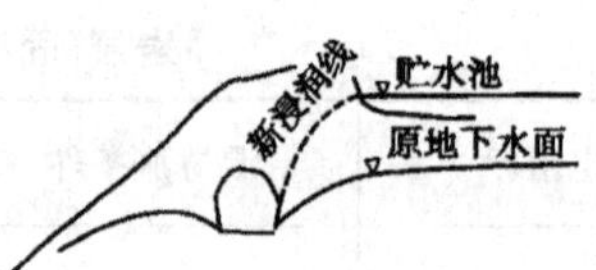

图 4-40 上部贮水池引起的地下水位的变动

三、变异形态

变异发生的前兆是隧道从剥肩处和开裂处的涌水量增加,从排水设施中有大量土砂涌入。

侧向水压是隧道变异的主要原因,从拱部到边墙产生水平开裂;同时,还产生环状开裂,并伴有漏水的增加或是漏水地点的增加。水压作用在路面时,中央排水沟的排水功能降低,使路面鼓起。

冻胀力,冬季时侧压强烈,一直继续到融雪期。即使没有挤出,也不能完全复原,残余变形是逐年积累的。从拱的下部到边墙的区域是主动压力区域,隧道断面向上抬起,而使拱顶附近形成被动压力区域。此时,如图 4-41 所示,拱顶附近产生局部压溃,路面鼓起。反之,融解时,衬砌或路面下沉,年年变异都有扩展的趋势,如图 4-42 所示。

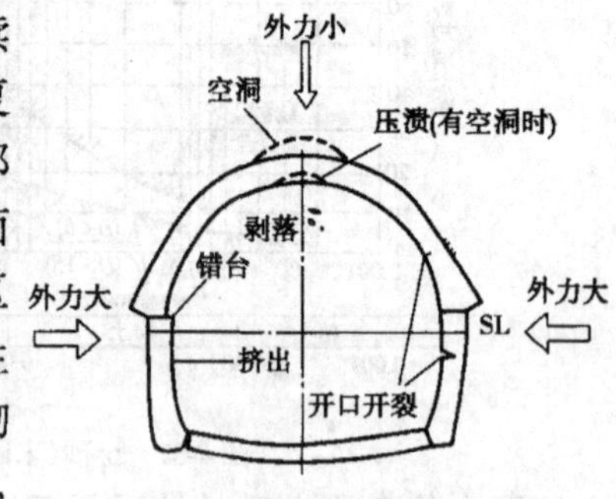

图 4-41 冻胀力的变异模式图

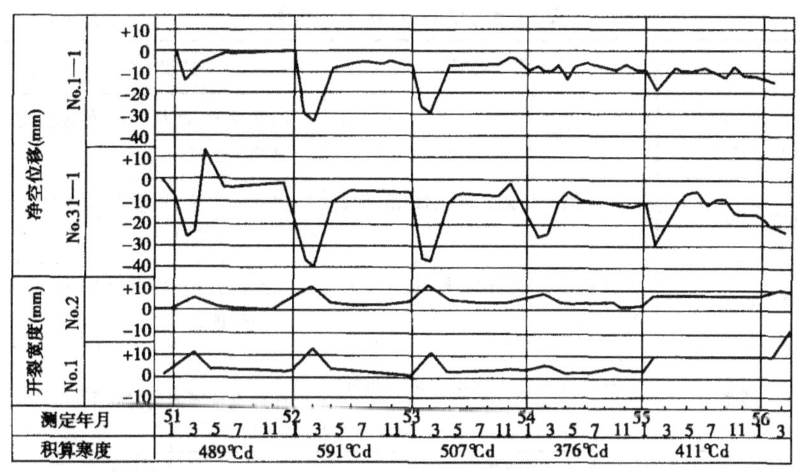

图 4-42　冻胀力使衬砌位移和开裂宽度的变化

要点八　地层下沉引起的隧道变异

一、变异原因

1.外因

地层下沉造成隧道变异的原因,多是由于地下空洞的形成。地下空洞的形成有的是自然现象,也有的是人为的现象。自然现象是由于伴随地下水流出而使地层流失,形成地下空洞(尤其在溶洞和石灰岩地区常见)。人为现象则是由于地下采矿和与新设隧道在下部交叉造成的。

2.内因

若隧道已经变异和构造上有缺陷,下沉更加助长变异的发展,并有产生新的变异的可能性。

二、变异现象

地层下沉会使隧道在纵断方向发生屈折的状态,环向开裂很显著,施工缝以外的部分也会不规则地发生。

下沉起因于地下空洞的变异,不仅造成隧道本身下沉,包括隧道周围的结构物也多会受到下沉的危害。如表 4-11 所示,空洞位于地中深部时会形成大范围的盆状下沉,空洞比较浅时会发生局部的浅层坍陷。

采矿引起的地陷、盆状下沉事例　表 4-11

项　目	浅处坍陷	盆状下沉
采掘达一定深度后发生	30m 以后	深度越大,盆状下沉范围越大,下沉期间也越长
发生时间	与开采时间无关,特别在雨期集中发生	视开采深度、地质条件而异,大约 3 年以内完成
发生原理	空调顶板岩石风化,因自重开裂、崩落	从空洞开始,岩层崩落,挤入逐步涉及到地表
发生形态	地表瞬间出现大致为圆形的陷穴	在影响范围内呈盆状下沉
下沉模式	浅处坍方	地表下沉

要点九　地震引起的隧道变异

一、变异原因

1.外因

由于地震引起隧道变异的外因,除了地震动以外,还有以下条件:

·由于隧道贯穿的围岩发生坡体滑动、崩坍、断层错动,处于易于产生变异的地质条件下;

·隧道虽未因地震而发生坡面灾害,但可能处于产生若干流变的不稳定坡面之下。

2.内因

从静力条件看,在已经发生变异或存在潜在的缺陷可诱发变异时,地震灾害是严重的。变异的内因包括:

·由于偏压,膨胀压力业已产生变异;

·无衬砌和薄衬砌;

·施工不良、冻害、年久劣化等使衬砌强度显著降低;

·施工中曾发生围岩流失、崩坍,而使上部围岩呈松弛状态。

地震灾害视地震规模、距震中的距离而异,且与隧道本身的弱点有关。

故在地震发生前，应尽可能把这些弱点消除掉。

二、变异现象

像隧道这样的地下结构，对抗震来说是很强的结构，但在上述条件下也会发生变异现象。其形态视隧道的环境条件和构造条件而不同，见表4-12。

地震造成的隧道变异形态　　表4-12

<table>
<tr><th>地　点</th><th>变异形态</th><th colspan="3">程　度</th></tr>
<tr><td rowspan="11">本体</td><td rowspan="3">开裂</td><td>对功能的妨碍</td><td colspan="2">有</td></tr>
<tr><td rowspan="2">对功能的妨碍</td><td rowspan="2">无</td><td>显著</td></tr>
<tr><td>轻微</td></tr>
<tr><td rowspan="3">衬砌破损</td><td>对功能的妨碍</td><td colspan="2">有</td></tr>
<tr><td rowspan="2">对功能的妨碍</td><td rowspan="2">无</td><td>显著</td></tr>
<tr><td>轻微</td></tr>
<tr><td rowspan="2">隧道变形</td><td rowspan="2">对限界的妨碍</td><td colspan="2">有</td></tr>
<tr><td colspan="2">无</td></tr>
<tr><td rowspan="2">隧道移动</td><td rowspan="2">对限界的妨碍</td><td colspan="2">有</td></tr>
<tr><td colspan="2">无</td></tr>
<tr><td>崩坍</td><td></td><td colspan="2"></td></tr>
<tr><td rowspan="3">路基</td><td rowspan="2">底鼓</td><td rowspan="2">对功能的妨碍</td><td colspan="2">有</td></tr>
<tr><td colspan="2">无</td></tr>
<tr><td>土砂流入</td><td></td><td colspan="2"></td></tr>
<tr><td rowspan="10">洞门</td><td rowspan="3">开裂</td><td>对功能、限界的妨碍</td><td colspan="2">有</td></tr>
<tr><td rowspan="2">对功能、限界的妨碍</td><td rowspan="2">无</td><td>显著</td></tr>
<tr><td>轻微</td></tr>
<tr><td rowspan="3">端墙破损</td><td>对功能、限界的妨碍</td><td colspan="2">有</td></tr>
<tr><td rowspan="2">对功能、限界的妨碍</td><td rowspan="2">无</td><td>显著</td></tr>
<tr><td>轻微</td></tr>
<tr><td>变形（鼓出等）</td><td></td><td colspan="2"></td></tr>
<tr><td>位移（滑动、前倾）</td><td></td><td colspan="2"></td></tr>
<tr><td>崩坍</td><td></td><td colspan="2"></td></tr>
<tr><td>埋没</td><td></td><td colspan="2"></td></tr>
</table>

要点十　外力引起的隧道洞门变异

一、变异原因

1.外因

隧道洞门处于与地中隧道不同的环境之中,具有易于产生变异的条件。隧道洞门附近的变异的外因列于表4-13。

洞门附近变异的外因　表4-13

外　因	变异现象
洞口坡面变异	洞口坡面产生变异,挡墙鼓出、错动
承载力不足	表土和风化层分布广、承载不足、下沉、洞门前倾、衬砌环裂
寒热反复	外部气温变化使衬砌材料劣化、易受碱集料反应的影响
地震	地震时,受到比隧道本体更大的地震动,易于产生伴随边坡变异的灾害

2.内因

因为洞口附近有易于产生变异的条件,所以应采用有足够强度的结构,但发生变异的例子还是不少的。

·无仰拱;

·洞门底脚处承载力不足;

·由于挖方形成凹型洞口;

·衬砌材质不良。

二、变异现象

洞口附近典型的变异现象,有以下几点(图4-43):

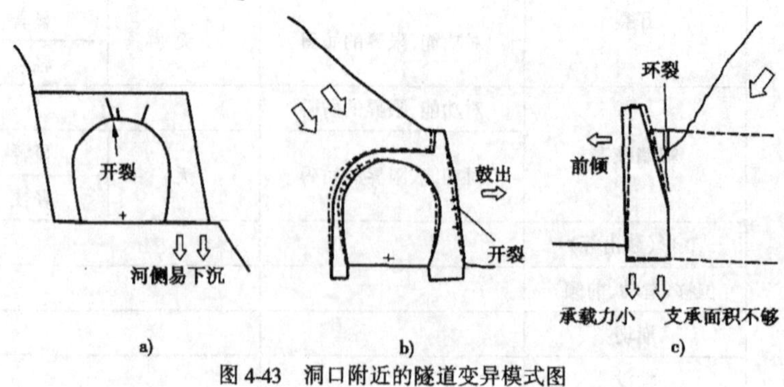

图4-43　洞口附近的隧道变异模式图

a)不均下沉引起的变异;b)偏压引起的变异;c)洞口前倾

·洞门前倾；
·端墙不均下沉造成的开裂；
·偏压造成的断面变形；
·冻害造成的衬砌材料劣化等。

要点十一　材质劣化引起的隧道变异

材质劣化引起的变异，视其环境、使用条件及使用材料、施工条件等，其原因是不同的。变异发生的时期及变异的发展性也有很大的不同。

此外，有些特定条件下的变异也会受到其他因素的助长而使变异增加，构成复合因素的影响。这些变异的发生、发展，与混凝土品质的变化随时间的推移有密切关系。但一般来说，这种变异的发展速度与滑坡等外力条件引起的变异相比较是比较小的，只要采取适当的措施，是可以得到处理的。

与材质劣化有关的引起隧道开裂的发生因素，列于表4-14。

与材质劣化有关的引起隧道开裂的因素　　表4-14

大分类	中分类	小分类	原　因
材料	使用材料	水泥	水泥的异常凝结 水泥的水化热(温度应力)
		集料	集料中的泥分，低品质集料 反应性集料
	混凝土		混凝土中的盐化物 混凝土下沉、离析 混凝土的干燥收缩
施工	混凝土	拌和	不充分或时间长
		运输 灌注	泵送时配比变化 灌注顺序不当 急速灌注
		捣固	不充分
		养护	硬化前振动和加载 初期养护时快速干燥 衬砌冻结
		施工缝	处理不当
	钢筋	配筋	配筋不当 保护层不足
	模板	模板	拆模过早 模板漏水

续上表

大分类	中分类	小分类	原因
使用环境条件	物理的	温度、湿度	环境温度、湿度的变化 构件内温差 反复冻融 火灾、表面加热
	化学的	化学作用	酸、盐类的化学作用 碳化引起的钢筋腐蚀 渗透的盐化物的钢筋腐蚀

隧道一旦产生变异,不管原因如何,漏水及伴随漏水的冻结都是造成钢筋腐蚀的原因。但关于开裂宽度与漏水量的关系,有的报告提出,以开裂宽度 0.3~0.4mm 为界,裂缝大于 0.4mm 漏水量是增加的。

一、经年劣化

1.特征

与衬砌材质无关的、随时间而发展的劣化,就是经年劣化。此处的经年劣化是以混凝土碳化为主的。

混凝土碳化,不仅损伤混凝土的密实性,也是造成钢筋腐蚀的重要原因。一般隧道衬砌都是素混凝土的,碳化一般不会引起重大的问题,仅在洞门等钢筋混凝土结构处会产生钢筋腐蚀等问题。

2.发生机制

混凝土碳化主要是指混凝土中的强碱生成物氢氧化钙(pH = 12 ~ 13)与大气中的二氧化碳反应失去碱性而碳化的现象。

$$Ca(OH)_2 + CO_2 \rightarrow CaCO_3 + H_2O$$

3.易发生的条件

碳化的发展速度一般是缓慢的;水灰比越小,混凝土越密实,碳化速度就越慢。此外,温度过低和温度过高时,碳化速度都较快。

4.其他

除碳化引起的经年劣化外,还有温度变化引起的劣化,在砖、石衬砌的情况下时有发生。其原因是衬砌材料和接缝材料的热膨胀系数不同。

二、冻害

1.特征

寒冷地区的隧道，冻害是衬砌劣化的最重要的原因。冻害引起的变异示于图 4-44，除混凝土产生麻面外，还有混凝土表面集料膨胀飞出、砂浆及混凝土的剥落等。一般来说，变异的发展是在冬季前后，并产生开裂，冻融反复作用使变异发展。

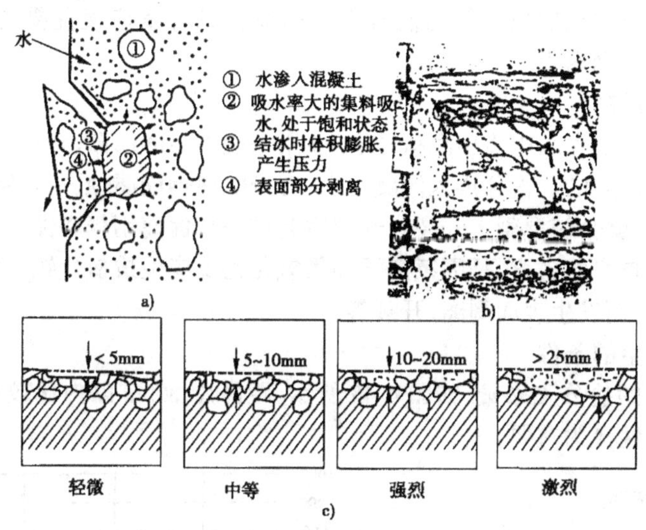

图 4-44　冻害引起的变异

a）集料飞出；b）变异实例；c）规模

2. 发生机制

冻害的发生机制是混凝土中的水分冻结及伴随的体积膨胀。据此，集料和水泥浆间粗集料和砂浆间剥离及应力超过混凝土抗拉强度时，混凝土即产生开裂，冻融使之发展。

3. 易发生的条件

变异的程度与环境温度、水分的供给（漏水、雨水等）、施工时混凝土的质量（空气量、气泡径的分布、集料质量等）等有关。此外，混凝土硬化不充分时，遇有低温也会产生冻害（初期冻害）。

隧道短、通风良好的情况以及洞口处等，易受外气温变动的影响，更易产生冻害。

除按抗冻性取水灰比的上限值（视结构物露出状态、断面的大小、气象条件等，一般取 0.55～0.65）和混凝土空气量的标准值（视粗集料最大尺寸取容积比 4%～7%）外，混凝土的抗冻性都有可能较差。

三、盐害

1.特征

盐害引起的变异包括混凝土中的钢材腐蚀、助长碳化及碱集料反应、海水中的氯离子和硫酸离子等与混凝土中的氧化钙等反应使混凝土多孔质化、开裂、表面剥离等。

2.发生机制

盐害多是在海水中飞出海盐粒子、使用除盐不足的海砂、含有盐分的漏水等情况下产生的。盐分渗入混凝土中,有可能使钢筋腐蚀,一旦钢筋腐蚀和体积膨胀,就会使混凝土开裂。开裂后会进一步促使钢筋腐蚀。

混凝土自身的劣化,是因氯离子和氢氧化钙反应生成氯化钙,而使混凝土多孔质化,而发生表面剥离、开裂等。

3.易发生的条件

大气中的盐分飞来量,如图 4-45 所示,距海岸 300m 以内比较多,对结构物的耐久性极为重要。

四、有害水

1.特征及发生机制

衬砌背后的地下水,有时含有对衬砌有害的成分,特别当其呈酸性时,是衬砌劣化的重要原因。

含有有害地下水的情况是:

·火山地带的强酸性的温泉水;

·矿床涌出的地下水;

·溶有二氧化碳的地下水;

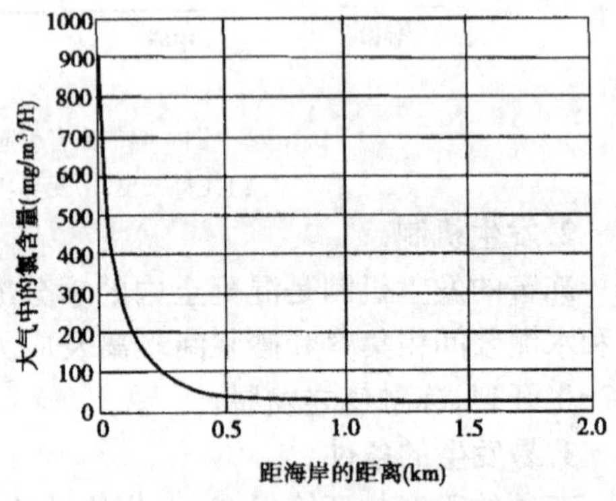

图 4-45 距海岸距离和盐分飞来量的关系

·含有植物遗骸等不完全分解的腐蚀酸的地下水。

有害地下水直接或间接接触衬砌内部或表面都有可能使衬砌劣化、强度降低等。

2.易发生的条件

温泉地带、矿床地带中的隧道,会遇到强酸性的涌水或含有大量有害物的地下水,有可能受到强烈的腐蚀作用。

表 4-15 列出含有硫酸盐的土及水对混凝土的影响。

含有硫酸盐的土和水对混凝土的影响　表 4-15

硫酸盐作用的程度	土试料中可溶性硫酸盐	水溶液中的硫酸盐
	SO_4^{2-}(%)	SO_4^{2-}(%)
可忽视	0.00~0.10	0~150
微小	0.10~0.20	150~1000
中等	0.20~0.50	1000~2000
非常激烈	>0.50	>2000

五、钢材腐蚀

1.特征

隧道衬砌是以素混凝土为主体的,但在洞口段以及地质不良或有构造要求的情况下,也采用钢筋混凝土的结构。在这种结构中,钢筋的腐蚀、体积膨胀会助长沿钢筋的开裂及钢材断面积的减少,因而可能会造成结构承载力的降低。

2.发生机理和易于发生的条件

钢筋腐蚀与保护层厚度、碳化深度、氯化物含量等有关,与碳化的发展、盐害等也有密切关系。

六、碱性集料反应

1.特征

一般来说,隧道衬砌发生碱性集料反应的变异事例不多。

碱性集料反应会造成混凝土开裂、反应物析出、构件错动和移动等。素混凝土中龟裂状的开裂及钢筋混凝土中沿钢筋的开裂较多出现。即使这些开裂对结构承载力的影响不大,但可能会降低混凝土对冻害和化学腐蚀的抵抗力。

2.发生机理和易于发生的条件

碱集料反应多发生在具备以下 3 个条件的场合:

·存在一定量的碱性集料;

·混凝土细孔中存在充分的氢氧化碱溶液;

·混凝土存在湿润条件。

七、漏水

漏水是材质劣化的原因,也是外力增加的原因。漏水自身也存在问题,例如,使路面变滑。这是交通上不希望的,对隧道内附属设施也有不良的影响,从通行车辆的舒适性及美观上看也是不希望的。在寒冷地区,漏水有时路面冻结和结冰,对交通影响很大。

漏水是由衬砌背后有地下水的存在及排水、防水设施不良所造成的。目前,隧道多在衬砌背后设置防水板,大体上可以保证不漏水。

八、火灾及其他

发生火灾时,混凝土受到高温而引起衬砌劣化。主要表现在混凝土强度和弹性系数的降低、混凝土表面及内部产生爆裂现象而发生剥落、开裂等。在钢筋混凝土结构中,钢筋与混凝土的附着强度也要降低。

其他,如烟害等,在合适的条件下也有可能发生。

要点十二　与使用材料和施工方法有关的隧道变异

一、特征

起因于使用材料和施工方法的变异,多发生在结构物的早期阶段。即使发生,变异对结构物的稳定性的影响也是不大的。但要注意,一旦发生变异,其他因素会助长其发展。

二、发生机制及易发生的条件

关于发生机制,可举出以下几点:

·水泥的异常凝结、异常膨胀;

·集料中含有泥分、低品质集料;

·混凝土产生下沉、离析;

·混凝土的温度应力、干燥收缩。

混凝土衬砌因水泥的水化热而产生的体积膨胀,在受围岩约束的情况下,会产生开裂,也就是温度开裂。其与水泥用量、配比、衬砌厚度、洞内环境等条件有关。干燥收缩引起的开裂与混凝土配比(特别是单位用水量)有很大的关系,与洞内温度、通风量等也有关。

温度应力、干燥收缩引起的开裂在隧道横断方向较多发生，但随时间推移，也有在纵向发生的。温度应力在混凝土灌注后1～2周左右、干燥收缩在混凝土灌注后10天以后，较多发生。总之，它们多是在初期发生的。与混凝土施工条件有关的变异因素有：

·拌和：混合材料分散不均、长时间拌和；

·运输、灌注：配比变动、灌注顺序不当、运输时间过长；

·捣固、养护：捣固不充分、硬化前振动和加载、初期冻害等；

·钢筋、模板：过早拆模、模板移动、漏水等。

图4-46表示与使用材料和施工条件有关的开裂。

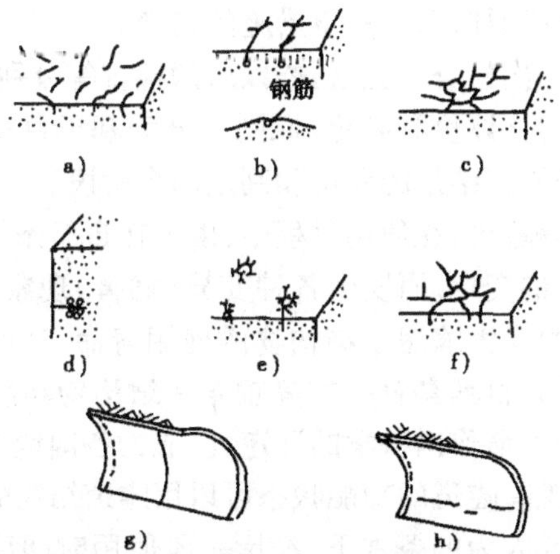

图4-46　与使用材料施工方法有关的开裂

a)水泥异常冻结；b)沿上部钢筋发生下沉开裂；c)因泥分、混凝土干燥产生的不规则网状开裂；d)捣固不充分的开裂；e)混合材分散不均产生的开裂；f)拌和时间过长发生的网状开裂；g)干燥收缩及外气和围岩温差引起的开裂；h)快速灌注引起的开裂

三、其他

温度应力及干燥收缩的宽度多在1mm以内，施工开裂可在2～3mm左右。这种开裂对结构物产生重大影响的情况不多。

第五部分　隧道变异的判定及基准

应根据结构物性能的检查结果,考虑劣化机理和状态,对检查时和预定使用期间完了时的劣化发展状况和性能降低,采用适当方法进行评价。

对结构物性能降低的判定,在评价结果中采用规定的判定基准决定是否需要采取对策,包括必要时采取紧急措施的判定。

评价和判定要按初次检查、初次检查以后的检查等分别对应进行。

初次检查以后的劣化评价和判定,原则上分为基于目视检查结果的评价和判定,和基于详细检查结果的评价和判定两个阶段。

铁路、公路、水工等隧道,在使用过程中,由于在自然条件下(地下水、材料老化、地震、冻害等)的变化,而发生各种变异(病害)现象(开裂、错位、冻结、震灾、崩塌等),从而大大缩短了结构物的使用寿命,其设计的功能状态将发生变化。因此,研究自然条件—变异现象—结构物功能状态之间的因果关系,并对结构物的寿命作出科学的评定,已成为各国地下工程研究领域中一项重要的课题。既有隧道的功能状态可以用隧道结构的剩余寿命来表示。隧道结构在自然或人为的条件下,经历一段使用时间后的剩余寿命等于隧道结构设计时的预计寿命减去因结构变异而损失的寿命,即:

$$\text{结构剩余寿命} = \text{结构基准寿命} - \text{评定时的结构损失寿命} \tag{5-1}$$

一般来说,设计预计寿命可按设计规定的基准期确定。对隧道结构来说,因是重要结构物,其设计基准期一般都规定为100年。但实际上,结构建成时的功能寿命,由于施工技术的好坏、断面尺寸的误差、材料参数的变化等,与设计的功能寿命会有一定的出入,这是很自然的。因此,最好用结构建成时的功能寿命来表示结构的基准寿命。

评定时,结构损失寿命则指结构物从建成时起到评定时,因各种变异而损失的寿命。显然,它与结构物的变异及其程度、经历时间有关,即:

$$\text{结构损失寿命} = f(\text{结构变异及其程度、经历时间}) \tag{5-2}$$

在结构剩余寿命的评定上,目前有的采用健全度的概念,有的采用损伤度(或劣化度)的概念来处理。两种方法实质上是相同的。

结构健全度指结构剩余寿命与结构基准寿命的比值,即:

$$结构健全度 = 结构剩余寿命/结构基准寿命 \quad (5\text{-}3)$$

结构损伤度指结构损失寿命与结构基准寿命的比值，即：

$$结构损伤度 = 结构损失寿命/结构基准寿命 \quad (5\text{-}4)$$

两者有下述关系：

$$结构健全度 = 1 - 结构损伤度 \quad (5\text{-}5)$$

因此，结构健全度或损伤度是判定和评价变异程度的重要指标。

变异判定与检查阶段及其详细程度密切相关。因此，判定必须与检查、调查的结果联系起来。下面分别说明日本铁路隧道、公路隧道及我国铁路隧道的变异判定的方法和基准。

要点一 日本铁路隧道的变异判定（总体检查）

日本铁路隧道的变异判定，基本上是采用健全度指标进行的。在总体检查中把健全度分为A、B、C、S四级（表5-1）。A级又细分为AA、A_1、A_2三级，需要在个别检查中判定。变异严重威胁运输及旅客等安全时，在总体检查阶段就可定为AA级，而应立即采取措施。

健全度划分等级 表5-1

等　级	对运行安全的影响	变异程度	措　施
AA	危险	重大	立即采取
A_1	迟早会造成威胁，有异常外力时危险	变异发展，功能继续降低	及早采取
A_2	以后有危险	变异发展，功能会降低	必要时采取
B	如发展，变为A级	如发展，变为A级	监视（必要时采取）
C	现状时无影响	轻微	重点检查
S	无影响	无	

在判定健全度时，要注意以下各点：

①按各变异区间进行判定；

②判定基准各项中，按危险度最高的项目进行判定；

③与维修作业有关时，要与负责人协商后作出判定；

④推定原因困难，而且出现严重变异征兆时，要尽快开始量测，并接受专家的指导。

具体地说，在总体检查中，对发生变异的地点按以下两种情况进行健全度的判定：

(1)因地压、劣化、漏水对功能障碍的健全度判定；

(2)因剥落的健全度判定。

一、外力、劣化、漏水对功能障碍的健全度判定

在总体检查阶段，对外力和材质劣化等造成的变异的健全度判定基准列于表5-2。

总体检查的健全度判定基准　　表5-2

判定基准		健全度
外力变化引起的变异	因变动、移动、下沉而侵限或有可能侵限者	A
	因变动、移动、下沉而有可崩塌者	A
	衬砌有可能发生剥离、剥落时，直接对列车运行和旅客安全有威胁者	A
	有变形，但不发展，而且其变形对使用无影响	C
衬砌劣化、轨道维修周期缩短引起的变异	因衬砌材料劣化，屡屡发生剥落，威胁列车运行和旅客安全者	A
	结冰发生侵限者	A
	发生涌水、结冰，对运行和轨道维修作业人员有重大影响者	A
	与运行安全、旅客安全无关的轨道维修周期缩短，使使用功能降低者	B
	有涌水，但对运行及旅客安全无威胁，而且不影响使用功能者	C

二、剥落的健全度判定基准

剥落的健全度判定基准是日本铁路部门根据最近连续发生的隧道衬砌混凝土剥落事故而新制定的一个基准。基准将剥落的健全度划分为α、β、γ三级，并视开裂和浊音等状态，根据打击声结果进行判定。有浊音的场合，根据表5-3，有敲落可能的就敲落，不可能敲落时应进行剥落的健全

度的判定。

打击声检查判定指标(敲落、剥落的判定指标)　表 5-3

检查结果	敲落		对剥落的判定
	是否需要	注意点	
清音	不要		·判定健全度为 β 时,应做好记录
浊音	必要	·敲落深度以不露出钢筋为原则,最大为设计厚度的 1/4 或 15cm ·残留有浊音的场合,应对剥落进行判定	·判定健全度为 α 级时,应采取对策 ·判定健全度为 β 级时,应做好记录

根据检查结果,属于表 5-4 的右栏状态时,应按左栏进行判定。

剥落的健全度判定划分　表 5-4

健全度划分	措　施	状　态
α	采取对策	·压缩或剪切造成的锐角开裂 + 浊音 ·压缩或剪切开裂等的闭合或交差或平行 + 浊音 ·放射状开裂 + 浊音 ·开裂等的闭合 + 浊音 ·开裂等的平行或交差 + 3mm 以上的错台 + 浊音 ·开裂等的平行或交差或 3mm 以上的错台 + 漏水 + 浊音 + 冻结 ·不能敲落或敲落后不稳定状态(麻面或材料劣化或补修材等)
β	需要注意	·压缩或剪切造成的锐角开裂 ·压缩或剪切开裂等的闭合或交差或平行 ·放射状开裂 ·开裂等的闭合 ·开裂等的平行或交差或 3mm 以上的错台 + 浊音
γ	无问题	

要点二　日本铁路隧道的变异判定(个别检查)

在个别检查中,健全度判定的基本考虑与总体检查一样。在个别检查中,基于变异的发展性,把总体检查更加细化,进行健全度的判定(图 5-1)。

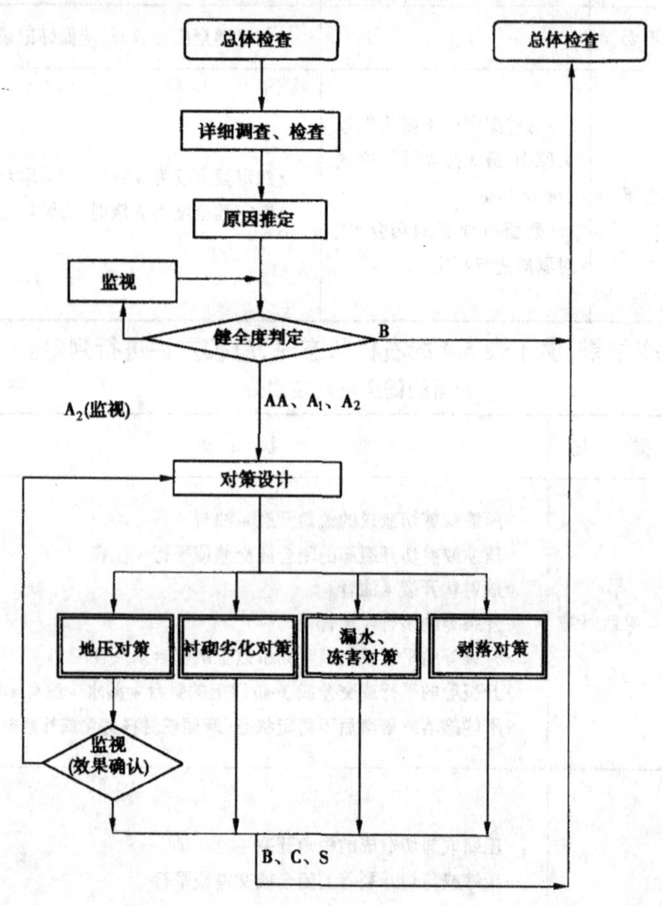

图 5-1　个别检查及其后的流程

个别检查的健全度判定基准列于表 5-5 ~ 表 5-10。参考现场的健全度判定,每一个健全度判定基准都给出“判定健全度的大致标准”。但隧道是地中结构物,正确地预测人为的或自然的复杂的地压现象是极为困难的。因此,推定隧道变异原因和判定健全度都需要丰富的知识和经验。而“维修基准”与其他结构物比,多是定性的规定。因此,现场技术人员强烈要求定量的判定基准。这里提出的判定基准，仍然需要通过今后的试验和解析以及现场的量测数据等加以完善。

外力、劣化、漏水等功能障碍的健全度划分　　表 5-5

等　级	对运行安全的影响	变 异 程 度	措　　施
AA	危险	重大	立即采取
A_1	迟早会造成威胁，有异常外力时危险	变异发展，功能继续降低	及早采取
A_2	以后有危险	变异发展，功能会降低	必要时采取
B	如发展，变为 A 级	如发展，变为 A 级	监视(必要时采取)
C	现状时无影响	轻微	重点检查
S	无影响	无	

一、外力变化引起的变异的健全度判定

个别检查健全度判定基准(之一)　　表 5-6

——外力变化引起的变异的健全度判定

判　定　基　准	健全度
由衬砌变形、移动、下沉引起的变形在发展，发展迅速，到达破坏的推定时间接近采用对策所需的时间者	AA
变形在发展，预计很快会侵限，并对运行产生重大威胁者	AA
拱部开裂呈块状，衬砌突出，侵入限界，有可能掉落者	AA
变异无显著发展，开裂和错缝使衬砌呈块状，在很小外力下有可能崩坍、剥落者	A1
发生新的变异或既有变异再次发展，引起变异发展者	A_2
衬砌变形中，既有变异无显著发展，但引发的变形在发展者	A_2
剥落规模很小，但可能对列车造成威胁者	A_2
有变异，但速度极缓慢者；或已认为停止发展，有可能再发生者	B
变异不发展但既有变异显著，再发生时会立即对列车运行造成威胁者	B
有变异，但停止发展，今后也不会再度发生者	C

【判定的大致标准】

1.衬砌的变形、移动、下沉等

衬砌变形、移动、下沉等的发展性，一般说是逐渐变化的，但也有因地震和滑坡、大雨等而急剧发展的。此外，在寒冷地区的冻胀力造成的变形，是随季节反复发展的。所以，基于变形等量测判定健全度时，需要有一定的时间。关于变形、移动、下沉的量测方法前面已讲过，由量测方法得到量测结果，对判定来说是极为重要的。

从断面形状看，一般来说，单线断面对侧向地压的变形是敏感的；相反，对垂直荷载的增大，双线断面是敏感的。下面的大致标准，虽然没有分级，但可供判定时参考。

·变形：以净空位移量测的变形速度为大致标准，如大于10mm/年、或2mm/月，则为AA级；如为3~10mm/年，可定为A级；1~3mm/年可定为A_1级；但是发展趋势是加速度时，要提高1级。

·由于滑坡而使隧道产生移动趋势时，要定为AA或A级，并及早采取对策。

在评价净空位移时应注意的是：上述的净空位移速度的基准值，是以下述场合为条件的，表示最大位移的测线的基准值。

·塑性地压产生的变异场合；

·一般断面形状的隧道；

·无仰拱的场合；

·没有显著构造缺陷的场合。

在解释净空位移速度时，应根据变异原因、地质条件、变异程度、隧道形状、衬砌构造、构造缺陷等。

(1)变异原因

用净空位移速度评价健全度时，对塑性地压、偏压、坡面蠕动、滑坡、围岩松弛的垂直地压、冻胀力等产生的变异是有效的。

①塑性地压的场合

位移随时间呈直线连续地增加。因此，在这种场合产生的变异，根据净空位移速度评价健全度是有效的。水平测线的缩小是最大的，一般都以SL附近的水平测线进行评价。

②偏压、坡面蠕动、滑坡的场合

有地形偏压的场合，视坡面位移呈阶段性地发展，对坡面变异的综合评价是重要的。一般，斜测线的缩小是最大的，因此，都要设置斜测线进行量测。

滑坡的场合，要着重在绝对位移(隧道的移动)。

③围岩松弛的垂直地压的场合

净空位移在发展的场合，拱部的稳定性可能降低，要与开裂状态一起，着重在垂直方向的净空位移（拱顶下沉）。有发展的场合，若出现稳定性急剧降低的情况，要采取紧急的对策。

④冻胀力的场合

在一般的隧道中，因洞内气温的上升、降低，衬砌会发生膨胀、收缩，因此，会出现净空断面的扩大、缩小。因此，特别是在寒冷地区，要采用位移计掌握季节变动的情况。冻胀力产生的变异多是边墙挤出，因此，在冬季净空断面缩小。此时，评价长期的残余位移和位移速度是合适的。

(2)地质条件

上述的变异与易于产生的地质条件是对应的。例如，塑性地压产生的变异，一般是在下述的软弱的、低强度的地质场合产生的。在这种场合，用位移速度评价是最有效的。

·主要是第三纪的泥岩、凝灰岩类（泥质软岩等）；

·破碎的、粘土化的断层破碎带；

·粘土状至叶片状的蛇纹岩；

·热水变质的软化的温泉余土等。

(3)变异程度

产生压溃和剪切开裂后，因为不能维持结构承载力，只要有很小的外力增加或一定规模的外力继续增加，位移就会显著发展。因此，一般来说，在位移速度大的场合，都会产生压溃和剪切开裂。

(4)隧道形状

相对地说，单线断面是纵长的形状，一般抵抗侧压能力弱，比双线断面的结构承载力小。但是，因隧道宽度比双线小，对同等地压规模来说，净空位移值大致是一样的。

(5)衬砌结构

净空位移速度的大致基准，是没有仰拱的预计值。

一般来说，没有仰拱时，位移发展很快；有仰拱时，位移的发展非常慢。有仰拱、净空位移有发展的场合，判断地压的规模是比较大的，要比基准提高1～2级进行评价。在仰拱鼓起、下沉和仰拱与边墙结合部有变异的场合，应评价为A_1～AA级，要及早采取对策。

(6)构造缺陷

净空位移速度的大致基准以没有显著构造缺陷（衬砌背后空洞、厚度不足、刹肩不良等)为准。

一般来说,隧道多存在构造缺陷。构造缺陷越显著,位移速度越大。反之,完全没有构造缺陷的衬砌,在位移有发展的场合,地压的规模肯定是很大的,要提高1~2级进行评价。

2.侵限

对于侵限,宜根据变形速度和富余量,考虑措施的施工期间,进行判定。

3.压溃

对侧向地压来说,在拱部产生压溃,故衬砌的变形是颇为严重的。如发现有大于3m以上的压溃,可定为AA~A_1级,小于3m时定为A_1级。

4.开裂、错动等

主要是对水平开裂或错动判定的大致标准列于表5-7。龟裂只有一条的情况是极稀少的,通常在左右大致对称的位置发生(塑性地压和冻胀力时)。有横向开裂时,最好降一级处理。开裂呈密集状态时,要提高一级。但是,在开裂、错动等有发展的场合,应加以注意。

开裂、错动的健全度判定基准 表5-7

长度 开裂宽度 错动量	>10m	5~10m	<5m
>5mm	AA~A_1	A_1	A_1
3~5mm	A_1	A_1	A_2

二、衬砌材料劣化的健全度判定

个别检查的健全度判定基准(之二) 表5-8

——衬砌材料劣化的健全度判定基准

判定基准	健全度
拱部附近的衬砌有可能掉落者	AA
衬砌材料已劣化,稍有外力即会崩坍或剥落并产生重大的影响	A_1
衬砌剥落、材质劣化使断面强度显著降低者	A_1
衬砌剥落、材质劣化使断面强度有一定降低者	A_2

续上表

判　定　基　准	健全度
衬砌材料劣化，继续发展，其原因已知，如不处理有可能使劣化急剧发展者	A_2
衬砌有剥落，材质劣化，但不可能急剧发展者	B

【判定的大致标准】

1.衬砌承载力的降低

判定衬砌承载力降低的大致标准是：有效厚度为设计厚度的1/2以下时，定为AA级；2/3左右时，定为A_1级；同时，劣化范围是极小部分时，可降一级。有效厚度指抗压强度大于15MPa的部分。

2.剥离、剥落

剥离、剥落宜用落下的块体大小来判定，其大致标准是：大于砖块大小的定为AA级；与砖块差不多的定为A_1级；与集料大小差不多的定为A_2级。但应根据预计频率和线区列车密度来修正等级。

由于防止漏水，砂浆的材料劣化而产生的剥离、剥落，因为比较薄，可降一级。

3.错缝

砖和混凝土砌块等的接缝开裂，当在拱部出现有可能掉落时，要格外注意。出现10cm以上的接缝开裂深度时可定为A_1～A_2级，要根据拱厚、发生位置、密度、变形等加以判定。

三、轨道维修周期缩短的健全度判定

个别检查的健全度判定基准(之三)　表5-9

——轨道维修周期缩短的健全度判定基准

判　定　基　准	健全度
因漏水结冰，面侵限，对列车运行造成威胁者	AA
在电化区间，拱部漏水直接传到架空线及绝缘子者	AA
道床翻浆冒泥、底鼓，使轨道变形，维修周期极短，确保正常运行困难者	A_1
排水受阻、漏水，使道床状态恶化者	B

【判定的大致标准】

各个项目应根据现场的实际情况判定。但仰拱、路基的变异与轨道变异有直接关系的场合，应定为AA、A_1级。

四、其他的判定因素

个别检查的健全度判定基准(之四) 表 5-10
——其他的判定因素

现　　象	判定基准
无衬砌隧道的围岩风化 临时拱架侵限 防水衬砌剥落 隧道内附属设施侵限 设计、施工不良	以外力、材质劣化,轨道维修周期缩短的判定为准

要点三　日本公路隧道的变异判定(检查阶段)

日常检查、定期、异常时及临时检查完了后,要根据检查记录及早进行判定。

日常检查因为不是详细的检查,可以车辆通行的安全为重点进行判定。为此,当日常检查时发现有影响车辆通行安全的异常时,要采取限制车辆通行的应急措施。

检查的判定分级,基本上分为A、B、C三级,其判定基准列于表5-11。

判 定 分 级 表 5-11

判定分级	判 定 内 容
A	变异显著,不能确保通行车辆的安全,应采取紧急措施
B	有变异,为研究是否需要补修和补强,需进行异常检查或标准调查
C	健全(无变异或轻微)

根据变异类型、变异状态、变异的发展性等确定的判定基准列于表5-12及表5-13。

日常检查的判定基准 表 5-12

检查地点	变异类型	判定分级 A	判定分级 B
衬砌	剥落	发现混凝土剥落,有继续剥落的可能,对交通有妨碍	剥落的状况对以后的交通车辆可能有危险
	漏水	大规模漏水,对交通有妨碍	同左情况,但对交通无妨碍
	结冰	大规模结冰,对交通有妨碍	同左情况,但对交通无妨碍

续上表

检查地点	变异类型	判定分级 A	判定分级 B
洞门	剥落	隧道断面上部及附近的混凝土剥落	大面积剥落，结冰
	结冰	结冰，对交通有妨碍	对交通无妨碍
内装板	破损	大规模破损，对交通有妨碍	同左情况，但对交通无妨碍
顶板	破损	大规模破损或从顶板漏水，对交通有妨碍	同左情况，但对交通无妨碍
排水设备	滞水、侧沟破损	大规模滞水，侧沟破损，对交通有妨碍	同左情况，但对交通无妨碍
铺装路面	落下物、滞水、结冰	落下物，大规模滞水、结冰，路面和路肩变异，路面、路肩对交通有妨碍	同左情况，但对交通无妨碍

定期、异常时及临时检查的判定基准　表 5-13

检查地点	变异类型	判定分级 A	判定分级 B
衬砌	开裂	急剧的开裂，且在发展，有块状掉落的可能，对交通可能有妨碍	拱顶及肩部有宽 5mm 长 5m 规模的开裂，或开裂多
	剥离、剥落	发现剥离、剥落，或有剥落的可能，对交通有妨碍	发现与剥落有联系的压溃现象
	施工缝、错台	施工缝张开，错台使防水板或砂浆脱落，对交通有妨碍	同左情况，但对交通无妨碍
	漏水、结冰	大规模漏水、结冰对交通有妨碍	同左情况，对交通无妨碍，但对隧道内设施有影响
洞门	开裂	因开裂，有剥落的可能，对交通有妨碍	同左情况，但对交通无妨碍
	剥落、剥离	隧道拱顶附近发现有压溃、剥落、剥离现象，对交通有妨碍	大的压溃、剥落、剥离，但对交通无妨碍
	倾斜	目视可发现明显倾斜、下沉或洞门背后和衬砌出现明显的环形开裂，有倾斜的趋势，对交通有妨碍	同左情况，但对交通无妨碍
	钢筋露出、变色	因剥落，钢筋露出，对交通有妨碍	同左情况，但对交通无妨碍

续上表

检查地点	变异类型	判定分级 A	判定分级 B
内装板	变形、破损	大规模变形、破损,对交通有妨碍	同左情况,但对交通无妨碍
顶板	变形、破损、漏水	大规模变形、破损,漏水,对交通有妨碍	同左情况,但对交通无妨碍
铺装及排水设备	滞水、结冰、沉砂	因土砂等堵塞,使排水、集水设施滞水,对交通有妨碍	同左情况,但对交通无妨碍
	错台、开裂、路面及路肩变异	因侧向和下部应力的影响,铺装及排水设备出现错台、开裂等变异,对交通有妨碍	同左情况,但对交通无妨碍

日常检查的应急措施和定期、异常时及临时检查的应急对策,在发现对通行车辆有妨碍时应立即实施,不得延误。表 5-14 是针对变异现象的应急措施及应急对策。

应急措施及应急对策 表 5-14

变异现象	应急措施	应急对策
压溃、剥落	交通管制、清除落下物	防护网
大规模涌水、路面滞水	交通管制	确保排水系统(向车道外诱导滞水及涌水)
路面变异	交通管制	
结冰	交通管制	撒布融冰剂

要点四　日本公路隧道的变异判定(调查阶段)

与铁路隧道一样,公路隧道也采用健全度的方法进行判定。

隧道健全度的判定,主要是根据变异的发展性和紧急性的优先度考虑的。即:

·与利用者有关的:如安全性、使用性等;

·与结构物有关的:如承载性和耐久性等;

·与管理方面有关的:如维修管理等;

·变异的发展性、特征等。

一、判定分级

判定根据措施紧急性的优先度分为3A、2A、A、B四级。同时，根据过去的变异事例，规定了以下3类的判定基准：

(1)外力产生的变异的判定基准

(2)材质劣化产生的变异的判定基准

(3)漏水等产生的变异的判定基准

判定分级列于表5-15。

判定分级的内容　表5-15

判定分级	判定内容
3A	变异显著，对第三者、通行车辆有危险，应立即采取对策
2A	有变异，且在发展，早晚会对通行者、通行车辆造成威胁，应及早采取对策
A	有变异，将来对通行者、通行车辆会造成危险，应重点监视，有计划地采取对策
B	无变异，或变异轻微，对通行者，通行车辆无影响，可进行监视

判定分级的因素见表5-16。

判定分级的因素　表5-16

判定分级	判定因素				对策的紧急性
	对通行者、通行车辆的影响	对结构物安全性的影响	对维修管理作业的影响	变异的程度	
3A	危险	重大	显著	重大	立即采取对策
2A	早晚有威胁，异常时会危险	早晚变成重大	大	发展中，功能降低	及早采取对策
A	将来危险	将来重大	中等程度	发展中，功能可能降低	重点监视
B	无影响	同左	几乎无影响	轻微	监视

二、变异的判定

1.外力引起的变异的判定

外力引起的变异的判定基准见表5-17。

外力引起的变异的判定基准 表5-17

判定分级	通常的变异、崩塌			突发性崩塌
	衬砌变形、移动、下沉	衬砌开裂	衬砌剥落、剥离	
3A	有变形、移动、下沉等,结构物功能显著降低	开裂大而密集,产生剪切开裂,有发展	拱上部开裂密集,有压溃、剥落的可能	拱部背后有空洞,衬砌有效厚度小,背后岩块有掉落可能
2A	有变形、移动、下沉等,近期结构物功能可能降低	开裂大而密集,产生剪切开裂,有发展	边墙开裂密集,有压溃、剥落的可能	拱部背后有大空洞,背后岩块有掉落的可能
A	有变形、移动、下沉,但发展缓慢	有开裂,有发展	—	衬砌侧面有空洞,因水的作用,空洞有扩大的可能
B	有变形、移动、下沉,但已停止发展	有开裂,但无发展	—	—
	参照表5-18	参照表5-19和表5-20	参照表5-21	

外力产生的变异可按衬砌变形、移动、下沉、开裂、错动、剥落等分别进行。开裂要分为有发展性的和无发展性的。

(1)衬砌的变形、移动、下沉

衬砌的变形、移动、下沉的发展,一般说是逐渐变化的,在地震、滑坡、暴雨等条件下,发展是激烈的。在寒冷地区,因冻结力产生的变异是反复变动和发展的。此种变形、移动、下沉可用变形速度作为判定基准,其大致基准见表5-18。

变形速度的判定基准 表5-18

地点	位置	变形速度				判定分级
		>10mm/年	3~10mm/年	1~3mm/年	<1mm/年	
衬砌	断面内	○				3A
洞门			○			2A
路面				○		A
路肩					○	A~B

(2)开裂

有发展性的开裂的大致判定基准见表 5-19。无发展性的开裂的判定基准见表 5-20。

有发展性的开裂的判定基准　　表 5-19

地点	位置	开裂				判定分级
		宽度		长度		
		>3mm	<3mm	>5m	<5m	
衬砌洞门	断面内	○		○		3A~2A
		○			○	2A~A
			○	○		A
			○		○	A

不能确认有无发展性的开裂的判定基准　　表 5-20

地点	位置	开裂						判定分级
		宽度			长度			
		>5mm	3~5mm	<3mm	>10m	5~10m	<5m	
衬砌洞门	断面内	○			○			3A~2A
		○						2A~A
		○					○	2A~A
			○		○			2A
			○			○		2A~A
			○				○	A
				○	○	○	○	A~B

表中的开裂是以水平方向或剪切开裂为主要对象的。横断方向的开裂,可按降一级进行判定。

同时,0.3~0.5mm 以上的开裂,密度超过 200cm/m^{2}时,要提高一级进行判定或采用分级中较高的级别判定。

(3)错动、剥落

错动、剥落的判定基准见表 5-21。

错动、剥落的判定基准　　表 5-21

地点	位置	错动、剥落 有无落下的可能 有	 无	判定分级
衬砌洞门	拱部	○		3A
			○	B
	边墙	○		2A
			○	B

(4)突发性的崩塌

衬砌拱部背后有 30cm 以上的空洞，有效衬砌厚度在 30cm 以下，背后岩块有掉落的可能时，会产生突发性的崩塌。确认有此情况的场合，应判定为 3A ~ 2A 级。

表 5-18 ~ 表 5-21 是一般外力产生的变异的大致判定基准，应用时要对具体隧道具体分析，参考以下建议，加以综合判定。

(1)衬砌的变形、移动、下沉

净空位移等是以表 5-18 的变形速度为大致判定基准的。如果判定有加速度的趋势时，应提高判定级别。

在洞口等埋深小(例如 40m 以下)的场合，尽管变形、移动、下沉很小，也存在坡面不稳定或因背后有空洞存在，漏水增加等危险，因此要进行充分的调查。

因滑坡等产生衬砌移动的情况，应判定为 2A ~ 3A，应及早采取措施。

(2)衬砌开裂和错台

衬砌的拱和墙间施工缝的错台或产生错台的开裂以及不均匀下沉时，是衬砌承载力降低的前兆，要充分注意。

开裂宽度大而且密集的附近或伴随错台的开裂都属于异常状态。要研究在这种情况下是否有突发性崩塌的可能。此外，长度在 10m 以上，错台在 5mm 以上时，应提高判定级别。

2. 材质劣化引起的变异的判定基准

材质劣化引起的变异的判定基准见表 5-22。

材质劣化引起的变异的判定基准　　表 5-22

判定分级	衬砌断面强度降低	衬砌压溃、剥落	钢材腐蚀
3A	因材料劣化断面强度显著降低	拱部材料劣化，产生压溃，有掉落的可能	—
2A	因材料劣化断面强度有一定程度的降低	边墙材质劣化，有掉落的可能，或已经掉落	因腐蚀，钢材断面减小，功能受到损伤
A	因材料劣化断面强度降低，可能发展	—	腐蚀、生锈损伤结构物的功能
B	有材料劣化，但对断面强度无影响	无剥落、压溃	表面的或小面积的腐蚀

断面强度降低、错动、剥落和钢材腐蚀的判定基准见表 5-23 及表 5-24。

断面强度降低、错动、剥落的判定基准　　表 5-23

<table>
<tr><th rowspan="3">地点</th><th rowspan="3">主要原因</th><th colspan="2" rowspan="2">错动、剥落有无落下的可能</th><th colspan="3">劣化程度</th><th rowspan="3">判定分级</th></tr>
<tr><th colspan="3">有效厚度/设计厚度</th></tr>
<tr><th>有</th><th>无</th><th><1/2</th><th>1/2~2/3</th><th>>2/3</th></tr>
<tr><td rowspan="5">拱部</td><td rowspan="10">·经年劣化、冻害；
·碱性集料反应；
·设计施工不当等</td><td>○</td><td></td><td></td><td></td><td></td><td>3A</td></tr>
<tr><td></td><td>○</td><td></td><td></td><td></td><td>B</td></tr>
<tr><td></td><td></td><td>○</td><td></td><td></td><td>2A</td></tr>
<tr><td></td><td></td><td></td><td>○</td><td></td><td>A</td></tr>
<tr><td></td><td></td><td></td><td></td><td>○</td><td>B</td></tr>
<tr><td rowspan="5">边墙</td><td>○</td><td></td><td></td><td></td><td></td><td>2A</td></tr>
<tr><td></td><td>○</td><td></td><td></td><td></td><td>B</td></tr>
<tr><td></td><td></td><td>○</td><td></td><td></td><td>2A</td></tr>
<tr><td></td><td></td><td></td><td>○</td><td></td><td>A</td></tr>
<tr><td></td><td></td><td></td><td></td><td>○</td><td>B</td></tr>
</table>

钢材腐蚀变异的判定基准　　表 5-24

<table>
<tr><th>地点</th><th>主要原因</th><th>腐蚀程度</th><th>判定</th></tr>
<tr><td rowspan="3">衬砌中的钢筋等</td><td rowspan="3">盐害、漏水、碳化等</td><td>钢材断面缺损显著，钢材的结构功能受损</td><td>2A</td></tr>
<tr><td>浅的孔蚀，钢筋全周生锈</td><td>A</td></tr>
<tr><td>表面或小面积腐蚀</td><td>B</td></tr>
</table>

对衬砌材质劣化的判定是从结构物承载能力的评价和确保走行车辆的安全出发的。因此，把衬砌的强度降低和混凝土有无剥离作为判定因子。对钢筋混凝土衬砌，还应加上钢筋的腐蚀。

衬砌的剥离的判定基准和大致标准应根据确保通行者和车辆的安全的观点决定，与外力产生的变异是同样的。

衬砌强度降低的指标以设计厚度与有效厚度的比值表示。有效厚度是指混凝土设计强度以上的部分，设计基准强度不明的场合，取 15MPa 以上的部分。例如设计厚度为 50cm，实际厚度为 60cm，设计基准强度以下的部分是 20cm 时，有效厚度取 40cm。这样，劣化程度是 40/50，即 2/3 以上。但有效厚度要确保 30cm，不足 30cm 的场合判定为 A～2A 级。

材质劣化的发展速度，除火灾事故外，与外力的变异比较，发展一般是比较缓慢的。只要采取适当的对策就能够控制，防止劣化的发展。但在其他因素的影响下，劣化也有加速发展的情况。因此，在判定时，要考虑复数因子的影响。

对钢筋混凝土结构开裂的发生，除根据表 5-24 的判定外，最好参考钢筋混凝土结构的有关判定进行综合判定。

3. 漏水引起的变异的判定基准

漏水引起的变异的判定基准见表 5-25。

漏水引起的变异的判定基准 表 5-25

判定分级	漏　水	结冰、土砂流出
3A	因衬砌开裂，漏水喷出，有损通行车辆的安全	在寒冷地区，因漏水产生结冰，侵入规定的限界，伴随涌水有土砂流出，路面可能陷没、下沉
2A	因衬砌开裂，漏水落下，可能有损通行车辆的安全	因排水不良，路面滞水
A	因衬砌开裂，涌水滴下，一定时间后，可能有损通行车辆的安全	因排水不良，路面可能滞水
B	因衬砌开裂，涌水浸出，对通行车辆几乎没有影响	有漏水，但当前几乎没有影响

漏水等变异的判定基准见表 5-26。

漏水等变异的判定标准 表 5-26

地点	主要现象	漏水程度				对车辆走行的影响		判定
		喷出	流下	滴水	湿润	有	无	
拱	漏水	○				○		3A
			○			○		2A
				○		○		A
							○	B
	结冰					○		2A
							○	B
墙	漏水	○				○		2A
			○			○		A
				○		○		A
							○	B
	结冰					○		2A
							○	B
路面	土砂流出					○		3A~2A
							○	B
	滞水					○		3A~2A
							○	B
	冻结					○		3A~2A
							○	B

要点五 我国铁路隧道劣化评定标准(1997年)

在1997年颁布的行业标准《铁路隧道设备劣化评定标准——隧道》(TB 2820.2—1997)中,规定采用劣化度的方法判定隧道结构物的功能状态。隧道劣化等级划分见表5-27~表5-32。

隧道劣化等级划分　表 5-27

劣化等级		对结构功能及行车安全的影响	措施
A	AA(极严重)	结构功能严重劣化,危及行车安全	立即采取措施
	A_1(严重)	结构功能严重劣化,进一步发展危及行车安全	尽快采取措施
B(较重)		劣化继续发展会升至A级	加强监视,必要时采取措施
C(中等)		影响较少	加强检查,正常维修
D(轻微)		无影响	正常保养及巡检

衬砌裂损劣化的等级　表 5-28

劣化等级＼裂损类型		变形或移动	开裂、错动	压溃
A	AA(极严重)	滑坡滑动使衬砌移动加速; 衬砌变形、移动、下沉发展迅速,威胁行车安全	开裂或错台长度 $L>10$m,宽度 $B>5$mm,且变形继续发展,拱部开裂呈块状,有可能掉落	拱顶压溃范围 $>3\text{m}^2$;或衬砌剥落最大厚度大于衬砌厚度的1/4,发生时会危及行车安全
	A_1(严重)	变形或移动速度 $v>10$mm/年	开裂、错台长度 L 为5~10m,但开裂或错台值 $a>5$mm;开裂或错台使衬砌呈块状,在外力作用下有可能崩坍和剥落	压溃范围 $3\text{m}^2 \geqslant S \geqslant 1\text{m}^2$;或有可能掉块
B(较重)		变形或移动速度 v 为3~10mm/年,而且有新的变形出现	开裂或错台长度 $L<5$m 且 $5\text{mm} \geqslant a \geqslant 3\text{mm}$;裂缝有发展,但速度不快	剥落规模较小,但可能对列车造成威胁;拱顶压溃范围 $S<1\text{m}^2$,剥落块体大于3cm
C(中等)		有变形,但速度 $v<3$mm/年	开裂或错台长度 $L<5$m 且宽度 $a<3$mm	压溃范围很小
D(轻微)		有变形,但不发展,而且对使用无影响	一般龟裂或无发展状态	个别地方被压溃

pH 值与隧道衬砌腐蚀程度等级　　表 5-29

劣化等级		pH 值	对混凝土的作用
A	AA(极严重)		
	A_1(严重)	<0.4	水泥被溶解，混凝土可能会出现崩裂
B(较重)		4.1~5.0	在短时间内混凝土表面凹凸不平
C(中等)		5.1~6.0	混凝土表面容易变酥、起毛
D(轻微)		6.1~7.9	视混凝土表面有轻微腐蚀现象

渗漏水对隧道功能影响程度的评定　　表 5-30

漏水或涌水的危害等级		隧道状态
A	AA(极严重)	水突然涌入隧道，淹没轨面，危及行车安全；电力牵引区段，拱部漏水直接传至接触网
	A_1(严重)	隧底冒水，拱部滴水成线，严寒地区边墙淌水，造成严重翻浆冒泥、道床下沉，不能保持正常轨道的几何尺寸，危害正常运行
B(较重)		隧道滴水、淌水、渗水等引起洞内局部道床翻浆冒泥
C(中等)		漏水使基床状态恶化，钢轨腐蚀，养护周期缩短，继续发展，将来会升至 B 级
D(轻微)		有漏水，但对列车运行及旅客安全无威胁，并且不影响隧道的使用功能

冻害对隧道功能影响程度的等级评定　　表 5-31

冻害等级		隧道状态
A	AA(极严重)	·冻溜、冰柱、冰椎等不断发展，侵入限界，危及行车安全； ·接触网及电力、通讯、信号的架线上挂冰，危及行车安全和洞内作业人员安全； ·道床结冰(丘状冰椎)，覆盖轨面，严重影响行车
	A_1(严重)	·避车洞结冰不能使用，严重影响洞内作业人员的安全； ·冰楔和围岩冰胀的反复作用使衬砌变形、开裂并构成纵横交错的裂纹
B(较重)		·冻融使衬砌破坏比较严重； ·冻融使道床翻浆冒泥、轨道几何尺寸恶化

续上表

冻害等级	隧道状态
C(中等)	·冻害造成衬砌变形、开裂,但裂纹未形成纵横交错; ·冻融使衬砌破坏,但不十分严重; ·冻害使洞内排水设备破坏; ·冻融使线路的养护周期缩短
D(轻微)	·有冻害,但对行车安全无影响,对隧道使用功能影响轻微

衬砌材料劣化等级评定　表 5-32

劣化等级 \ 劣化类型		混凝土衬砌腐蚀	砌块衬砌腐蚀
A	AA(极严重)	·衬砌材料劣化严重,经常发生剥落,危及行车安全; ·初砌厚度为原设计厚度的3/5,混凝土强度大大下降	·拱部接缝劣化严重,拱部衬砌有可能掉落大块体(与砌块大小一样)
A	A_1(严重)	·衬砌材料劣化,稍有外力或振动,即会崩塌或剥落,对行车产生重大影响; ·腐蚀深度10mm,面积达 $0.3m^2$; ·衬砌有效厚度为设计厚度的2/3左右	·接缝开裂,其深度大于10cm,砌块错落大于1cm
B(较重)		·衬砌剥落,材质劣化,衬砌厚度减少,混凝土强度有一定的降低	·接缝开裂,但深度小于1cm或砌块有剥落,但剥落体在40mm以下
C(中等)		·衬砌有剥落,材质劣化,但不可能有急剧发展	·接缝开裂,但深度不大,或砌块有风化剥落,但块体很小
D(轻微)		·衬砌有起毛或麻面蜂窝现象,但不严重	·砌块有轻微风化

要点六　其他判定方法

下面列举的一些判定方法和基准,可以供隧道变异判定时参考。

一、劣化度

1999年,日本建设省混凝土结构耐久性研究会提出了一个隧道劣化度判定基准,列于表5-33。

隧道劣化度判定基准 表5-33

劣化度	判定基准
I	有明确的剥落、剥离的危险,需立即进行补修
II	有多处可能发生剥落、剥离的部分,例如打击声检查中发现多处有异常声的地点等,要研究是否需要补修
III	有可能发生剥落、剥离的部分,例如打击声检查中认为存在有异常声的地点
IV	有可能存在与剥落、剥离有关的部分,例如出现开裂和施工缝,出现锯齿状变异等
V	没有剥落、剥离的迹象,结构物健全

实质上,这是一个基于衬砌混凝土剥落、剥离的判定基准。

二、损伤度

综合开裂与衬砌安全性、使用性和耐久性有关的因素,将隧道结构的损伤程度按损伤度分为四级。其基准列于表5-34。

损伤度综合判定基准 表5-34

损伤度	一般情况	情况例	判定
>13	现场为保证交通安全或第三者安全,需立即采取紧急措施	衬砌拱部和边墙有错台,混凝土剥离或掉块	A
8~12	损伤大,需研究衬砌补救措施	围岩软弱时,衬砌有效厚度小于设计厚度的50%,空洞大于100mm;围岩良好时,有效厚度小于设计厚度50%,空洞大于500mm	B
3~7	损伤小,需研究采取补救措施	有效厚度为设计厚度的10%~50%,空洞大于100mm	C
<2	无损伤或轻微,不需要补救		OK

表中损伤度的定量指标由以下各值合成,分别见表5-35～表5-39。

衬砌厚度判定基准 表5-35

损伤值	情况	说明	判定
5	有效厚度大于50%	有偏压时可能破坏	A
3	有效厚度为10%～50%		B
1	有效厚度为1%～10%		C
0	有效厚度充分		OK

衬砌背后空洞判定基准 表5-36

损伤值	情况	判定
5	大于500mm	A
3	100～500mm	B
1	小于100mm	C
0	无	OK

衬砌性态判定基准 表5-37

损伤值	情况	判定
5	掉落严重,有开裂和剥离	A
3	材料劣化发展,如不处理会继续发展	B
1	掉落、材料劣化,今后可能发展	C

围岩形态的判定基准 表5-38

损伤值	情况	说明	判定
1	围岩软弱,有松弛	厚度700～500mm	B
0	围岩良好,无松弛	厚度300mm	C

涌水的ph值的判定基准 表5-39

损伤值	情况	判定	损伤值	情况	判定
5	涌水大	A	1	涌水小	C
3	涌水中	B			

综上所述,在隧道结构健全度评定中,针对隧道的特点,有不同的评价方法。总的说来,判定方法大同小异。但都在尽量从过去的单一指标向综合指标、从定性指标向定量指标、从外观指标向包括内部指标的方向发展,

以便较好地反映各种因素的影响。但不管怎样说，判定在一定程度上仍然是依靠经验的判断。这在工程结构物健全度评定中是不容忽视的。因此，总结维修管理中的经验，不断地提高健全度判定的技术水平，是极为重要的。

这里要强调一点，就是为了建立一个可以接受的判定基准，必须有目标、有计划地进行一些基础性的研究和试验。这一点可以参考第十二部分的内容。

第六部分　地压变异对策及事例

"对症下药"是整治隧道变异的基本理念。因此，了解和认识一些"病例"的"治疗"过程是有帮助的。从本部分开始，将对地压、漏水、衬砌剥落等变异，通过事例说明其整治方法和对策。

隧道与其他结构物相比，在补强、补修上受到许多条件限制，故应在综合判断变异状态、线路条件、施工条件等的基础上编制整治措施和施工。同时，作用在衬砌上的外力和其状态还有许多不清楚之处，因此，不得不求助于经验的判断。选择整治措施时，在正确地掌握变异状态、变异原因的同时，要充分考虑线路条件、施工条件等的限制，选择最有效的整治措施。

选定整治隧道变异的措施时，要充分考虑：①变异现象、②变异原因、③隧道的环境条件、④结构条件、⑤作业条件等，尽可能地编制有效的计划。

变异原因可根据第四部分要点中所提示的变异现象和隧道的环境条件(隧道周围的地形、地质、气象、地震等)等加以推定。表 6-1 表示与变异原因相对应的措施。

变异原因和整治方法　　表 6-1

整治方法＼变异原因(外因)		塑性地压	偏压、坡面蠕动	滑坡	围岩松弛	水压	冻胀压力	地层下沉	承载力不足	地震
嵌缝		△	△	△	○	△	△	△	△	○
护板和网		△	△	△	○	△	△	△	△	○
回填压浆		◎	◎	◎	◎	◎	◎	◎	◎	◎
内衬	喷混凝土	○	○	○	△	△	△	△	-	○
	现灌混凝土	○	○	○	△	△	△	-	-	○
拱架补强		○	○	○	○	△	△	◎	-	○
锚杆补强		◎	◎	○	△	△	○	△	○	○
基础混凝土		-	○	△	-	-	-	-	◎	△

续上表

整治方法＼变异原因(外因)	塑性地压	偏压、坡面蠕动	滑坡	围岩松弛	水压	冻胀压力	地层下沉	承载力不足	地震
底撑	○	○	○	-	△	△	△	△	△
底板(仰拱)设置	○	○	○	-	△	○	○	◎	○
围岩注浆	-	△	-	△	△	-	△	○	○
改善排水设排水设施	△	△	○	△	◎	◎	-	○	△
隔热层	-	-	-	-	-	◎	-	-	-
坡面稳定	-	○	◎	-	-	-	-	-	◎

注:◎:最适的措施;○:较合适的措施;△:视条件有效的措施;-:不合适的措施。

采用表6-1所列的整治措施,消除变异很困难时,应改建。此外,滑坡和滑动地块等的规模很大,滑面在隧道断面内或在以下时,隧道会移动,如用整治措施不能控制变异的发展时,也不得不进行改线。

整治措施应视变异程度、发展性、作业条件等而变,故宜参照以下各要点中提示的注意事项加以选定。

要点一　塑性地压

作为整治地压的措施,如表6-2所示,可分为针对变异现象的和针对构造缺陷的两类。选择时应根据变异程度和发展状况、施工的限制条件等进行综合判断。整治塑性地压的措施如图6-1所示。

1.针对变异现象的整治方法(表6-2)

针对变异现象的整治方法　表6-2

整治方法	预计效果	整治方法	预计效果
拱架加固	内压效果 防止衬砌碎块掉落	内衬补强	增加衬砌的抗剪强度 防止衬砌碎块掉落
锚杆补强	内压效果 增加围岩抗剪强度	护板和网	防止衬砌碎块掉落

2.针对构造缺陷的措施(表6-3)

针对构造缺陷的措施　表 6-3

构造缺陷	措　施	构造缺陷	措　施
衬砌拱顶背后空隙	回填压浆	厚度不足	用内衬增加厚度
无仰拱	增设仰拱 底撑 边墙下部，路基用锚杆补强	直边墙	改善边墙(不可表面涂砂浆和混凝土，因不能改善轴力传递条件)
刹肩不良	改善刹肩(置换混凝土砂浆)		

整治对策按变异程度的轻重，其顺序示于图 6-1。

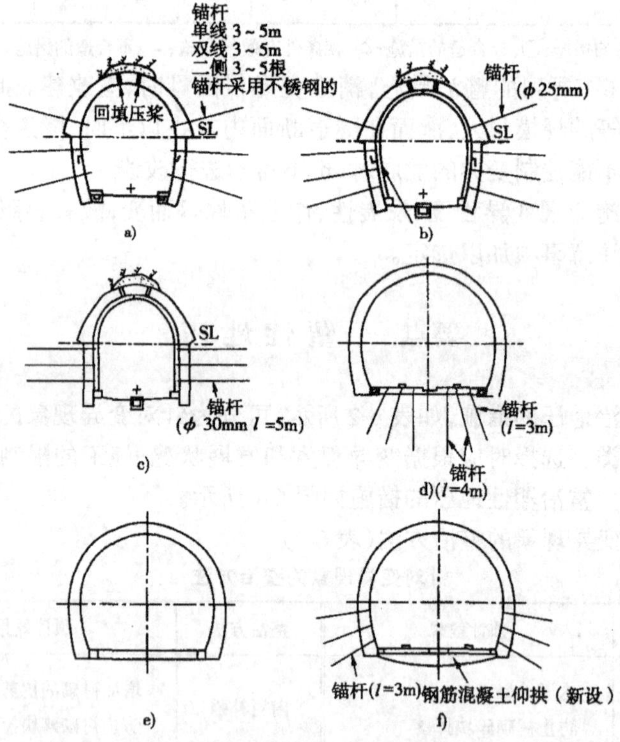

图 6-1　整治塑性地压变异的措施

a)回填压浆＋锚杆；b)回填压浆＋锚杆＋拱架(曲边墙时)；c)回填压浆＋锚杆＋拱架(直边墙时)；d)回填压浆＋锚杆(底板处)；e)回填压浆＋横向底撑；f)回填压浆＋锚杆＋仰拱

事例一　田子仓隧道

(1)隧道概况(表6-4)

隧道概况　表6-4

隧道名称	田子仓隧道	隧道长度	3712m
衬砌形式	单线	开始营运时间	1971年
构造	混凝土结构,厚度30cm、45cm,直边墙,一部分有仰拱		
开挖方法	传统方法		
地形、地质	新第三纪绿色凝灰岩、流纹岩。变异区段的地质是绿色凝灰岩及轻石质凝灰岩,最大埋深325m,变异区段的埋深约150m		
维修经历			

(2)变异状况(表6-5、图6-2)

变异现象及调查项目　表6-5

变异现象	(K94+600m附近的变异现象) ·边墙挤出使断面缩小(净空位移最大值,1年4个月内达14.5mm); ·拱顶压溃并发展; ·底鼓(最大12cm左右); ·拱部45°附近及边墙,水平开裂多; ·混凝土材质不良
调查项目	·净空位移量测; ·钻孔调查(拱厚、背后空隙、背后地质调查)

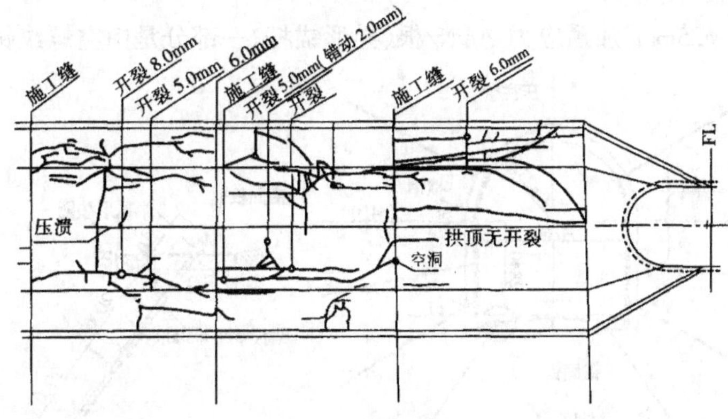

图6-2　变异展开图

(3)变异原因推定

·地质(绿色凝灰岩)中含有膨润性粘土矿物(蒙脱土),易于劣化及埋深

压力的作用(图 6-3);

·直边墙,抵抗侧压能力弱以及混凝土局部质量不良,厚度不足。

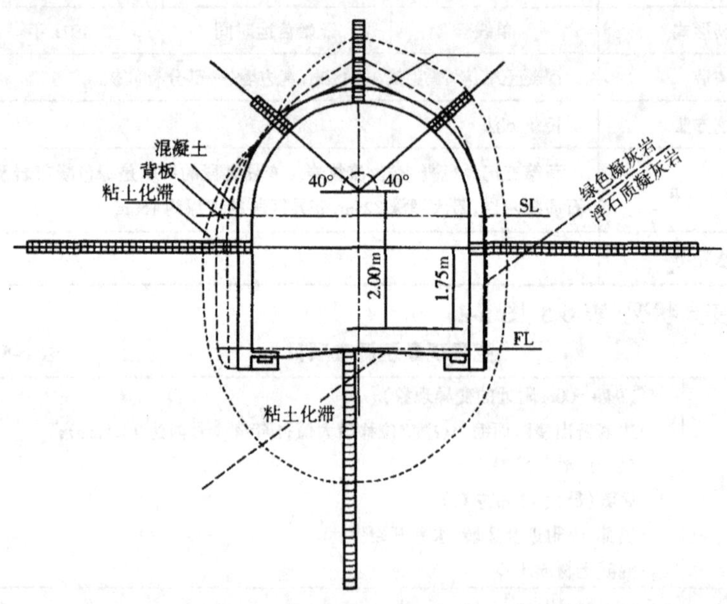

图 6-3　钻孔调查衬砌背后的状况

(4)对策(图 6-4)

·锚杆 ϕ25mm,加预应力 70kN/根(异形锚杆、一部分是中空螺纹锚杆),

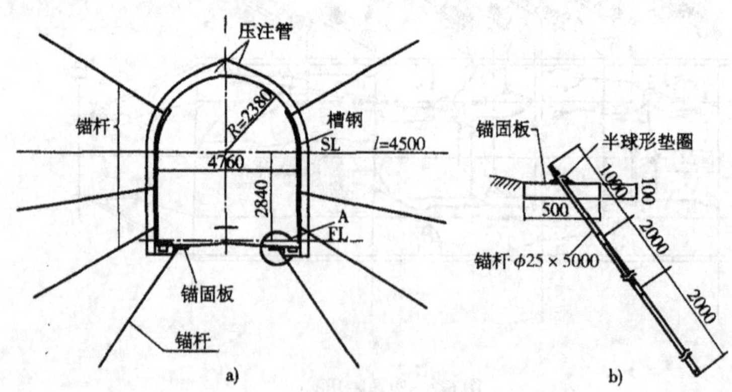

图 6-4　变异对策详细图(单位:mm)

a)断面图;b)A 大样图

$l=5.0m\times10$ 根/断面，轴向间距 1.5m；

·隧道横向设槽钢(200mm×80mm×7.5mm×11mm)；

·仰拱处用锚杆补强，继续进行观测，设置仰拱。

事例二　六十里越隧道

(1)隧道概况(表 6-6)

隧 道 概 况　　表 6-6

隧道名称	六十里越隧道	隧道长度	6359m
衬砌形式	单线	开始营运时间	1970 年
构造	部分直边墙(距入口 1526m)，其他为马蹄形断面；混凝土结构，拱厚 23～45cm，一部分有仰拱		
开挖方法	传统方法		
地形、地质	新第三纪绿色凝灰岩、凝灰角砾岩及同时期侵入的流纹岩(图 6-5)。最大埋深约 680m，很大。变异地点的埋深大都超过 300m		
维修经历			

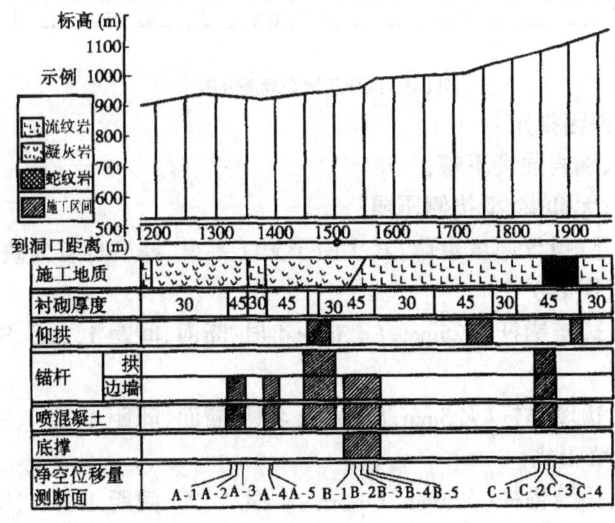

图 6-5　隧道纵剖面和量测位置

(2)变异状况(表6-7)

变异现象和调查项目 表6-7

变异现象	·施工初期有底鼓,边墙挤出; ·随边墙挤出断面缩小(净空位移速度最大值约15mm/年); ·拱顶压溃(1977年)(图6-6); ·随底鼓路基上抬、边沟变形
调查项目	·开裂测定; ·净空位移量测(游标尺)(图6-7); ·断面量测(投影式断面测定仪); ·钻孔调查(衬砌厚度、背后地质调查); ·底鼓测定(边墙、步行铁板间用游标尺测定位移)

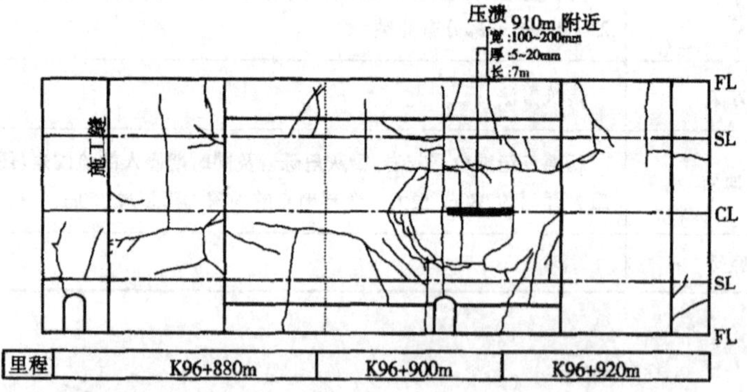

图6-6 拱顶压溃变异展开图

(3)变异原因推定

·埋深大、围岩强度不够;

·直边墙、无仰拱、抵抗侧压弱;

·厚度不足(设计厚度也薄,其次由于施工不良,厚度也有欠缺)。

(4)对策(图6-8)

·措施A:边墙锚杆(ϕ25mm,$l=3$m×4根/断面、间距1.2m)、SFRC喷层7cm,回填压浆;

·措施B:边墙锚杆(ϕ25mm,$l=3$m×4根/断面、间距1.2m)、SFRC喷层7cm,底撑,回填压浆;

·措施C:边墙锚杆(ϕ25mm,$l=3$m×4根/断面、间距1.2m)、SFRC喷层7cm,回填压浆。

(5)对策效果确认

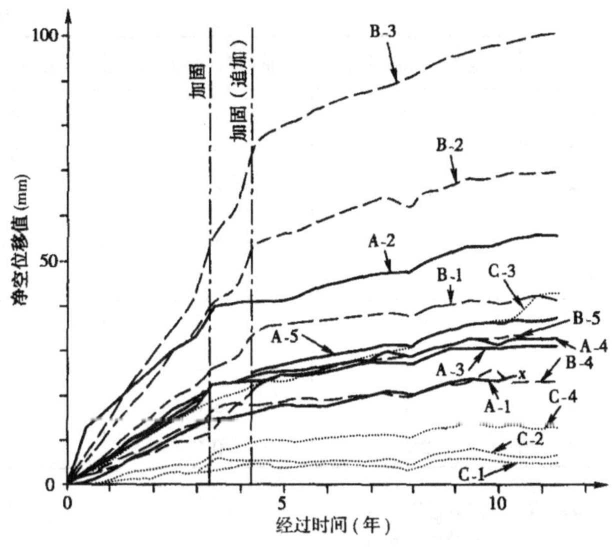

图 6-7　净空位移的历时变化

措施施工前和施工后都进行净空位移值的历时变化比较(图 6-7,表 6-8,图 6-9),确认控制位移速度约 1:4,是有效果的。

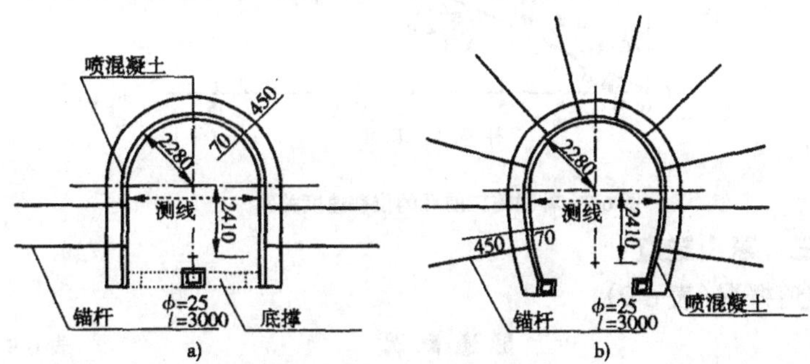

图 6-8　措施施工图(单位:mm)

a)整治措施 A 及 B;b)整治措施 C

整治前后位移速度比较　表 6-8

工　种		整治前(mm/年)	整治后(mm/年)	位移速度比值
补强 A	A-1	4.1	1.3	0.32
	A-2	11.7	2.0	0.17
	A-3	6.5	1.1	0.17
	A-4	6.5	1.3	0.20
	A-5	6.4	1.8	0.28

续上表

工　种		整治前(mm/年)	整治后(mm/年)	位移速度比值
补强 B	B-1	7.5	1.1	0.15
	B-2	11.7	2.6	0.22
	B-3	15.7	3.8	0.24
	B-4	3.3	1.0	0.30
	B-5	4.9	1.7	0.35
补强 C	C-1	1.3	0.1	0.08
	C-2	1.8	0.2	0.11
	C-3	5.7	3.0	0.53
	C-4	2.0	0.7	0.35

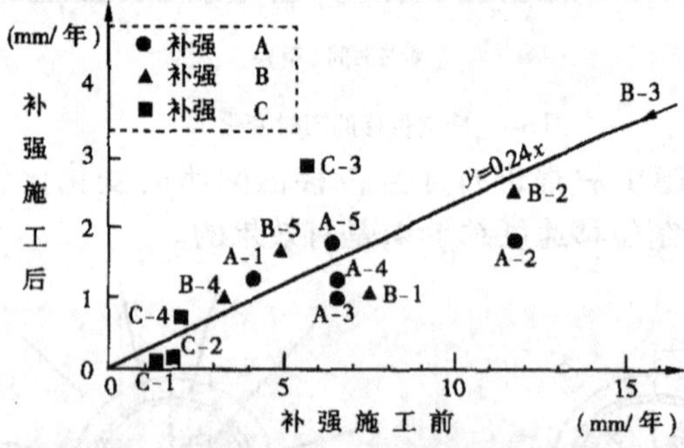

图 6-9　补强施工前后的位移速度关系

事例三　冢山隧道

(1)隧道概况(表 6-9)

隧道概况　　表 6-9

隧道名称	冢山隧道	隧道长度	1766m
衬砌形式	双线电化型	开始营运时间	1966 年
构造	混凝土(先拱后墙),厚度 50～60cm,一部分有钢筋		
开挖方法			
地形、地质	新三纪的灰瓜层,起点侧为泥质岩,终点侧为砂质岩。最大埋深 135m		
维修经历			

(2)变异状况(表 6-10、图 6-10、图 6-11)

变异现象和调查项目 表 6-10

变异现象	起点侧: ·隧道宽度变小; ·拱部、边墙有水平开裂; ·拱顶压溃; ·检查孔环形开裂,错动; ·边沟变形。 终点侧: 拱顶有张裂发生	调查项目	·净空位移量测; ·断面测定(投影式断面测定仪); ·开裂测定

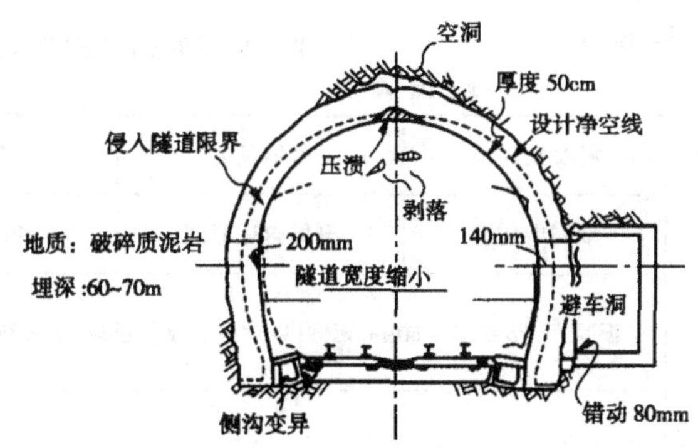

图 6-10 变异状况

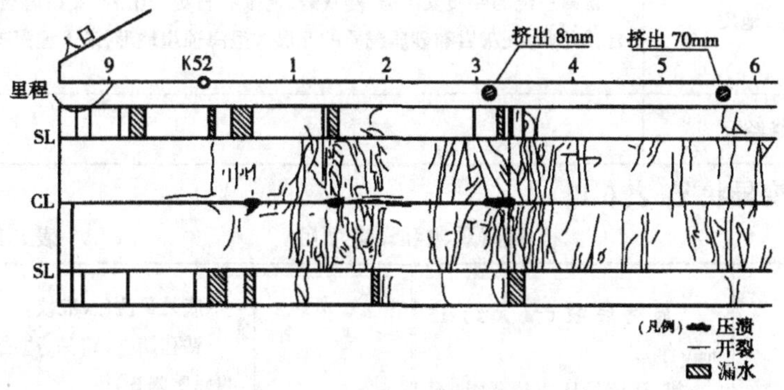

图 6-11 变异展开图

(3)变异原因推定

起点侧:

·因隧道周围围岩强度低而破坏,其结果产生塑性地压;

·边墙底脚处承载力不足；

·无仰拱。

终点侧：

因上部围岩松弛而使垂直地压增加。

(4)对策(图6-12)

·拱顶压溃处除去浮动混凝土，喷砂浆；

·修仰拱，底撑。

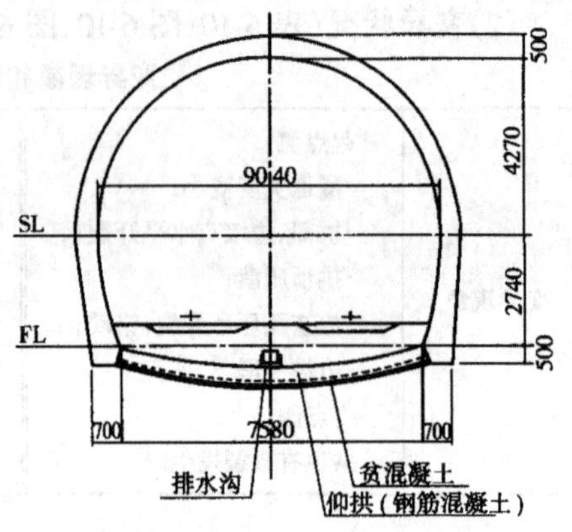

图6-12　措施施工图(单位：mm)

事例四　礼文滨隧道

(1)隧道概况(表6-11)

隧道概况　表6-11

隧道名称	礼文滨隧道	隧道长度	1236m
衬砌形式	双线电化型	开始营运时间	1975年
构造	混凝土，厚度45～80cm，无仰拱，钢筋混凝土道床，板式轨道		
开挖方法			
地形、地质	新第三纪的变质安山岩、凝灰岩，局部有石英安山岩、安山岩质凝灰岩，两侧为凝灰岩和砂质泥质的互层。呈海蚀崖地形，最大埋深145m		
维修经历			

(2)变异状况(表6-12)

变异现象和调查项目　表6-12

变异现象	·显著底鼓(最大约15mm/年)； ·拱、边墙呈环切状开裂，不规则	调查项目	·底鼓量测(水准仪)； ·钻孔调查(路基、边墙背后的地质调查)； ·净空位移量测(收敛计)； ·地中位移量测； ·锚杆轴力测定

(3)变异原因推定

·变质安山岩含有大量蒙脱土,因其膨润性而使强度劣化;

·地压产生的底鼓。

(4)对策(图 6-13)

封闭一线进行整治施工。

①设仰拱——底鼓极显著地段

·设仰拱;

·边墙锚杆 ϕ25mm, l = 3m。

②更换道床——底鼓显著地段

·更换钢筋混凝土道床;

·边墙锚杆 ϕ25mm, l = 3m;

·底部锚杆 ϕ25mm, l = 4m 和 5m。

③锚杆地段

·有底鼓的区段;

·底鼓显著地段和无底鼓地段间的缓冲区间,打底部锚杆(ϕ25mm, l = 3m 及 4m)。

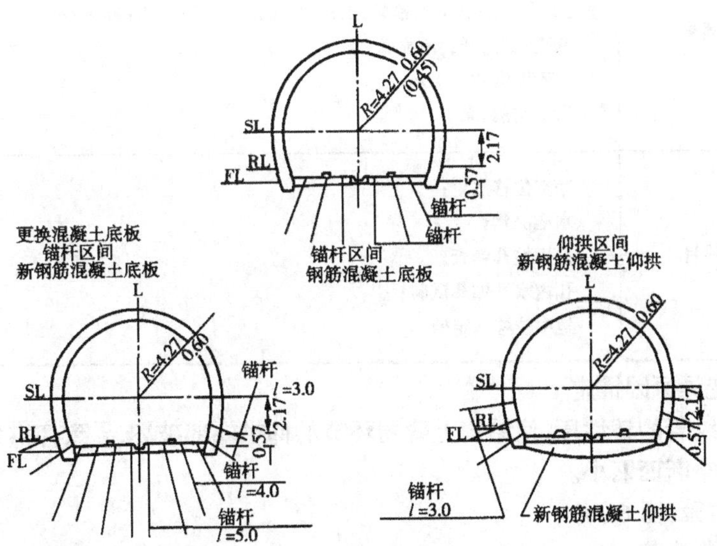

图 6-13　标准改筑模式(单位:m)

事例五　神居隧道

(1)隧道概况(表 6-13)

隧道概况 表 6-13

隧道名称	神居隧道	隧道长度	4523m
衬砌形式	双线交流电化	开始营运时间	
构造	钢筋混凝土和混凝土，厚度 40～90cm，一部分有仰拱，碎石道床。变异区间是钢筋混凝土的，有仰拱地段		
开挖方法	侧导坑超前上半断面法		
地形、地质	蛇纹岩（粘土状、叶片状）、黑色片岩等；变异区间埋深约 170m、250m		
维修经历	修建过程中曾发生变异，改为钢筋混凝土衬砌		

(2)变异状况（表 6-14）

变异现象和调查项目 表 6-14

变异现象	·断面缩小：净空位移速度在 30mm/年以上，同时有加速发展的趋势； ·底鼓：仰拱端部和刹肩处破坏，水沟破损，轨道上抬（仰拱端部鼓起量：30cm 以上；轨道上抬量：上行线：60mm/年，下行线：90mm/年）； ·开裂：轴向开裂不显著； ·衬砌厚度：70～80cm； ·背后空洞：无
调查项目	·净空位移测定； ·水准测量； ·衬砌钻孔调查； ·孔内水平加载试验； ·地中位移测定等

(3)变异原因推定

因蛇纹岩的塑性压，使结构上薄弱环节的仰拱端部破坏，导致仰拱急剧鼓起和净空断面缩小。

(4)对策（图 6-14）

①灌浆锚索

·边墙设 4 根灌浆锚索，拱部设 2 根，间距 2m，共 78 根；

·锚索采用 PC 钢棒（直径 36mm、长度 10m、锚固长度 6m、自由段长度 4m）；

·预应力为 400kN/根。

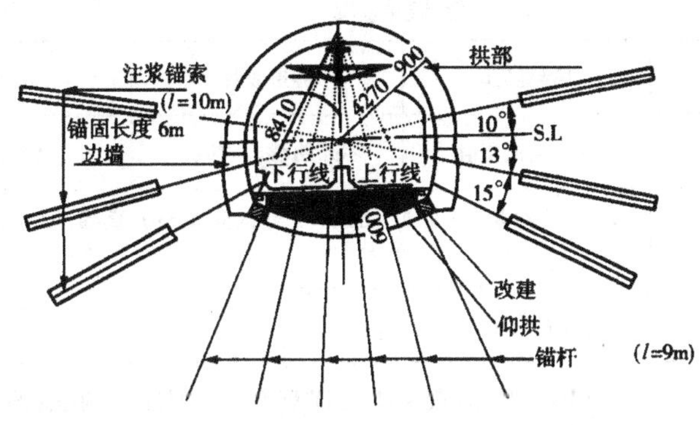

图 6-14　对策(单位:mm)

②锚杆补强

·在变异区间的仰拱和变异区间的前后 5m 的边墙,打锚杆;

·仰拱按枕木间距(65.7cm),一个断面打 6 或 7 根,交错配置;边墙按 1m 间距打 4 根,拱部打 2 根;

·锚杆采用 SD345(ϕ32mm、l = 9m),施加预应力 50kN。

③改建仰拱的结合部

·按 2m 左右分段施工。

(5)对策效果确认

如图 6-15 所示,张拉灌浆锚索后,确认净空断面缩小的速度放慢。工程结束后,变异已收敛,对策效果得到确认。

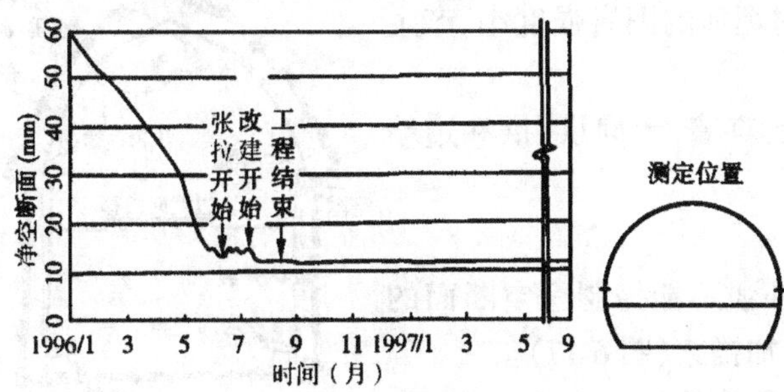

图 6-15　对策效果的确认

事例六 鸟越隧道

(1)隧道概况(表6-15)

隧道概况 表6-15

隧道名称	鸟越隧道	隧道长度	1055m
衬砌形式	单线交流电化	开始营运时间	1966年
构造	混凝土结构,厚度30~60cm(变异区间40cm),直墙,无仰拱,碎石道床		
开挖方法	先拱后墙法		
地形、地质	安山岩、泥岩和凝灰岩。围岩强度低。变异区间的埋深约100m		
维修经历	1975年曾用拱架补强		

(2)变异状况(表6-16、图6-16)

变异现象和调查项目 表6-16

变异现象	·断面缩小:净空位移速度约10mm/年); ·底鼓、水沟变异; ·开裂(开裂宽度10mm); ·上行线也同样变异	调查项目	·围岩钻孔调查; ·净空位移测定

(3)变异原因推定

·地形、地质:主要是第三纪泥岩含有膨润性粘土矿物的围岩强度低(单轴抗压强度0.1~8.7MPa)。变异区间的埋深约100m,对埋深的围岩强度小,产生塑性地压;

·断面形状:直墙,无仰拱,拱和边墙的结合处理差。

(4)对策

只用拱架补强不能控制净空断面的缩小,在边墙施加锚索(图6-17)。

(5)对策效果确认(图6-18)

用锚索控制了边墙的挤入。

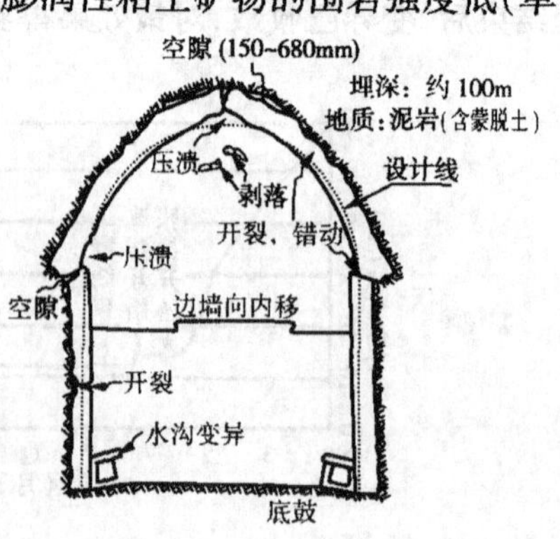

图6-16 变异状况

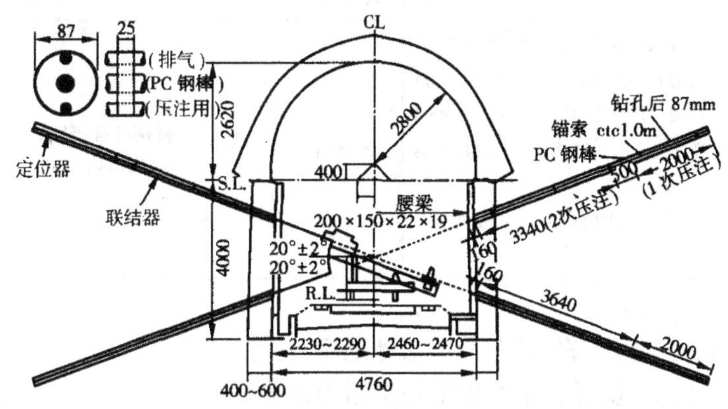

图 6-17　对策(单位:mm)

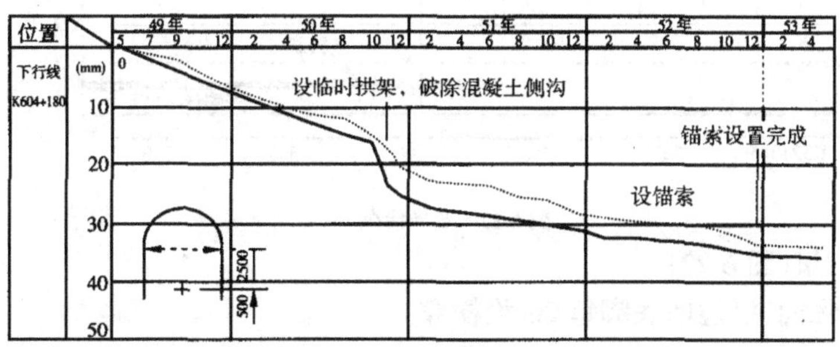

图 6-18　对策效果的确认

事例七　岩濑隧道

(1)隧道概况(表 6-17)

隧 道 概 况　　表 6-17

隧道名称	岩濑隧道	隧道长度	195.13m
衬砌形式	单线	开始营运时间	
构造	混凝土砌块,一部分有仰拱,厚度 45~50cm,碎石道床		
开挖方法	传统方法		
地形、地质	黑色泥岩,最大埋深 50m		
维修经历	1993 年曾降低路基		

(2)变异状况(表 6-18、图 6-19)

变异现象和调查项目 表 6-18

变异现象	·断面缩小:路基降低后右侧边墙挤入(最大 10mm/年),底脚开裂,净空断面急剧缩小(1993 年 12 月 ~ 1995 年 2 月,缩小 14 ~ 18mm); ·开裂:边墙砌块水平缝有 3 ~ 4 个错动	调查项目	·衬砌位移测定; ·衬砌钻孔调查

(3)变异原因推定

·因是泥岩和凝灰岩,易于产生塑性地压;

·因降低路基,隧道脚部内侧的被动阻力减少。

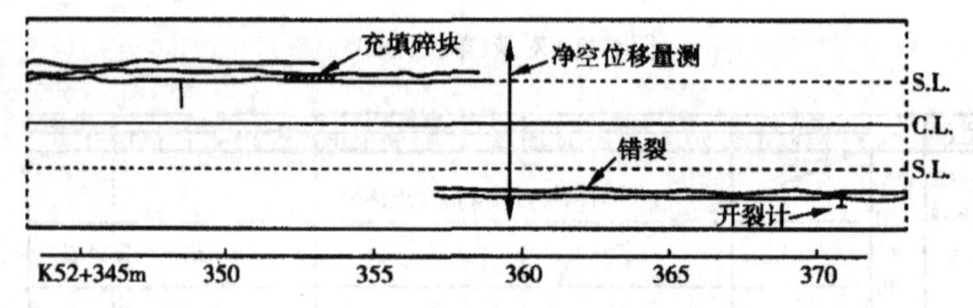

图 6-19 变异状况

(4)对策(图 6-20)

在该区间,沿边墙底脚每 2m 设横撑。

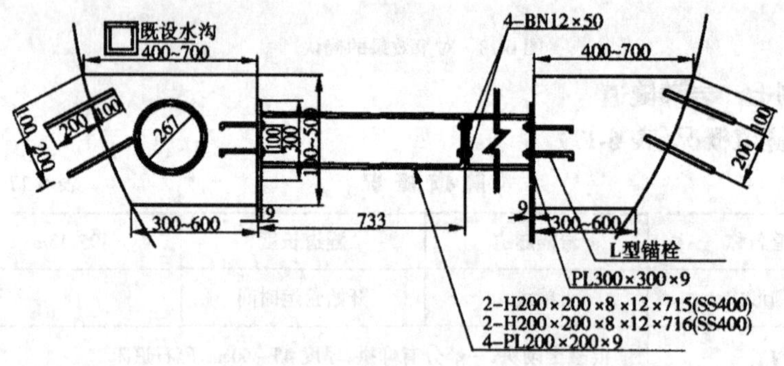

图 6-20 对策(横断面图)(单位:mm)

(5)对策效果确认(图 6-21)

控制了净空位移的发展。

事例八 六十里越隧道

(1)隧道概况(表 6-19)

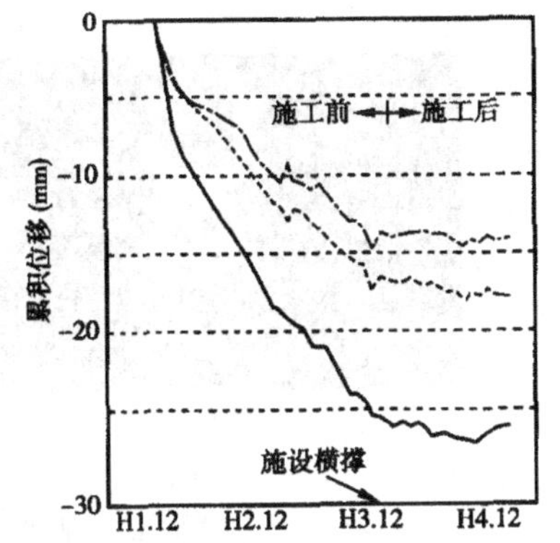

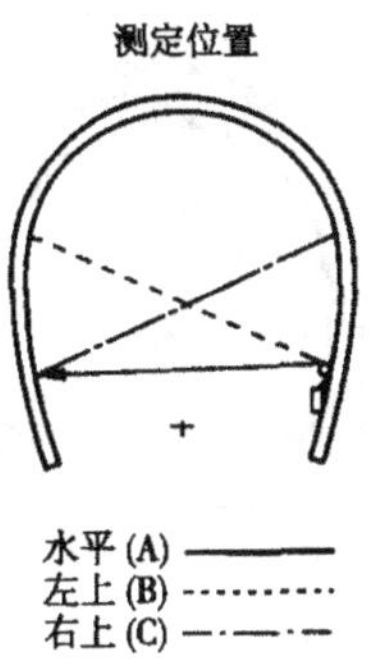

图 6-21　对策效果

隧道概况　表 6-19

隧道名称	六十里越隧道	隧道长度	6609m
衬砌形式	单线	开始营运时间	1970 年
构造	混凝土结构，厚度 23～45cm，一部分直墙，一部分有仰拱。变异显著区间的厚度为 30～45cm		
开挖方法	传统方法		
地形、地质	绿色凝灰岩、凝灰角砾岩和流纹岩		
维修经历			

(2)变异状况(表 6-20、图 6-22)

变异现象和调查项目　表 6-20

变异现象	·衬砌：施工中有底鼓、边墙挤入等变异；运营后也发现有底鼓和挤入现象，净空位移速度为 15mm/年； ·开裂发生，并伴随断面缩小，1973 年新设了仰拱；但还有水平开裂、拱顶压溃等现象发生
调查项目	·开裂测定； ·净空位移测定； ·水准测量及衬砌钻孔调查等

(3)变异原因推定

·外因：推定有大于衬砌承载力的塑性地压；

·内因：无仰拱、直墙，对侧压抵抗弱。拱厚不足也是原因。

(4)对策(图 6-23)

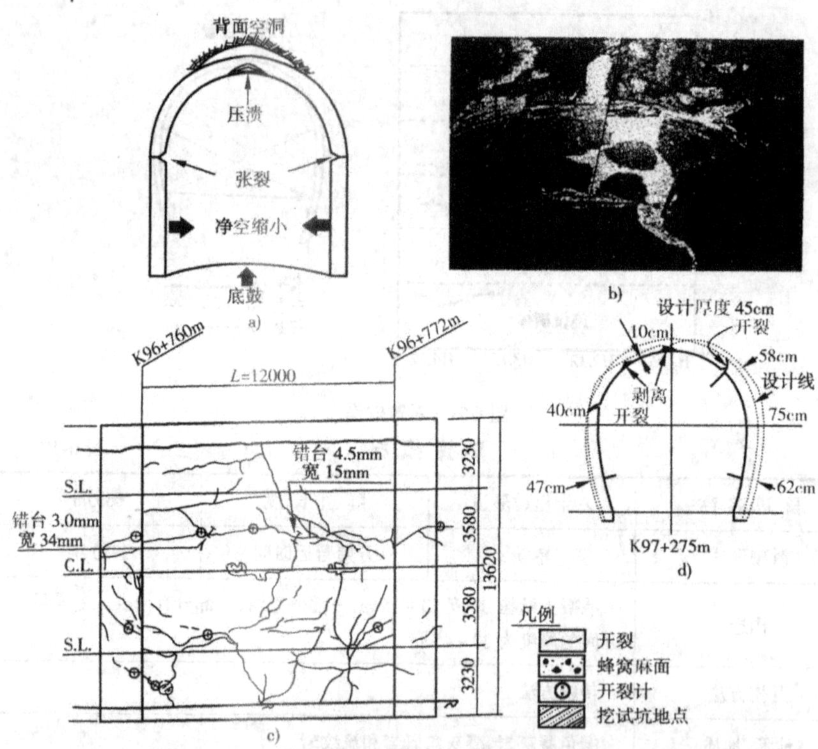

图 6-22 变异状况(单位:mm)

a)变异模式;b)衬砌状况(压溃衬砌拆除后);c)衬砌开裂实态;d)衬砌厚度测定

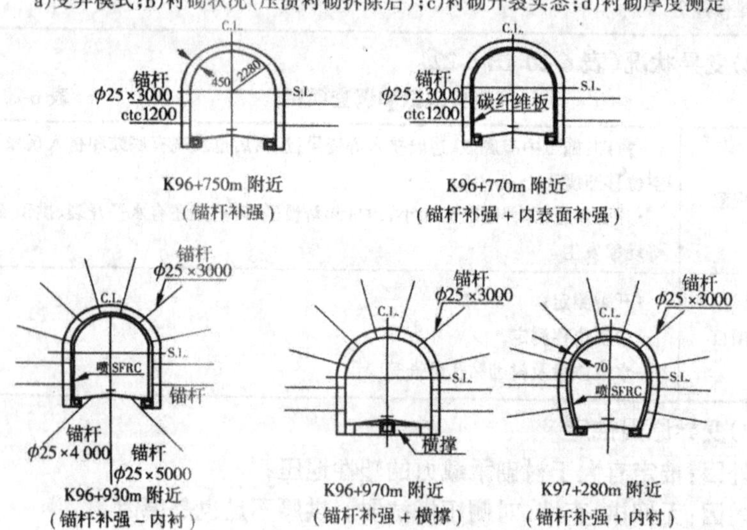

图 6-23 变异对策(单位:mm)

·回填压注;
·锚杆补强;
·内衬;
·内表面补强;碳纤维板;
·仰拱;
·横撑。

(5)对策效果确认(图 6-24)

采取对策后净空位移速度降低。

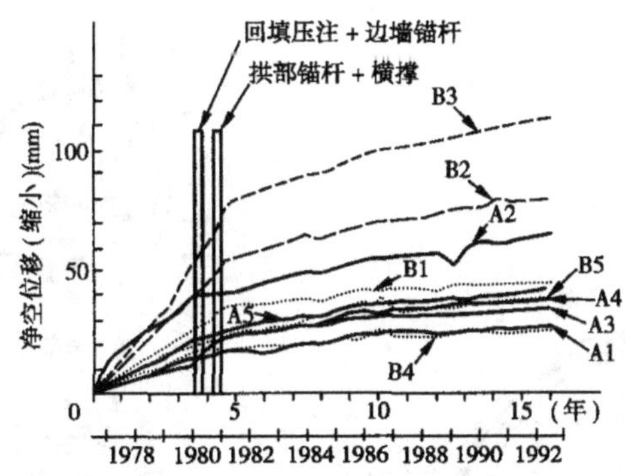

图 6-24　对策效果

事例九　冢山隧道

(1)隧道概况(表 6-21)

隧道概况　表 6-21

隧道名称	冢山隧道	隧道长度	1766m
衬砌形式	双线	开始营运时间	1967 年
构造	混凝土结构,厚度 50~60cm,无仰拱		
开挖方法	传统方法		
地形、地质	泥岩,单轴抗压强度 3.0~6.0MPa,自然含水量 25%~40%,最大埋深 150m,围岩强度比 2~4		
维修经历			

(2)变异状况(表 6-22、图 6-25 ~ 图 6-27)

变异现象和调查项目　　表 6-22

变异现象	第 1 次变异(图 6-26) ·衬砌:断面显著缩小(最大 36mm/年);开裂发生多,约占 30%以上;而且发生从拱部到边墙的斜向至轴向开裂;拱顶产生压溃,混凝土衬砌掉块; ·路基:翻浆冒泥,轨道变形,底鼓等。 第 2 次变异(图 6-26) ·衬砌:拱部压溃地段大范围剥离、掉块、衬砌厚度极薄;以剥离处为中心产生放射状开裂
调查项目	·衬砌位移测定;净空位移测定;开裂测定;衬砌钻孔调查等

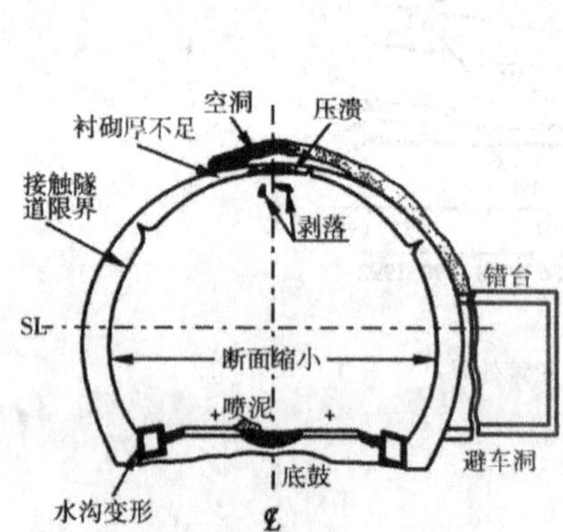

图 6-25　变异状况模式图

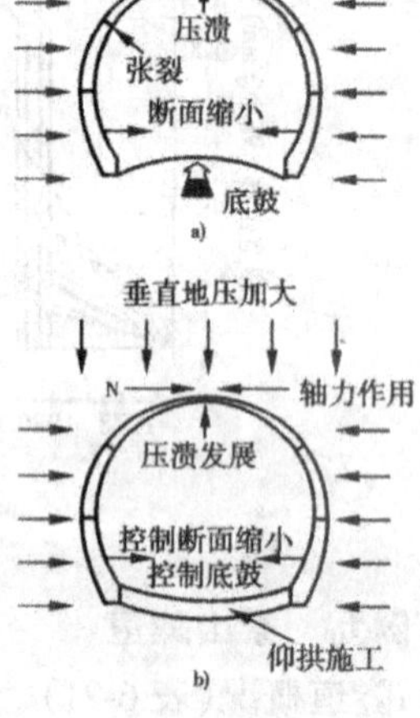

图 6-26　变异现象
a)第 1 次变异;b)第 2 次变异

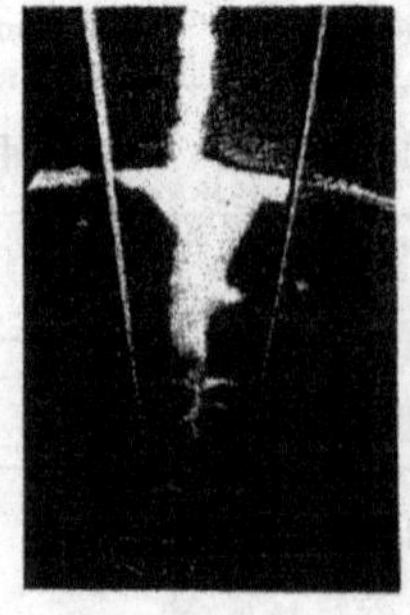

a)

b)

图 6-27　变异状况

(3)变异原因推定

第 1 次变异：

在泥岩区间有少量涌水，运营开始后因列车振动路基泥化，因路基泥化引起塑性地压，变形发展。

第 2 次变异：

地压大，衬砌薄，先拱后墙法施工有缺陷等。

(4)对策(图 6-28 ~ 图 6-33)

第 1 次变异：

·新设中央水沟，降低地下水位；

·设置仰拱；

·涌水处理、回填压注。

第 2 次变异：

·设金属网及锚杆(间距 1.5m，12 × 12 = 144 根)，架钢拱架(间距 1.5m)；

·喷钢纤维混凝土。

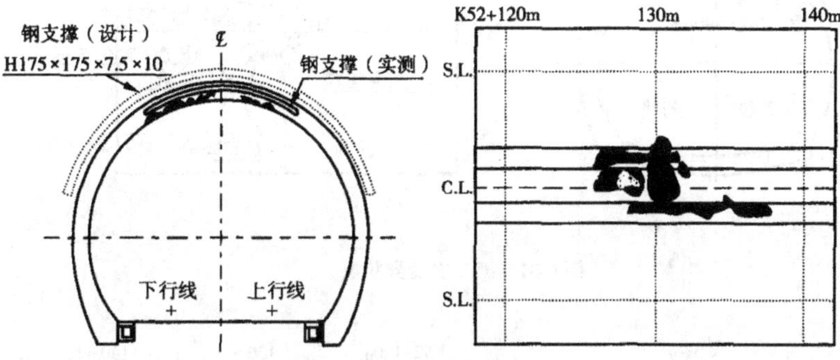

图 6-28　压溃发生的位置

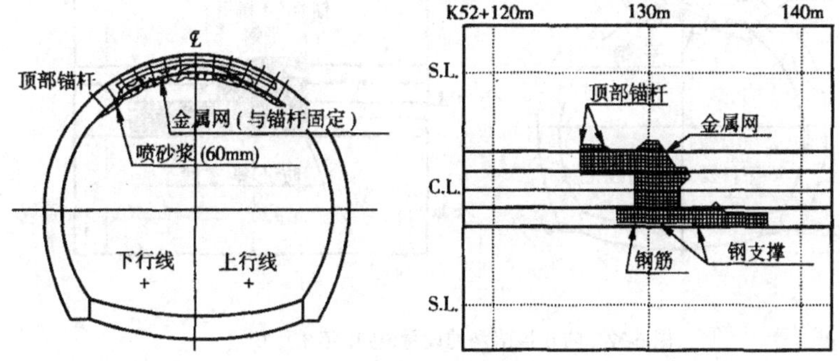

图 6-29　衬砌维修工程(1974 年)

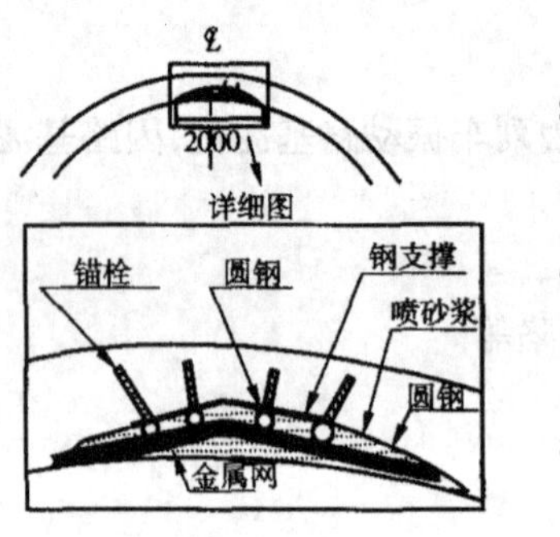

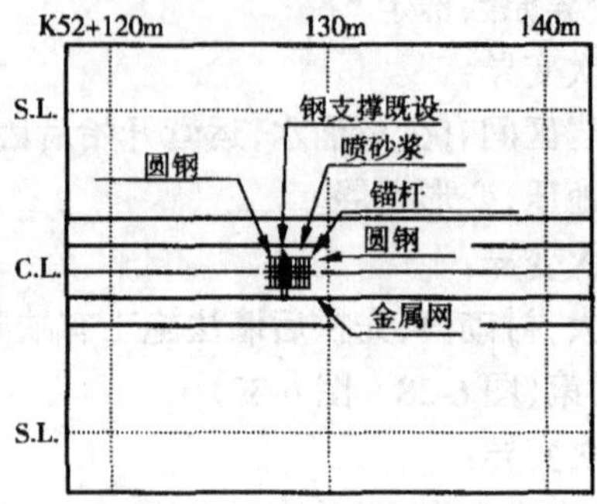

图 6-30 衬砌维修工程(1976 年)

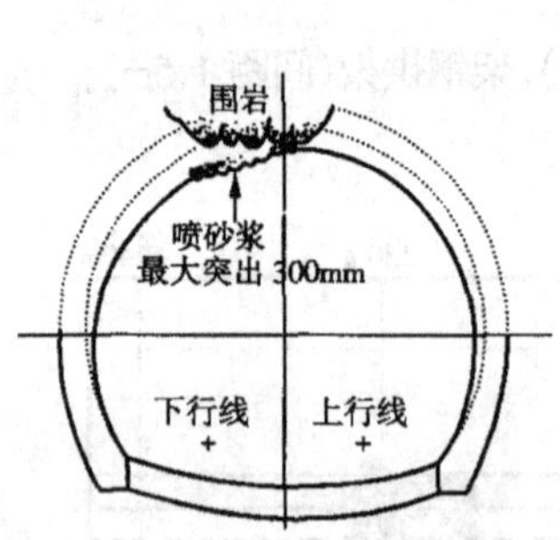

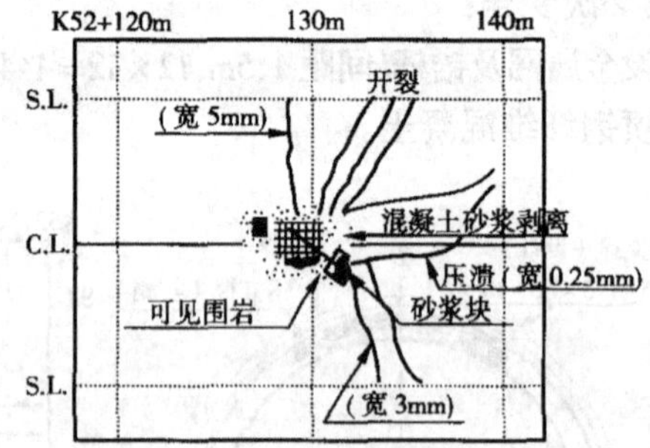

图 6-31 第二次变异状况

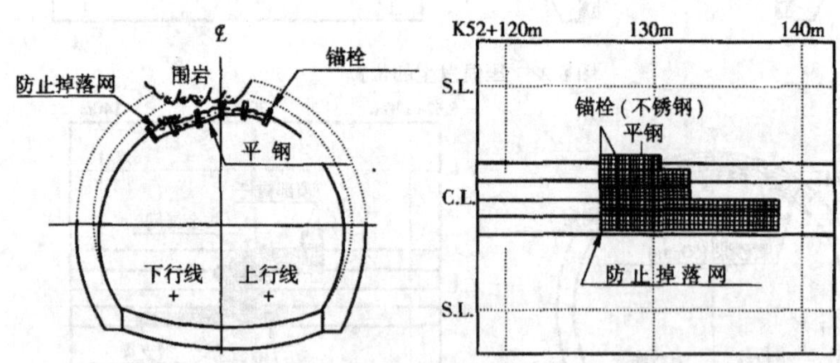

图 6-32 防止掉落网的设置(1991 年 3 月)

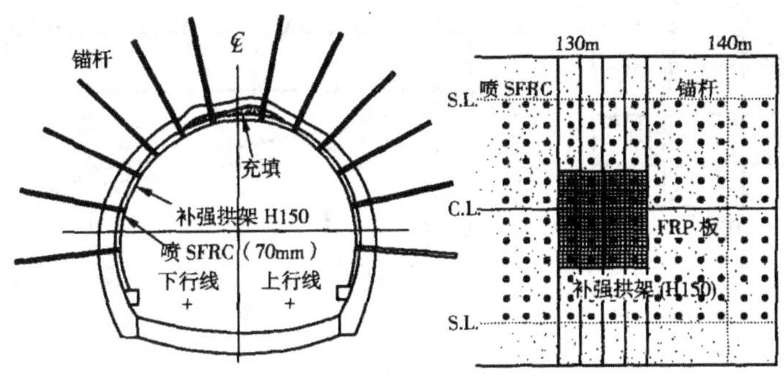

图 6-33　锚杆设置(1992 年 8 月)

事例十　大原隧道

(1)隧道概况(表 6-23)

隧 道 概 况　　表 6-23

隧道名称	大原隧道	隧道长度	5062.6m
衬砌形式	单线	开始营运时间	1955 年
构造	混凝土结构,厚度 30～70cm,一部分有仰拱;变异地段厚度 55cm,有仰拱		
开挖方法	全断面法		
地形、地质	最大埋深约 700m,变异地段埋深约 400m;花岗岩类,有断层破碎带		
维修经历			

(2)变异状况(表 6-24、图 6-34)

变异现象和调查项目　　表 6-24

变异现象	开裂:集中发生,还有错动,呈放射状,净空断面缩小	调查项目	·开裂测定; ·衬砌钻孔调查; ·位移测定等

(3)变异原因推定

衬砌厚度满足要求,因局部塑性地压造成轴力大,而产生剪切破坏。

(4)对策(图 6-35)

·内衬,厚度 200mm,与拱架并用;

·锚杆补强;

·回填压注。

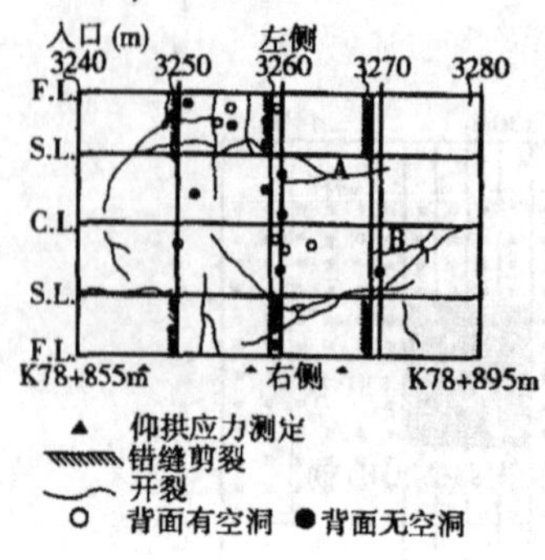

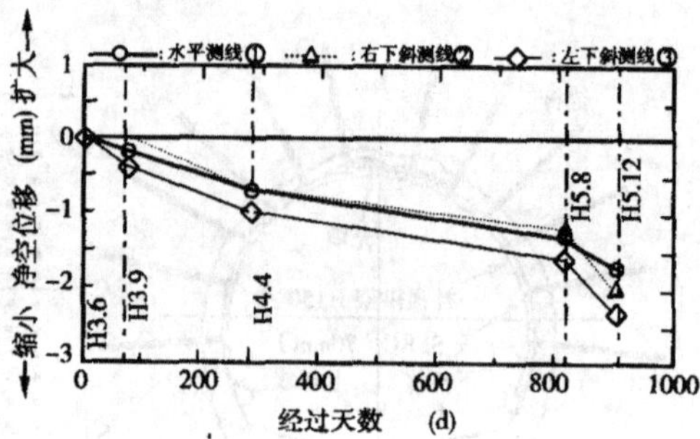

图 6-34 变异状况

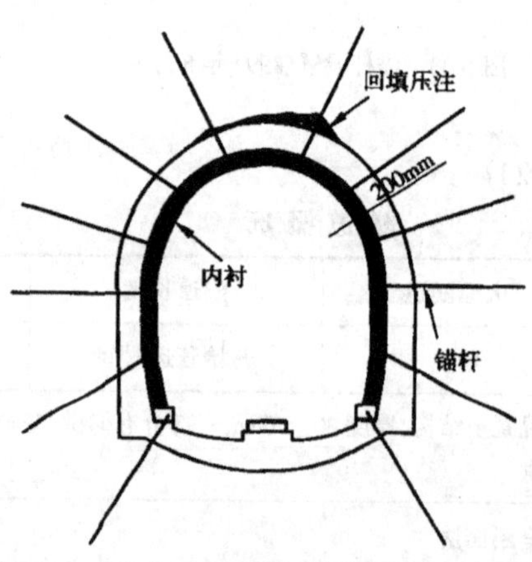

图 6-35 对策

要点二 偏压、坡面蠕动

偏压的整治措施见图 6-36、表 6-25。

斜面蠕动因规模不同,可采取与滑坡同样的措施。

偏压的整治方法 表 6-25

分 类	具体的整治方法	分 类	具体的整治方法
减轻偏压	·隧道上部挖方(图 6-36a)	确保抵抗地压	·增加河侧边墙基础深度,扩大支承面积
补强围岩	·防护边坡,降低地下水(图 6-36b); ·偏压衬砌,填土(图 6-36d)	补强衬砌	·回填背后空洞; ·打锚杆(图 6-36c); ·拱架,喷混凝,内衬

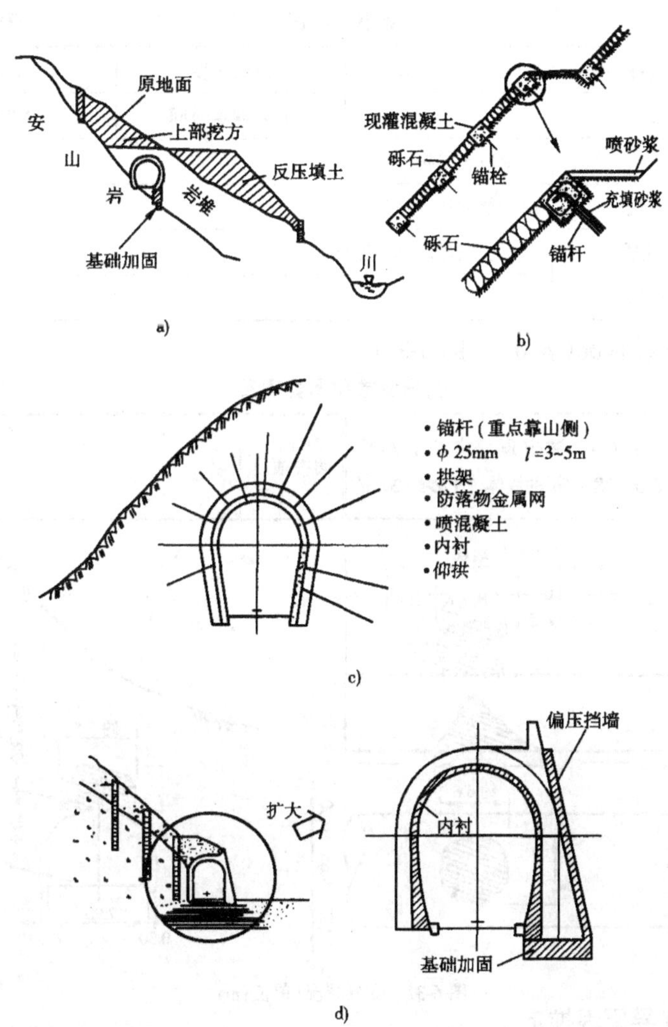

图 6-36　偏压措施的概念图

a)上部挖方和填土；b)边坡防护；c)锚杆和衬砌加固；d)内衬和偏压挡墙

事例一　小山野隧道

(1)隧道概况(表 6-26)

隧道概况　表 6-26

隧道名称	小山野隧道	隧道长度	210m
衬砌形式		开始营运时间	1967 年
构造	混凝土结构		
开挖方法	传统方法		
地形、地质	混合粉砂岩，固结度低		
维修经历			

(2)变异状况(表 6-27、图 6-37)

变异现象和调查项目　表 6-27

变异现象	1990 年，隧道顶部突然崩落长 6.6m、宽 5.5m 的块体。土砂约 $200m^3$	调查项目	

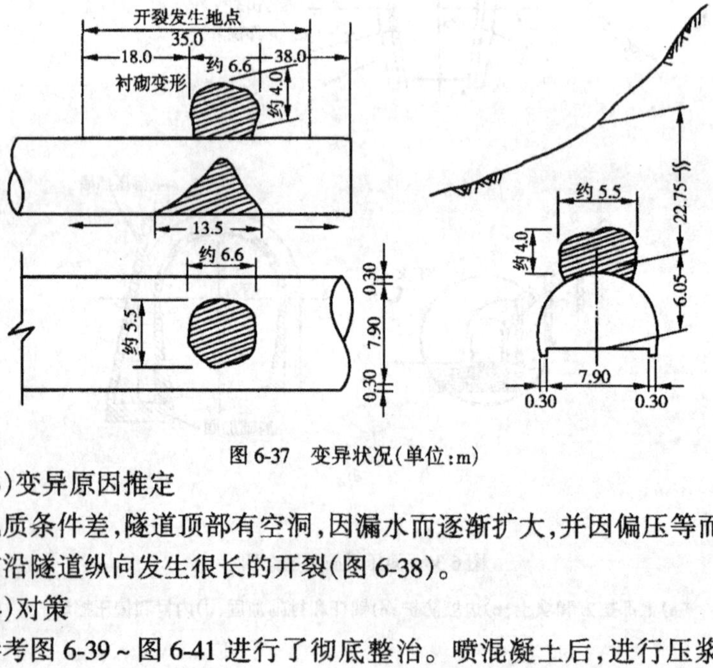

图 6-37　变异状况(单位：m)

(3)变异原因推定

地质条件差，隧道顶部有空洞，因漏水而逐渐扩大，并因偏压等而造成。崩落前沿隧道纵向发生很长的开裂(图 6-38)。

(4)对策

参考图 6-39 ~ 图 6-41 进行了彻底整治。喷混凝土后，进行压浆、锚杆补强等，并设置内衬(25cm)。

事例二　野中隧道

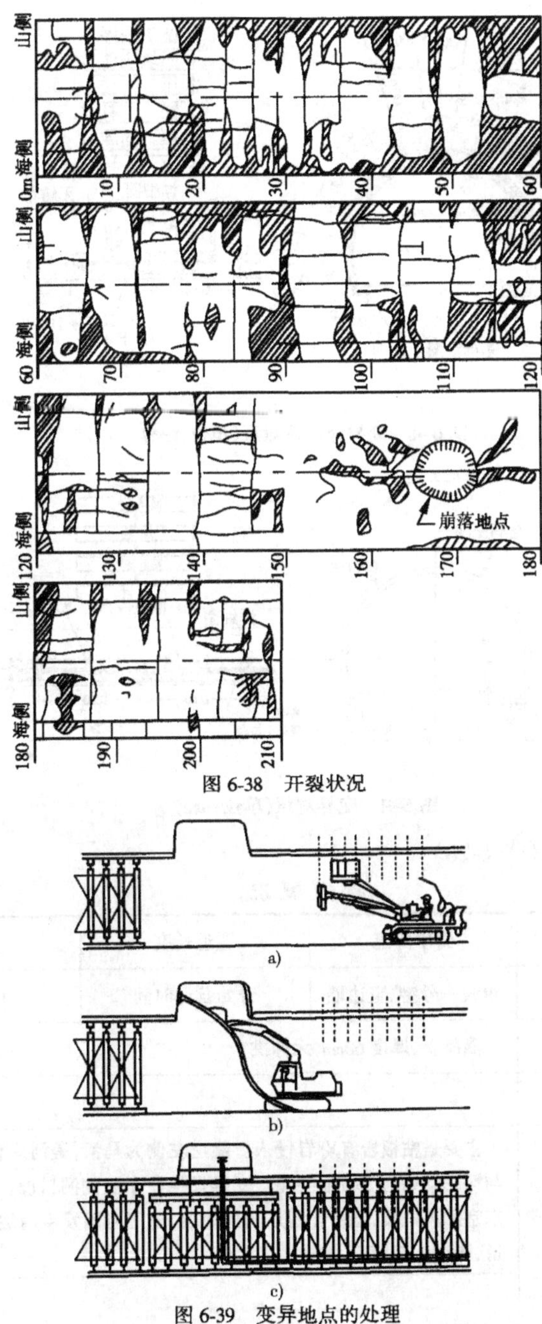

图 6-38　开裂状况

图 6-39　变异地点的处理

a)设灌浆锚杆；b)塌方处喷混凝土；c)灌注泡沫砂浆

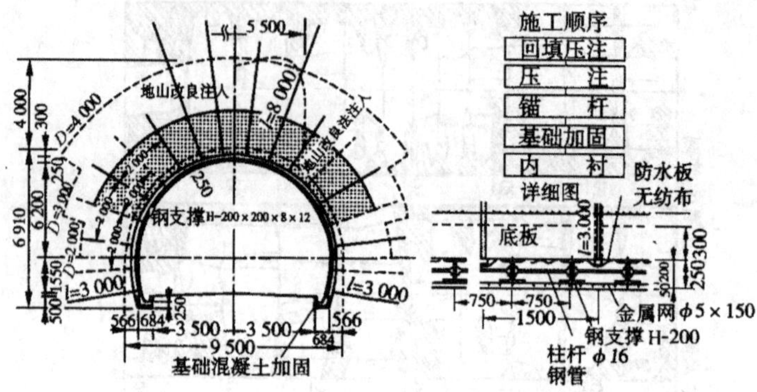

图 6-40 变异地段及对策(单位:mm)

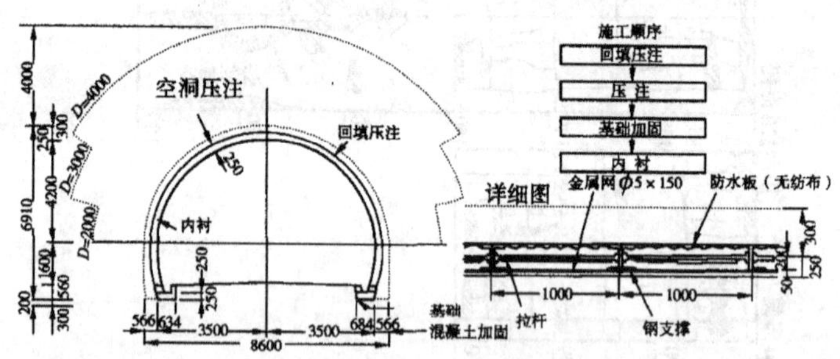

图 6-41 变异对策(单位:mm)

(1)隧道概况(表 6-28)

隧 道 概 况 表 6-28

隧道名称	野中隧道	隧道长度	824m
衬砌形式	单线一号型、直边墙	开始营运时间	1975 年
构造	混凝土,厚度 60cm,无仰拱		
开挖方法			
地形、地质	主要是粘板岩有玢岩侵入。隧道左侧为马河,是河岸台地,台地面与河底间约为 30m 的陡崖。变异发生在东京侧洞口段,位于斜坡上。东京侧洞口段,当初计划是明挖地段,施工时因发生滑坡改为明挖隧道,隧道上部填土 1.7m		
维修经历			

(2)变异状况(表 6-29、图 6-42)

变异现象和调查项目　表 6-29

变异现象	变异只在明挖地段发生： ·山侧拱肩出现大的张裂（30～40mm）； ·河侧拱肩背面出现张裂	调查项目	·钻孔调查（确认隧道周围地质）、水准测量； ·监视滑坡（滑坡计）； ·测定开裂（裂缝计）； ·净空位移量测（带式）

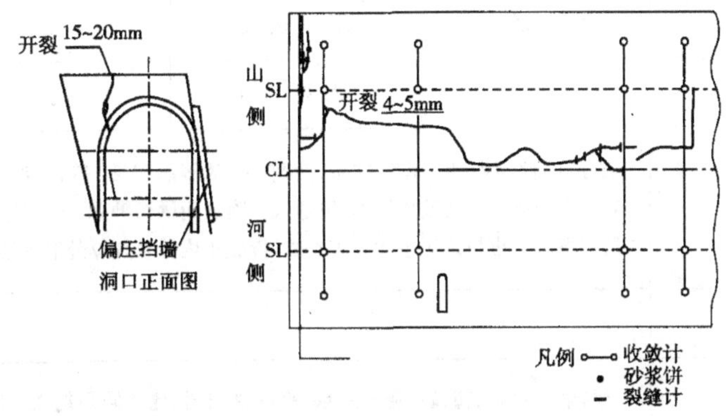

图 6-42　变异状况

(3)变异原因推定

对偏压设计不合适：

·河侧边墙底脚处承载力不足；

·断面形状（直边墙）不合适；

·厚度不够；

·外墙厚度不足。

(4)对策（图 6-43）

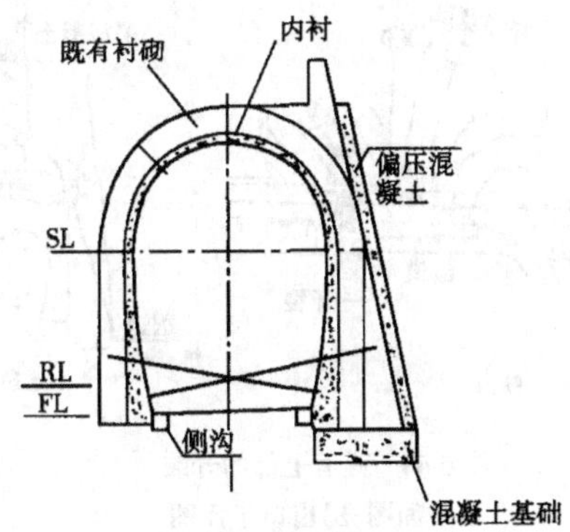

图 6-43　补强措施

·增加内衬厚度和改为马蹄形断面；

·增厚外墙。

事例三　洞口隧道

(1)隧道概况(表6-30)

隧道概况　表6-30

隧道名称	洞口隧道	隧道长度	1916m
衬砌形式	单线二型	开始营运时间	1916年
构造	隧道中部混凝土，厚度30cm，无仰拱；两侧洞口段，砖衬砌，厚度46cm，无仰拱。作为偏压措施，隧道入口附近用拱架补强，设混凝土内衬、底撑等。出口附近也用拱架补强、混凝土内衬及加厚外墙等措施		
开挖方法			
地形、地质	·新第三纪泥层的砂、泥岩互层，夹有凝灰岩、地层倾角约25°，向海侧倾斜； ·隧道靠海侧有公路施工，挖取隧道一侧围岩，形成极端偏压地形； ·公路开通后，在隧道正上方围岩(埋深约20m)发生与隧道大致平行的龟裂，最大宽度约30cm(图6-44)		
维修经历			

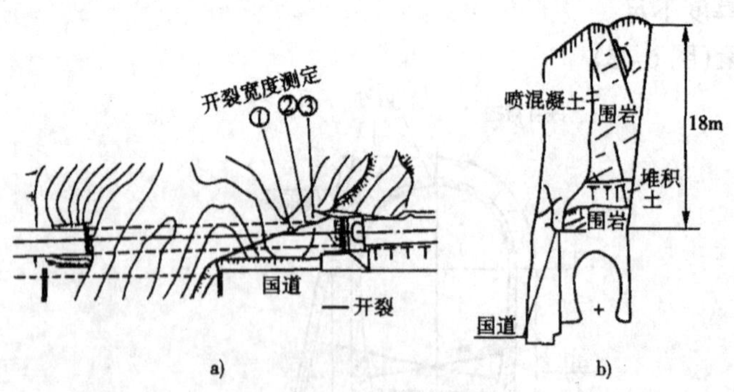

图6-44　隧道上部的开裂

a)平面图；b)出口正面图

(2)变异状况(表6-31)

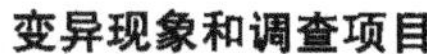

变异现象和调查项目　　表 6-31

变异现象	·隧道上部围岩发生与隧道平行的开裂； ·隧道内靠山侧拱肩发生水平开裂	调查项目	·上部围岩的开裂宽度测定(图 6-45)； ·隧道内开裂测定

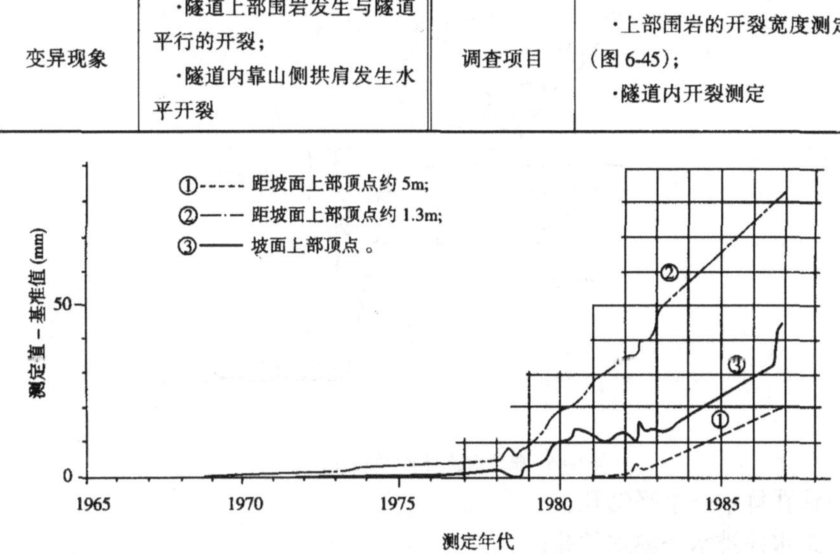

图 6-45　隧道上部围岩开裂测定结果

(3)对策(图 6-46)

·挖除上部不稳定地块；

·上部挖方坡面设锚栓；

·隧道内拱架补强；

·隧道内内衬补强。

要点三　滑　　坡

预计有大规模滑坡时，一般来说，对隧道结构采取补强措施是很难收效的。所以，同时应采用降低地下水位和抗滑桩等措施。下面概略介绍能够防止滑坡的一些隧道补强措施(图 6-47)。

1.地表面的措施

(1)地下水措施——增加滑面的抗剪阻力、减轻滑动荷载

·降雨、融雪水渗透的控制→设置地表排水路网，填塞裂纹、裂缝，增加植被；

·排除浅层地下水→排水管网；

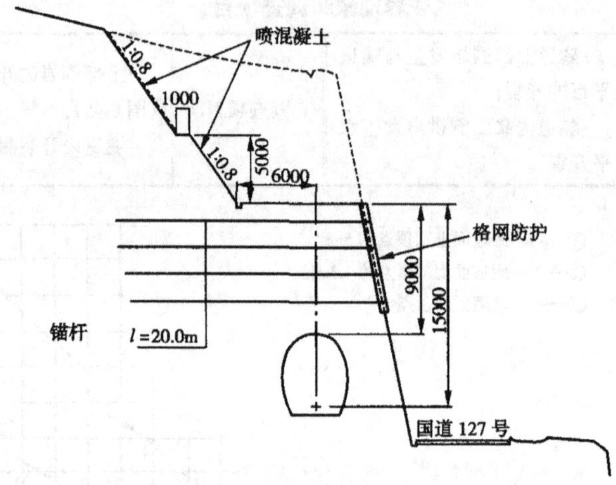

图6-46 整治措施概况(单位:mm)

·钻孔排水→水平钻孔;

·集水井排水→集水钻孔;

·止水壁和排水→止水壁上部的地下水由管道排水;

·排水隧道→降低滑动土块中的水位。

(2)控制滑动土块的移动

·挖去上部滑动土块→减轻滑动土块重量;

·填土、支挡→增加抵抗荷载;

·锚栓→增加剪切阻力;

·锚固桩(钢管桩、钢筋混凝土桩、深基础等)→增加抗剪阻力。

2.隧道措施

(1)补强

·回填压浆→防止变形,增加抵抗地压;

·设拱架和金属网→防止变形,增加衬砌抗力,防止掉块;

·锚杆→防止变形,增加围岩的抗剪强度;

·内衬(喷混凝土)→防止变形,增加衬砌抗力;

·内衬(模筑混凝土)→防止变形,增加衬砌抗力;

·充填刹肩→防止变形,增加衬砌抗力;

·修仰拱→防止变形,增加衬砌抗力;

·补强挡墙→防止变形,增加衬砌抗力。

(2)其他

·水平钻孔→降低隧道周围地下水水位；

·整建排水沟→降低隧道周围地下水水位；

·改善地层→防止变形，控制移动。

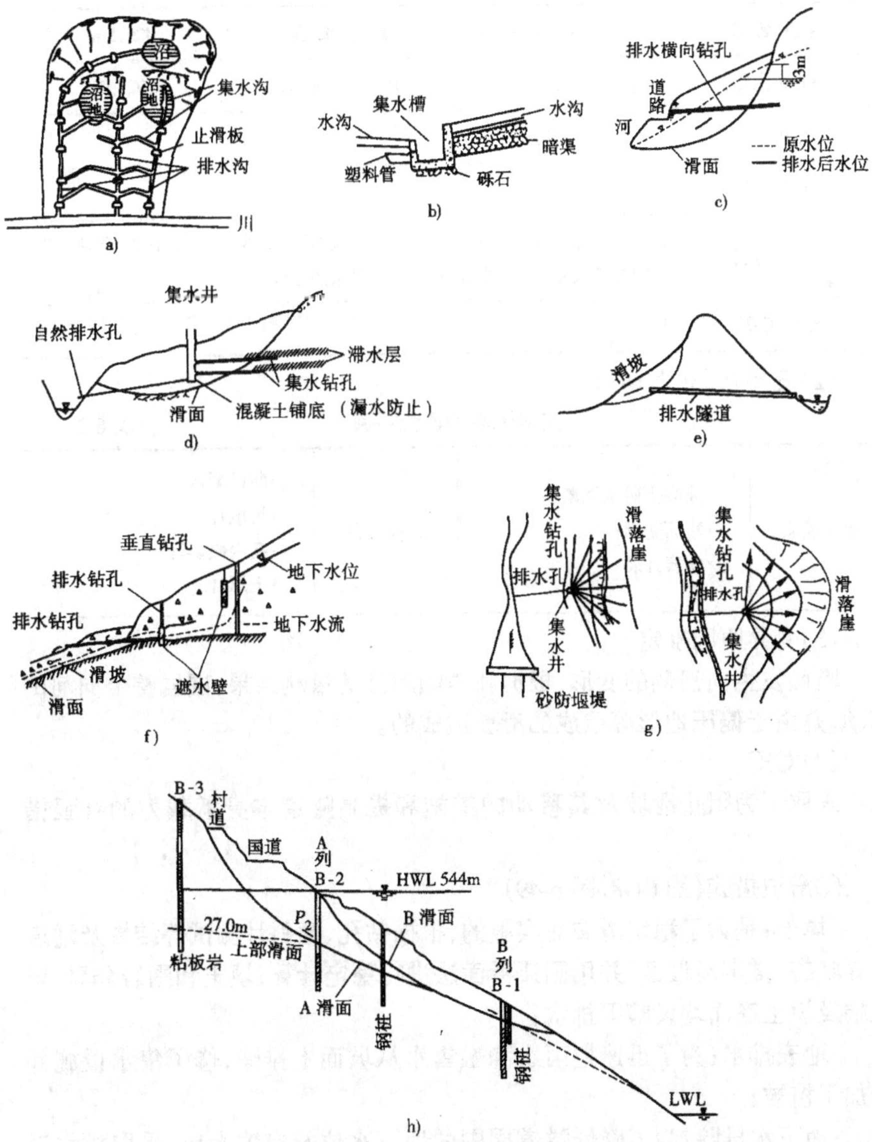

图 6-47　整治滑坡措施例

a)地表集水网路；b)中间集水槽；c)排水钻孔；d)集水井；e)排水隧道；f)排水钻孔；g)集水井排除地下水；h)锚固桩法

事例一　内卷隧道

(1)隧道概况(表 6-32)

隧道概况　表 6-32

隧道名称	内卷隧道	隧道长度	425.5m
衬砌形式	单线	开始营运时间	1927 年
构造	混凝土砌块		
开挖方法			
地形、地质	第三纪的单轴抗压强度约 2MPa 的凝灰质砂岩及泥岩,位于河右岸的冲击坡面上,地层倾角约 10°,埋深约 30m		
维修经历			

(2)变异状况(表 6-33)

变异现象和调查项目　表 6-33

变异现象	·混凝土砖块剥落; ·断面变形; ·地表开裂	调查项目	·断面测定; ·滑坡计; ·孔内倾斜计; ·土压计

(3)变异原因推定

断面发生向河侧的变形,根据孔内倾斜计的量测结果,围岩整个向河侧移动,是由于偏压地形等造成的滑坡造成的。

(4)对策

采取了为阻止滑坡及其移动的措施和提高隧道本身承载力的补强措施。

①滑坡措施(图 6-48、图 6-49)

·填土:是为了稳定滑坡而实施的,根据钻孔、倾斜计测试等结果及隧道变异状态,推定滑坡面,并用圆弧滑面法进行稳定计算;填土和围岩分界、填土端及填土底面均设暗渠排水;

·地表排水:为了迅速把雨水和融雪水从坡面上排除,修了集水设施并增加了植被;

·地下水排除:为了降低隧道周围的地下水位及空隙水压,采取排水钻孔。

②隧道补强措施(图 6-50、图 6-51)

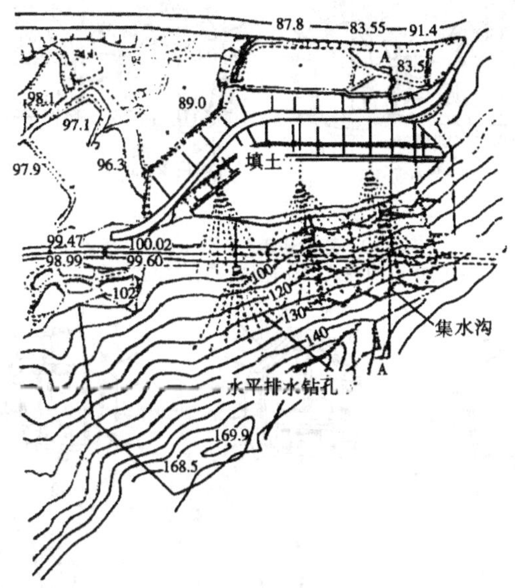

图 6-48　整治滑坡措施(平面)

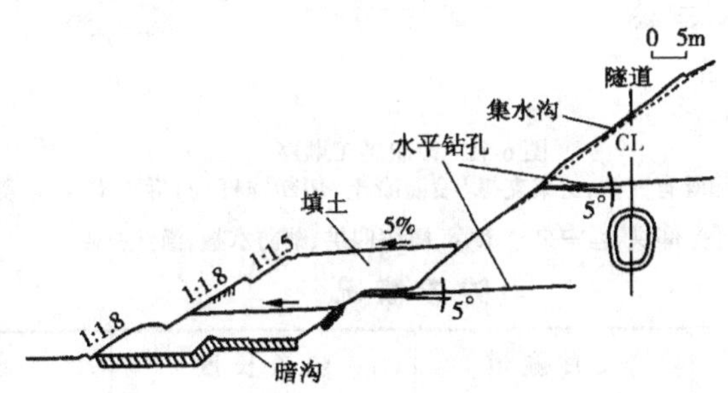

图 6-49　整治滑坡措施(横断面)

·施工前补强:在运营线(夜间封闭)下,设临时拱架补强及回填压浆背后空隙,打锚杆;

·改筑断面:在封闭线路下,拆除衬砌,架钢支撑,喷混凝土,设仰拱,修二次衬砌。

事例二　大月隧道

(1)隧道概况(表 6-34)

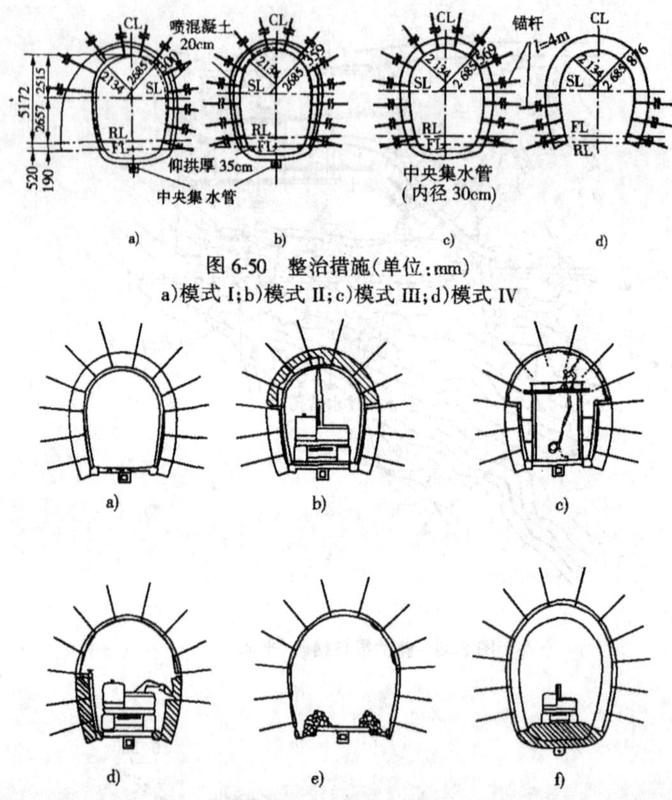

图 6-50 整治措施(单位:mm)

a)模式 I;b)模式 II;c)模式 III;d)模式 IV

图 6-51 改筑施工顺序

a)回填压浆锚杆;b)拆除既有支撑;c)架支撑、喷混凝土、切断锚杆;d)拆除支撑;e)架支撑、喷混凝土、切断锚杆、出渣;f)开挖仰拱、埋中央集水管、灌注仰拱、铺防水板、灌注衬砌

隧道概况 表 6-34

隧道名称	大月隧道	隧道长度	458.7m
衬砌形式	单线	开始营运时间	1936 年
构造	混凝土(一部分拱圈用混凝土砌块),有仰拱		
开挖方法			
地形、地质	位于天河与大千濑河附近的冲积坡面上,为变质带的黑色片岩、绿色片岩,片理走向大致与河平行,倾向山侧。此外,附近为中央构造线		
维修经历			

(2)变异状况(表 6-35、图 6-52)

变异现象和调查项目　表 6-35

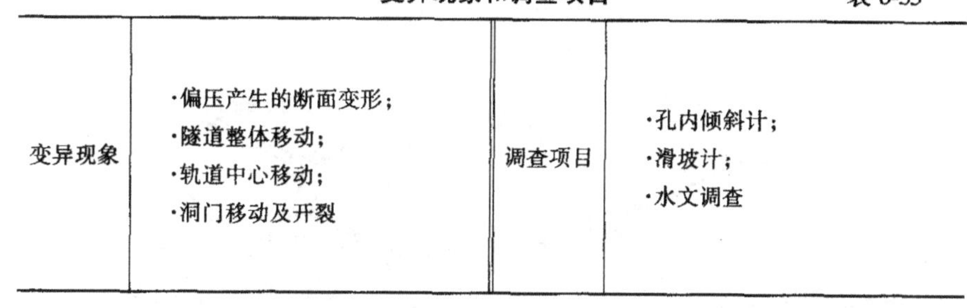

变异现象	·偏压产生的断面变形； ·隧道整体移动； ·轨道中心移动； ·洞门移动及开裂	调查项目	·孔内倾斜计； ·滑坡计； ·水文调查

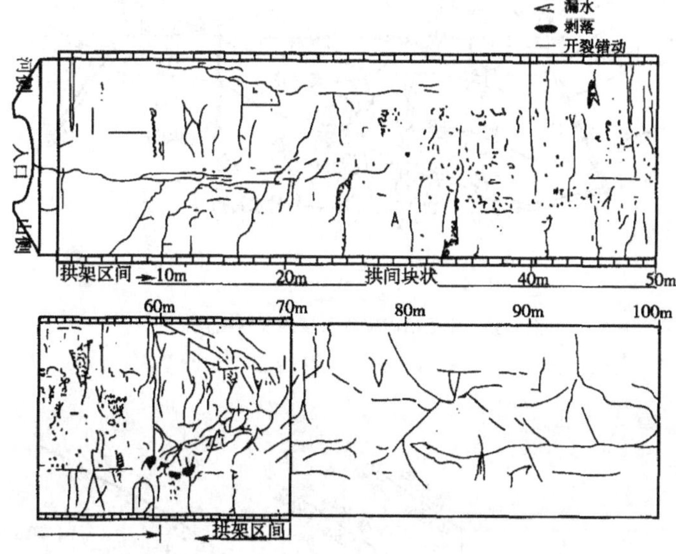

图 6-52　变异展开图

(3)变异原因推定

断面向河侧变形,轨道中心向河侧移动是由于滑坡造成的。

(4)对策

1950 年曾用盲沟排水,1956 年又设拱架补强,并于 1957 年修了排水沟和盲沟。盲沟排水的效果显著,漏水停止,而且由于滑坡造成的偏压也减小,但变异仍在慢慢地发展,为此 1959 年又进行压注并对滑坡进行监视。为了防止滑坡及其移动,最后进行隧道断面的改建,参见图 6-53 ~ 图 6-55。

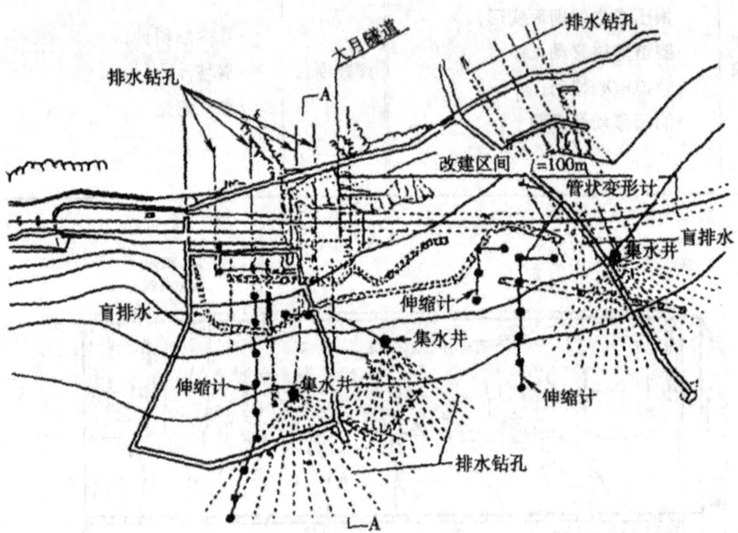

图 6-53　整治滑坡措施及量测仪器配置

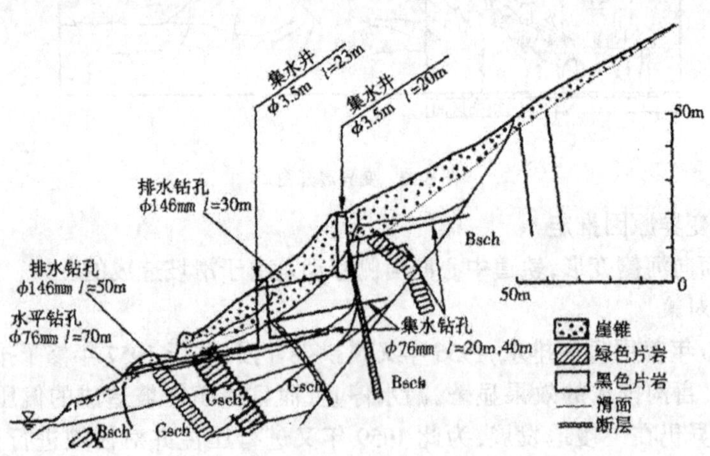

图 6-54　A-A 断面图

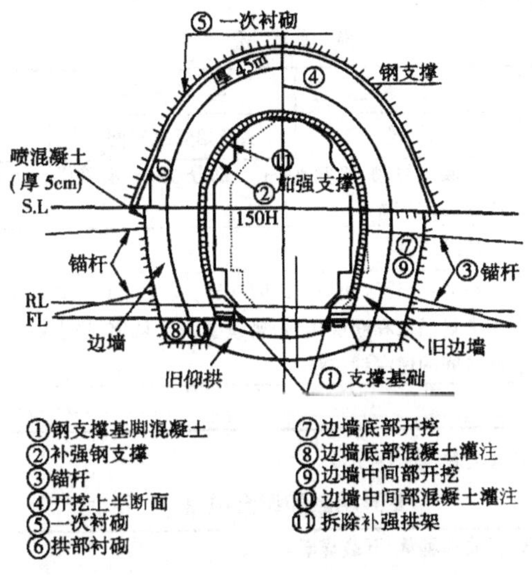

图 6-55　改建施工断面图

要点四　围岩松弛引起垂直地压增加

选定整治措施时，要针对情况而定；但在围岩松弛的情况下，因拱上部有空隙，所以充填空隙是最主要的。

围岩松弛的整治措施列于表 6-36。

围岩松弛的整治措施　表 6-36

状　况	整 治 方 法
衬砌有承载能力时（对压注而言）	·向衬砌背后压注水泥砂浆、泡沫砂浆
衬砌无承载能力（厚度不足，衬砌劣化）	建筑限界允许时： ·补强拱架 + 混凝土内衬砌。 建筑限界不允许时： ·大型护板 + 锚杆。 上述施工后，都要向衬砌背后压浆

事例一　仙岩隧道

(1)隧道概况(表 6-37)

隧 道 概 况　　表 6-37

隧 道 名 称	仙 岩 隧 道	隧 道 长 度	3915m
衬砌形式	单线	开始营运时间	1966 年
构造	混凝土衬砌,厚度 40cm,一部分 60cm,有仰拱。变异区间无仰拱,厚度 40cm,直墙		
开挖方法	传统方法		
地形、地质	地质:变异区间为花岗闪绿岩,节理发育,风化成角砾状。施工时出现大量涌水和断层角砾,曾设置排水坑道、排水钻孔以及压浆等。变异区间的埋深约 200m		
维修经历			

(2)变异状况(表 6-38、图 6-56)

变异现象和调查项目　　表 6-38

变异现象	·拱部:压溃和剥落、开裂显著。 ·边墙:虽然是直墙但没有出现显著的开裂。已经开裂的宽度和错台没有继续变化。 ·涌水:从排水孔中流出大量的涌水($0.3m^3/min$)。 ·断面缩小:2.2mm/年。 ·背后空洞:有最大高度达 1m 的空洞。但拱厚满足要求(40cm)
调查项目	

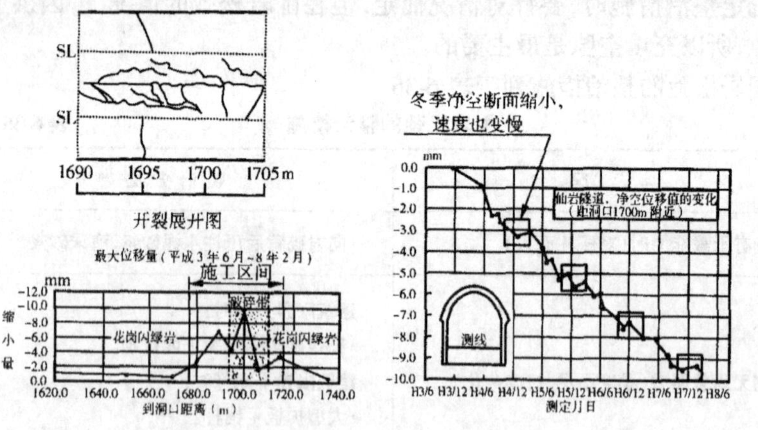

图 6-56　变异状况

(3)变异原因推定

主要原因是地下水使断面缩小，排水钻孔施工后断面缩小就停止。其他原因：

·破碎带使围岩松弛，形成较大的垂直压力；

·背后有空洞；

·拱顶厚度不足等。

(4)对策(图6-57)

停止运营全面改建：

·回填压注；

·锚杆补强；

·设置防水板；

·内衬+钢拱架。

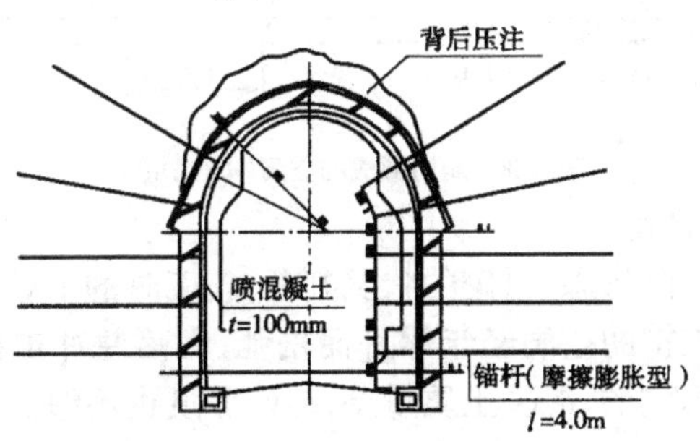

图6-57　变异对策

(5)对策效果确认

采取对策后没有发生显著的变异。

事例二　大追山隧道

(1)隧道概况(表6-39)

隧道概况　表6-39

隧道名称	大追山隧道	隧道长度	200m
衬砌形式	单线2号型	开始营运时间	1947年
构造	混凝土		
开挖方法			
地形、地质	古生代砂岩、部分夹有页岩，岩体开裂		
维修经历			

(2)变异状况(表 6-40)

变异现象和调查项目 表 6-40

变 异 现 象	1984 年 2 月 16 日,在隧道中通行的列车因约 $10m^3$ 的岩块掉落而脱轨。在隧道拱部形成一直径约 1.5m、深约 2.0m 的空洞(图 6-58),但隧道本身没有发生什么有问题的变异
调查项目	安设裂纹计

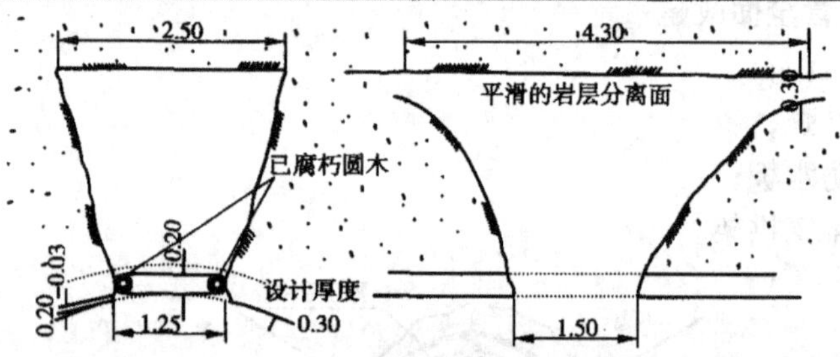

图 6-58 崩坍形成的空洞(单位:m)

(3)变异原因推定

从崩坍处的空洞形态、衬砌的状况判断,施工时的上导坑作为空洞留在衬砌背后。此无支护的空洞经年累月而松弛、剥落并冲击衬砌。隧道是在资材缺乏的年代修建的,混凝土质量差,衬砌厚度也不够。

(4)对策

对衬砌厚度和背后空洞的调查结果是,大致在整个隧道地段内都有空洞,因此对空洞进行回填和隧道补强(图 6-59):

·防止掉落板:为防止衬砌掉落,在拱部 90°范围内,设顶部防护板;

·架拱架:架设 H 型钢拱架(100H、125H、150H);

·压注泡沫砂浆:衬砌背后空隙用泡沫砂浆充填;在崩坍处,因空洞很大,故先用 H 型钢及钢筋补强;

·填充边墙开口处:边墙开口处担心岩石掉落,用混凝土充填。

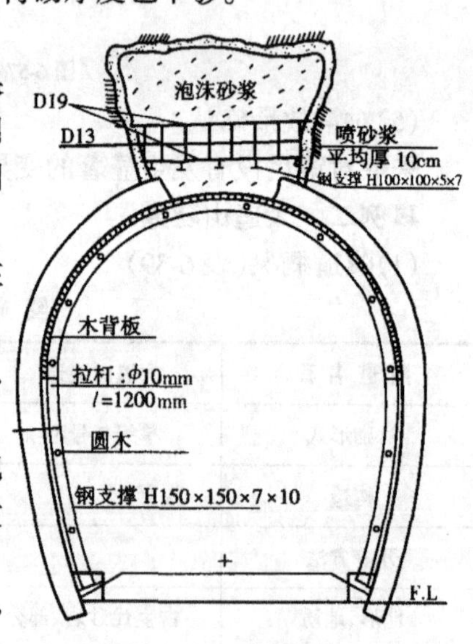

图 6-59 措施施工图

事例三　中山隧道

(1)隧道概况(表 6-41)

隧 道 概 况　　表 6-41

隧道名称	中山隧道	隧道长度	1205m
衬砌形式	双线电化型	开始营运时间	1966 年
构造	混凝土		
开挖方法			
地形、地质	隧道基岩是新第三纪灰瓜层。变异隧道的起点侧呈河岸台地地形，隧道正上方是台地砂砾		
维修经历			

(2)变异状况(表 6-42)

变异现象和调查项目　　表 6-42

变异现象	·距隧道起点 130m 洞口的拱顶发生轴向拉伸开裂(图 6-60)	调查项目	·净空位移量测； ·开裂测量

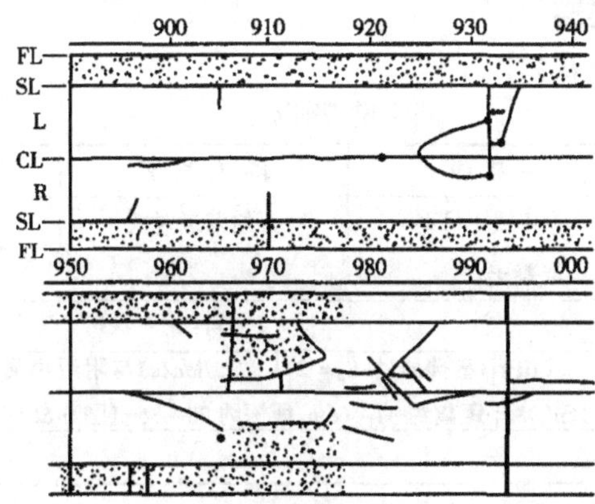

图 6-60　变异展开图

(3)变异原因推定

·隧道施工后的上部围岩松弛，使荷载增大；

·因与上越线鱼沼隧道靠近，并与关越公路在上部交叉，担心有些影响；但从位置关系及开裂分布看，相邻施工的影响不大。

(4)对策

·清除浮动混凝土块；
·嵌缝；
·测定开裂，继续监视。

要点五　水压及冻胀力

对应需要注意的地点，在大雨时要巡回检查，而且逐日观察是否出现水泡等；此外，发现有构造上的缺陷时要及时加固等。

(1)针对外因的措施有：

·置换法：在冻结深度内用难以冻结的材料置换；

·隔热法：在衬砌背面或表面设隔热材料，用泡沫树脂喷射。

(2)针对内因可采取下述措施：

·回填压浆：充填衬砌背后的空隙，防止衬砌背后滞水、冻结；

·改筑边墙：变异严重时要改筑边墙。

事例一　一渡隧道

(1)隧道概况(表 6-43)

隧道概况　表 6-43

隧道名称	一渡隧道	隧道长度	2245m
衬砌形式	单线 1 号型	开始营运时间	1971 年
构造	混凝土		
开挖方法			
地形、地质	安山岩(破碎质的 $V_p = 2.1 \sim 2.7$km/s)与附近小河垂直距离约 7～16m，水平距离约 34～66m，埋深约 28～36m(图 6-61)		
维修经历			

(2)变异状况(表 6-44、图 6-62)

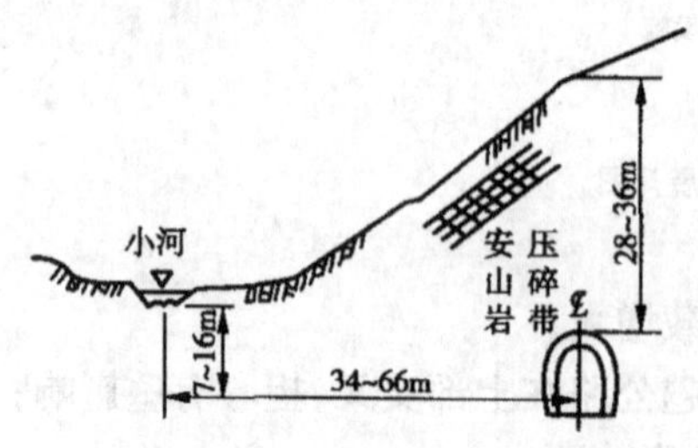

图 6-61　小河与隧道的位置关系

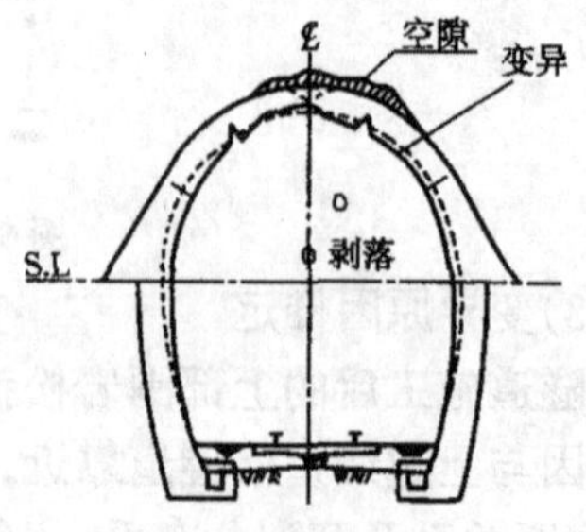

图 6-62　变异模式图

变异现象和调查项目　表 6-44

变异现象	·以前曾发生拱顶压溃、开裂，从其空隙漏水，有氧化铁和游离石灰析出； ·1980 年 8 月 29 日 10 时 30 分，由于暴雨，漏水增加，使混凝土掉块落在线路上，影响列车运行；实地调查结果，约有 3.0m 一段衬砌发生拱部开裂，拱顶压溃、剥落，隧道断面变形，底鼓等；因此，从 9 月 2 日起列车停运； ·量测结果（假定线路中心未移动），净空断面最大约缩小 100mm，并向上方突起最大约 100mm；此外，底鼓值最大达 30mm，侧沟也已变形； ·开裂在拱肩处是张裂，拱顶有压溃，一部分剥落
调查项目	·净空位移量测； ·底鼓量测； ·涌水量测定； ·衬砌钻孔

(3)变异原因推定

从变异展开图(图 6-63)开裂分布来看，是由于侧压显著而造成变形。变异以前就产生了，其原因是破碎质安山岩的塑性地压和衬砌背后的空隙及厚度不足所致。在这些地段由于降雨，发生 4.1～5.0t/min 的集中涌水，水压急剧上升而使变异扩展。

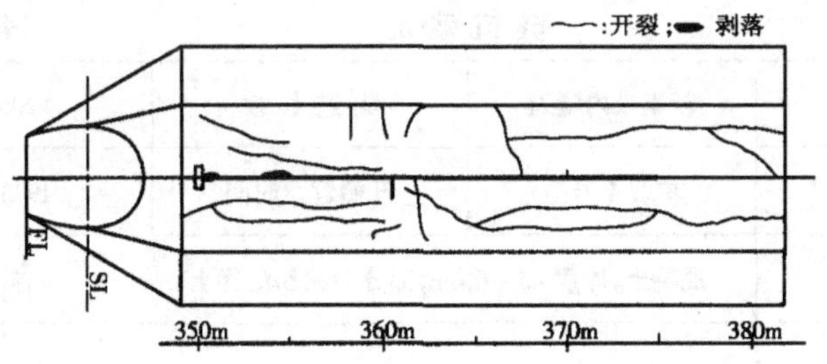

图 6-63　变异展开图

(4)对策

从变异状况看，要进行正式补强，封闭线路加以补强和改建。有以下措施：

·改建衬砌；

·锚杆补强(ϕ24mm,$l=4$m 或 5m×4~9 根);
·架设钢拱架;
·喷射砂浆(加焊接金属网);
·排水钻孔;
·导水;
·钢筋混凝土底板;
·设下水管。

这些措施视漏水程度,按图 6-64 采用。

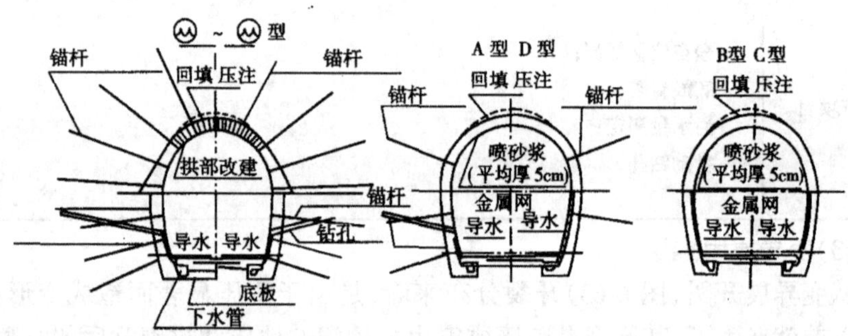

图 6-64 对策施工图

事例二 新里松内隧道

(1)隧道概况(表 6-45)

隧道概况 表 6-45

隧道名称	新里松内隧道	隧道长度	205m
衬砌形式	单线 1 号型	开始营运时间	1973 年
构造	混凝土,厚度 45~60cm,部分为钢筋混凝土		
开挖方法			
地形、地质	呈台地地形,埋深 10~20m,新第三纪的泥岩、砂岩、砾岩(图 6-65)		
维修经历			

(2)变异状况(表 6-46)

变异现象和调查项目　　表 6-46

变异现象	·拱顶沿隧道轴向张裂(图 6-66); ·拱下端压缩破坏,混凝土剥落; ·边墙沿隧道轴向张裂,边墙挤出; ·开裂宽度及净空位移随季节而变动(图 6-67)
调查项目	·开裂测定(裂纹计); ·净空位移量测(游标尺)

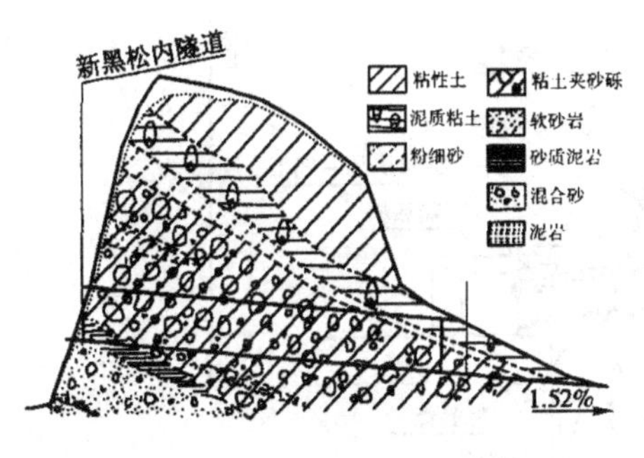

图 6-65　地质纵断面图

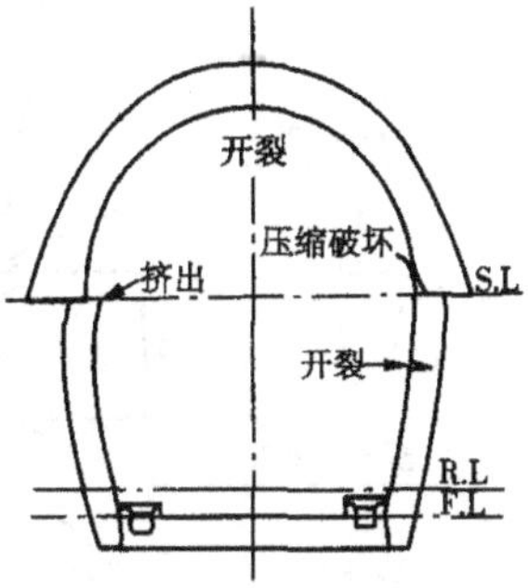

图 6-66　变异模式图

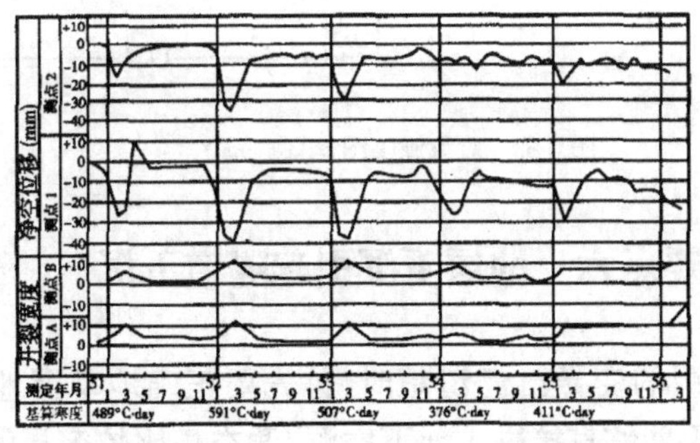

图 6-67　净空位移及开裂宽度的量测结果

(3)变异原因推定

埋深小无塑性地压可能,变异随季节变动等,故认为是由冻胀力所引起的变异。

(4)对策

如图 6-68 所示,采用置换法和背后隔热法对边墙进行改建。

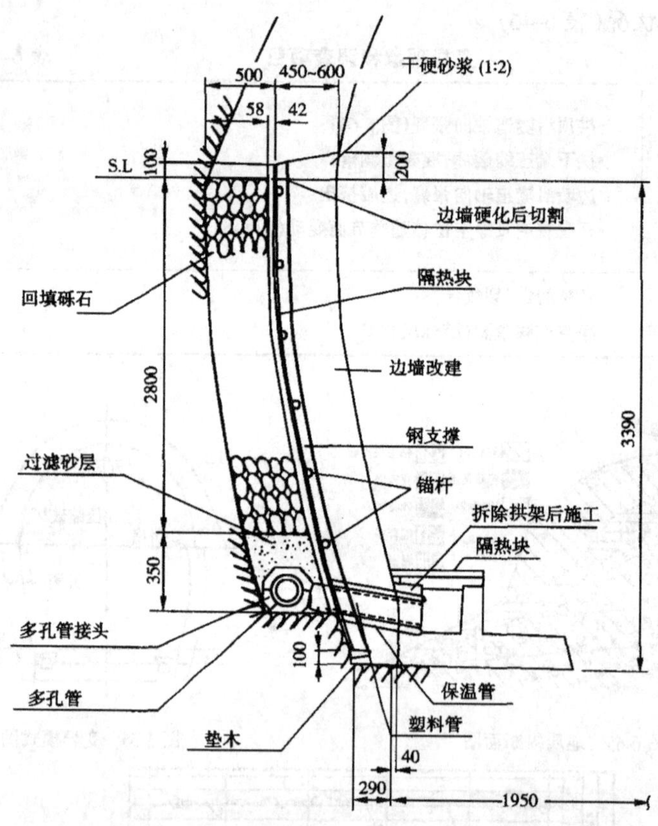

图 6-68　对策施工图(单位:mm)

要点六　地层下沉引起隧道下沉

起因于地下空洞的变异已经清楚时,首先要正确地掌握地下空洞的规模、深度、分布。如果能够直接进入地下空洞,调查是比较容易的。但不能进入时调查就比较困难,此时再采用钻孔和弹性波、电气探测等物探方法进行。此外,隧道下沉值要用水准测量定期进行测定,以掌握其影响范围和发展。

防止下沉变异的措施,可用砂浆填充地下空洞,这是最确实的方法。但是形成大范围盆状下沉的情况,施工是困难的。另外,实际上也不可能完全正确地了解地下空洞的分布状况,在施工上也有可能不能充分地回填。

隧道结构最好能适应变形的发展,但有实际困难。采用背后充填和设仰拱、打锚杆、用拱架和内衬补强、改为钢筋混凝土等措施，只能将变形控制在最小限度。

事例　芹野隧道

(1)隧道概况(表6-47)

隧道概况　　表6-47

隧道名称	芹野隧道	隧道长度	530m
衬砌形式	双线电化型	开始营运时间	1976年
构造	混凝土，厚度45～75cm，部分有仰拱		
开挖方法			
地形、地质	第三纪的安山岩、安山质凝灰岩，埋深最大40m，平均20m；隧道下部有煤矿的巷道，巷道正在掘进；其影响造成的地层下沉，在本地区很大范围内已发生(图6-69)		
维修经历			

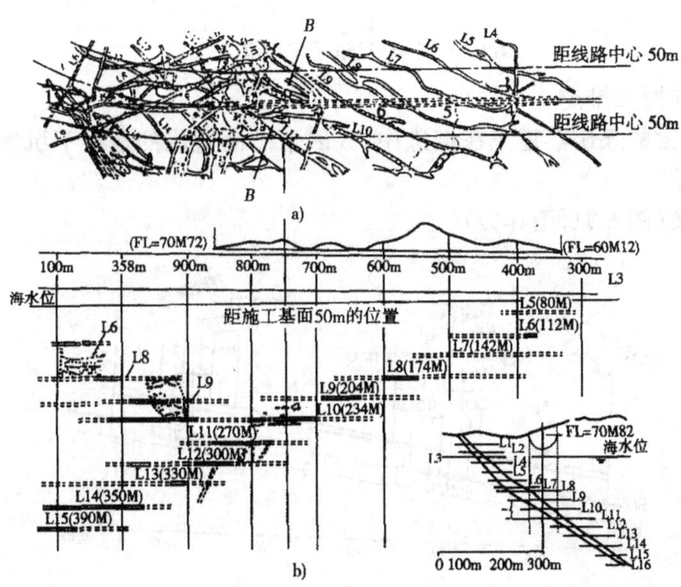

图6-69　坑道和隧道位置

a)平面图；b)断面图

(2)变异状况(表 6-48、图 6-70)

变异现象和调查项目 表 6-48

变异现象	·施工基面及拱顶部整个下沉,最大下沉值达 34mm; ·衬砌开裂,隧道环状或斜向开裂显著,局部有剥落; ·由于下沉边沟及挡墙开裂,周围房屋变异
调查项目	·净空位移量测; ·拱顶下沉量测; ·路基下沉测定(水准测量); ·地中位移量测; ·开裂宽度测定

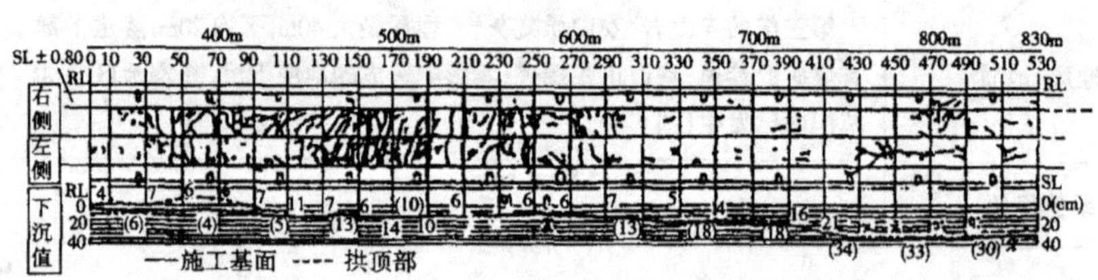

图 6-70 变异展开图及下沉值

(3)变异原因推定

因正下方的煤矿巷道正在掘进中,故因采矿而造成的地层下沉发生变异。

(4)对策(图 6-71、图 6-72)

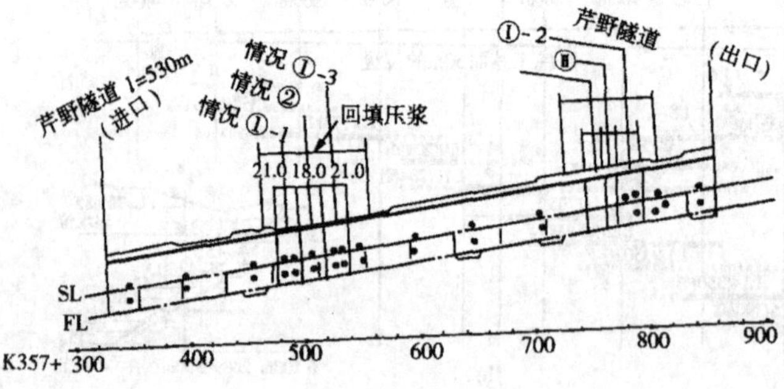

图 6-71 整治措施(单位:m)

最初，作为紧急措施曾设置防护拱架及金属网，以加强衬砌和防止剥落；其后，试验性地采取了下述措施，对其效果进行比较研究：

·向衬砌背后回填压注泡沫砂浆→使地压均布；

·锚杆补强($l=3.0$m、4.5m×6～8 根)→补强周边围岩；

·喷射钢纤维混凝土(厚度 10cm)→防止衬砌剥离、掉落；

·打钢筋混凝土底板(厚 50cm)→补强底部。

表 6-49 表示各种措施的组合情况。作为应急措施的防护拱架和金属网，此时已拆除。为了判断各措施的效果，补充了下列各种量测：

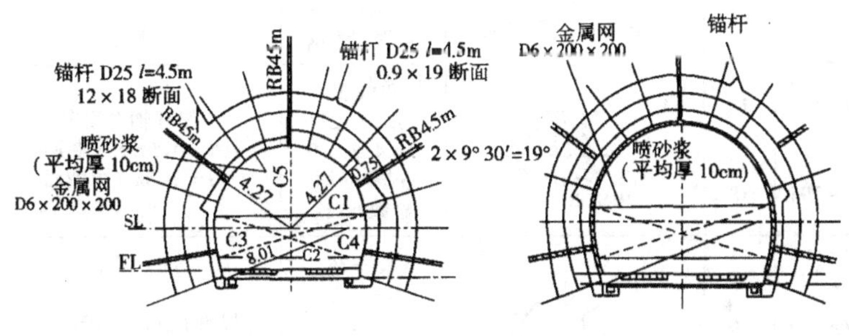

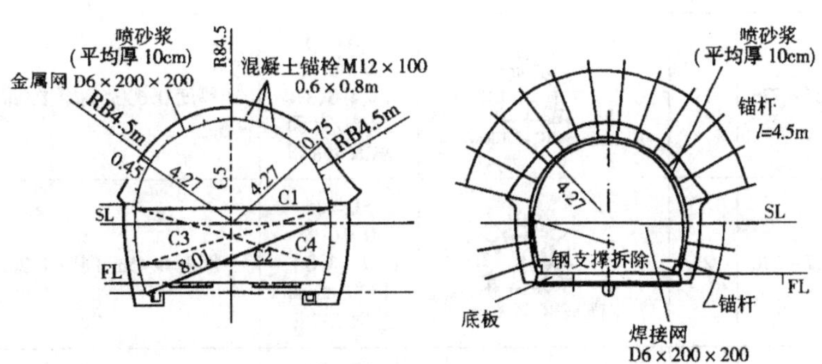

图 6-72　措施模式图(单位：m)

·支撑应力(轴力、弯矩、剪力)；

·锚杆拉拔试验；

·锚杆轴力测定；

·衬砌力学试验。

加固措施及施工区段 表 6-49

施工位置	长度(m)	加固措施		
		类型	形状(m)	备注
K357+538~674 K357+731~749 K357+794~860 K357+436~478	136 177 66 41.5	A  泡沫砂浆	SP=35 $D=0.25$ $l=3.0$ 6根/断面 总数1494根	厚度0.45m,间距1.2m; 厚度0.60m,间距1.0m; 厚度0.75m,间距0.9m; 厚度0.75m,间距0.9m; 砂浆锚杆
K357+478~499	21	B 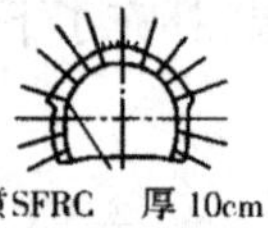 喷SFRC 厚10cm	SD=35 $D=0.25$ $l=4.5$ 15根/断面 总根255根	厚度0.45m,间距1.2m
K357+499~517 K357+776~794	18 18	C  喷SFRC 厚10cm	SD=35 $D=0.25$ $l=4.5,3.0$ 6根/断面 总数60根	锚杆轴力测定 $l=4.5$m 3个断面 $l=3.0$m 2个断面
K357+749~765	16	D  喷SFRC 厚10cm	SD=35 $D=0.25$ $l=4.5$ 17根/断面 总数298根	厚度0.75m,间距0.9m
K357+765~776	11	E  喷SFRC 厚10cm	SD=35 $D=0.25$ $l=4.5,3.0$ 18根/断面 总数198根	厚度0.60m,间距1.0m
K357+517~538	21	F 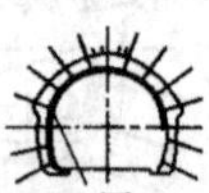 喷SFRC 厚10cm	SD=35 $D=0.25$ $l=3.0$ 15根/断面 总数255根	厚度0.45m,间距1.2m
K357+452~478	26	G 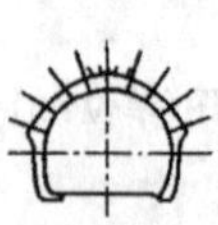	SD=35 $D=0.25$ $l=3.0$ 9根/断面 总数252根	厚度0.75m,间距0.9m
K357+760~785	25	H 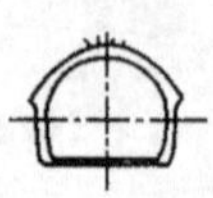		混凝土底板厚0.5m

要点七　承载力不足造成的下沉

整治因承载力不足造成的下沉的措施有：为了增加边墙底脚处的承载力，可设置仰拱和底撑，或打入基础桩（图 6-73）、地层压注、增大边墙扩大支撑面积等。对洞门的变异来说，增打混凝土和设支撑墙补强是有效的。

研究边墙底脚的反力时，可利用先拱后墙法施工的诺谟图（图 6-74）。如 $a=1.00$，可以求出边墙完成时的边墙底脚宽度 B 上所需地层反力，并可作为大致标准。

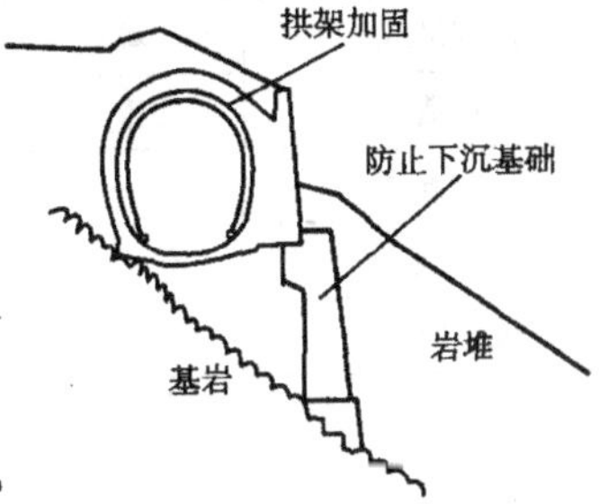

图 6-73　防止下沉的施工例

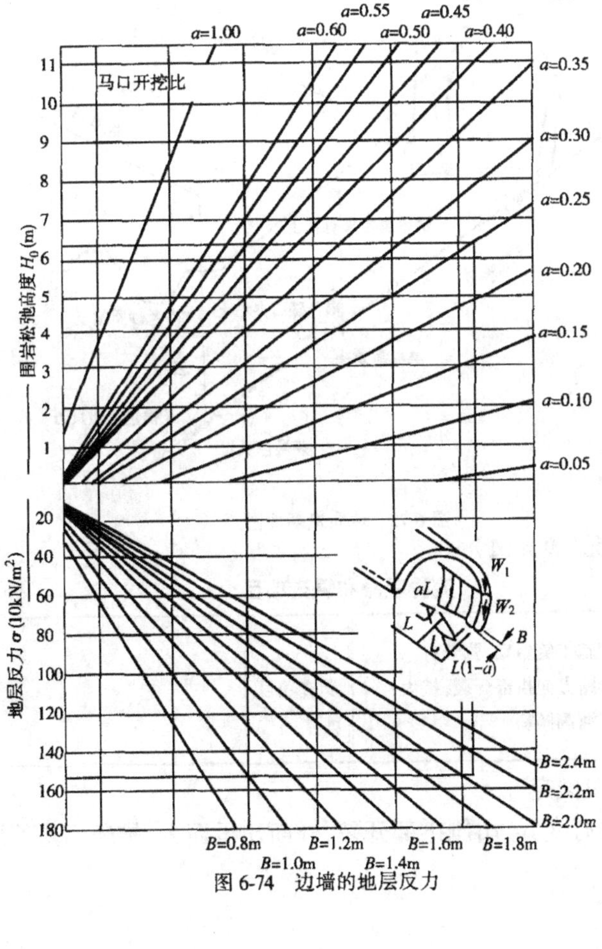

图 6-74　边墙的地层反力

事例　前杉山隧道

(1)隧道概况(表 6-50)

隧 道 概 况　　表 6-50

隧道名称	前杉山隧道	隧道长度	520m
衬砌形式	单线 2 号型	开始营运时间	1937 年
构造	混凝土		
开挖方法			
地形、地质	位于沿河的倾斜地形(图 6-75),隧道上部有公路,埋深几乎为零		
维修经历			

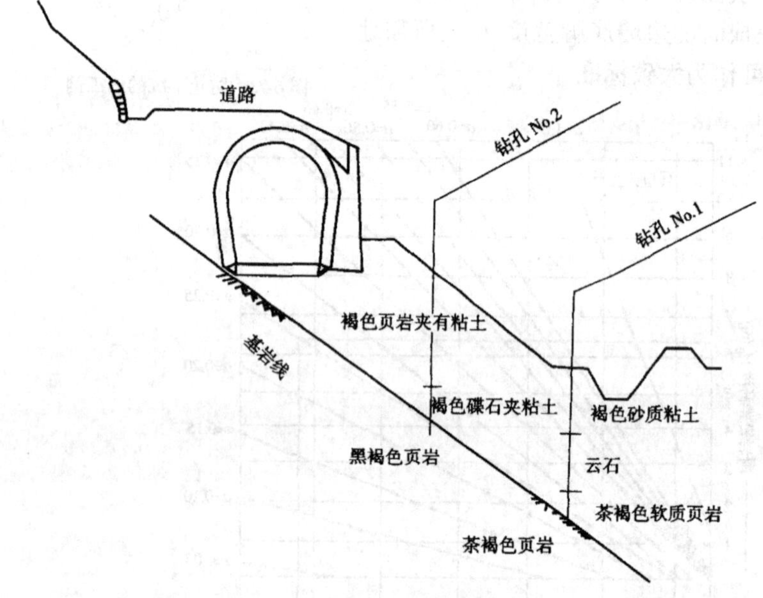

图 6-75　地质横断面图

(2)变异状况(表 6-51)

变异现象和调查项目　　表 6-51

变异现象	·衬砌施工缝错动,张开; ·沿线路方向拱部开裂,扩大; ·向靠河侧倾斜	调查项目	

(3)变异原因推定

隧道上方没有变异,山侧拱部开裂,外面比里面大,推断不是偏压作用,而是河侧边墙基础下沉所致。

(4)对策(图 6-76、图 6-77)

·拱架补强；

·拱圈改为钢筋混凝土；

·河侧边墙基础用混凝土补厚补强。

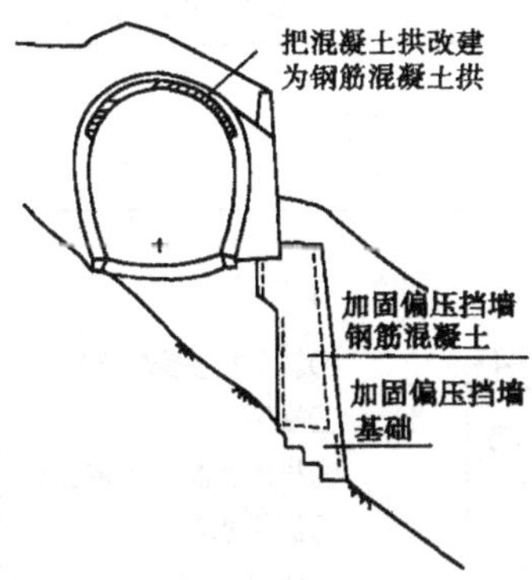

图 6-76　措施图

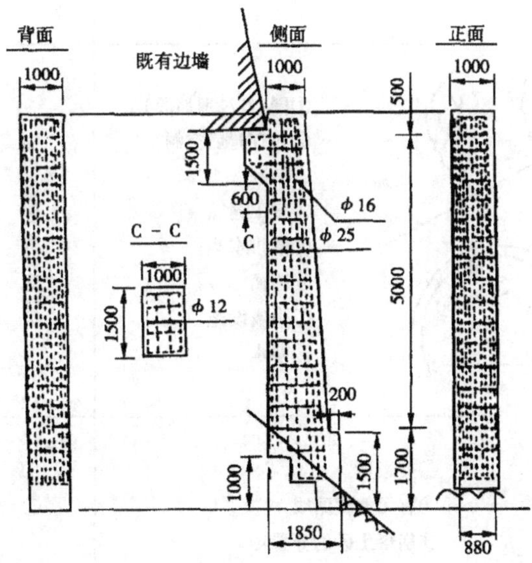

图 6-77　混凝土补强基础配筋图(单位:mm)

要点八　地　　震

地震发生后,在迅速掌握受害状况的同时,最优先的是进行迅速恢复通车的紧急恢复措施。日本建设省汇集的《震灾恢复技术手册》(草案)(1986)对隧道震灾恢复方法提出了具体的步骤。下面简要介绍其要点(表6-52)。

地震受害调查的重点和调查方法　　表6-52

调查地点		调查方法	
		应急恢复	基本恢复
洞口	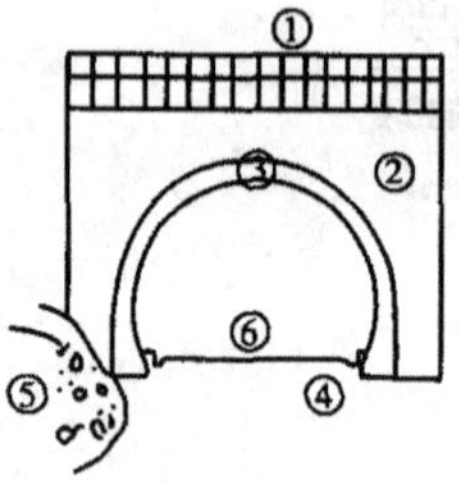 ①坡面(包括落石) ②端墙 ③衬砌和洞门的结合部 ④侧排水沟 ⑤崩落土砂 ⑥路面	简单量测(继续观测)	详细量测(继续观测)
洞身	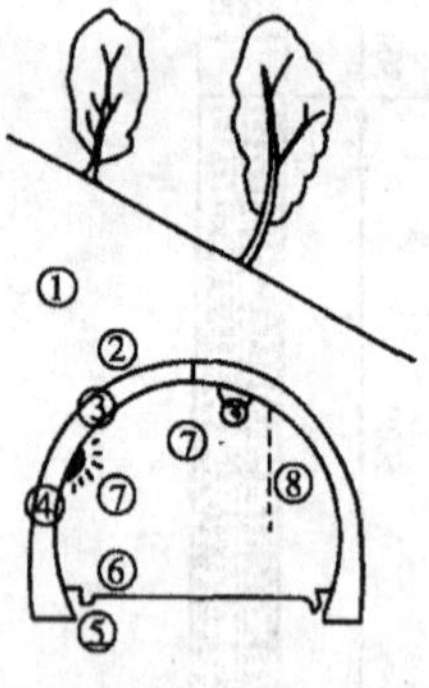 ①围岩(浅埋地段) ②衬砌背后空洞 ③初砌 ④施工缝 ⑤侧排水沟 ⑥路面 ⑦附属设施 ⑧漏水	简单量测(继续观测)	详细量测(继续观测)
路线情况	①交通量	○	○
	②有无替代路线	○	○
	③崩落土砂的弃置场	○	—
	④以后的计划	—	○

1.应急恢复

(1)应急调查

发现异常的隧道,为了掌握其损伤的内容、程度、发展等,要进行应急调查。

①调查项目:衬砌、施工缝、边沟、洞门的观察,洞口边仰坡及围岩异常的发现和稳定性的确认,了解漏水量及简单量测。

②调查方法:进行目视和简单的量测;同时,受害在慢慢发展时,视需要继续调查和量测。

③其他:调查受害状况的同时要进行有无改线的可能、崩坍土砂弃碴场以及与未来有关的一些调查。调查结果要记入调查报告中;同时绘制隧道平面图、断面图,并附以照片。

(2)应急恢复的判定

基于应急调查结果判定隧道的受害情况。判定时要考虑受害发展的可能性。

(3)应急恢复方法

基于应急恢复的判定结果,视受害程度进行应急恢复施工。恢复施工可采取下述方法。

①排土:清除坡面崩坍和衬砌崩落的土砂、衬砌掉块,以尽早恢复交通功能。排土时,要充分注意不要诱发新的崩坍和崩坍的进一步发展。

②临时支撑:开裂和挤出等受害严重,如不处理会产生剥离和崩落的危险时,应用钢支撑设置临时支撑。

2.基本恢复

(1)基本恢复调查

基本恢复调查要查明基本恢复施工所需的受害原因。为了获得基本恢复施工规模和选择施工方法所需的资料,要对受害地点进行详细的调查和量测。具体地说,有以下几项:

·隧道净空断面的变异;

·围岩松弛、变异;

·衬砌背后的空隙状态;

·洞口边仰坡状态。

(2)基本恢复的判定

如基本恢复的调查结果说明隧道变异是轻微的,则可把受害地点进行局部的恢复;发生中等程度的变异时,要研究改变结构的恢复方法;发生更大的变异,恢复极为困难时,要研究改线的可能或做成明线。

(3)基本恢复措施

基本恢复措施包括对隧道本身进行的和对隧道周围边坡进行的排水、喷射、张挂、挖土等。对隧道本身的恢复措施有:

·衬砌的改筑;

·内衬(钢筋混凝土、喷混凝土等);

·回填压浆;

·漏水措施。

在决定整治措施时,应调查该地区过去的地震经历、受害经历;同时要预计出地震的规模、震域中心等。

抗震措施,一般都限于大规模地震发生的地区内。但对有构造缺陷的隧道,因其抗震性能差,故多采用通常的变异补强来强化抗震的功能。

抗震补强措施,要根据距震源的距离、震度和线区的重要性、各隧道的特殊条件等综合决定。如按过去的震灾事例,在8度以上的大规模地震中,距震中30km以内的范围可能会受到较大的危害。

抗震健全度评价的采点数表见表6-53。

抗震健全度评价的采点数表 表6-53

( )线( )-( )区间( )隧道

<table>
<tr><td>地震的影响</td><td colspan="3">震动产生的变异: 预计最大加速度( )gal
位移产生的变异: 与活断层交差: 其他:</td></tr>
<tr><td rowspan="5">地震的坡面灾害</td><td colspan="3">落石、表层流失、崩塌、滑波: 有可能发生(A、B)
泥石流 土砂流等: 不可能发生(C)</td></tr>
<tr><td>隧道主体(位置)</td><td colspan="2">隧道主体(位置)</td></tr>
<tr><td>洞口附近、埋深小的区间</td><td colspan="2">其他区间</td></tr>
<tr><td>洞门及与洞门连接的路堑段:
(1)有土砂流、泥石流可能的溪流;
(2)洞门背后存在陡坡;
(3)滑坡、崩塌性地貌;
(4)蠕动坡面;
(5)其他</td><td>(1)与左栏的(3)、(4)同;
(2)偏压地形;
(3)除洞口外埋深小(30m以下);
(4)非偏压地形(横断面平坦、边墙谷侧围岩厚度充分)</td><td>(1)全</td></tr>
<tr><td>a=进口( )出口( )</td><td>a=( )</td><td>a=( )</td></tr>
</table>

续上表

地震的影响		震动产生的变异：　　预计最大加速度（　）gal 位移产生的变异：　　与活断层交差：　　其他：		
地质条件		(1)填土； (2)顺层岩层； (3)岩堆、崩塌土； (4)未固结或低固结围岩； (5)可能有活动的活断层； (6)其他	(1)与左栏(1)、(3)相同； (2)与左栏(2)相同； (3)左栏(4)中的不稳定围岩(含水、均粒径砂层)； (4)除(3)以外的左栏(4)； (5)与左栏(5)相同； (6)其他	(1)有显著塑性地压作用的围岩； (2)施工中易产生崩塌、流失的围岩； (3)与左栏(5)相同； (4)其他
		b＝进口（　）出口（　）	b＝（　）	b＝（　）
结构物条件	构造	端墙式 挡墙式	圆形、马蹄形 有仰拱 马蹄形厚墙 曲墙 直墙 地形地质上的问题　有　无	圆形、马蹄形 有仰拱 马蹄形 曲墙 直墙 地形地质上的问题　有　无
		c_1＝进口（　）出口（　）	c_1＝（　）	c_1＝（　）
	材质	钢筋混凝土 素混凝土 石、砖 健全　不健全	钢筋混凝土 素混凝土 石、砖 无衬砌 健全　不健全	钢筋混凝土 素混凝土 石、砖 无衬砌 健全　不健全
		c_2＝进口（　）出口（　）	c_2＝（　）	c_2＝（　）
	既有变异	变形(倾斜、下沉) 错台 开裂 停止　发展	隧道移动 变形 翻浆冒泥，排水不良 错台 开裂 停止　发展	隧道移动 变形 翻浆冒泥，排水不良 错台 开裂 停止　发展
		c_3＝进口（　）出口（　）	c_3＝（　）	c_3＝（　）
		c＝进口（　）出口（　）	c＝（　）	c＝（　）

续上表

<table>
<tr><td>地震的影响</td><td colspan="3">震动产生的变异：　　预计最大加速度(　)gal
位移产生的变异：　　与活断层交差：　　其他：</td></tr>
<tr><td>缺陷</td><td>衬砌背后回填不足
排水沟容量不足
坡面灾害对策不充分
检查判定(AA、A_1、A_2)</td><td>地表沉陷、空洞
衬砌背后空隙
地表水通水不良
周边围岩松弛
检查判定(AA、A_1、A_2)</td><td>衬砌背后空隙、松弛
检查判断(AA)
检查判断(A_1、A_2)</td></tr>
<tr><td></td><td>d＝进口(　)出口(　)</td><td>d＝(　)</td><td>d＝(　)</td></tr>
</table>

抗震健全度的调查方法示于图6-78。在第一次调查中，根据航空照片、

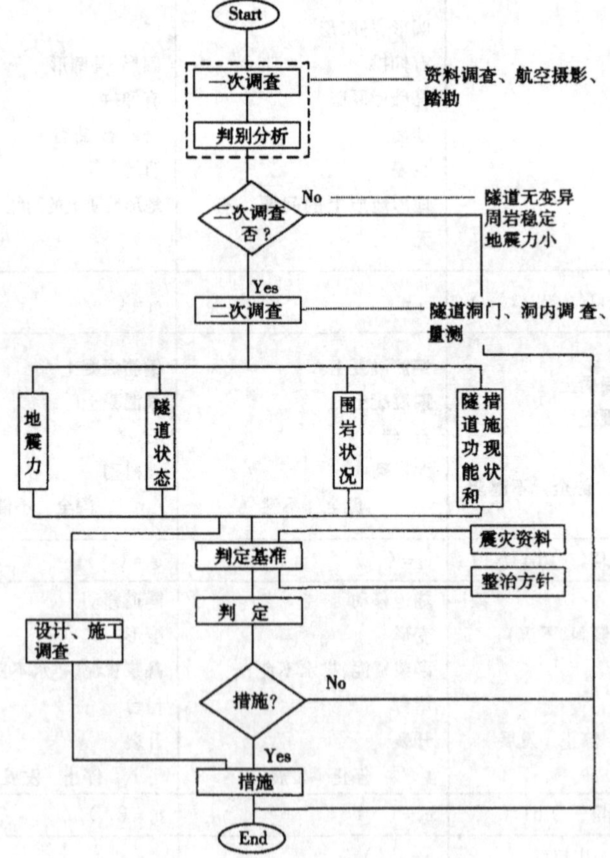

图6-78　抗震健全度评价的作业流程

资料调查、地表踏勘、隧道目视检查等判定。基于其结果，按表6-53的点数评价健全度，并按表6-54决定等级及整治措施的优先顺序。表6-55用以选择整治措施。其中，锚杆抗震补强措施是以新干线隧道为对象的。

预计地震荷载时，可按有关公式确定。衬砌背后有空隙时，应使地震时衬砌不受到偏压，按表6-54c)进行回填压浆。

表6-54列出隧道抗震补强地点的选定原则。

隧道抗震补强地点的选定原则　　表6-54

a)距震中距离和预计的受灾规模

距震中的距离		预计的受灾规模(在30km以内发生大规模地震)	
等级	区间	等级	划　分
A	30km以内	A	可能产生崩坍、大变形的区间
B	30~50km	B	可能产生中等变形，轨道严重变异的区间
C	50km以上	C	衬砌可能局部剥落或使既有变异加速发展的区间

b)基于a)的施工顺序

优先顺序	组名	优先顺序	组名
I	aA	III	aC　bB
II	aB　bB	IV	cA　cB

注：IV：具体研究后也可不实施；bC、cC：无措施；cA：视情况可划入III级。

c)进行回填压浆的区间(以强化地区内全隧道为对象)

距震中距离划分	30km以内	30~50km	50km以上	备注
埋深小于30m时	○	○	×	除去施工完成的区间
埋深即使在30m以上，但固结度低时	○	×	×	除去施工完成的区间
其他	×	×	×	

注：○：实施回填压浆；

×：基本上不进行回填压浆，但特殊条件时可具体加以研究。

表 6-55 列出既有隧道的抗震补强措施。

既有隧道的抗震补强的措施 表 6-55

补强地点	措施
有可能发生坡面灾害的不稳定边坡	边坡稳定,设仰拱、拱架防护、内衬、锚杆
有可能发生滑动落石的洞口	延长洞口、新增衬砌、防护
有可能发生泥石流的洞口	整建治山、防砂堤
既有变异区间	返修、拱架防护、内衬、锚杆、仰拱
有围岩崩坍、流出经历的区间或涌砂区间	围岩压浆、导水
衬砌背后有空隙的区间	回填压浆(埋深小的区间以及上列各区间)

事例一 稻取隧道

(1)隧道概况(表 6-56)

隧道概况 表 6-56

隧道名称	稻取隧道	隧道长度	960m
衬砌形式	单线 1 号型	开始营运时间	1961 年
构造	混凝土,厚度 10~70cm,部分有仰拱		
开挖方法			
地形、地质	火山喷出物(凝灰角砾岩)		
维修经历			

(2)变异状况(表 6-57、图 6-79、图 6-80)

变异现象和调查项目 表 6-57

变异现象	伴随地震的发生,位于隧道中央的活断层水平错动 50~70cm,前后约 300m 一段发生隆起,衬砌变异在断层附近 150m 地段较严重,开裂、剥离、向净空侧挤出,仰拱部分施工缝压溃、断裂;此外,洞门形成环状开裂并前倾。该隧道的一部分在 1972 年就曾产生开裂,曾用 125H 钢拱架补强
调查项目	

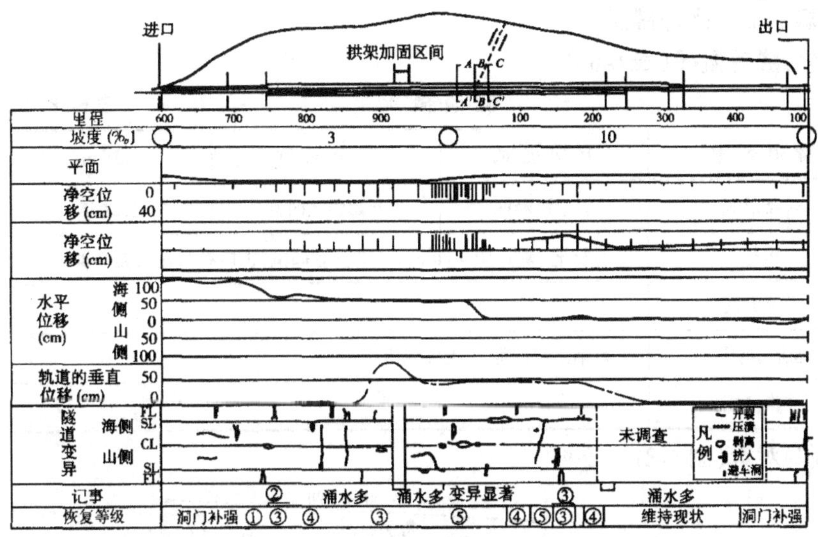

图 6-79　地震受害状况

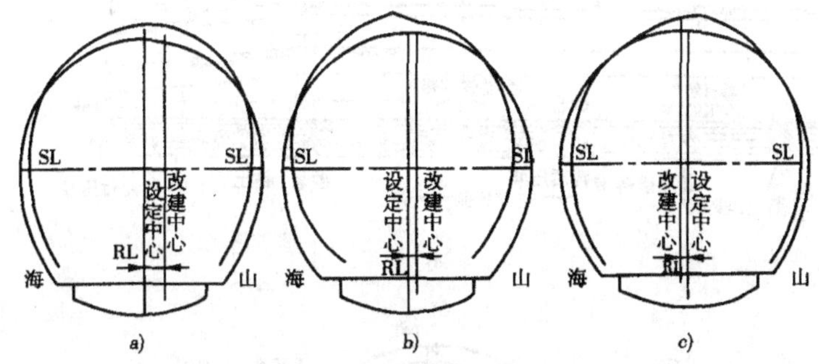

图 6-80　地震使隧道断面变形状况

(3)变异原因推定

1978 年 1 月发生的伊豆大岛近海地震($M=7.0$,距震中约 20km)。

(4)对策

受害严重,不能立即恢复通车,采取了恢复施工。恢复方法视隧道受害情况分为下述几种:

·断层及脆弱地层开裂严重地段,全面设钢筋钢纤维混凝土衬砌补强,底板改为钢筋钢纤维混凝土;

·开裂、剥离地段,喷射钢纤维混凝土(厚 125mm),底板为钢筋混凝土;

·有一定开裂的地段,挂网喷射钢纤维砂浆(厚 100mm),底板为钢筋混凝土;此外,整个区段背后都进行泡沫砂浆回填充填空隙。

事例二 兴津隧道

(1)隧道概况(表 6-58)

隧道概况 表 6-58

隧道名称	兴津隧道	隧道长度	2023m
衬砌形式	新干线断面	开始营运时间	1963 年
构造	混凝土,厚度 50~110cm,一部分有仰拱(抗震补强地段无仰拱)		
开挖方法			
地形、地质	新第三纪的泥岩、砂岩互层		
维修经历			

(2)对策(图 6-81)

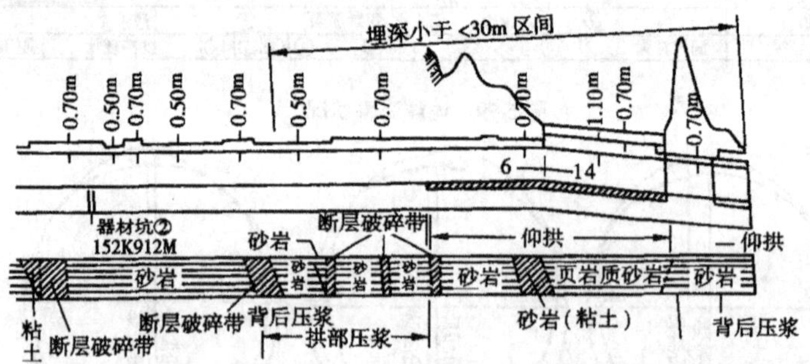

a)

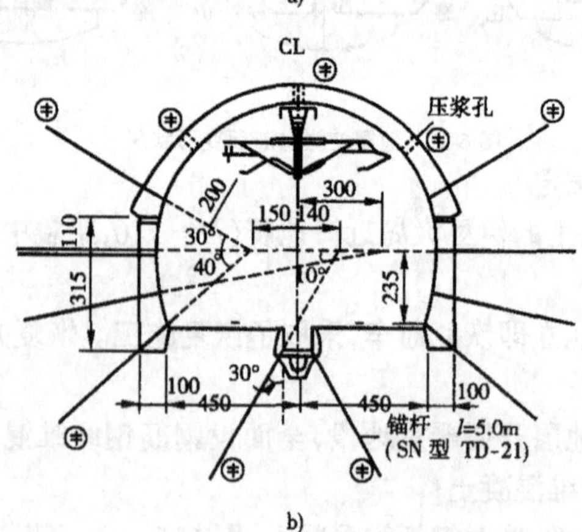

b)

图 6-81 对策概况(单位:cm)

a)措施实施区间;b)措施概况

为了确认锚杆效果，在打锚杆前对衬砌背后的空洞进行砂浆压注。锚杆采用 $l=5.0$m 的 SN 锚杆，每个断面 10 根，分别给以 50kN 的预应力。

要点九　洞　　门

视变异现象，洞门整治措施列于表 6-59。

洞门整治措施　表 6-59

变异现象	整治措施	变异现象	整治措施
洞口前倾	·延长洞口； ·补强端墙； ·置换洞门基础	不同下沉的变异	·改善基础地层； ·拱架补强； ·仰拱、底撑补强
偏压的变异	·新设偏压衬砌； ·改善河侧基础； ·内衬、拱架补强； ·仰拱、底撑补强		

事例一　乌山隧道

(1)隧道概况(表 6-60)

隧道概况　表 6-60

隧道名称	乌山隧道	隧道长度	133m
衬砌形式	单线	开始营运时间	1925 年
构造	混凝土砌块，厚度 63.5cm，有仰拱		
开挖方法			
地形、地质	中生代花岗岩类，变异已糜棱化		
维修经历			

(2)变异状况(表 6-61、图 6-82、图 6-83)

变异现象和调查项目　表 6-61

变异现象	·入口衬砌开裂(1927 年丹那地震时发生，其后有发展)； ·洞门端墙开裂、前倾； ·入口右侧挡墙开裂； ·入口在侧坡面开裂
调查项目	整治前： ·地质调查(地表开裂调查、钻孔调查、地下水位调查)； ·滑坡测定(滑坡计)； ·开裂测定(裂纹计) 整治后： ·隧道拱顶位移量测； ·隧道纵向位移测定(带尺)

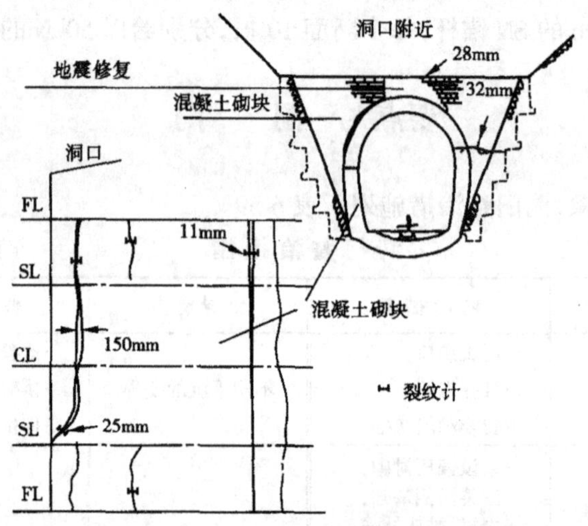

图 6-82 洞门附近变异图

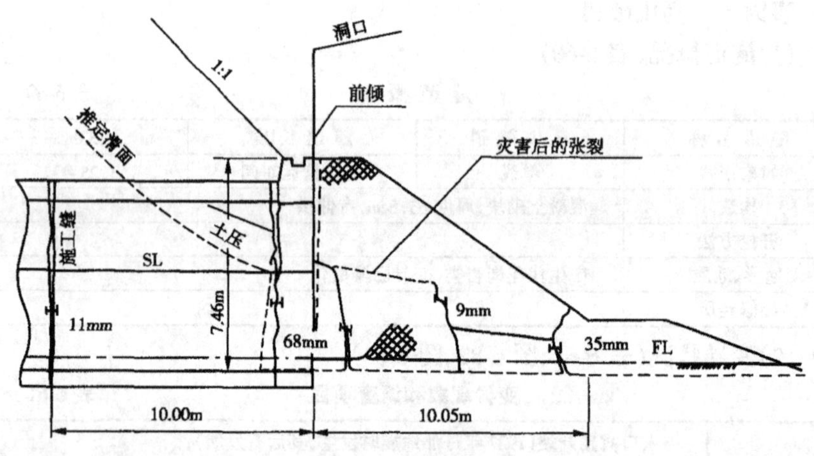

图 6-83 洞口附近变异图

(3)变异原因推定

地质不良,加上挖取坡底、融雪水渗透使围岩含水,再碰上地震的诱发滑坡,而使洞门及其附近衬砌发生变异。

(4)对策

·延长隧道(图 6-84);

·隧道上部填土(图 6-85);

·集水井(图 6-86)。

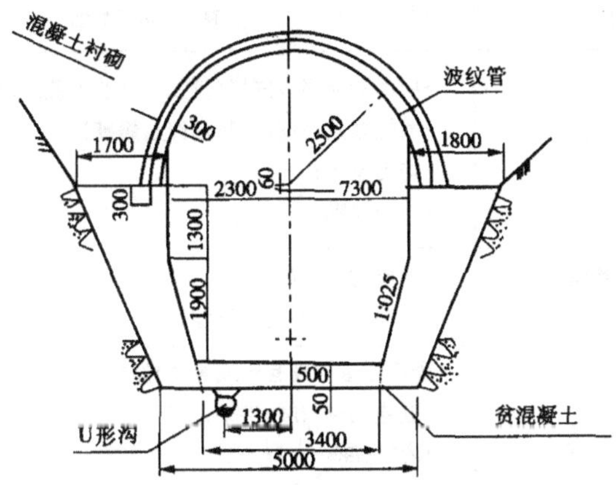

图 6-84　洞口延长措施(单位:mm)

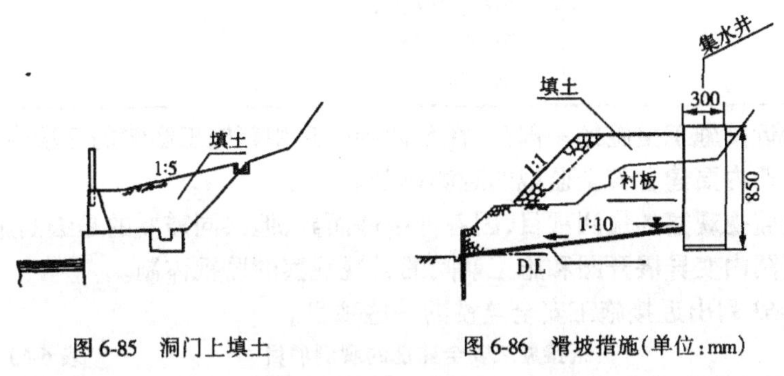

图 6-85　洞门上填土　　图 6-86　滑坡措施(单位:mm)

要点十　近接施工

在近接施工的措施中,如后所述,为了正确地预测影响,选定整治方法,正确地进行现状调查是最重要的。但若了解衬砌厚度和背后有无空隙,正确地绘制隧道洞内变异展开图尤其重要。

正确地预测影响有很多困难,但参考近接施工事例中某类似的事例,再进一步用有限元法进行解析分析,可以提高预测精度。

近接施工的措施包括对近接施工方面的措施和对既有隧道方面的措施。后者属临时性的,也有施工后留置的永久性的(表 6-62)。

近接施工的整治措施 表 6-62

类　别	预计的措施
对近接施工方面的措施	·应尽量不损害围岩(例如采用非爆破的机械施工); ·减轻爆破振动(如采用控制爆破); ·均匀填土; ·均匀卸载
对既有隧道和近接施工之间的地层的措施	·隔离(如续墙); ·改善地层(如连液压注)
对既有隧道方面的措施	既有隧道衬砌有开裂等变异时: ·嵌缝、护板、网、拱架; ·内衬(混凝土); ·喷 SFRC 混凝土
	不管有无变异均需加固时: ·回填压浆、锚杆、拱架; ·内衬(混凝土); ·喷 SFRC 混凝土; ·临时梁

作为近接施工措施的一部分,在预计会受到相邻施工影响的区段,在预计影响时期内要建立安全监视的观测体制。

安全监视观察的量测项目,因各种条件而异,但共同需要的是编制施工前的隧道洞内变异展开图和施工期间的目视观察的监视体制。

表 6-63 列出近接施工安全监视的一些项目。

近接施工安全监视的观测项目 表 6-63

观察、量测项目	使用机型	备　注
洞内观察调查	目视、锤	开裂要正确记录
开裂测定	砂浆饼 开裂计 直读应变计 3D 应变片等	要追记开裂的发展
断面测定	投影式断面测试仪 照像断面测定	预测断面变形
水准测量	水平	预计隧道会下沉时是不可缺少的

续上表

观察、量测项目	使用机型	备　注
衬砌应变测定	应变计 应变片	
净空位移测定	净空位移计 杆尺	隧道净空的相对位移
地中位移测定	地中位移计	了解隧道围岩的动态
	倾斜计	监视相邻施工及既有隧道之间的围岩动态
锚杆轴力测定	电锚杆计 机械锚杆计	锚杆加固时
钢支撑应力测定	应变计 应变片	拱架加固时
涌水量测定	堰 流速计	预计地下水位变动时
振动测定	振动计	相邻施工使用炸药时

事例一　改久野隧道

(1)隧道概况(表6-64)

隧道概况　　表6-64

隧道名称	改久野隧道	隧道长度	1287m
衬砌形式	单线甲型	开始营运时间	1911年
构造	砖拱圈、石边墙		
开挖方法	并行修建新隧道(相邻隧道)的施工方法:距洞口30m一段采用侧导坑法,30~55m一段为短台阶法(图6-87)		
地形、地质	中生代三叠纪的页岩,其上堆积玄武岩质溶岩和火山灰,火山灰层的 N 值约为15,洞口处埋深为1.5m,距洞口55m处约6.5m(图6-88)		
维修经历			

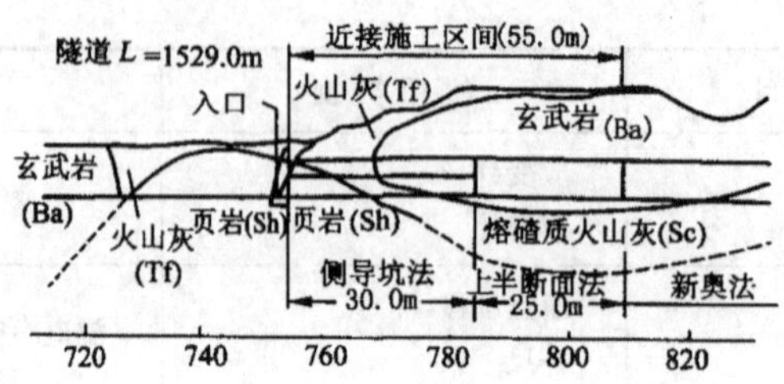

图 6-87 地质纵断面图

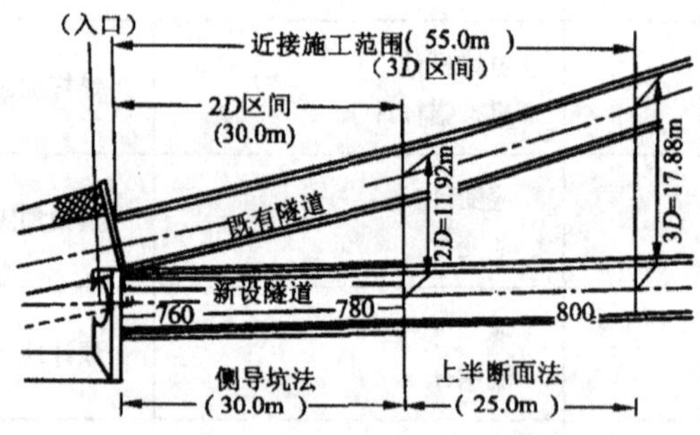

图 6-88 与既有隧道的位置关系

(2)对策(图 6-89)

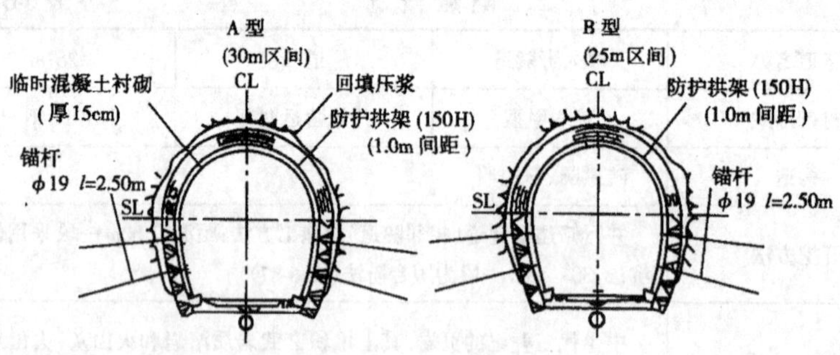

图 6-89 既有隧道的补强

①距洞口 30m 一段:

·回填压浆(泡沫砂浆);

·防护拱架(150H,间距 1.0m);

·内衬(混凝土)(用防护板为外模、厚 15cm);

·边墙锚杆(ϕ19mm,l = 2.5m)。

②距洞口 30 ~ 55m 区间:

·防护拱架(150H,间距 1.0m);

·边墙锚杆(ϕ19mm,l = 2.5m)。

③对既有隧道进行安全监视量测(表 6-65、6-66):

·目视观察;

·衬砌应力测试(应变计);

·轨道水准测量(水准仪);

·爆破振动测试(振动计)。

④中间围岩的动态测定:

·围岩内水平位移测定(多段倾斜仪);

·地表、地中下沉量测;

·地表面观察。

量测目的及要求　表 6-65

项目		目的	频率	仪器
围岩动态	水平位移	量测既有隧道围岩的水平位移,了解围岩的动态	1 次/4h	多段倾斜计
	地表、地中下沉	了解围岩松弛引起的地表下沉的范围	2 次/日	水准仪
	新隧道洞口边坡开裂	了解围岩动态,掌握对既有隧道的影响	适时	比尺
新设隧道	净空位移,拱顶下沉	判断新隧道的稳定性	2 次/日	收敛计
	洞内观察	确认掌子面观察及已施工地段的变化	适时	目视
即有隧道的动态	衬砌应力	测定既有隧道衬砌的应力,判断既有隧道的稳定性	1 次/4h	应变计 无应力计
	洞内观察	确认既有隧道的变异及涵水状况	适时	目视
	爆破振动	了解爆破振动对既有隧道的影响	爆破时	速度变换器
	钢轨下沉	判断既有线的稳定及列车运行的安全	1 次/日	水准仪

量测基准及确定方法 表6-66

量测项目	管理基准值	管理基准值的求法
水平位移	导坑开挖时：±3mm 上半断面开挖时：±5mm	根据有限元分析结果，导坑及上半断面开挖时最大位移为2mm、4mm，考虑仪器误差1mm
地表、地中下沉	在整个开挖过程中：20mm	根据有限元分析结果，拱顶下沉最大值为180.11mm
新洞口坡面开裂	不设定，注意历时变化	
净空位移、拱顶下沉	整个开挖过程：20mm	以地表、地中下沉量测为准
衬砌应力	压应力5.5MPa 拱应力0.5MPa	压应力按$1/4\sigma_{ck}$确定($\sigma_{ck}=21MPa$)，根据计算结果拉应力为0.437~0.5MPa
爆破振动	5Kine	根据砖衬砌的允许应力、密度、纵波速度等条件确定

事例二　霞浦隧道

(1)隧道概况(表6-67)

隧道概况 表6-67

隧道名称	霞浦隧道	隧道长度	42m
衬砌形式	单线2号型	开始营运时间	1927年
构造	混凝土，厚度15cm、31cm		
开挖方法	并行隧道扩宽(图6-90) 间隔：隧道边墙到边墙距离为9m		
地形、地质	新第三纪凝灰岩、凝灰角砾岩、泥岩，埋深约7m		
维修经历			

(2)对策(图6-91)

①补强措施：

·锚杆($\phi25mm$，$l=2.0m$)；

·扩展板墙面防护；

·回填压浆(水泥浆)。

②安全监视量测：

·净空位移量测；

·地中位移量测；
·锚杆轴力测试(锚杆轴力计)。

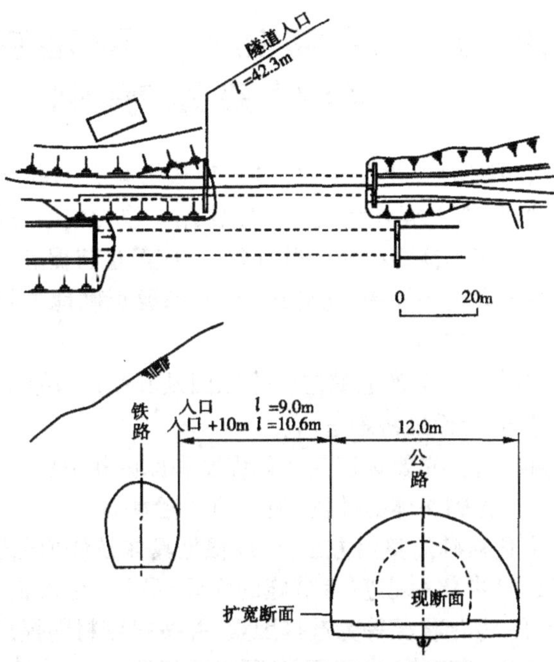

图 6-90　铁路隧道与公路隧道的位置关系

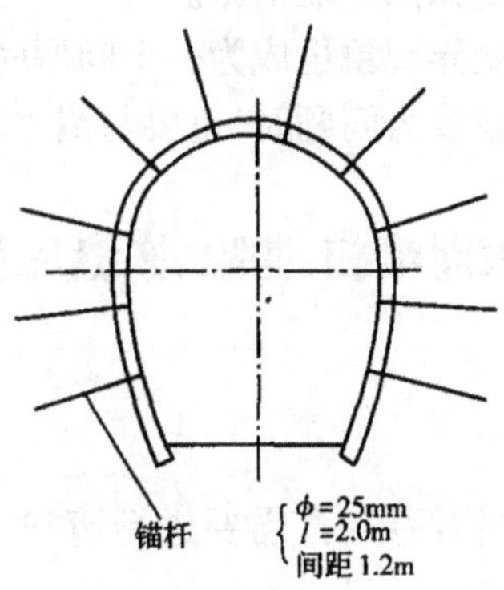

图 6-91　锚杆防护

第七部分 衬砌劣化、剥落变异对策及事例

一般来说,隧道衬砌的劣化及掉块,多为年久劣化并与漏水有关。此外,有害水、冻害、盐害、烟害等外因也起一定作用。作为内因,混凝土的水泥用量不够、施工缝填充不良等材质问题、碱性反应等也将促进劣化。在衬砌的劣化调查中,关于劣化的原因、劣化的范围,都要正确地了解。这对选择合适的处置方法是很重要的。

对劣化衬砌的补修,需正确地掌握劣化原因及其程度、范围,并考虑措施的效果、施工性等,安全而经济地进行。

在补修劣化衬砌时,首先要选定与劣化程度和原因相适应的整治措施,其次要考虑劣化部位、衬砌块体的掉落、限界的余裕量等。

表 7-1 提供了劣化衬砌的整治方法,可以根据具体条件加以选择。

表 7-1 提供了选定劣化衬砌整治措施的大致标准。在该表中,以有无可能掉落和劣化范围、劣化状况等为选择因素,并按衬砌材料提出了整治措施。表中所列各工法的详细内容在以下各要点中说明。

在表 7-1 中,没有提到对应劣化原因的处置方法。当劣化原因确定,劣化发展显著时,要对应劣化原因采取措施。

此外,因地压造成的变异现象也成为一个问题时,要与地压措施一起加以综合地判断;漏水和冻害成为问题时,也要与漏水冻害措施一并考虑。

要点一 表面清扫、凿除、嵌缝及开裂压注

一、表面清扫

衬砌表面被各种附着物污染时,需要进行清扫。表面清扫也适用于其他对策的前处理。

表面清扫是当衬砌表面被煤烟、游离石灰、晶花、霉菌、油脂等附着物污染时,清除这些污染物的方法。表面清扫作为其他对策的前处理也是必须

劣化衬砌整治措施选择表

表 7-1

衬砌材料		现灌混凝土衬砌								混凝土砌块、砖、石衬砌								记事
选择因素	拱或墙	拱				墙				拱				墙				
	劣化范围	局部		大范围		局部		大范围		局部		大范围		局部		大范围		
衬砌表面污染	劣化状况	落下物大小				劣化程度				劣化部位				劣化部位				
工法		小	大	小	大	小	大	小	大	接缝	主体	接缝	主体	接缝	主体	接缝	主体	
表面清扫		○	Δ	Δ	Δ	Δ	Δ	Δ	Δ	Δ	Δ	Δ	Δ	Δ	Δ	Δ	Δ	Δ:用其他方法进行前处理
凿除			○	○	○	Δ	○	○	○	Δ	○	○	Δ	Δ	Δ	○	Δ	
嵌缝										○		○		○		○		
护板			○	Δ	Δ	Δ				Δ	Δ	Δ	Δ					净空无富余空间时采用
金属网			○	Δ	Δ	Δ				Δ	Δ	Δ	Δ					净空无富余空间时采用
内衬	喷混凝土			○	○	○			○	○	○	○	○			○	○	净空不十分富裕时用
	现灌混凝土			○	○	○			○	○	○	○	○			○	○	需增强衬砌承载能力时
拱梁				Δ	Δ	Δ				Δ	Δ	Δ	Δ					需增强衬砌承载能力时
局部改建				○	○	○		○		○	○	○	○		○	○	○	劣化程度严重(厚度 1/2 以上)时
其他(改建等)						○						○	○			○	○	仅维修不足以处理时

注:①劣化范围:局部:原则上劣化范围不足 $10m^2$ 时;大范围:原则上劣化范围大于 $10m^2$ 时;

②劣化状况:落下物大小:大:砖尺寸或小于者;

小:小于砖尺寸者;

劣化程度:大:劣化深度大于 10cm 者;

小:劣化深度小于 10cm 者;

劣化部位:接缝:接缝材料劣化,主体健全;

主体:主体劣化;

③○:适用;Δ:应急措施或与其他方法同时使用。

进行的作业。特别是在内表面补强、部分改建中，为了既有衬砌和补修材料确实地附着，要特别仔细地进行表面清扫。

表面清扫作为补修方法的前处理作业，必然与凿除劣化部分作业同时进行，尤其是进行嵌缝、内衬和局部改建时，务必使补修材料与既有衬砌确实附着。该项工作要特别精心地进行。

在表面清扫中应注意以下事项：

·用目视检查等，事先掌握附着物的种类、范围、深度、衬砌的劣化状况等；

·除去煤烟、游离石灰、晶花等；煤烟、游离石灰等的清除，视工地的状况可采用喷砂器、射水、压缩空气、钢丝刷等进行(图 7-1)；劣化部分要敲落；

图 7-1 用高压射水进行表面清扫

·清除霉菌时，要作为产业废弃物处理，废弃时要注意。

视需要对局部劣化部分加以凿除。劣化部分范围很大、局部劣化显著时，要研究采用其他方法的必要性。

霉菌、污泥作为产业废弃物处理时要注意：用药品清除的方法正在开发，日本东北新干线有些隧道已实证其效果；但经济性还有些问题，尚不能实用化。

二、凿除

凿除适用于衬砌块有掉落的可能和衬砌表面局部劣化的场合，或其他对策的前处理时采用。

进行凿落时，应根据状况用补修材料修复断面。射水法凿除的施工状况示于图 7-2。当修内衬而富余量不够时，衬砌不受地压的情况下，亦可在其范围内加以凿除。

设计、施工上的注意事项：

①施工前，应用目视检查、打击声检查，确实地掌握衬砌的劣化状况。劣化和剥落显著、凿除可能损害衬砌功能时，应研究采用其他方法。

②凿除作业：

·视当地的情况用喷砂器、高压射水、压缩空气、电动锤、锤、钢凿刀等，力求将劣化部分完全除去。

·由于凿除，衬砌内面形状变为极端凹凸，对衬砌的有效厚度有所妨碍时，要视衬砌的材质、妨碍的范围、厚度等对断面加以修复。此外，当其范围很大时要研究同时采用其他方法的必要。

·视当地的状况，凿除不适当的地点(例如锚杆附近、把衬砌凿除会形成力学上的不稳定地点)应研究采用防护板等方法。

图 7-2　射水法凿除的施工状况

③凿除后，劣化部分是否完全除去，应用打击声检查确认。

④断面修复。

三、断面修复

断面修复在凿除处及衬砌断面缺损部分进行。

作为剥落、凿除后的处理，可用混有高分子材料(环氧树脂等)的砂浆充填、涂抹进行断面修复。一般来说，要采用金属网和锚栓等使之与衬砌一体化。断面修复地点宽广时，也可采用防护板等。断面修复的事例见图 7-3。

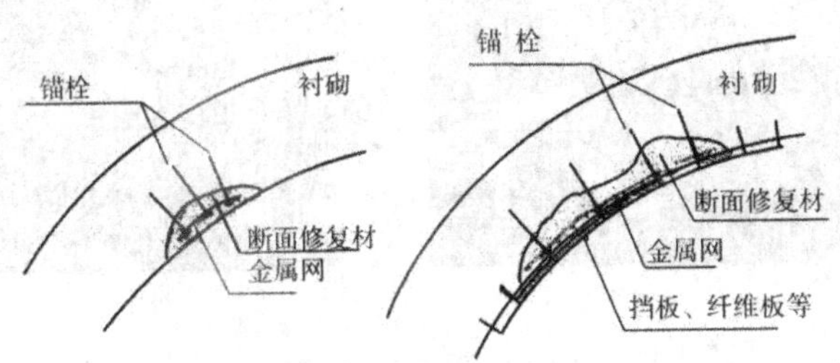

图 7-3　断面修复的事例(模式图)

设计、施工上应注意的事项：

·断面修复前，要掌握劣化原因、劣化状况、漏水状况等，根据补修材料的特性(与衬砌的附着性、耐候性等)，选择最适当的材料。

·凿除处，必要时可用高分子材料(环氧树脂等)砂浆等充填、涂抹，进行断面修复，使之恢复原来的断面。

·补修材料，视劣化原因、劣化状况、漏水状况等，选择与衬砌的附着性好、耐久性好的材料。

四、嵌缝

砖、混凝土砌块、石材等衬砌，当接缝材料劣化、母材健全时，可采用嵌缝施工。

嵌缝是除去劣化的接缝材料并充填接缝砂浆的方法。作业方法有人工作业法和机械（砂浆枪）作业法。

机械填充方法依使用机械、混合剂的种类有压气法等。压气法的施工概况示于图7-4。表7-2为其砂浆配比。最近，用这种方法施工的例子不多。但采用砂浆枪施工和人工作业的例子还是不少的（图7-5）。

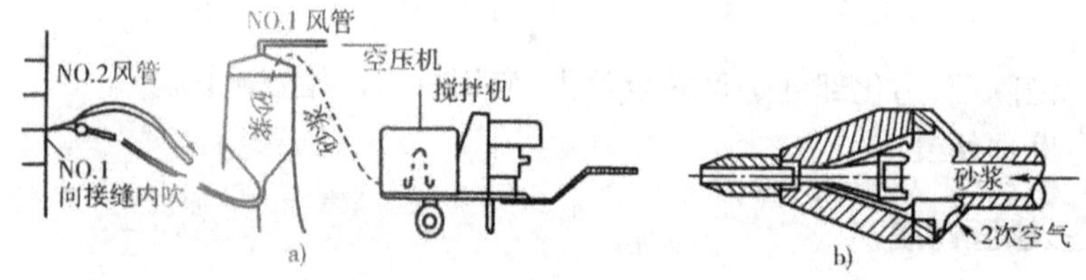

图7-4 压气法嵌缝施工

a）施工概要图；b）嵌缝喷嘴

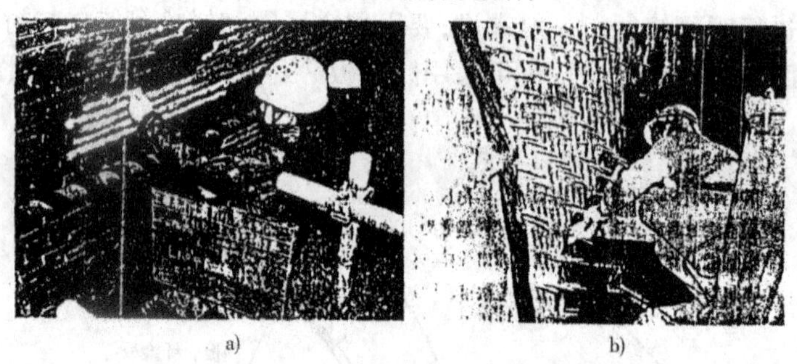

图7-5 嵌缝施工状况

a）人工作业；b）机械作业

砂浆配比 表7-2

水泥	粉煤灰	水	砂	混合剂
500kg	100kg	300kg	1250kg	4kg

嵌缝作业费事且效率差，但因本体材料未劣化，只是补修接缝材料，所以可确实地恢复衬砌的功能。一般，在接缝已劣化，但砖等衬砌材料尚健全、没有地压造成的变异时，最好用嵌缝法来补修。英国采用接缝补修已有

150年历史，至今仍然发挥着作用。

在设计、施工上应注意以下事项：

①使用材料和配比

·用于嵌缝的砂浆应具有良好附着性、施工性和耐久性；

·漏水范围大时，应采用混入速凝剂、硬化剂、高分子材料的砂浆。

②前处理

·在施工范围内有电缆等妨碍时，要事先采取防护措施；

·施工面附着的煤烟、尘土及劣化的接缝应除去。

③施工

·接缝填充处，预先用水湿润，填充砂浆时，为提高附着性，要使表面干燥；

·要确实充填，不要留有空隙。

④其他

·接缝材料的注入深度，要根据当地情况决定。

作为参考，以德国例来说明：缝宽20mm以上时，用机械填充砂浆30cm；6～20mm时，填充10～30cm左右。

五、开裂压注

开裂压注适用于有可能块状化的开裂地点。

一般来说，开裂压注是向开裂处压注注浆材料，使因开裂而降低的刚性得到某种程度恢复。在素混凝土衬砌的场合，即使发生开裂通常认为结构体也是十分安全的。因此，开裂压注的目的是用压注注浆材料确保衬砌的一体性。要注意这与钢筋混凝土结构的目的是不同的。开裂压注的施工状况示于图7-6，开裂压注的施工例示于图7-7。

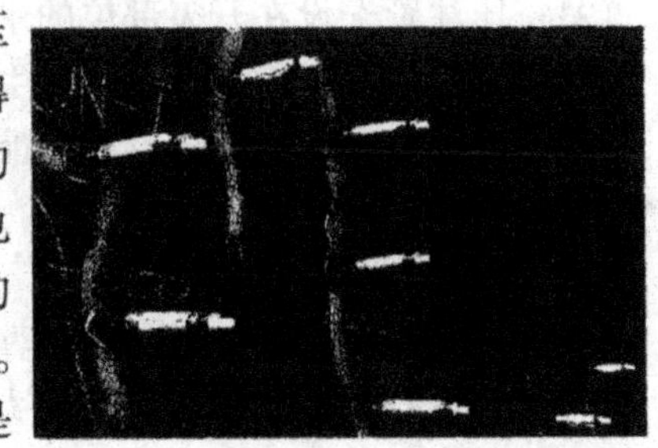

图7-6　开裂压注的施工状况

1.开裂压注的方法

(1)手动式压注方法

手动式压注方法是在开裂处安设压注管，采用泵进行压注。该方法比较简单，但掌握压注量比较困难。

(2)自动式压注方法

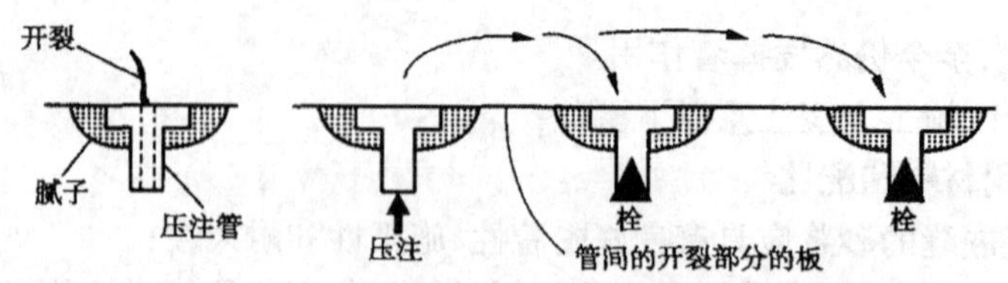

图 7-7 开裂宽度小的场合的实施例

自动式压注方法是利用橡胶、弹簧、空气压力等,用一定压力(低压)把树脂压入。该方法能够压注微细的开裂(例如 0.02mm),压注量的管理是通过压注器具进行的,比较容易。

(3)机械式压注方法

机械式压注方法是在开裂处安设压注管,用自动混合机进行压注。因为是机械压注,能够采用比较高的压注压力,但掌握压注量也比较困难,而且压注材料易于泄漏。

(4)其他方法

把压注材料按配比进行混合搅拌,并充填到压注机具中(自动压注的场合),进行压注。

2.施工步骤

一般来说,开裂压注的施工步骤如下:

(1)沿开裂 5m 左右的宽度,用器具把灰尘等除去;

(2)将压注管安设在开裂部位的中心;

(3)开裂部位安设板材并进行养生;

(4)把压注材料按配比进行混合搅拌并充填到压注机具中(自动压注的场合),进行压注;

(5)进行养生;

(6)拆除压注机具、压注管等,并整平表面。

低压自动压注方法,一般压注压力约 40MPa,一次压注量约 40 ~ 60mL。

3.注意事项

在设计、施工上应注意以下事项:

·注浆材料一般有无机和有机两种,各有特色。游离石灰和钢筋混凝土衬砌出现锈迹的地点,也可能出现附着不良的情况,要加以注意。施工时,也可能从背后流出,要对压注压力和压注量进行充分的管理。

·有机系注浆材料从与混凝土的附着性和耐碱性来看,环氧树脂、聚脂树脂是比较好的。同时也能够压注到微细的开裂中,但要注意根据衬砌表面的干湿状态选择注浆材料。

·无机系注浆材料，因为粘度低，用低压力进行压注，即可能获得所要求的附着力。

事例一　北山隧道

(1)隧道概况(表7-3)

隧道概况　表7-3

隧道名称	北山隧道	隧道长度	503m
衬砌型式	单线甲型	开始营运时间	1921年6月
构造	拱部砖衬，边墙石砌，厚度：46cm(四层砖)，57cm(五层砖)，无仰拱		
开挖方法			
地形、地质	中生代白垩纪砂岩及页岩，最大埋深80m		
维修经历			

(2)变异状况(表7-4)

变异现象和调查项目　表7-4

变异现象	砖衬砌表面劣化，有剥落，衬砌表面附着煤烟，拱部的防渗水砂浆剥离、剥落，从该处漏水
调查项目	·目视检查(衬砌表面涂以油漆，监视砖的剥落)； ·断面测定

(3)变异原因推定

烟害使材料劣化。

(4)对策

因不是地压造成的变异，故补修劣化部分采用以下措施(图7-8、图7-9)：

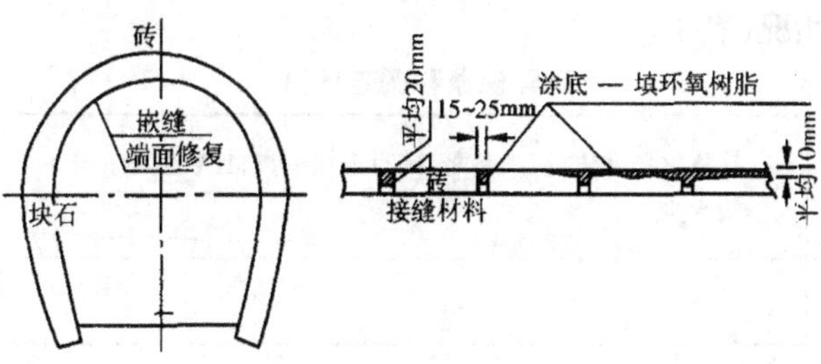

图7-8　嵌缝

·嵌砖缝；
·修复因剥落而缺损的断面。

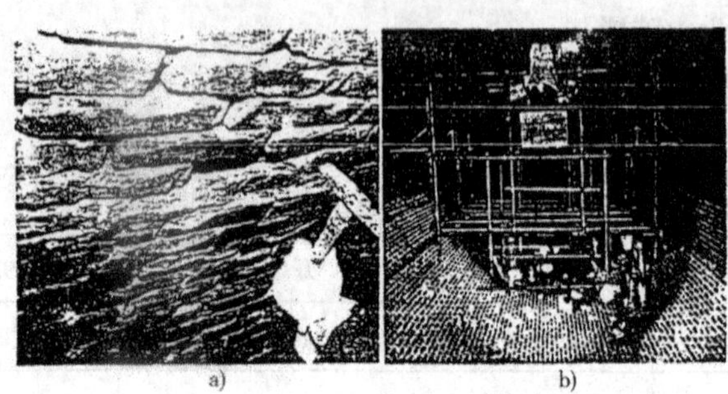

图 7-9 嵌缝施工状况
a)衬砌的劣化状况；b)施工缝充填状况

事例二 清水谷户隧道

(1)隧道概况(表 7-5)

隧道概况 表 7-5

隧道名称	清水谷户隧道	隧道长度	214m
衬砌形式	单线乙型	开始营运时间	1989 年 8 月
构造	砖拱,厚度 34cm,混凝土边墙		
开挖方法			
地形、地质	丘陵地带的台地,新第三纪的砂岩及泥岩		
维修经历			

(2)变异状况(表 7-6)

变异现象和调查项目 表 7-6

变异现象	·接缝材料劣化,流失显著,砖有表层剥离,比较健全； ·漏水少
调查项目	

(3)变异原因推定

年久造成材料劣化。

(4)对策

嵌缝(图 7-10、图 7-11)施工步骤:表面清扫,凿除→安压浆管→接缝密封(速凝水泥)→压注(树脂)→整平加工。施工后要用钻孔确认充填状况。虽然不能完全充填,但效果还是不错的。

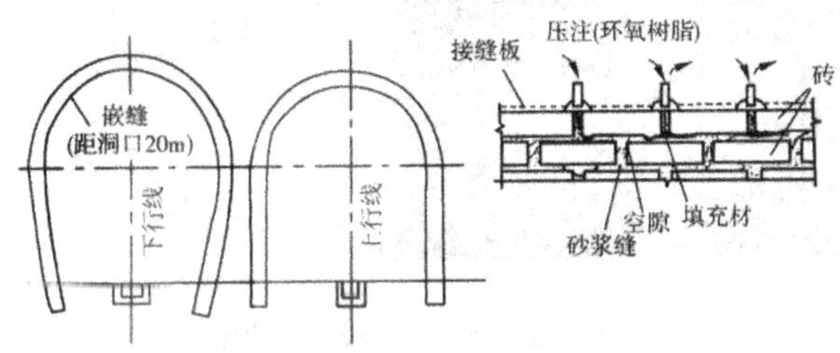

图 7-10 嵌缝

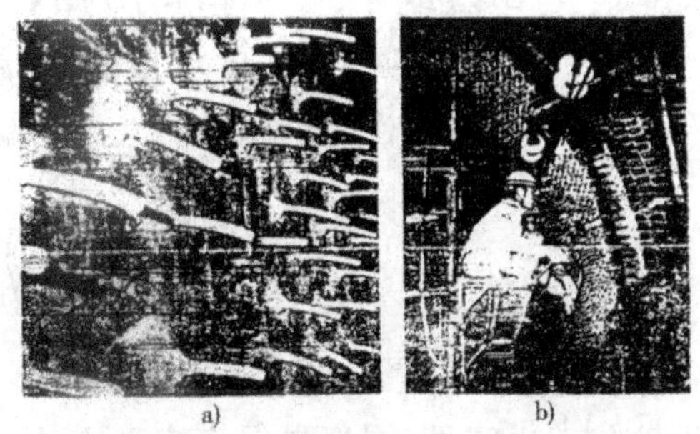

a) b)

图 7-11 嵌缝施工状况

a)压浆管、接缝板状况;b)施工缝状况

要点二 防 护 板

防护板适用于开裂处和部分混凝土施工缝处,适用于由于局部的材料劣化,在比较狭小的范围内衬砌块有可能掉落的场合或设置拱架或内衬净空没有富裕的场合。

防护板是在比较狭小的范围的衬砌表面用锚栓等固定 L 型钢、平钢和钢板等以防止剥落的方法。由于与既有衬砌一体化,而在某种程度上使衬砌的承载力得到加强。一般用于紧急补强和补修。防护板的施工例和施工状况示于图 7-12 和图 7-13。

采用 L 型钢时，要充分考虑补强部位、补强范围，以决定构件长度、安装距离等。

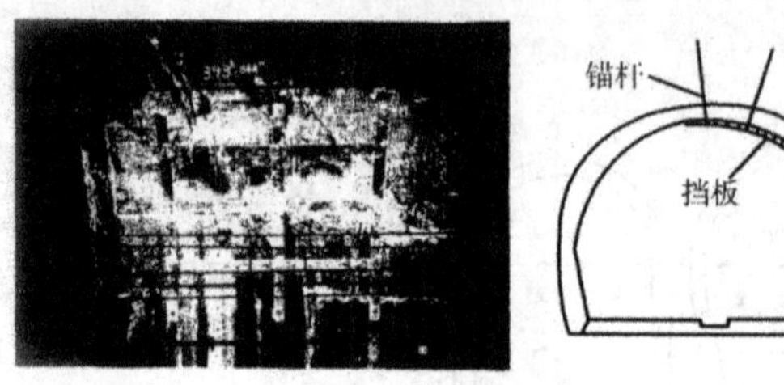

图 7-12 防护板的施工例（断面修复 + 防护板 + 锚杆）

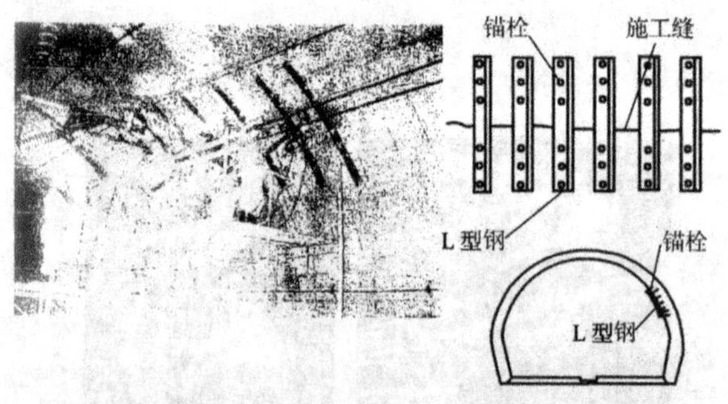

图 7-13 防护板的施工状况（L 型钢 + 锚栓）

图 7-14 表示各处防护板实例，视变异况有多种方法。其应用原则如下：

a）是把劣化部分用平钢和型钢紧急补强例。为了防止小片剥落，最好与 b）中所示金属网等合用。a）和 b）都不能增加衬砌的强度，但能对变异进行追迹调查，是有利的。

c）是使用兼有导水功能的半透明 FRP（玻璃纤塑料）预制板。

d）是用钢板的实例。钢板与衬砌成为一体，在一定程度上可增加衬砌的强度。

e）是劣化部分用平钢和型钢补强。尤其是锚杆加强，适用于开裂等集中、劣化和剥落特别显著的地方。

对于明显地段的混凝土结构物，可采用钢板补强的方法（图 7-15、表 7-7）。

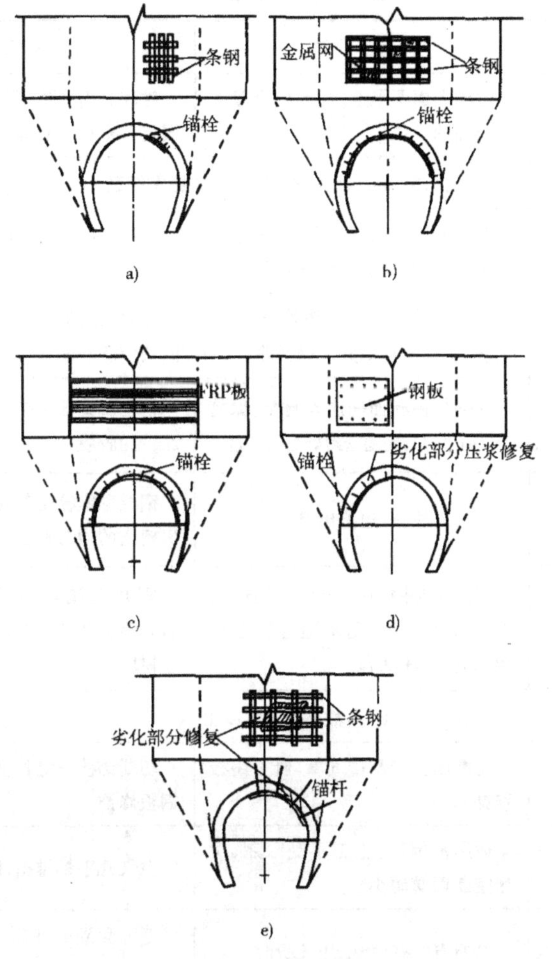

图 7-14　防护板例

a)条钢;b)条钢 + 金属网;c)FRP 板;d)钢板;e)条钢 + 锚杆

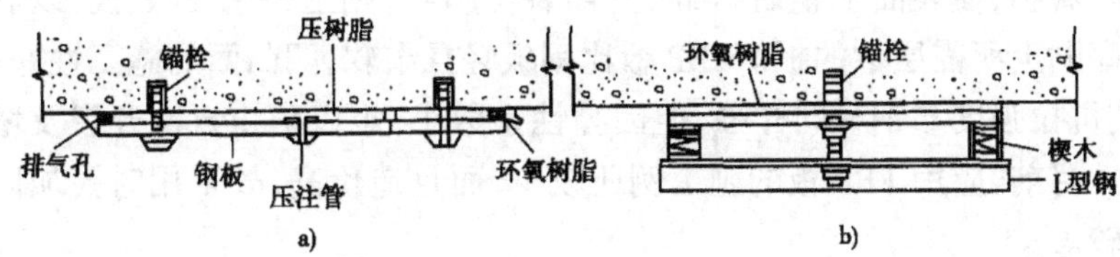

图 7-15　钢板补强

a)注人工法;b)压着工法

钢板补强方法概要 表 7-7

项目		压注工法	压着工法
适用条件		衬砌表面不平整,局部或全部含有曲面的部位	衬砌表面平整,用压着锚栓可以固定在衬砌上的部位
材料		钢板:4.5～6mm;压注材料:环氧树脂粘结剂	
前处理	工场加工	钢板原则上在工厂加工,孔径比锚栓径大5～10mm,与衬砌面胶结的钢板粘结面,应进行除锈处理	
	现场	在施工范围内有电缆等障碍时,要事先加以防护,附着在衬砌面的煤烟、尘土及劣化部分衬砌要除去,局部凹凸应研磨使之平滑	
树脂涂抹及压注		衬砌与钢板面间应设衬垫,保持2～4mm间距,周围密封好后再压注	衬砌及钢板粘结面各涂以厚1～2mm的胶膜
排出空气		一边压注,一边追出空气	钢板用锚栓压着在衬砌面上,挤出树脂的同时追出空气
施工注意事项		压注孔每隔50～100cm设置,由中央开始压注,用木锤等轻击钢板,确认压注状态	钢板上施以均压力(50kPa左右);钢板宽度大时,中央处可多放些树脂
养护		气温5℃以上,自然养护24h以上	
装修		切断压注管及排气管,研平钢板修饰	切断锚栓一定长度,上螺帽拧紧钢板修饰
优点		适用范围广,施工不受限制,对净空断面妨碍小	空气几乎都排出,胶结效果也好
缺点		会留有一些气泡,压注费时	施工受到一些限制,范围小,对净空断面妨碍大

最近,已开发出采用FRP材料接合的方法。施工方法是一边除去接合面上的附着物,使表面平整后,再涂上环氧树脂等,则上一层FRP板,以后重叠顺序贴上所需层数的板。FRP板比钢板轻且柔软,凹凸面的施工性好。此外,其抗拉强度与钢材同样强,但因弹性系数小,难以防止再次开裂及增大刚度。目前,应用FRP板的施工例还较少,而且造价高,故采用时要加以研究比较。

事例 关原隧道

(1)隧道概况(表7-8)

隧道概况　表 7-8

隧道名称	关原隧道	隧道长度	2810m
衬砌形式	新干线断面	开始营运时间	1963 年 12 月
构造	混凝土衬砌,无仰拱		
开挖方法			
地形、地质	古生代的粘板岩、细粒砂岩、燧石等,横贯分水岭(标高 200 ~ 400m)		
维修经历			

(2)变异状况(表 7-9、图 7-16)

变异现象和调查项目　表 7-9

变异现象	·拱部 45°附近,不规则开裂发育,剥离显著; ·剥离地段附近,起拱线稍上一点有水平拉裂
调查项目	·衬砌取样调查,开裂已达衬砌背后; ·净空位移量测及开裂量测,确认开裂无发展

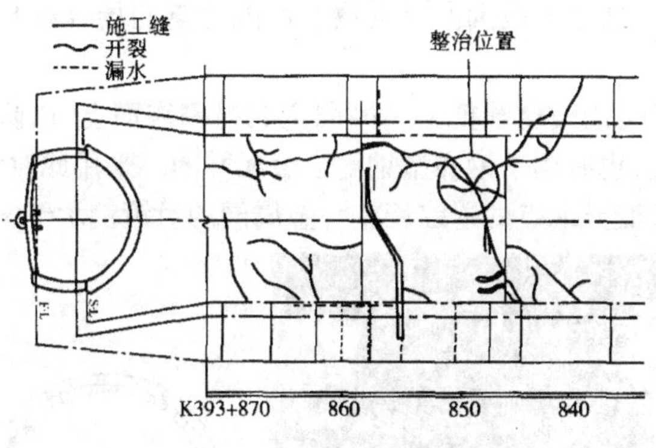

图 7-16　变异状况展开图

(3)变异原因推定

起因于施工不良造成的初期开裂,有偏压作用。

(4)对策

为防止衬砌剥落,对衬砌承载力应急补强,采取以下措施(图 7-17):

·对劣化部分凿除,恢复凿除断面;

·防护板加锚杆锚固;

·回填压浆。

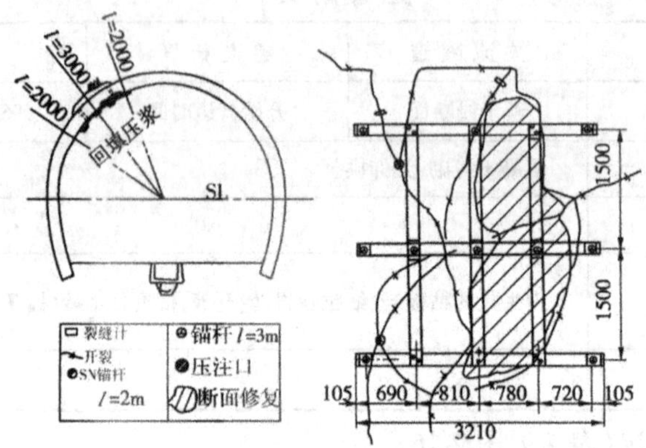

图 7-17　整治措施概况(单位:mm)

要点三　金　属　网

金属网、销钉适用于开裂处和部分混凝土施工缝处,适用于由于局部的材料劣化,在比较狭小的范围内衬砌块有可能掉落的场合以及隧道断面富余少的场合。

金属网施工是用锚栓等把金属网固定在衬砌表面上,以防止掉落。施工范围广的场合,也有用平钢和型钢配合金属网的。采用此对策,在对策实施后也能够进行变异地点的追踪调查。金属网的对策例示于图 7-18。

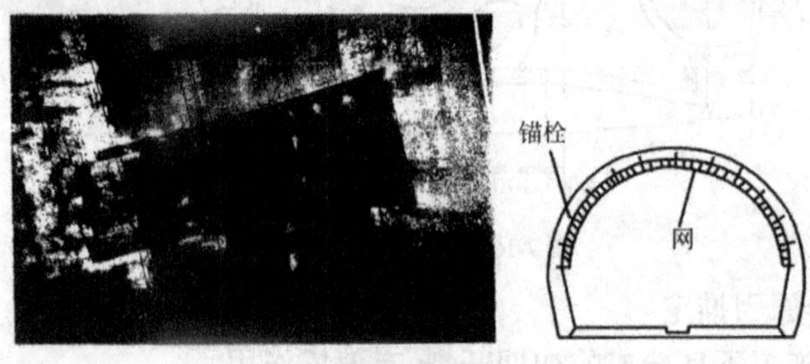

图 7-18　金属网对策例

在设计、施工上应注意以下事项:

(1)使用材料

·应选择网目细、重量轻,不给衬砌增加负担的金属网;

·网必须具有耐火性能；

·网应对漏水具有耐腐蚀性和耐久性(例如使用镀锌的金属制品)(图7-19)。

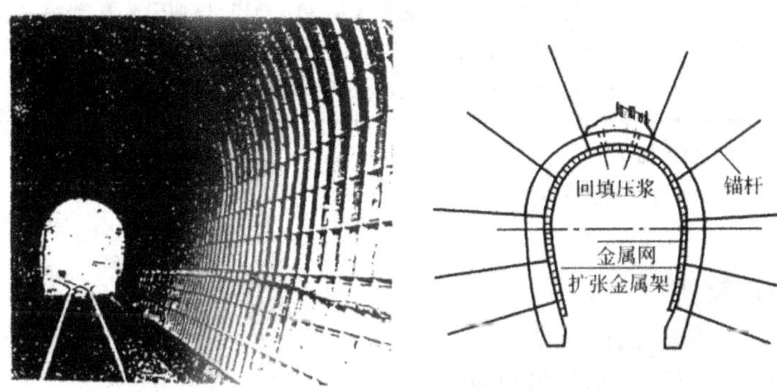

图7-19　采用膨胀金属制品例

(2)前处理

·施工范围内对电气设备有障碍的场合,应预先加以防护；

·应除去附在施工面上的煤烟、尘土及劣化部分。

(3)施工

·金属网等的锚栓配置要适合,以免因列车风压而卷起；

·衬砌片体落到金属网上时,注意不要侵限。

事例　大日影隧道

(1)隧道概况(表7-10)

隧道概况　表7-10

隧道名称	大日影隧道	隧道长度	1368m
衬砌形式	单线甲型	开始营运时间	1903年11月
构造	砖衬砌,厚度23~57cm,无仰拱		
开挖方法			
地形、地质	中生代白垩纪的砂岩、粘板岩,埋深最大285m		
维修经历			

(2)变异状况(表7-11)

变异现象和调查项目 表 7-11

变异现象	因砖材劣化而剥离、剥落，拱部附有煤烟，渗透漏水
调查项目	·目视检查——在劣化显著的 30m 地段，煤烟附着厚达 30mm，砖衬剥离深度达 20mm，接缝劣化深度最大达 90mm； ·打击声检查——用混凝土试验锤进行非破坏检查

(3)变异原因推定

烟害及冻害使材质劣化。

(4)对策

整治措施(图 7-20)：

·清扫拱部表面，除去煤烟；

·树脂网加平钢(用栓钉补强)。

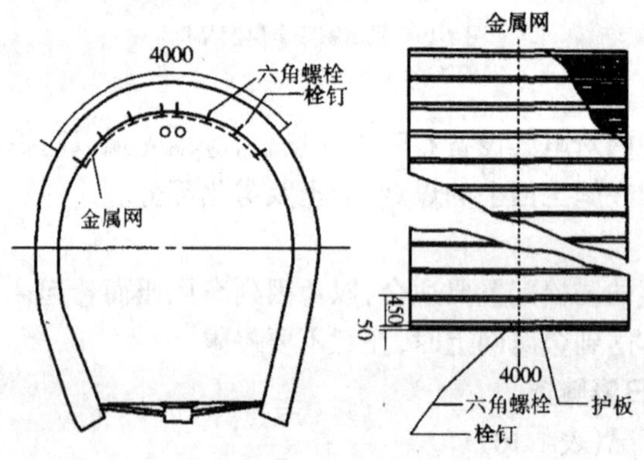

图 7-20 整治措施(单位：mm)

要点四 内 衬

大范围劣化达 10m² 以上时，视劣化状态、地压等外力的有无及程度、限界富裕量等，选择喷射法或现灌混凝土法。

表 7-12 表示不同施工方法、不同材料时标准的内衬厚度。

一、喷射法

1.适用范围

喷射法适用于衬砌材料劣化范围达 10m² 以上、有地压和近接施工等外力的影响、限界无富裕，及拱厚不足时。

2. 材料

喷射法采用的材料除混凝土、砂浆外，尚有下述几种：

·SFRC(钢纤维混凝土)；

·GFRC(玻璃纤维混凝土)；

·添加高分子材料的水泥类材料等。

标准内衬厚度　　表 7-12

工法、材料		厚度(mm)	备注	
喷射法	添加高分子材料的砂浆	<30		与挂网合用
	砂浆	30~150	需增加抗拉强度时采用	
	GFRC			
	混凝土	70~150	需增加抗拉强度时采用	
	SFRC			
现灌混凝土法		>125		

注：GFRC：玻璃纤维混凝土；SFRC：钢纤维混凝土。

采用喷射法时，要按喷射厚度来选择这些材料。选定喷射厚度、材料时，视变异及其程度、限界富裕、经济性、施工性、附着性、耐久性等决定。

3. 设计与施工

采用喷射法，过去以防止漏水为目的时，都是采用尿烷水泥和素砂浆，薄薄喷上一层厚 30~50mm 的喷层。但是，由于与衬砌的附着性不好，不能充分地与衬砌形成一体，喷射材料的劣化显著，并屡屡发生剥落，特别是在寒冷地区更为严重。因此，采用喷射法时，必须做到：

·确实除去既有衬砌的劣化部分；

·与可靠性较大的漏水措施并用；

·确实地锚固到既有衬砌上；

·设金属网等。

这几点都是很重要的。

喷射时洞内作业状况示于图 7-21、图 7-22。

设计、施工上的注意事项：

(1)使用材料及厚度(表 7-12)

采用整治劣化衬砌的喷射法时，限于净空断面要有一些富余，这时采用混凝土是经济的。采用混凝土喷射时的厚度，一般要大于 70mm。西德的地

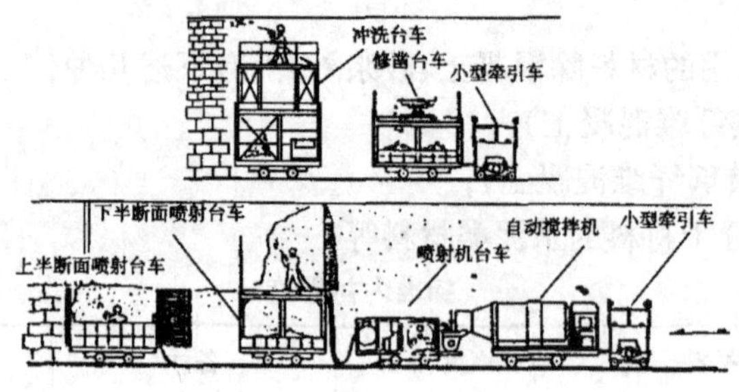

图 7-21 洞内作业状况例

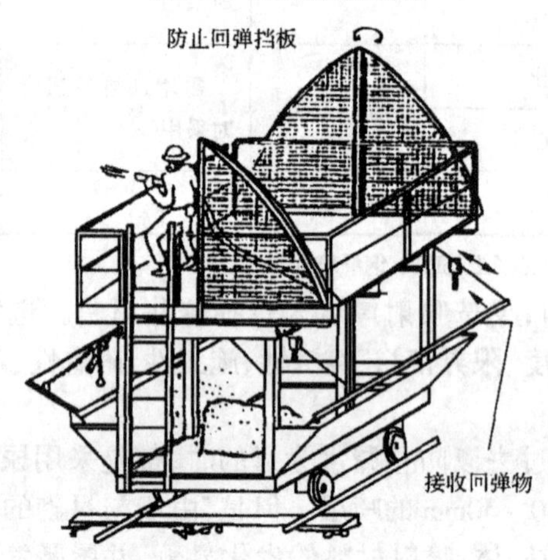

图 7-22 使用上半断面喷射台车例

下交通设备研究所(STUBA)的建议也是70mm以上。此外,对弯曲的补强和使之成为一体时,要设金属网。

净空没有富余时和同时对付地压时,材料选择的大致标准如下:

·净空富余小于70mm时,研究采用加砂浆、GFRC等措施。砂浆、GFRC的喷射厚度标准为30mm以上。

·净空富余不充分时,要采用抗拉强度大的材料。因为喷射厚度薄、钢纤维的回弹和分布不匀等,有可能得不到所需的强度。所以,SFRC的厚度标准要大于70mm。

·净空富余充分时,最好增加混凝土的厚度,但在125~150mm左右,应与现灌混凝土进行经济技术比较。

·采用高分子材料 GFRC、SFRC 时，不管哪种材料，都很贵。故在经济上要进行充分的比较。

(2)配比及强度

·喷射混凝土及砂浆的配比，要保持所需强度并能获得良好的施工性、附着性。原则上，设计基准强度要大于 18MPa。

·采用混合高分子材料、玻璃纤维、钢纤维时，要研究其施工性和效果后再决定其配比。

(3)前处理

·施工范围内有电缆等妨碍时，事先要加以防护；

·附于施工面上的煤烟、尘土和劣化部分要确实清除；

·施工面有漏水时，要做好防漏处理。

(4)施工

·喷射法有干喷和湿喷两种，各有优缺点，应根据施工地点的条件(输送距离、作业场所等)加以选择。干、湿喷法的比较见表 7-13。

干、湿喷法比较　　表 7-13

项　目	工　法	
	干喷法	湿喷法
混合方法	在喷嘴处水分与拌和材料混合	各材料事先混合好
品质状态	视作业人员的熟练程序、能力等而左右，质量离散性大	不受作业人员能力控制，质量比干喷法离散性小
供给状态	不受限制	受到限制
压送距离	水平可达 500m	水平约 100m
粉尘	多	少
回弹	比较多	少
吐出量	小	大
作业空间	机械小，作业空间小	机械大，作业空间大

·为了确实地传递因自重、干燥收缩或外力产生的剪力，需设置锚栓。为安全起见，最好每平方米设一根以上。

·为抗弯补强和防止剥落，视情况应加入金属网。喷射后金属网外露时,会因腐蚀而开裂、剥落,故要有适当的保护层。

·喷嘴应尽可能与喷射面成直角,距 1m 处喷射。考虑到使用材料的最大尺寸和施工面的状况,应以适当厚度分几层喷射。

·使用钢筋网喷射时,粗集料回弹较多,会有“蜂窝麻面”,故要精心施工。

·喷射混凝土和砂浆因是薄层施工,水泥量较多,为避免急剧的干燥,要进行初期养护,并在施工后温度不低于 5℃时施工。

·喷混凝土要考虑与衬砌附着不良坠落的可能、寒冷地区的漏水处理等。

二、现灌混凝土法

现灌混凝土法适用于衬砌材料劣化达 $10m^2$ 以上,并有地压和近接施工等外力影响,限界富裕能确保足够厚度时。

这是一种向既有衬砌补打混凝土,增加断面,以增强衬砌承载力的方法。本法中,设置联结新结构的锚栓(榫钉)和处置好施工缝是特别重要的。图 7-23 是现灌混凝土修筑内衬例。

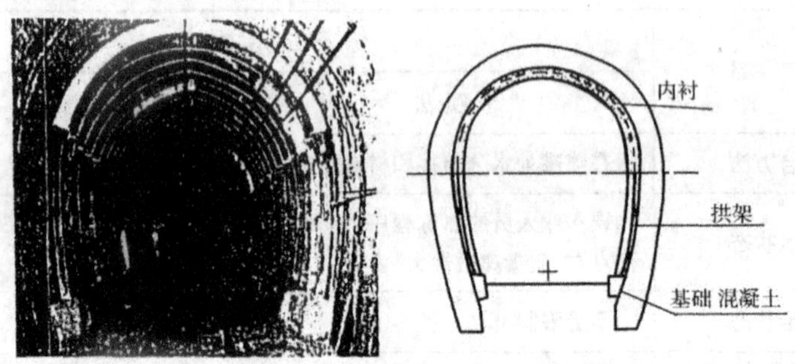

图 7-23 现灌混凝土法例

在进行现灌混凝土的设计、施工时,要注意以下各点:

(1)拱厚

厚度应视衬砌的劣化状态、地压等外力、限界富裕量等,并参考既有实例确定。从施工性看,要采用 12.5cm 以上的厚度;采用 12.5 ~ 15cm 左右的厚度时,要与喷射混凝土进行经济技术比较。

(2)配比和强度

配比要保证所需强度及良好的附着性、施工性。设计基准强度,原则上在 18MPa 以上。

(3)前处理

前处理后还要用断面测定仪确认限界外的富裕量。

(4)施工

·既有施工面要全面清凿,形成0.6~1.0cm深的、均匀的毛面。

·在既有衬砌面涂接合剂并设置栓钉。取栓钉的锚固长度 $l \geqslant 15\phi$(ϕ:栓钉直径),如何布置根据外力而定。

·栓钉在新灌混凝土中的锚固长度,当设有弯钩时为 10ϕ,不设弯钩时为 10ϕ。

·模板要架设拱架,确认限界富余后再架设。

事例一　吴隧道

(1)隧道概况(表7-14)

隧道概况　表7-14

隧道名称	吴隧道	隧道长度	2582m
衬砌形式	新中间型	开始营运时间	1934年
构造	混凝土砌块,厚23cm		
开挖方法			
地形、地质	中生代白垩纪花岗岩		
维修经历			

(2)变异状况(表7-15)

变异现象和调查项目　表7-15

变异现象	衬砌材料劣化,拱部有煤烟并漏水
调查项目	·劣化厚度的测定——把衬砌用水洗干净后,在拱部测定(图7-24)。劣化深度在30~40mm左右,还有大于100mm者,越靠近中央地段劣化越显著; ·空洞调查

(3)变异原因推定

烟害使材质劣化。因有如图7-25所示的煤烟易于存留的纵剖面,故煤烟大且沉附;其次因漏水多,煤烟也易于沉附。

(4)对策(图7-26)

·回填压浆;

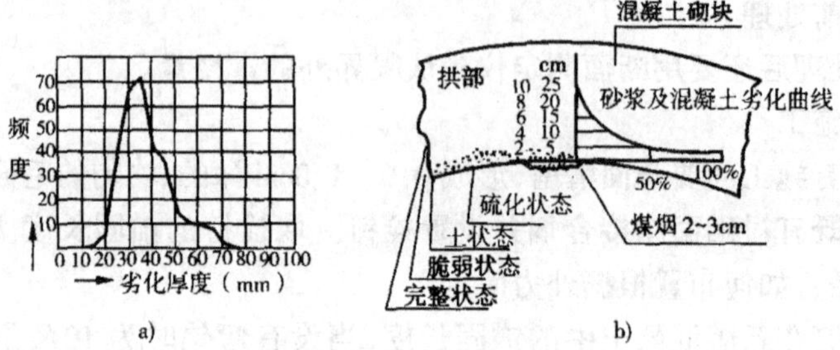

图 7-24 劣化状态度测定

a)劣化深度的频率；b)劣化状态模式

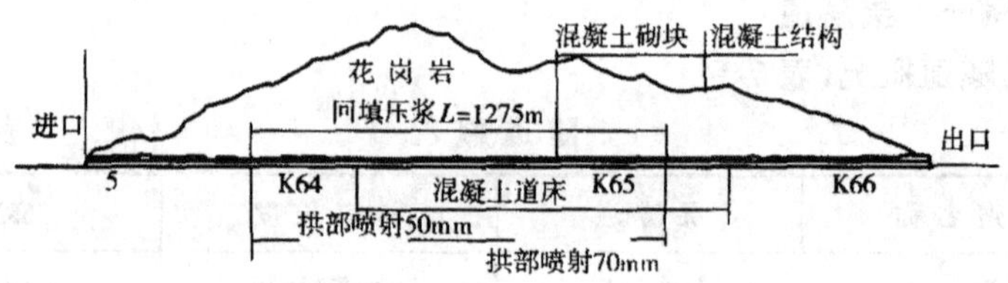

图 7-25 隧道纵剖面及整治范围

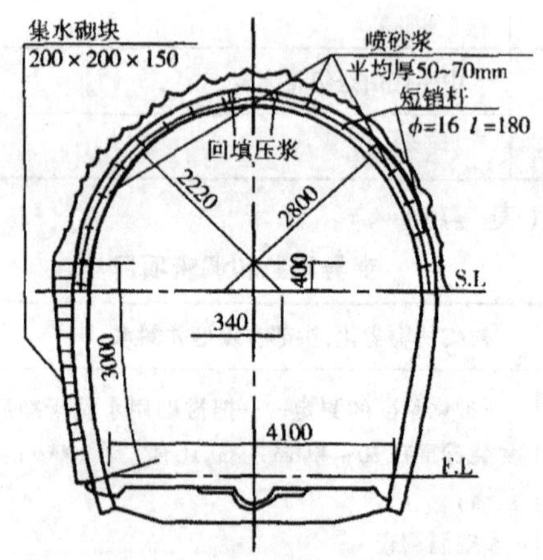

图 7-26 整治措施概况(单位：mm)

·凿除；

·涌水处理——止水；漏水多的地方导水；

·喷砂浆，厚 70mm；干喷，其配比参见表 7-16；

·集排水。

砂浆配比 表 7-16

W/C	W	细集料	速凝剂	水 泥
0.45	248kg	1503kg	16.5kg	550kg

事例二 第二八木泽隧道

(1)隧道概况(表 7-17)

隧道概况 表 7-17

隧道名称	第二八木泽隧道	隧道长度	418m
衬砌形式	单线甲型	开始营运时间	1927 年
构造	混凝土衬砌,厚 30cm,无仰拱		
开挖方法			
地形、地质	新第三纪的泥岩、碎岩、砾岩互层,埋深最大为 50m,河岸地段为 15m		
维修经历			

(2)变异状况(表 7-18、图 7-27)

变异现象和调查项目 表 7-18

变异现象	·拱部全长劣化严重,呈豆瓣状,有白色物质折出;尤其是拱顶厚度相当不足,背后还有散布的空洞; ·边墙比较健全; ·有漏水; ·没有因地压引起有变异
调查项目	·衬砌表面折出物质的化学分析判明有硫酸盐成分(表 7-19); ·漏水的 pH 值测定,pH 值为 5,是酸性的

折出物的化学分析结果 表 7-19

化学组成	含量(%)	化学组成	含量(%)
含有结晶水的硫酸钠(13g) $Na_2SO_4 7H_2O$(17%)$Na_2SO_2(10H_2O)$	30	氢酸化钙($Ca(OH)_2$)	2
混凝土及砂浆残留小片	42	盐分($NaCl$、$CaCl_2$)	0.2
$CaSO_4 \cdot 2H_2O$	7	水泥水化物($Ca_3SiO_2 \cdot 3H_2O$)	13
碳酸盐化合物($CaSO_3$、Na_2CO_3)	4.5	合计	98.7

图 7-27 拱部劣化状况

(3)变异原因推定

拱部混凝土灌注不良,拱厚不足。从化学分析结果、漏水的 pH 值看,是由于酸性水使材料劣化。

(4)对策(图 7-28)

·清扫表面(用高压水清除表面析出物)、凿除;

·填充断面缺损部分;

·修整排水孔,侧向防止硫酸盐的侵蚀;

·喷树脂砂浆,厚 15mm;因限界无富余,只能采用薄层喷射方法。

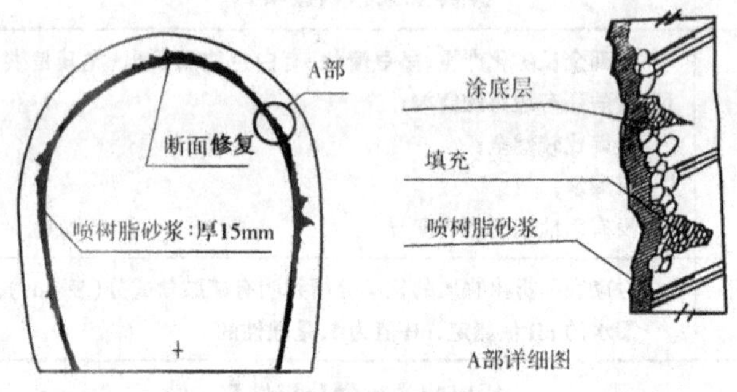

图 7-28 整治措施概况

事例三 善知岛隧道

(1)隧道概况(表 7-20)

隧道概况 表 7-20

隧道名称	善知岛隧道	隧道长度	1678m
衬砌形式	单线甲型	开始营运时间	1906 年 6 月
构造	砖衬砌(距洞口 25m 为混凝土),厚度 23.4 ~ 80cm		

续上表

开 挖 方 法	
地形、地质	石灰岩等，埋深最大190m，无偏压地形
维修经历	

(2)变异状况(表7-21)

变异现象和调查项目　表7-21

变异现象	·隧道全长的砖、接缝砂浆的劣化严重，尤其是边墙的砖缝错动，剥离、剥落显著，在漏水处，表层砖的接缝风化到1～2层砖，剥落相当严重； ·漏水随处都有，边墙处有经常不断的流水；冬季最低气温可降到－20℃左右，发生冰柱和侧冰； ·地压没有造成显著的变异
调查项目	·断面测定； ·衬砌钻孔调查(砖的物性、力学试验)，衬砌内侧劣化显著(内面侧的单轴抗压强度6.5MPa)； ·洞内漏水、地表水的pH测定——pH＝8

(3)变异原因推定

冻害造成材质劣化。

(4)对策

整治措施(图7-29、图7-30)：

·凿除(把既有砖衬去掉一层，用压缩空气清扫表面)；

·安栓钉、挂网；

·导水；

·喷射SFRC，厚80mm，配比见表7-22。

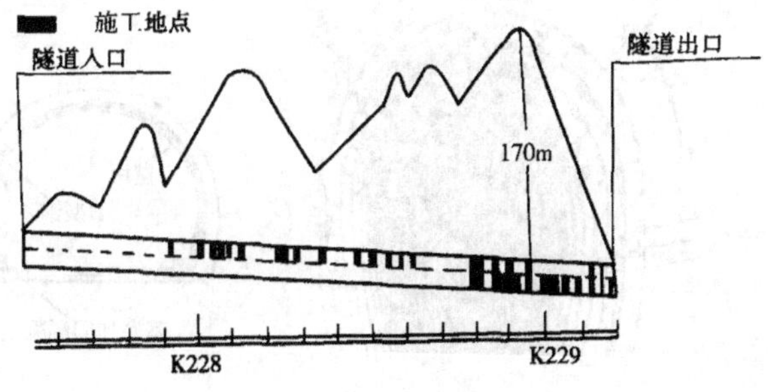

图7-29　整治措施范围图

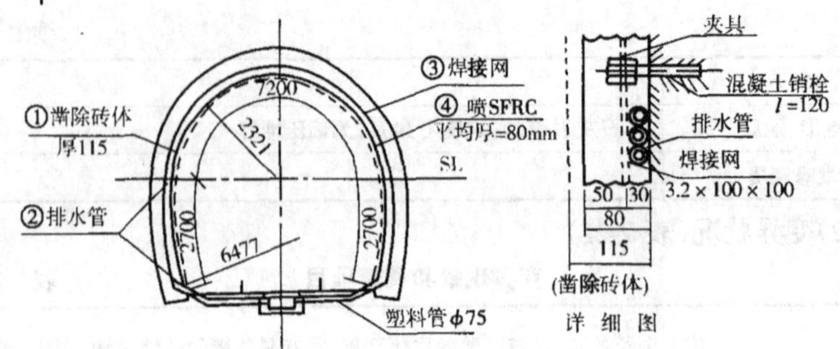

图 7-30 整治措施概况(单位:mm)

SFRC 配 比 表 表 7-22

坍落度(cm)	钢纤维形状、尺寸(mm)	钢纤维混入率(%)	粗集料最大尺寸(mm)	水灰比	细集料率(%)	钢纤维(kg/m³)	水(kg/m³)	水泥(kg/m³)	细集料(kg/m³)	粗集料(kg/m³)	水泥种类
8.5	0.5～0.5	1.5	10	0.55	75	80	220	400	1253	432	N

要点五 补强拱架

补强拱架适用于衬砌需要积极补强而且净空有富裕的场合。其作为衬砌劣化的对策,有必要与其他对策并用。

补强拱架是用弯曲加工的 H 型钢等钢材沿衬砌内表面一定间隔架设的方法,多用于地压对策的场合。但对于劣化衬砌其目的是控制剥离、剥落可能性高的衬砌,应急补强因劣化而使有效厚度减小的衬砌。图 7-31 是拱架补强对策例。

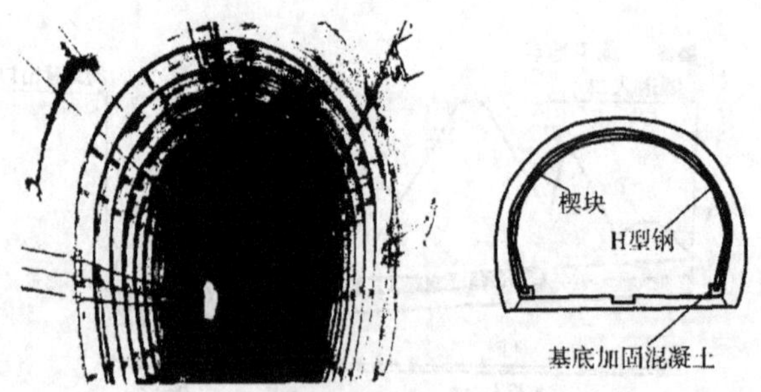

图 7-31 拱架补强对策例

向衬砌背后进行回填压浆时,为防止压浆压力使衬砌变异,必要时要设补强拱架。

单独使用补强拱架时应注意下述问题：

(1)不进行防锈处理就不能作为永久构件；

(2)一般来说，与衬砌相比补强拱架的刚度较小；所以单独使用时，不能期待较大的补强效果；

(3)在防止剥落上，补强拱架不能承受面的荷载；所以，多与以下方法同时使用：

·防止剥落：金属网、防护板；

·增强补强效果：基础补强、内衬；

·永久补强：内衬。

图 7-32 及图 7-33 是补强拱架与其他方法并用例。

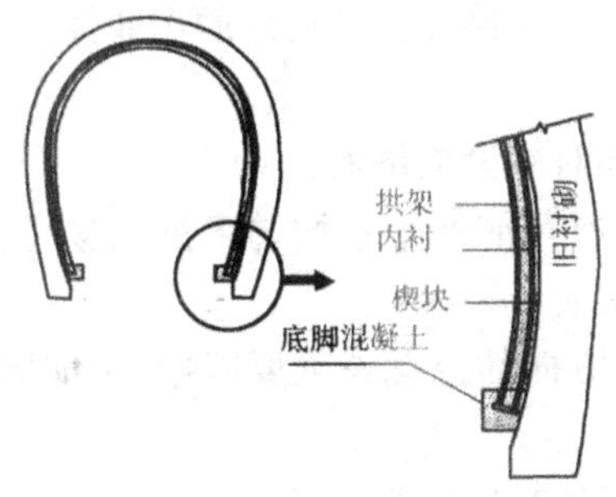

图 7-32 与内衬并用例

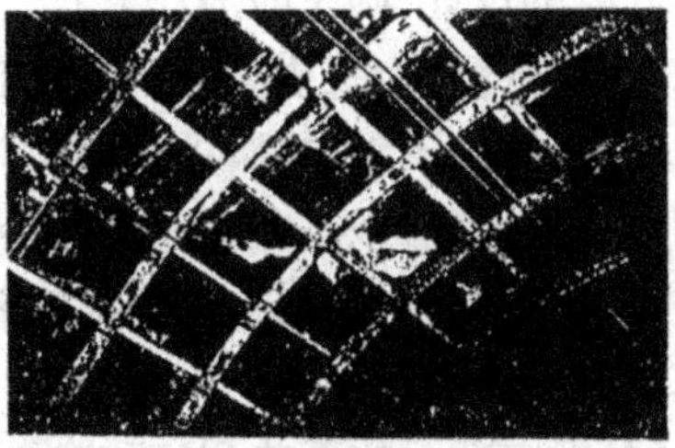

图 7-33 与金属网并用例

设计施工上应注意的事项：

(1)补强拱架的形状、尺寸、材质

钢材要采用延展性大、易于弯曲和焊接加工的钢材。一般来说，多采用冷加工的 H 型钢。从耐久性方面看，最好进行防锈处理。

(2)补强拱架的断面、间距

补强拱架的断面和间距，应综合开裂变异状况、隧道断面尺寸和形状、施工条件等决定。补强拱架上的外力是很难推定的，一般都参考既有事例进行设计。一般采用 H100 ~ 150 型钢，间距为 1.0 ~ 1.5m。

补强拱架的断面、架设间距应视下述条件综合决定：

·变形状况；

·隧道净空的断面形状、尺寸（尤其是对建筑限界的富余量）；

·施工条件。

作用在拱架上的外力根据变形状况推定是很困难的。一般来说，最好参考类似条件下的既有实例进行设计。如能用量测等方法事前推定外力时,应进行结构计算,以确认具有足够的承载力。

一般来说,可采用H100、H150型钢,以1~1.5m间距设置拱架。视情况,采用H型钢并呈格子状以增加承载力。

(3)楔块、接头、底脚的设计施工

楔块是把围岩、衬砌的外力传递到拱架上,防止松弛荷载增大的措施。因此,楔块除了注意不要损伤拱架外,还要注意以下两点:

·具有不产生松弛的构造;

·设置的间距适当和确实紧固。

作为参考,表7-23给出改变楔块设置数,紧固方法进行补强拱架的比较设计例。

接头不能成为构造上的弱点,应能够强固连接和具有良好的作业性。

底脚的设计、施工时应注意:

·不能下沉,应在拱架下端设底板,必要时应设置垫板;

·如果仍然不够,拱脚的承载力不足和有可能产生不均匀下沉的场合,应用混凝土加固,以强化承载力和使各拱架成为一体;

·加固的混凝土应有一定深度,沿线路方向的挖掘长度要限制,不能因挖基而诱发边墙滑动。

(4)净空断面的事前测定和净空断面不足时的处置

·设计时,事前要测定净空断面,以采取有足够富余的断面结构;

·净空不充分时和衬砌表面有凹凸时,视情况要凿除一部分或视条件研究降低底板的必要。

楔点数、楔紧程度和支撑强度的比较　　表7-23

楔点数	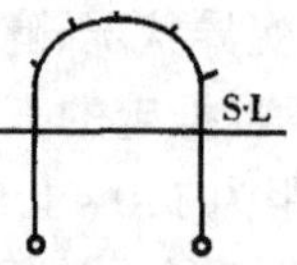 S·L	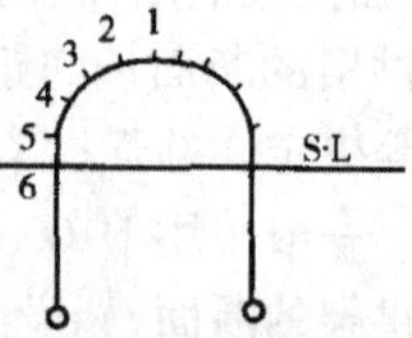 1 2 3 4 5 6 S·L	
楔紧程度	充分	充分	NO3点松动脱落时
支撑应力(MPa)	92.5	55.8	123
允许荷载高度(m)	2.0	1.2	1.5

(5)施工后的检查

·施工后要测定限界尺寸;

·因列车振动可能使楔块松弛时,施工后要随时检查,必要时应再次紧固。

(6)其他

·拱架在纵向力的作用下可能发生倾倒,因此要与相临拱架相互连接好,通常多采用系杆等联系方式;

·材料采用外径 60.6mm、厚 2.3mm 的钢管和 ϕ19mm 的螺栓。

事例一 冠着隧道

(1)隧道概况(表 7-24)

隧道概况 表 7-24

隧道名称	冠着隧道	隧道长度	2656m
衬砌形式	单线甲型	开始营运时间	1900 年 6 月
构造	砖和混凝土砌块,局部有仰拱		
开挖方法			
地形、地质	·新第三系流纹岩质凝灰质(抗压强度 10MPa); ·入口附近为砂、泥岩互层,埋深最大 300m		
维修经历			

(2)变异状况(表 7-25)

变异现象和调查项目 表 7-25

变异现象	·隧道全长错缝,材料流失,衬砌劣化、剥离、剥落严重; ·漏水多,有冻结,衬砌表面有煤烟; ·防漏水砂浆剥离、剥落显著; ·局部地段断面变形,拱部有挤入
调查项目	·断面测定; ·钻孔调查(强度试验、衬砌背后调查); ·漏水的水质分析

(3)变异原因推定

冻害引起劣化。

(4)对策

整治措施(图 7-34、图 7-35)：

·凿除；

·架拱架，挂衬板；

·压注砂浆。

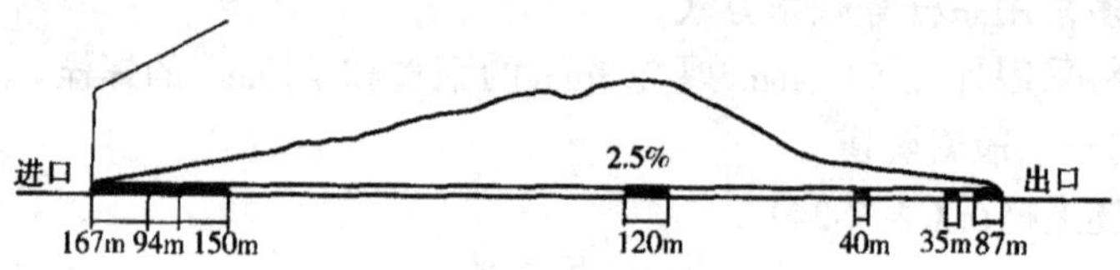

图 7-34　隧道纵剖面及措施范围

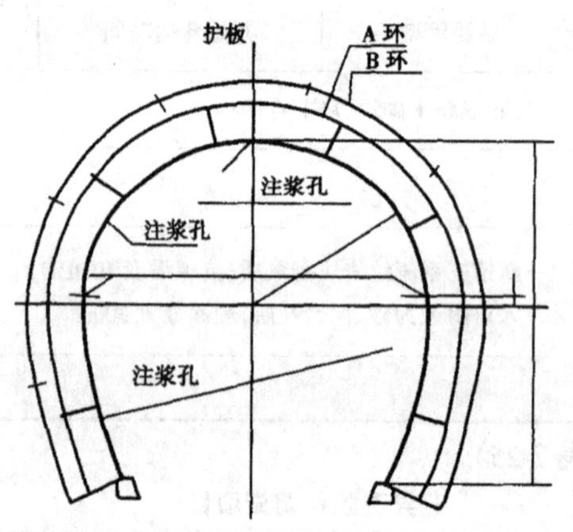

改良标准断面图

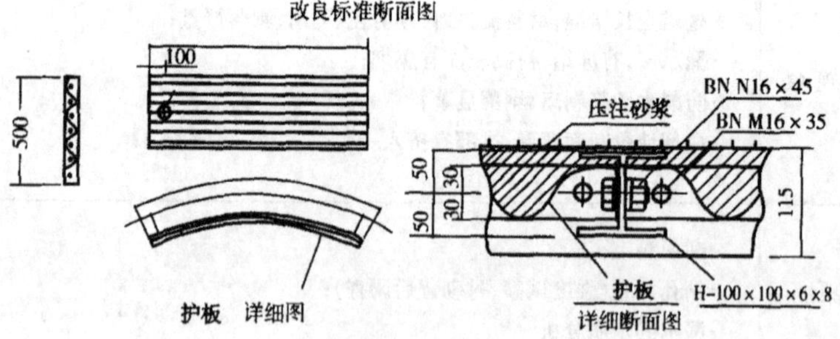

图 7-35　措施概况(单位：mm)

事例二 第二衣挂隧道

(1)隧道概况(表 7-26)

隧道概况 表 7-26

隧道名称	第二衣挂隧道	隧道长度	1319m
衬砌形式	单线特1型	开始营运时间	1962年
构造	混凝土,厚度30~70cm,局部有仰拱		
开挖方法			
地形、地质	·中生代第三纪初期的花岗岩; ·西侧附近有活断层向东延展,其影响范围内多破碎带		
维修经历			

(2)变异状况(表 7-27)

变异现象和调查项目 表 7-27

变异现象	·拱部开裂、剥落,尤其是在K44+650m~K44+800m间,曾发生三次剥落,此处的混凝土试验强度为10MPa; ·拱部混凝土材料劣化——采用了硅石水泥; ·隧道全长漏水; ·地质引起的变异不显著
调查项目	·非破坏检查; ·钻孔调查——确认背后地质; ·衬砌强度试验; ·断面测定

(3)变异原因推定

混凝土材质不良及漏水引起劣化。

(4)对策(图 7-36)

·补强拱架:H125,间距60m;

·拱架背后塑料板;

·灌注混凝土。

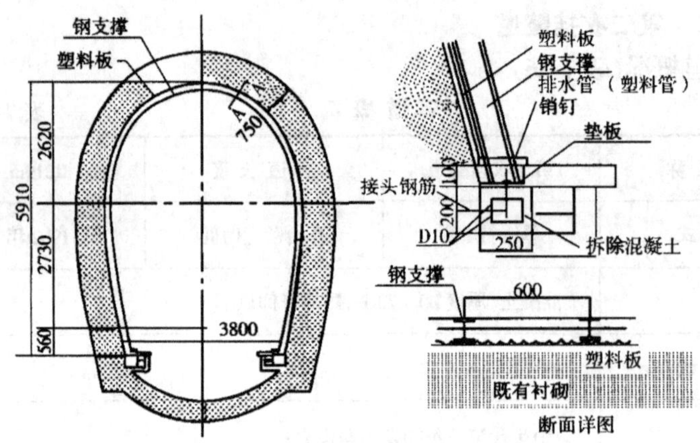

图 7-36 整治措施概况(单位:mm)

事例三 板敷山隧道

(1)隧道概况(表 7-28)

隧道概况 表 7-28

隧道名称	板敷山隧道	隧道长度	688m
衬砌形式	单线乙型	开始营运时间	1914 年
构造	砖拱,石边墙,局部地段为混凝土,洞口段有仰拱		
开挖方法			
地形、地质	位于河左岸,地形偏压。新第三纪中新世页岩		
维修经历			

(2)变异状况(表 7-29)

变异现象和调查项目 表 7-29

变异现象	·衬砌材料劣化,剥落; ·混凝土整个变异,严重的呈砂状; ·隧道整个漏水,冬季冻结严重; ·整治漏水、结冰的措施——喷射砂浆层剥落
调查项目	

(3)变异原因推定

冻害使材料劣化,混凝土材质不良。

(4)对策(图 7-37)

·设防水板,防止漏水;

·补强拱架:H125,间距 1.5m;

·现灌混凝土:拱部钢筋混凝土,使用 ϕ13mm 钢筋。

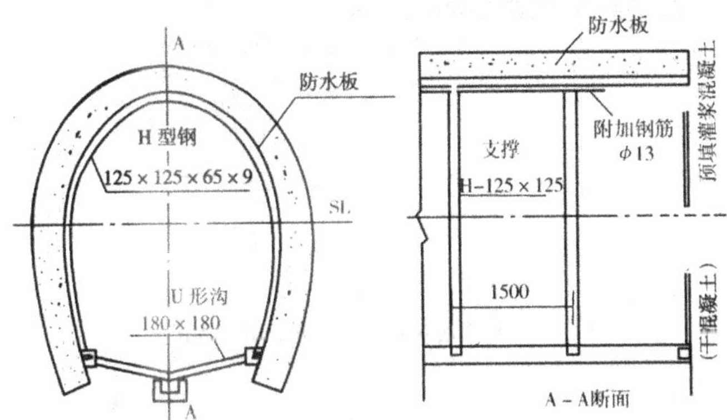

图 7-37 整治措施概况(单位:mm)

要点六 内表面补强

内表面补强适用于因开裂和部分材料劣化,在比较狭窄的范围内衬砌块有可能掉落,但没有漏水、净空富裕小的场合。为了确保与既有衬砌的附着,应做好前处理。

视衬砌的劣化状态、有无地压等外力的影响及其程度、限界富裕、施工现场的具体情况等选择补强方法。根据补强材料的材质,有纤维板粘着和钢板粘着两种方法。内表面补强的施工状况示于图 7-38。图 7-39、图 7-40 分别为纤维板粘着和钢板粘着方法的断面图。

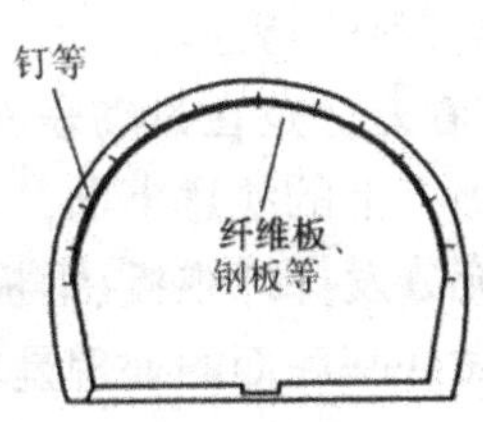

图 7-38 内表面补强的施工状况

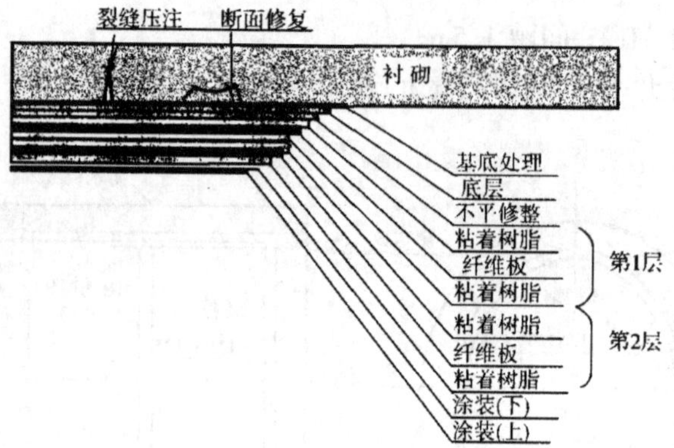

图 7-39 纤维板粘着方法的断面图(模式图)

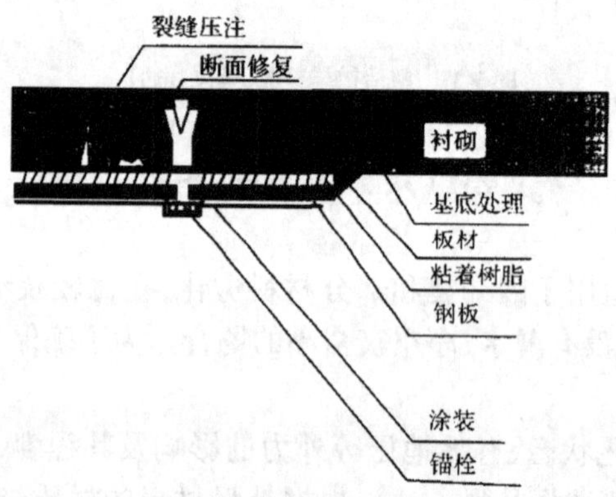

图 7-40 钢板粘着方法的断面图(模式图)

纤维板粘着方法是在衬砌开裂部分的表面或受拉力的作用面上,把含浸粘着树脂的纤维板一层一层地粘着在衬砌表面上。净空断面几乎没有减小是其特点。纤维板包括碳纤维、尼龙纤维、玻璃纤维等,各具特点,选择时要充分理解材料的特性。

钢板粘着方法是在衬砌表面粘着钢板,安装时要用锚栓等固定。

设计、施工上的注意事项:

·为了充分发挥纤维板、钢板各自的特性,并使纤维板或钢板与衬砌确实地粘着,做好基底面的处理是非常重要的;

·此外,在含浸的过程中,因衬砌表面温度的关系有时不可能施工,因此要注意施工时期和时间等。

要点七　剥落变异对策

因近期在新干线隧道中出现了衬砌混凝土剥落事故，所以日本进行了大规模的检查。在检查中发现，衬砌剥落的隐患是存在的。因为造成剥落的原因可能是地压、材料劣化、漏水等，所以针对衬砌剥落，在维修管理中专门对衬砌剥落的检查、剥落对策等做了规定。规定要求：

·要确实地掌握剥落的原因，采取最适当的对策进行设计和施工；

·当认为剥落是由地压、材料劣化、漏水、冻结等造成的场合，应分别与地压对策、材料劣化对策、漏水冻结对策等同时考虑进行设计和施工。

剥落对策应在充分研究预计剥落规模和对策范围的状况的基础上，选定施工性、耐久性、经济性、效果等好的易于检查的对策。

剥落对策的种类和分类示于图7-41。表7-30是选择剥落对策的大致标准。应用时，应参考本表并考虑施工性、耐久性、经济性等决定；也应参考既有事例来选择剥落对策。

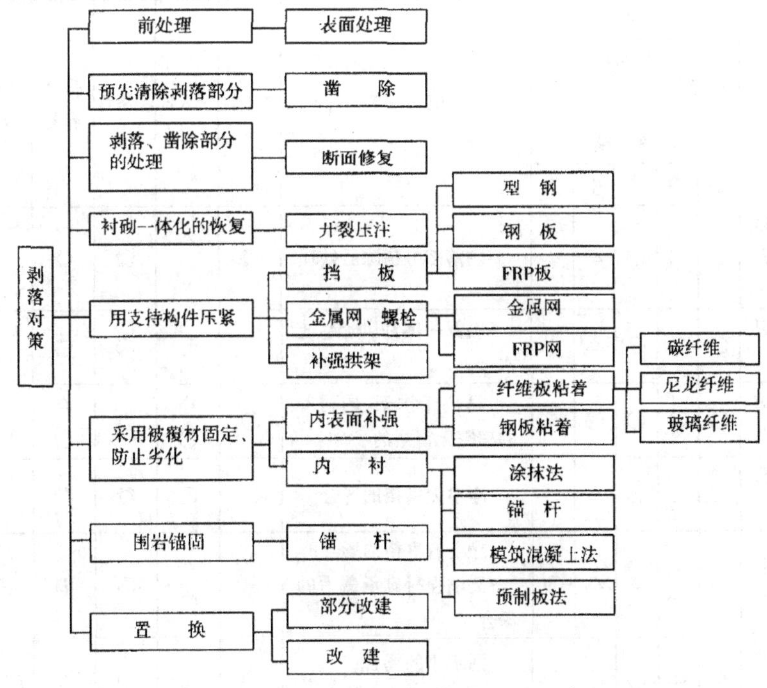

图7-41　剥落对策的种类和分类

(1)施工性

对策的施工,基本上是在运营的条件下进行的,受到线路条件和施工条件的制约,事前要对此进行充分的研究。

(2)耐久性

隧道洞内的温度、湿度,一般是稳定的;但在易受风雨影响的洞门、洞口附近和洞内漏水的地点,多是不稳定的,事前应对对策的材料的物理特性(干湿、冻融等)进行充分研究。此外,也要注意列车的振动、压力变化等的影响。

(3)经济性

剥落对策,一般说是能够进行经济的设计和施工的。但考虑到包括以后的维修费用,其成本也不一定是经济的。因此,切实掌握造成剥落的原因,选择最有效而且经济的对策是很重要的。

表7-30是根据对策面积、预计的剥落规模给定的大致标准,采用时要考虑衬砌的部位、剥落范围、剥落程度等。

选择剥落对策的大致标准(模筑混凝土衬砌) 表7-30

剥落对策	适用性 对策面积 窄 剥落规模 小	适用性 对策面积 窄 剥落规模 中	适用性 对策面积 广 剥落规模 小	适用性 对策面积 广 剥落规模 中	适用性 对策面积 广 剥落规模 大	记事	施工性	耐久性	经济性	检查容易	补强效果
凿除+断面修复	○	○	○	△	△	·剥落部分凿除后处理	◎	△ ○	◎	◎	
开裂压注	○	○	○	△	△	·确保一体性、填充、止水	○	○	○	◎	
防护板	○	○	○	○	△	·适用于拱架、内衬等的净空无富裕的场合	○	△ ○	◎	△ ○	
金属网	○	○	○	△		·净空无富裕的场合	○	○	◎	◎	
补强拱架			△	△	○	·净空有富裕的场合; ·需增强衬砌承载力的场合	○	△ ○	○	◎	○
内表面补强	△	△	○	○	○	·漏水小的场合; ·劣化程度小的场合	○	○	○	△	○◎

续上表

剥落对策		适用性					记事	施工性	耐久性	经济性	检查容易	补强效果
		对策面积										
		窄		广								
		剥落规模										
		小	中	小	中	大						
内衬	喷射			○	○	△○	·净空富裕不充分的场合	○	△○	△○	△	○◎
内衬	模筑			○	○	○	·净空富裕充分的场合	△	◎	△	△○	◎
锚杆			△	△		○	·抗拔能力充分的围岩的场合	○	○	○	○	◎
部分改建			○		○	○	·劣化程度显著(拱厚的1/2以上)的场合； ·局部拱厚不足，背后有空洞的场合	▲	☆	▲	☆	☆
改建						○	·只采用补修不能处理的场合	▲	☆	▲	☆	☆

注：①对策面积：窄：小于 $1m^2$；广：$1m^2$ 以上；

②剥落规模：小：小于 $0.01m^2$；中：$0.01 \sim 1m^2$；大：$1m^2$ 以上；

③○：适合采用；△：有条件时采用；

④☆◎○△▲：按重要性由高向低顺序排列。

剥落对策与衬砌劣化对策基本上是一致的，可参考上面一些要点的说明加以选择和应用。

采取剥落对策后要做好工程记录。其作为今后采取对策的一个有益的情报，对将来的评价也是很重要的。工程记录的项目包括以下基本内容：

·隧道概要(隧道名称、线路名称、位置、结构、材料、环境等)；

·变异现象和健全度的判定；

·围岩条件(埋深、地质、地下水等)；

·目视检查结果；

·判定基准；

·既有对策记录；

·剥落展开图；

·对策施工后的状态等。

要点八 局部改建及改建

1.局部改建

局部改建应用于开裂、接缝错动、剥离、剥落等衬砌材料劣化程度显著，而且深及内部，用嵌缝、防护板等不充分时。

局部改建是清除劣化部分，用混凝土等置换来维持衬砌承载力、耐久性的方法(图7-42)。

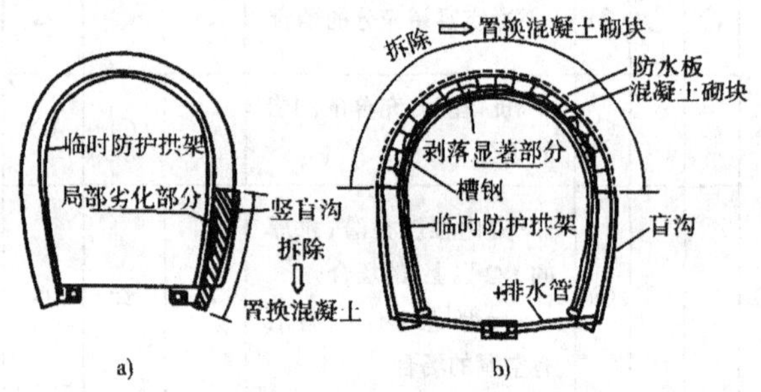

图7-42 局部改建例

a)现灌混凝土例；b)混凝土砌块例

在设计施工上应注意以下事项：

(1)在进行局部改建的设计施工时应特别注意的是：与既有衬砌成为一体。也就是说，施工缝处理不好会成为漏水等弱点。故在设计施工时，要注意：

·局部改建的范围，不仅仅是劣化部分也要涉及健全部分；

·施工缝处进行适当的前处理；

·置换的材料应与既有衬砌成为一体，可施设栓钉；

·使附着力充分，用树脂混凝土等；

·既有衬砌劣化，吸水性高时和用吸水性高的砖、石衬砌时，预先要使置换部分充分吸水，不能让修补材料吸收混凝土和砂浆中的水分；

·漏水多的情况，要适当进行漏水处理；

·养护中，必要时要采取防止补修材料掉落的防护措施。

(2)劣化原因是有害水(强酸性水)时，不仅要排水，还要使用树脂砂浆等防腐蚀材料和防腐蚀性好的防水板敷设在置换部分背后。

(3)既有衬砌的承载力降低、改建范围较大时,施工时可能会影响衬砌的功能。所以,必要时应采取防护拱架、锚杆等适当的防护措施。

事例 逢初山隧道

(1)隧道概况(表 7-31)

隧道概况 表 7-31

隧道名称	逢初山隧道	隧道长度	414.38m
衬砌形式	双线型	开始营运时间	1924 年
构造	拱部混凝土砌块,混凝土边墙,拱厚 85 ~ 119cm,局部有仰拱		
开挖方法			
地形、地质	新第三纪安山岩、凝灰角砾岩等,不论何种岩石都受到热水变质作用,温泉余土化显著,最大埋深 47m		
维修经历			

(2)变异状况(表 7-32、图 7-43)

变异现象和调查项目 表 7-32

变异现象	·终点洞口附近开裂、错缝、错动等变异显著,但近几年无发展; ·材料劣化,表层剥落; ·开裂、接缝等漏水
调查项目	·漏水的水质试验

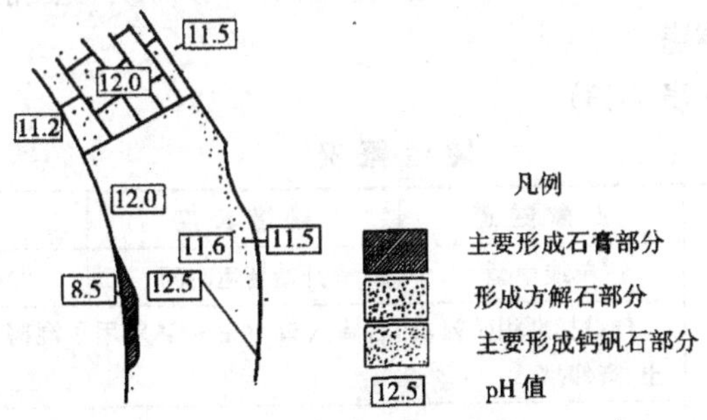

图 7-43 衬砌及 pH 值

(3)变异原因推定

洞口附近变异主要由关东地震引起,酸性温泉水使材料劣化。

(4)对策

·回填压浆；

·锚杆；

·拱部涂树脂砂浆；

·边墙置换劣化混凝土。

2.改建

改建应用于隧道全断面或拱部、边墙大部分的材料劣化显著，不能维持衬砌的功能，而用其他方法不能处理时。

改建种类如图7-44所示，包括：①运营线改建（从内侧改建的方法、从外侧改建的方法）；②死线改建；③别线改建。

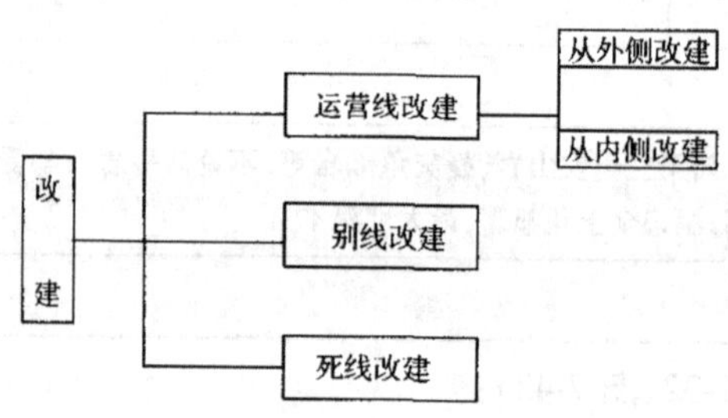

图7-44 改建种类

应根据衬砌变形状况、背后地质状况、隧道长度、列车运行状况（可否用公共汽车代运等，包括隧道前后明线地段的防灾和改善曲线，或电化等问题），来选定适宜的改建方法。所以在编制改建计划时，必须充分研究这些因素，并考虑作业的安全、经济等作出综合判断。

图7-45、图7-46表示运营线改建例。图7-47所示为改建前后的对照。

事例 古漱隧道

(1)隧道概况（表7-33）

隧道概况 表7-33

隧道名称	古漱隧道	隧道长度	211m
衬砌形式	单线甲型	开始营运时间	1903年3月
构造	建设初期用砖衬，而后除入口10m外都采用了混凝土砌块和混凝土，有仰拱		
开挖方法			
地形、地质	丘陵地，最大埋深30m左右，新第三纪风化凝灰质泥岩、砂岩等		
维修经历			

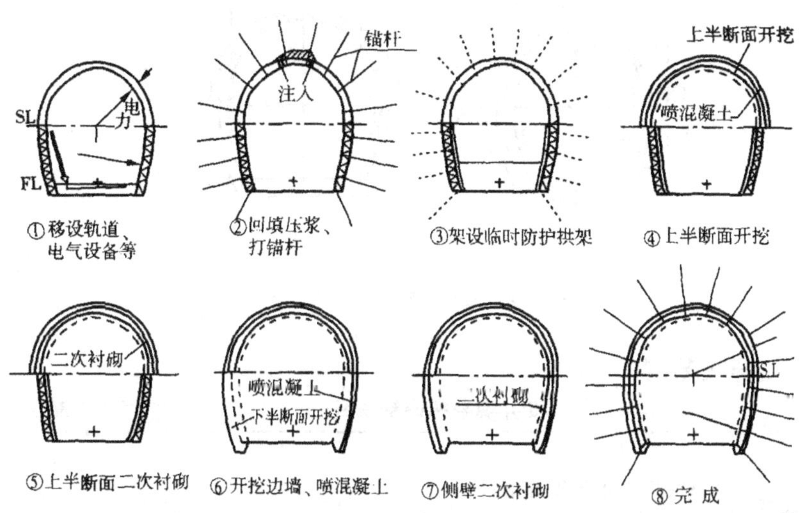

图 7-45 从内侧改建例

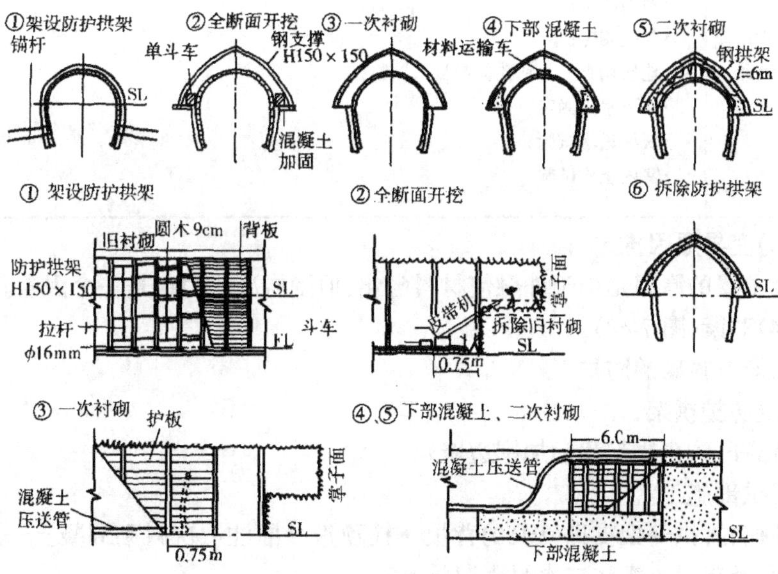

图 7-46 运营线改建例

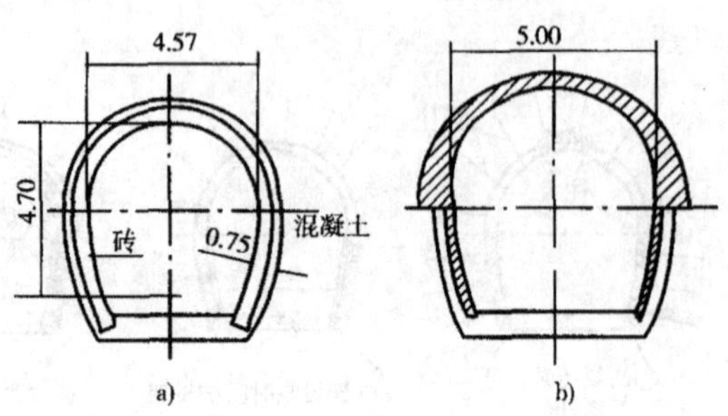

图 7-47 改建前后的断面图(单位:m)
a)改建前;b)改建后

(2)变异状况(表 7-34)

变异现象和调查项目 表 7-34

变异现象	·拱部:边墙开裂、错缝; ·衬砌材料劣化形成剥离、剥落严重,漏水多,冬季结冰,妨碍限界
调查项目	·净空位移量测; ·断面测定; ·开裂测定; ·地质调查——钻孔标准贯入试验; ·地下水位测定; ·现场透水试验; ·室内土质试验

(3)变异原因推定

最主要的原因是由于冻融使材料劣化,但围岩冻胀力也是一个因素。

(4)对策(图 7-48)

①既有衬砌的防护

·设防护拱架;

·锚杆(防止拱架移动加固边墙)。

②拱部施工

开挖:拆拱→架支撑(H150)背板→挂顶板→灌注一次衬砌混凝土→设防水板、断热材→灌注二次衬砌混凝土。

③边墙施工

拆防护拱架→拆衬砌→设防水板→灌注混凝土→施设断热材。

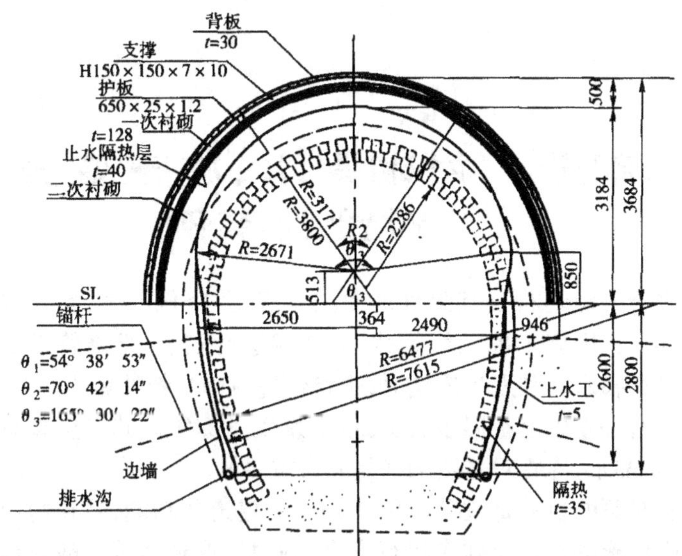

图 7-48　既有衬砌的防护(单位:mm)

第八部分　衬砌漏水、冻害变异对策及事例

隧道漏水会缩短钢轨及其附件的使用年限，并降低电气设备的功能。此外，在寒冷地区，因漏水冻结而结冰，会造成运行安全、维修管理上的问题。当漏水是有害水时和发生冻结时，也将促进衬砌材料的劣化。

铁路隧道有一半以上都漏水，30%以上发生过冻害。其发生率是很高的。因此，防止漏水、冻害对隧道的确是非常重要的。

整治漏水对策的目的是改善起因于漏水的隧道的功能、轨道材料和电气设施等洞内设施的功能及列车运行安全、洞内作业环境等。故要确实地调查漏水的发生状况，同时考虑对策的效果、施工性、经济性及耐久性等，以便安全地进行整治对策。

整治漏水对策的目的是：

①维护因漏水造成的衬砌材料劣化、土砂流入使背后形成空洞造成的偏压、地表下沉、坍陷等而损伤衬砌结构的功能；

②防止钢轨、连接板等轨道材料的腐蚀，以及通信信号、电力设备等功能的降低；

③防止对列车安全运行和旅客的有害影响；

④确保洞内作业安全；

⑤保持隧道的美观。

整治漏水时，要进行充分的调查，合理地确定健全度，并采取与之对应的整治对策。

关于整治漏水的对策，过去有许多方法，但施工后很短时间内又发生降低功能的漏水和结冰的情况也不少。因此，除要充分考虑对策的效果、施工性、经济性外，还要考虑耐久性。

整治漏水对策按漏水状况，如图8-1所示，分为线状漏水整治对策和面状漏水整治对策两类。在图8-1中，线状整治对策又可按水的处理方法，面状整治对策按施工方法等分为若干类。

选择整治对策时，要根据漏水状况和环境条件等加以判断，合理组合选

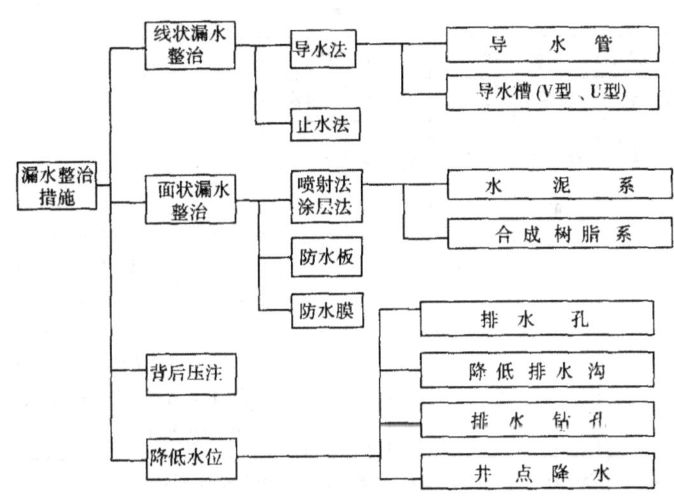

图 8-1　整治漏水对策的分类

定合适的对策。表 8-1 反映的是以漏水发生状态(线状、面状)、漏水量、净空断面的富余量等作为选定因素选择整治对策的基本观点。表 8-1 适用于没有冻结的情况,发生冻结时按“冻害对策”规定处理。

漏水整治对策选择表(漏水无冻结时)　　表 8-1

因素	漏水状态	线状				面状				记事
	漏水量	少量		多量		少量		多量		
	净空富余	有	无	有	无	有	无	有	无	
工法										
线状整治	导水管	○		○		△		△		适用于漏水沿衬砌施工缝线状渗漏的情况
	导水槽		○	○	○		○		○	有 V 形、U 型两种;V 型槽设在拱部时,要注意不使埋入材料剥离
	止水法	△	△							只适用于漏水量为滴水程度、漏水范围有限时
面状整治	喷射法					○		○		挂网锚栓及导水等同时采用
	涂膜法					△	△			适用于漏水轻微时
	防水板							○		
	防水膜					○		○		适用于内衬、改建时

续上表

因 素	漏水状态	线 状				面 状				记 事
	漏水量	少量		多量		少量		多量		
工 法	净空富余	有	无	有	无	有	无	有	无	
背后压注法				○	○			○	○	埋深小、地表水和雨水以隧道背后空洞为流路、直接向隧道内流入时
降低水位法				○	○			○	○	地下水位高,在列车、漏水反复荷载作用下,使土砂排出,隧道结构有问题时

注:①漏水状态:线状:漏水呈线状分布时;面状:漏水呈面状分布时;

②漏水量:少量:渗透、滴水程度;多量:溢出、喷出状态;

③净空富余:有:对采取的对策有富余;无:对采取的对策无富余;

④○:适用;△:有条件适用。

要点一 防止线状漏水的对策

防止线状漏水的对策,依对漏水处理的方法有导水法和止水法两种。

1.导水法

导水法是把衬砌施工缝及开裂处的漏水,沿漏水地点成线状的,通过不闭塞的水路导入排水沟的方法。这是通常所采用的方法。导水法有在衬砌表面装平行管的导水法(导水管)和在漏水处修V型或U型沟槽,而后用管材或合成橡胶等整形材料进行导水的方法(沟槽法)。下面对此加以简要说明。

(1)导水管

导水管适用于漏水量较大、漏水沿施工缝及开裂处呈直线状发生、净空断面有富余时,把衬砌表面发生的漏水用管引入排水沟,是线状漏水处理最常用的方法,如图8-2所示。

设计、施工中应注意以下事项:

①材料及质量

·管的材料要耐久(聚氟乙烯树脂、合成橡胶系列材料使用较多)。

·发现有冻结时,应研究采用有隔热性的材料(图8-2b)。但冻结显著

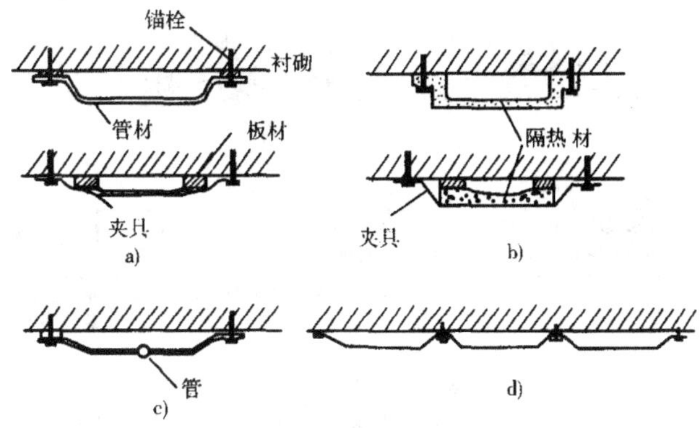

图 8-2　各种导水管方法

a)一般构造;b)使用隔热材;c)管内可清扫者;d)管并列呈面状导水者

处,本法不适用。

②断面形状

·管的选定要考虑漏水量、漏水地点、净空富余值等,以选定合适的断面形状。

·通水断面小时,因流水中细砂沉淀及游离石灰等的生成易堵塞,故断面应有一定富余。最近,由于接合体及管可以拆卸,能够在管中清扫(参见图 8-2c)。

·漏水范围大时,可并列设置比较宽的桶管(图 8-2d),是很有效的。但此时应在效果、经济性等方面与面状漏水对策加以比较。

③施工

·不因列车振动和风压等而剥离,应与衬确牢固附着。

·应适当引导到排水沟。

(2)沟槽法

沟槽法适用于漏水量一般比较多、漏水沿施工缝和开裂处呈线状发生时,但主要用于净空断面无富余时。

在漏水处挖 V 型或 U 型沟槽,而后用管材或合成橡胶等材料进行导水,有多种方法。沟槽法示例见图 8-3。

这些方法的内容大致如下所述:

①V 型沟槽:作为导水法过去采取较多,与 U 型沟槽相比,施工容易,但有以下缺点:

·防水砂浆的附着力弱时易剥离;

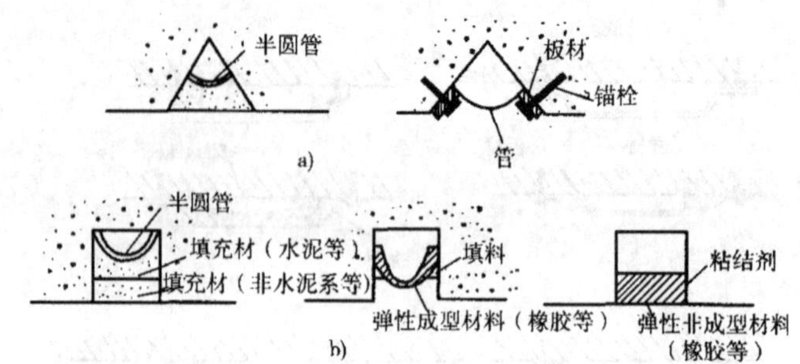

图 8-3 各种沟槽法

a)V 型槽；b)U 型槽

·因导水断面小，易堵塞。

因此，如图 8-3a)所示，要在锚栓固定上下些工夫。

②U 型沟槽：在衬砌上切一矩形槽，在该断面内用下述方法处理形成导水槽：

·埋大半圈管，其四周用水泥或树脂等材料充填的方法；

·插入整形材料(多为橡胶)并胶接的方法；

·用桶状材料加以覆盖的方法。

U 型槽与 V 型槽相比，施工麻烦，不易脱落，同时导水面积也大，因此采用实例较多。

设计、施工中应注意以下事项：

①材料及质量

·在用非定型材料填充的方法中，要选用有速凝性、防水性、附着性、膨胀性及耐久性的充填材料；此外，一般树脂类材料在有水分的地方附着性极差，故以用无机质材料为宜。

·采用整形材料时，要使用具有耐久性的材料。

·发生冻结时，要研究采用有隔热性材料的必要性；但冻结严重时，要按冻害对策中的"U 型槽隔热法"来处理。

②断面形状

·视漏水量、漏水地点、施工性等选取合适的断面形状；

·通水断面小时，易被流水中沉淀的细砂、游离石灰的生成物所堵塞，故断面要有些富余。

③施工

·衬砌上的沟槽要仔细施工，形成适宜的形状。

·与既有衬砌的附着性对耐久性影响很大，故要对接着面进行仔细地清扫；同时要仔细地填充覆盖材料。

·采用整形材料时，要特别注意与衬砌的附着，不能因列车的振动和风压而脱离。

·应向既有排水设施导水。

2. 止水法

(1)用止水材料填充沟槽的方法

用止水材料填充沟槽的方法适用于漏水程度轻微(滴水)、沿着漏水发生的施工缝和开裂等线状止水而无有害影响时。

这是在漏水处挖沟槽，而后在沟槽处用速凝砂浆等非定型材料进行充填的方法(图 8-4)。

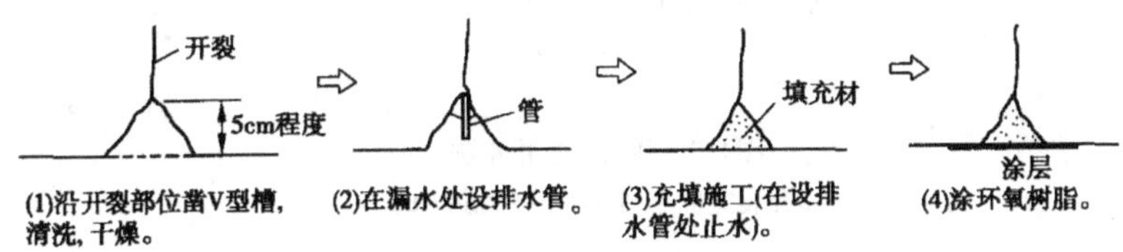

图 8-4　V 形沟槽止水法

采用此法可止住该处的漏水，但水多会转向从附近的薄弱处漏出；其次，随着时间的推移，止水材料易剥离而降低止水效果。所以，此法只限于在漏水量为滴水程度、漏水范围有限的情况下采用。

(2)开裂注浆止水法

开裂注浆止水法适用于漏水程度轻微(滴水程度)、沿漏水发生的开裂呈线状止水而无不良影响时。

采用注浆方法，要达到完全止水的目的是困难的。所以，与用止水材料填充沟槽的方法一样，该法原则上只适用于漏水量在滴水程度以下、漏水范围有限的情况。开裂注浆止水法的概况示于图 8-5。

其应用例如图 8-6 所示，先在开裂处安一扁平的箱型金属模具，而后向模具内压浆。采用此法可增加开裂处衬砌的承载力，但其经济性、耐久性等尚待进一步研究。

3. 防止线状漏水对策事例

(1)导水管法

①峰山隧道(图 8-7)：长度 306m，双线，混凝土衬砌。

②石打隧道(图 8-8):长度 3109m,1977 年 3 月竣工,新干线断面,混凝土衬砌。

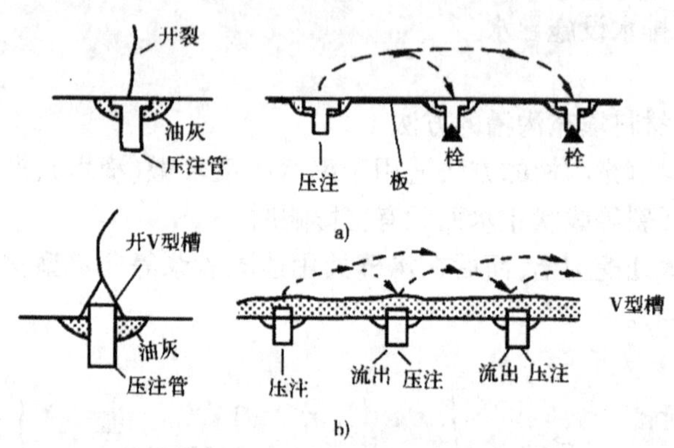

图 8-5 开裂压浆止水法

a)开裂宽度小时;b)开裂宽度大时

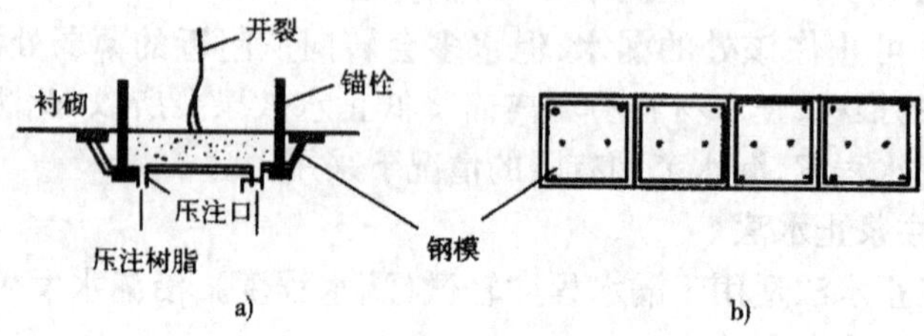

图 8-6 向金属模内压注树脂(低压)的方法

a)立面;b)平面

③将门隧道(图 8-9):长度 423m,1944 年竣工,单线,混凝土衬砌。

④生用隧道(图 8-10):长度 10359m,1976 年竣工,双线,混凝土衬砌。

(2)沟槽法

①新锥冰隧道(图 8-11):长度 896m,1977 年竣工,单线,混凝土衬砌。

②大平山隧道(图 8-12):长度 1535m,1970 年 12 月竣工,双线,混凝土衬砌。

③福岛隧道(图 8-13):长度 11705m,新干线断面混凝土衬砌。

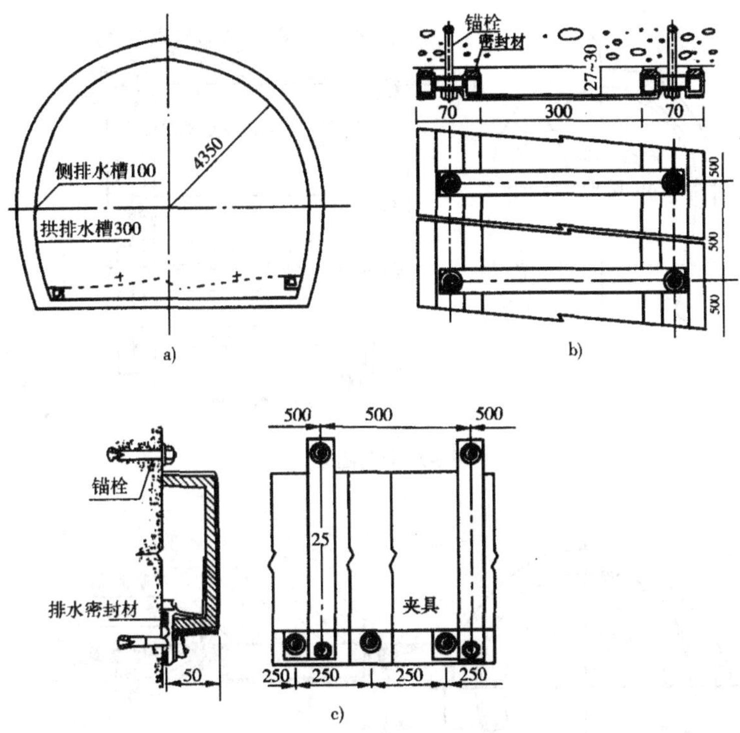

图 8-7　峰山隧道(单位:mm)

a)洞身;b)拱排水槽;c)边墙排水槽

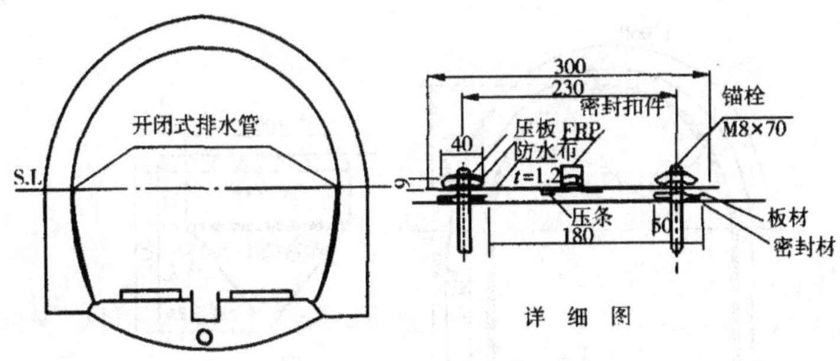

图 8-8　石打隧道(单位:mm)

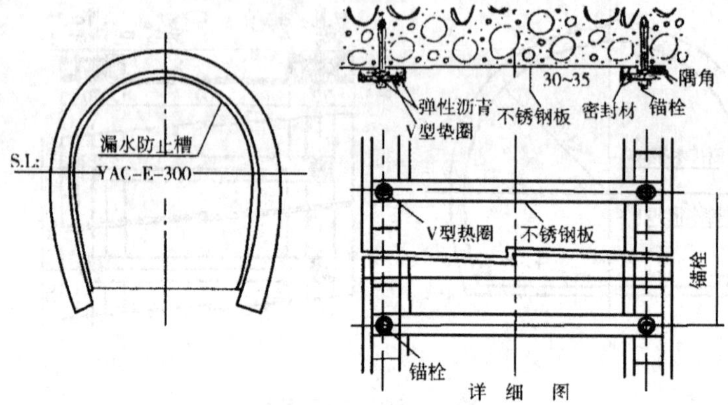

图 8-9　将门隧道

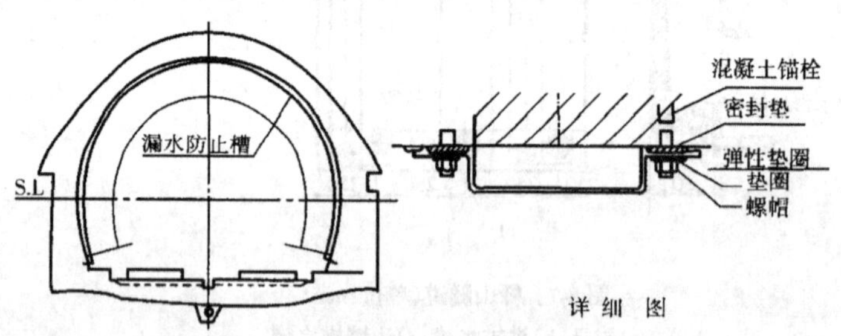

图 8-10　生用隧道

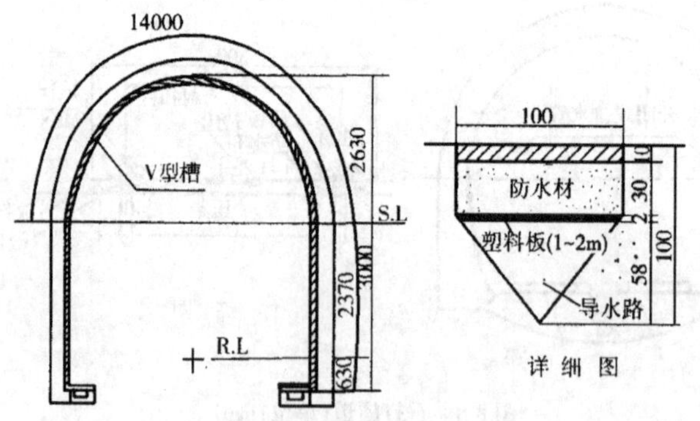

图 8-11　新锥冰隧道(单位:mm)

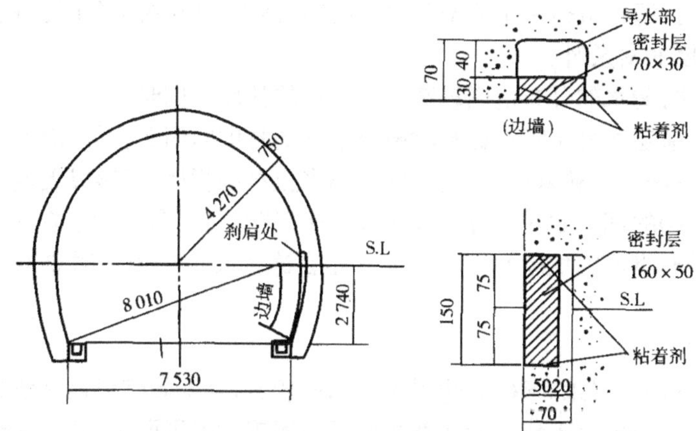

图 8-12　大平山隧道(单位:mm)

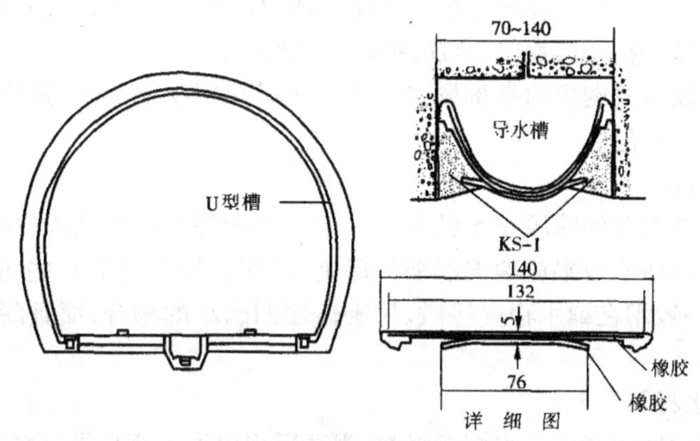

图 8-13　福岛隧道(单位:mm)

要点二　防止面状漏水的对策

防止面状漏水对策,按施工方法包括喷射法、涂层法、防水板及防水薄膜等方法。下面按此分类加以说明。

1.喷射法、涂层法

喷射法和涂层法适用于大范围发生漏水,但漏水量小,止水无有害影响时,或与其他有效整治漏水对策并用时。

此外,喷射法、涂层法各自的适用条件如下:

①喷射法:漏水可达一定范围并防止因漏水使衬砌材料劣化时,净空断面有喷射厚度的富余时。

②涂层法:漏水的分布范围较窄并与开裂的补修并用时。

喷射法、涂层法是用防水材料喷射或涂抹到衬砌内面上,形成面状防水层而止水的方法。一般来说,与其他面状漏水止水法相比,能形成无接缝的防水层,对衬砌的凹凸也易于适应。但是,保持防水层厚度均匀是很困难的,施工不善时剥离的危险性很大。尤其是在冻害发生处使用时要格外注意。

(1)喷射法

喷射法在地压对策、衬砌劣化对策中采用较多,是变异隧道最有效的整治措施之一。但是,过去作为防止漏水对策而实施的喷射砂浆,有一部分出现一些问题,例如:

·基底处理不好,促使衬砌表面风化(从既有衬砌与喷浆层隙间漏水);

·施工时附着不够(钢筋、金属网设计不合适)。

由此造成砂浆剥离的事例屡屡发生。所以采用喷射法时,充分考虑以上各点是很重要的。

(2)涂层法

涂层法是用薄的涂膜止水的方法。但对于砖等凹凸较大的衬砌面,为了确实地发挥防水效果应确保必要的厚度,这在经济上可能有些问题。所以,涂层法一般用在漏水程度轻微、衬砌表面凹凸小的场合,而且漏水范围比较小时。

(3)防水材料

最常用的防水材料是水泥系材料;视情况也可混入高分子材料和纤维。

设计、施工中应注意的事项:

(1)喷射法

喷射法因为是面状封闭水路的方法,故下述考虑是重要的:

·漏水量大时,如图8-14所示,视情况应预先加以适当导水,然后再进行施工;

·即使漏水量小,进行喷射止水后,改变水路及其他地方漏水的情况还是有的;因此,止水工作只能在漏水程度轻微时进行,原则上最好是先导水;

·为了与衬砌形成一体,要确实做好基底处理,适当配置钢、金属网。

(2)涂层法

为了与衬砌形成一体,确实做好基底处理,以防施工后的剥离、掉落。

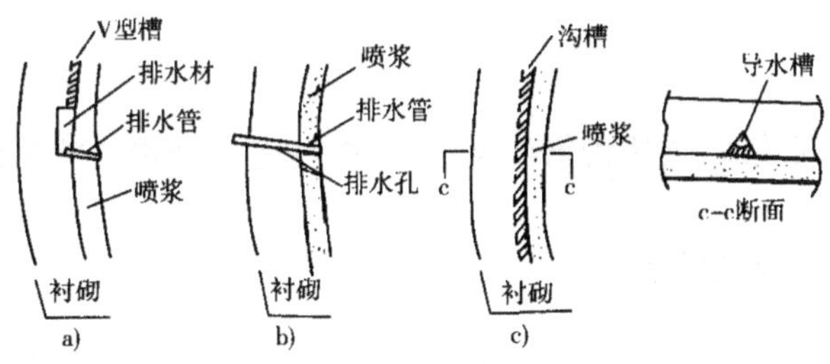

图 8-14　喷射法与其他方法并用例

2.防水板

防水板适用于漏水呈面状而且大量产生,净空断面有富余时。

防水板是由工厂预制的,把它张挂在衬砌表面,从板的背后进行面状导水。这种方法主要用于拱部的漏水。

此法,因用预制构件故施工简单,防水效果也好,作为防护板对防止剥落也是有效的。防水板有经过防锈处理的钢板等波形板、FRP、塑料板等,其例示见图 8-15。

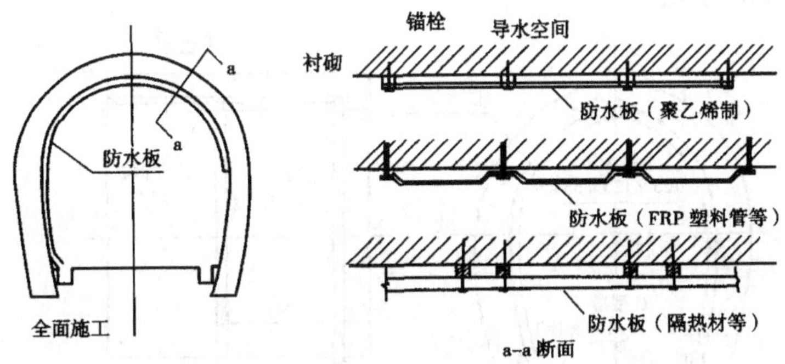

图 8-15　防水板例

设计、施工中应注意的事项:

(1)材料及质量

材料应对漏水腐蚀有耐久性,也要有耐热性、耐油性。

(2)断面形状

视漏水量、漏水地点、净空富余、施工性等选定适宜的断面形状。

(3)前处理

·在施工范围内有电缆等障碍时,要预先进行防护处理;

·要除去附着在施工面上的尘埃和劣化部分,必要时要进行断面恢复,除去凹凸处。

(4)施工

·向衬砌上安装时,要用钢筋确实固定住,注意不要造成施工后剥离和漏水;

·向既有排水设施导水。

3.防水薄膜

防水薄膜适用于漏水呈面状、漏水量比较少或与其他有效方法并用时。

防水薄膜止水方法是把工厂制造的防水薄膜贴附在衬砌表面上,形成面状防层,并从薄膜背后导水。

此法主要用于采用矿山法施工的山岭隧道,在喷混凝土和二次衬砌中形成防水层,隔断漏水。最近,在既有隧道的漏水整治中也开始采用,但因有不适应之处,故在材料的选定时要给以注意。

另外,此法一般不是以完全止水为目的的,而作为从薄膜背后进行导水的方法比较合适。防水薄膜单独使用的情况不多,如图 8-16 所示,多与内衬等对策共同采用。

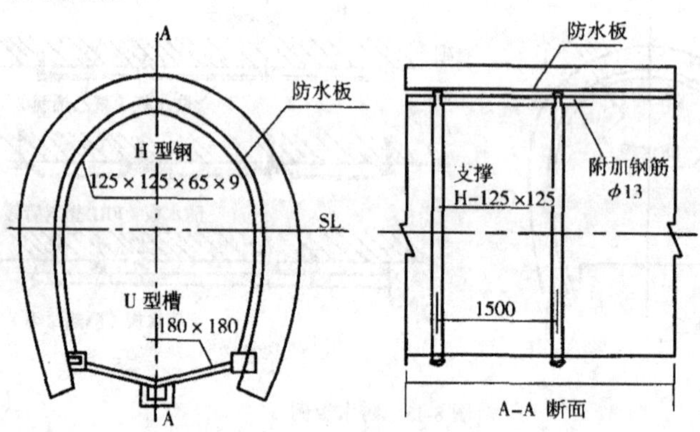

图 8-16 防水薄膜应用例(单位:mm)

设计、施工中的注意事项:

(1)材料及质量

防水薄膜的材质有很多,现在主要使用的有:

·聚氟乙烯(PVC);

·聚乙烯(PE);

·乙烯树脂(EVA)。

这些材料都是合成树脂类,都有热塑性,可以加热溶接。在现阶段,可在上述三类中选择。各种材料的特性如下所述：

·聚氯乙烯(PVC)：耐水性、耐碱性、耐酸性、溶着性、绝缘性都好，因有可塑性，质软，用途广；但长期使用时，可塑性可能退化，故应考虑使用条件、环境条件。

·聚乙烯(PE)：密度低，在低温下溶解，加工容易，但强度稍低。高密度聚苯乙烯较硬，加工较难。低密度、高密度聚乙烯，其耐药品性、耐寒性、绝缘性都很好，用途广。

·乙烯树脂(EVA)：因乙烯含量多，故弹性、柔软性、接合性、溶解性都很好，处理容易，故使用最多。

这些材料的品质规格列于表8-2。

防水板的质量规格 表8-2

试验项目 \ 试验方法	基准值		
	PVC	PE	EVA
相对密度	1.3±0.05	0.95±0.05	0.95±0.05
硬度	<98	<98	<98
抗拉强度(MPa)	20℃，<16	20℃，<16	20℃，<16
	-10℃，>20	-10℃，>35	-10℃，>30
延展度(%)	20℃，>280	20℃，>600	20℃，>600
	-10℃，>100	-10℃，>450	-10℃，>500
抗药品性(碱)	±1以下	±1以下	±1以下
质量变化率(%)			
抗热老化性	±1以内	±1以内	±1以内
质量变化率(%)			
脆化温度	-30℃以下	-30℃以下	-30℃以下

(2)分类

防水薄膜可按其形状、构成进行分类，见表8-3。用于补修时，一般采用有背面排水效果的波纹状薄膜，或是有背面缓冲材(不织布或织布)和积层的薄膜。

防水薄膜分类 表8-3

构成形态	构成要素	形状	备注
单体单层	防水板本体	平板	不适用于既有衬砌的补修
		带肋板	基底平整时(混凝土)使用，因有肋可起到排水效果和一些缓冲作用
复合积层	防水板本体+里面缓冲层	平板	预先在工厂加工好或分别铺设，两者皆可

(3)前处理

·在施工范围内有电缆等障碍时,要预先进行防护处理;

·要除去附着在衬砌上的尘埃和劣化部分,必要时进行断面恢复;其次,对突出都分要加以适当防护;

·漏水比滴水程度大时,视情况应与其他对策或排水材料并用(图8-17)。

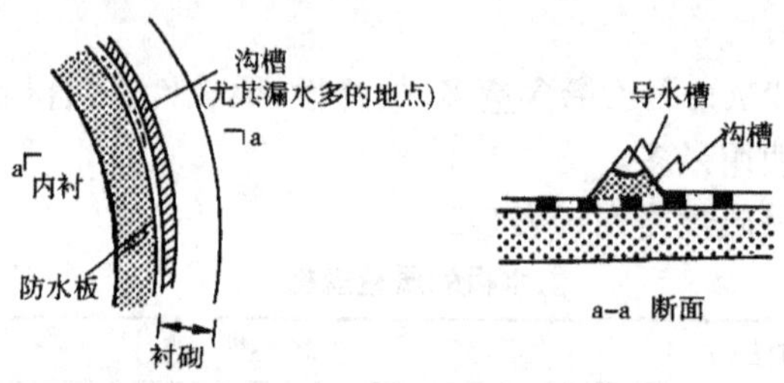

图 8-17 漏水处理例

(4)施工

·薄膜要与衬砌附着牢固,注意不要造成施工后漏水;

·薄膜的接合施工要安全、确实可靠;

·薄膜端都要处理,使排水通畅(图 8-18)。

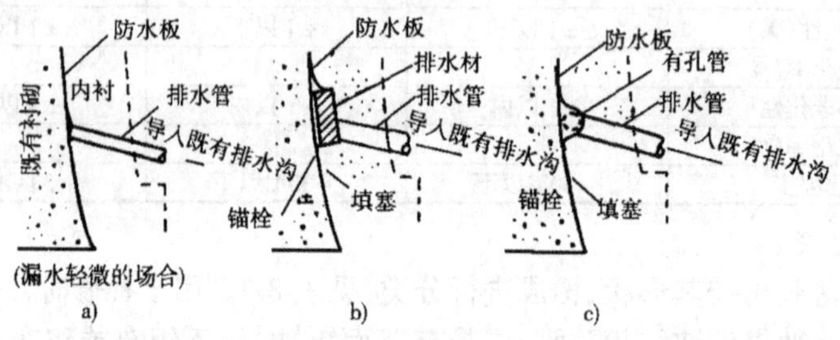

图 8-18 端部处理方法例

4.背后压注法

这里所说的“背后压注法”是指用压注方法充填衬砌背后、路基下、隧道周边围岩中的空隙、空洞的方法。

背后压注法适用于:

·拱部漏水显著、衬砌背后有空洞时;

·埋深小,隧道背后的空隙形成水路,雨水、地表水直接流入隧道内时。

背后压注法可从隧道内或地表向衬砌背后及路基下的空洞或围岩中压注水泥和水玻璃等,以防止漏水,强化衬砌,防止路基下沉等。

通常,背后压注法多是作为处理地压的对策。由于充填了衬砌背后的空隙,使衬砌与围岩密贴,使作用在衬砌上的土压均匀。

作为防止漏水对策的背后压注法的实施目的是:

·防止拱部漏水;

·防止漏水造成的土砂流入;

·防止雨水、地表水向隧道内流入。

采用背后压注法的实例示于图8-19。a)是用泡沫砂浆充填的例子。在此例中,压注完成后,为了防止地下水位的上升,在边墙上设了排水孔,一直到路基设了竖向导水设施。b)是在隧道上部地表坍陷、地表水大量流入隧道的异常漏水地段的整治例。衬砌背后空洞用泡沫砂浆充填,隧道周围地层则用水泥膨润土改善。

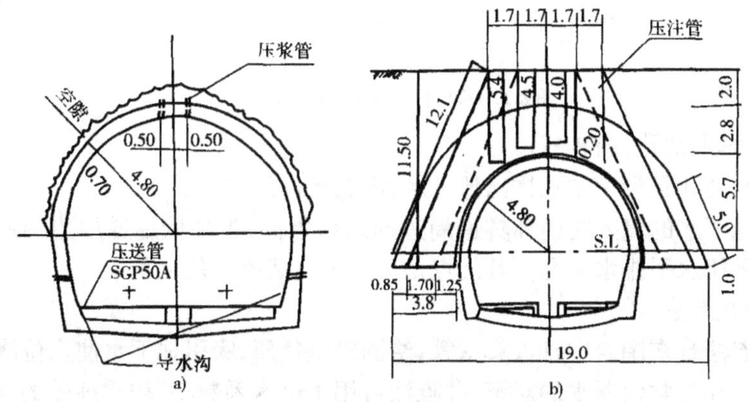

图8-19　压注法例

a)拱背后空隙压浆;b)从地表压浆

采用背后压注法,会使漏水地点向压注范围以外转移,而出现新的漏水地点,并产生冒泥等,所以要注意设排水孔以防止地下水位上升等。

5.降低水位法

降低水位法适用于漏水范围广,漏水量也大,地下水位高,因列车运行和漏水使土砂流失并在隧道结构上造成问题时。

降低水位法是把隧道施工基面附近的地下水位降低,防止漏水和土砂流入的方法。通常与设排水孔、深排水沟的方法相对应。因此,应研究水平排水钻孔和井点等方法。

(1)排水孔

漏水大、水位高的地段,可在边墙下部设排水孔,用过滤材料和排水管导水，以降低地下水位而防止漏水。

(2)降低排水沟

地下水位比底板、仰拱和地层的界面高，因列车运行的反复作用会使土砂流入时，可一边降低既有排水沟一边设置新的排水沟。

图 8-20 所示是在中央通道下所设的排水沟，同时向底板下压注。

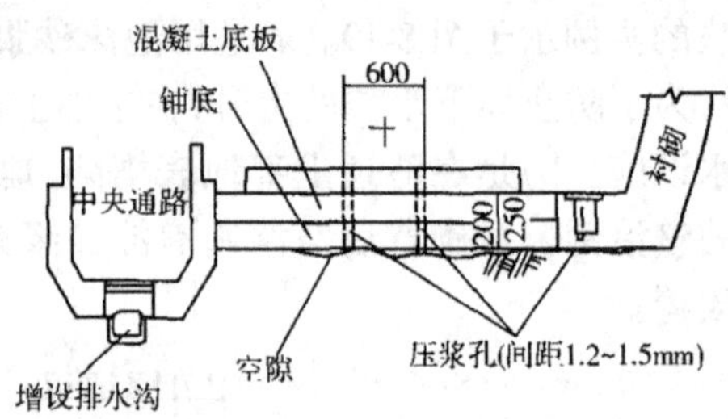

图 8-20 降低排水沟例(单位：mm)

(3)排水钻孔(图 8-21)

排水钻孔是利用钻孔排出地下水，降低水位的方法。

视地下水的流入路径和隧道周边的地形条件，为降低隧道周边的地下水位可采用水平排水钻孔。其优点是可排出自然流入的地下水。

(4)井点法

井点法是在围岩中打入集水管，给围岩以负压，吸引地下水使水位降低的方法。作为整治漏水的对策，井点法可用于透水系数小、均质细砂的地质条件(图 8-22)。

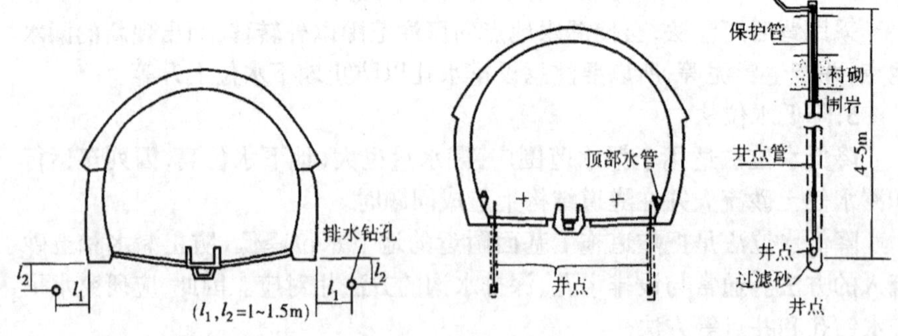

图 8-21 排水钻孔(模式图)　　图 8-22 井点法(模式图)

在设计、施工中应注意以下事项：

(1)排水孔

在排水孔处宜设过滤材料。不用过滤材料时反而会促使土砂向隧道内流入，这一点应注意。此外，过滤材料堵塞后，地下水位会恢复，要进行定期检查，必要时应更换。

(2)降低排水沟

降低排水沟时，要在充分调查地下水位、漏水量，流入土砂量、既有排水沟的状况等的基础上，决定位置、构造、断面尺寸等。

为降低排水沟，要破坏中央通道路面，而影响对侧压的抵抗能力，故必要时应用型钢等事先补强。此外，也要研究施工时的列车防护对策。

(3)排水钻孔、井点

采用排水钻孔、井点时，应调查隧道周围的地形、地质条件等，以编制相应计划。

排水钻孔越靠近边墙底脚，排水效果越好。但在边墙下方施工，可能会下沉而产生不良影响，故最好离开隧道断面一些距离。离开的距离，要根据钻孔长度、地质条件等控制的施工精度确定。

6. 防止面状漏水对策事例

(1)防水板法

①滨田2号隧道(图8-23)：长度520m，1960年竣工，单线、混凝土衬砌。

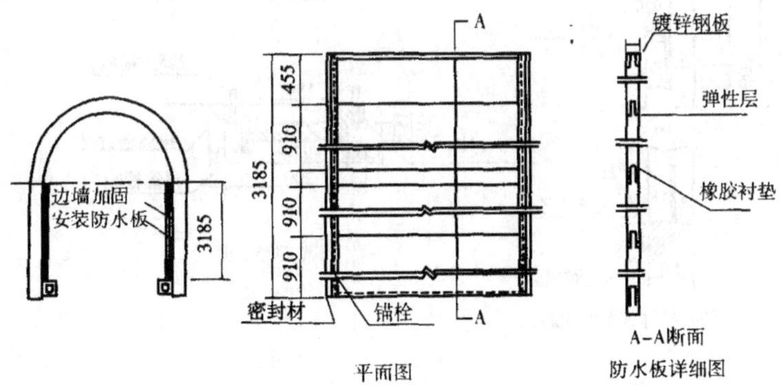

图8-23　滨田2号隧道(单位：mm)

②大日向1号隧道(图8-24)：长度467m，1967年竣工，单线，混凝土衬砌。

③平尾隧道(图8-25)：长度207m，1944年竣工，单线，混凝土衬砌。

④凡山隧道(图8-26)：长度240m，1931年竣工，单线，混凝土衬砌。

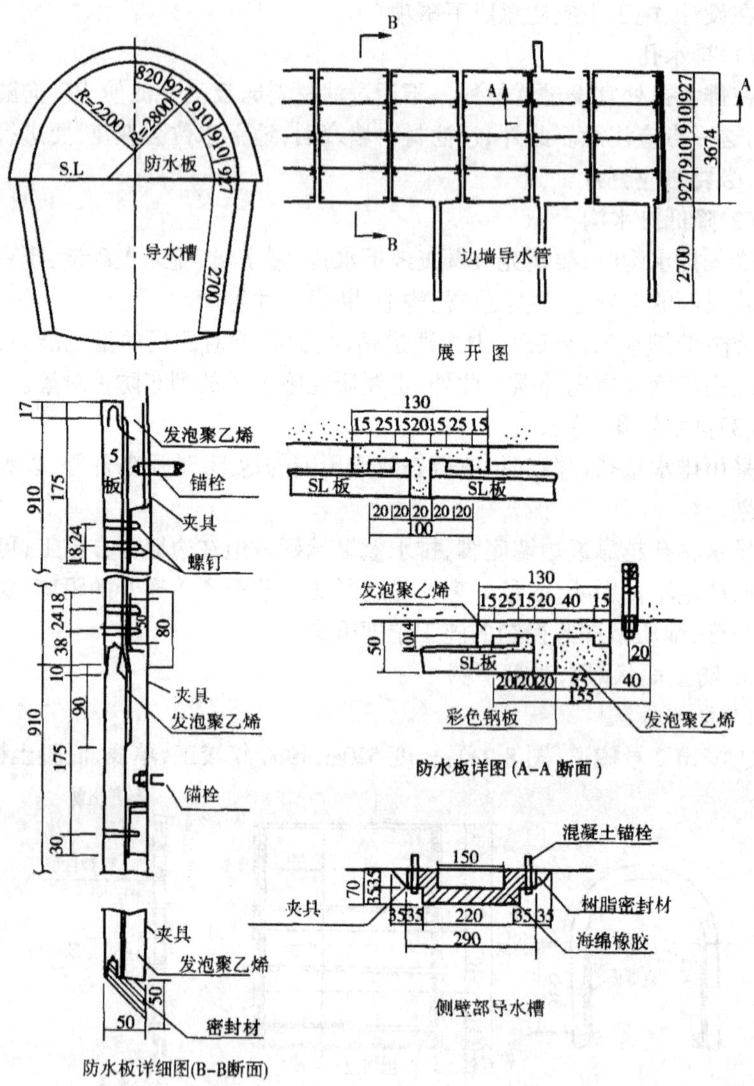

图 8-24 大日向 1 号隧道(单位:mm)

⑤雄山隧道(图 8-27):长度 1551m,1930 年竣工,双线,混凝土衬砌。

⑥关门隧道(图 8-28):长度 3604m,1944 年 8 月竣工,单线,混凝土衬砌。

(2)喷射法

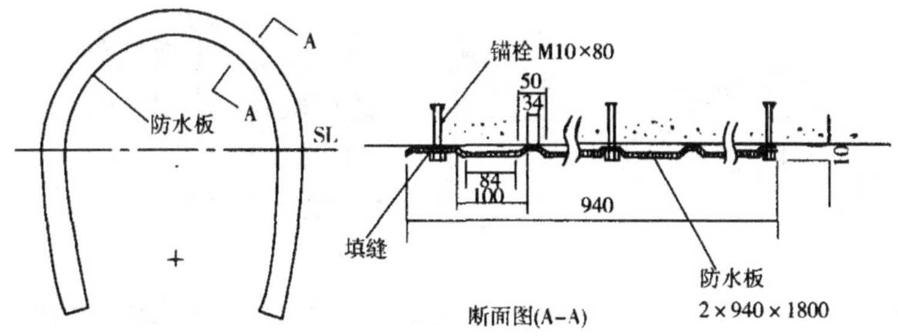

图 8-25 平尾隧道(单位:mm)

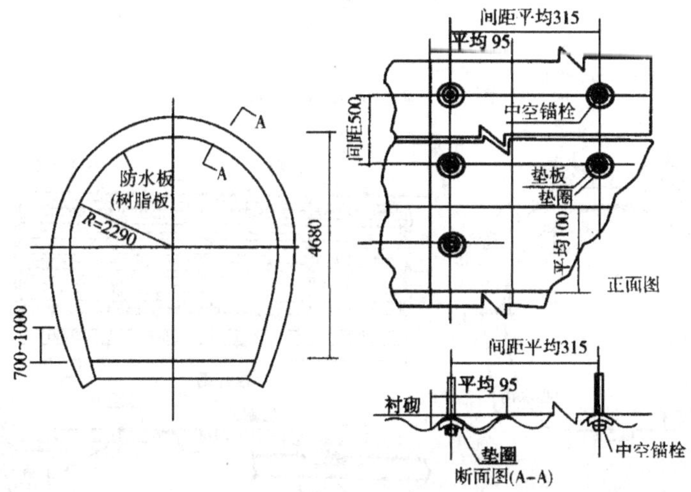

图 8-26 凡山隧道(单位:mm)

①八幡山隧道(图 8-29):长度 168m,1948 年竣工,单线,混凝土衬砌。

②穴山隧道(图 8-30):长度 486m,1903 年竣工,单线,砖衬砌。

③上小川隧道(图 8-31):长度 259m,单线,砖拱石墙衬砌。

(3)防水薄膜 + 内衬

①十二河原隧道(图 8-32):长度 181m,1909 年竣工,单线,砖拱石墙衬砌。

②清水隧道(图 8-33):长度 9702m,1931 年竣工,单线,混凝土砌块拱,混凝土墙。

③高置场山隧道(图 8-34):长度 242m,1933 年竣工,单线,混凝土砌块拱,混凝土墙。

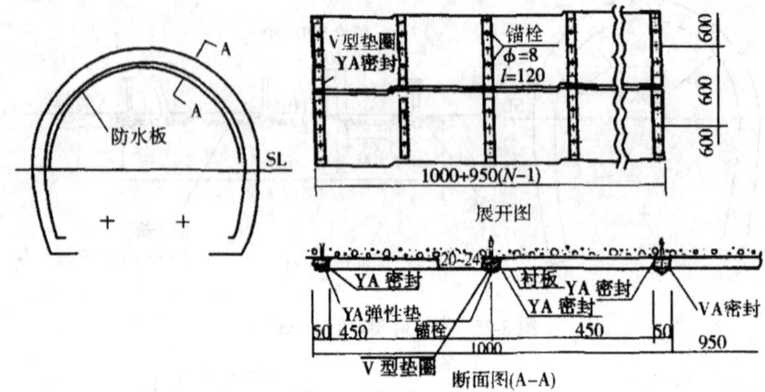

图 8-27 雄山隧道(单位:mm)

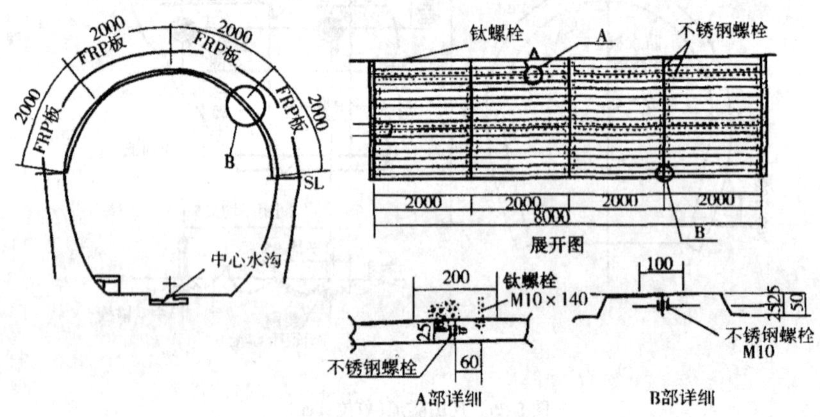

图 8-28 关门隧道(单位:mm)

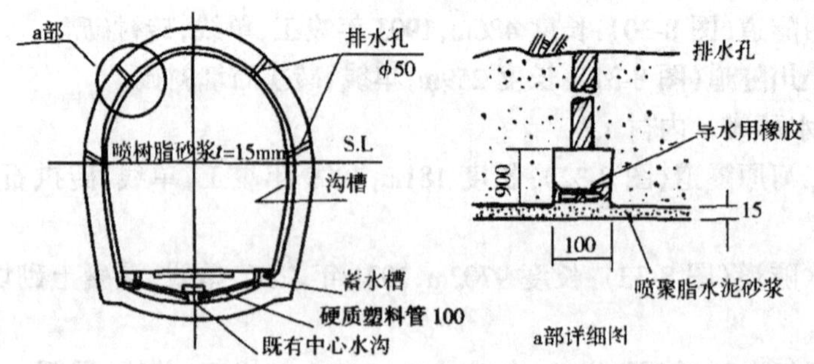

图 8-29 八幡山隧道(单位:mm)

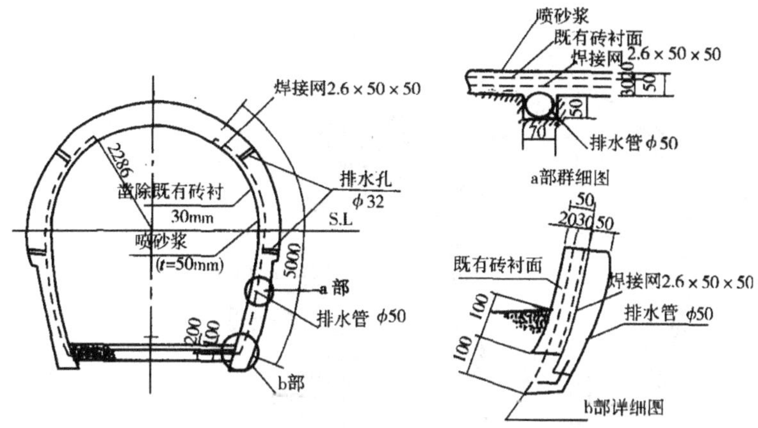

图 8-30　穴山隧道(单位:mm)

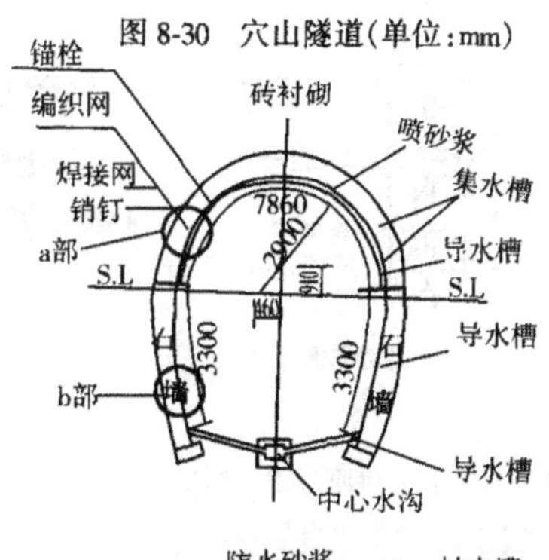

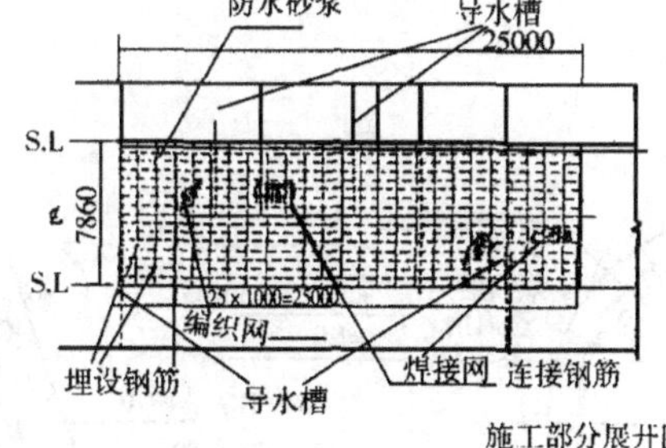

施工部分展开图

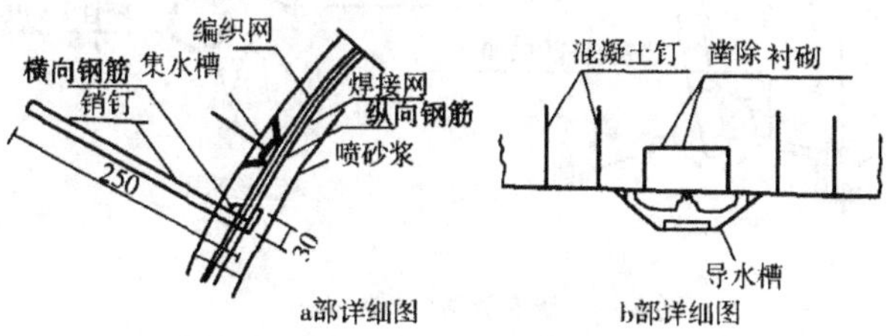

a部详细图　b部详细图

图 8-31　小上川隧道(单位:mm)

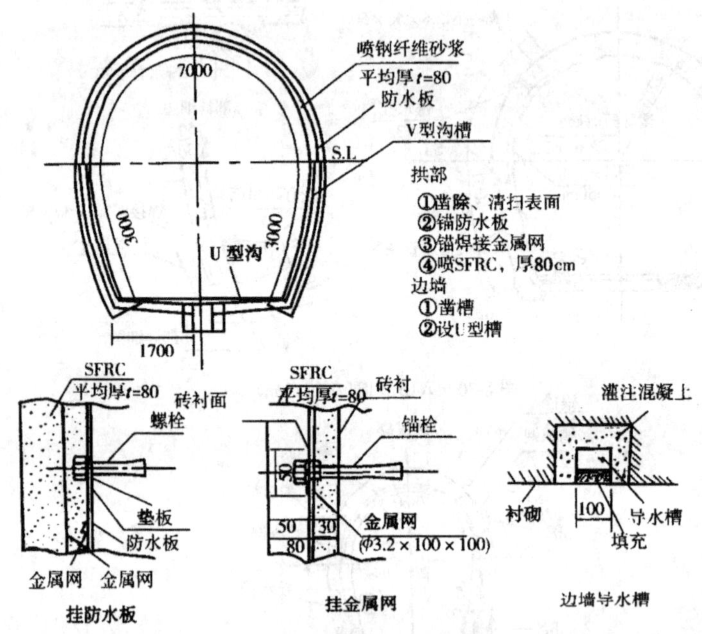

图 8-32 十二河原隧道(单位:mm)

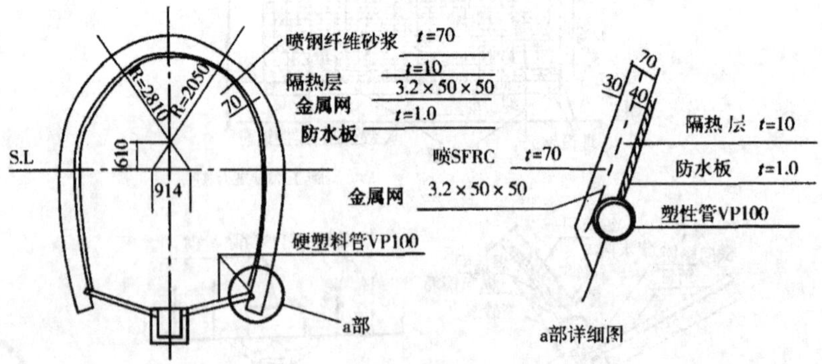

图 8-33 清水隧道(单位:mm)

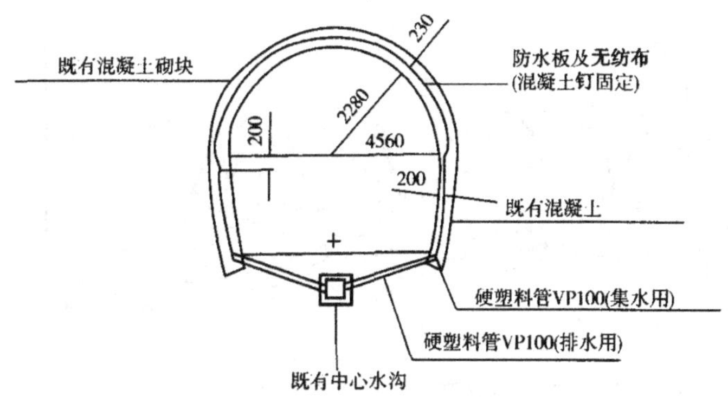

图 8-34　高置场山隧道(单位:mm)

7. 综合整治事例

事例一　下崎隧道

(1)隧道概况(表 8-4)

隧道概况　表 8-4

隧道名称	下崎隧道	隧道长度	3065m
衬砌形式	新干线断面	开始营运时间	1977 年 3 月
构造	衬砌厚度 50cm		
开挖方法			
地形、地质	·横贯标高 400m 的丘陵地,最大埋深 75m; ·穿越新中三纪灰岩,古生代片麻岩、砾岩(图 8-35)		
维修经历			

(2)变异状况(表 8-5)

变异现象和调查项目　表 8-5

变异现象	1986 年 8 月 5 日,伴随 10 号台风的暴雨,在 K185 + 950m 附近(埋深约 5m),约 30m 一段,伴有土砂的涌水喷出;同时,该处上部发生地表坍陷(图 8-36)一直到涌水量减少都在控制列车运行。 ·洞内状况:从拱部施工缝向电线漏水,拱及边墙施工缝处的导水设施被破坏,随着土砂喷出。 ·地表状况:如图 8-36 所示,有三处坍陷(直径 1 ~ 3.5m,深 1 ~ 3.5m)
调查项目	·隧道背后空洞调查:从洞内钻孔,用钻孔摄影仪观察(空洞深度,在拱顶处约 20 ~ 30cm,其他处 10 ~ 30cm); ·凿除剥肩处; ·从地表进行空洞调查:根据动力贯入试验,给出空洞分布

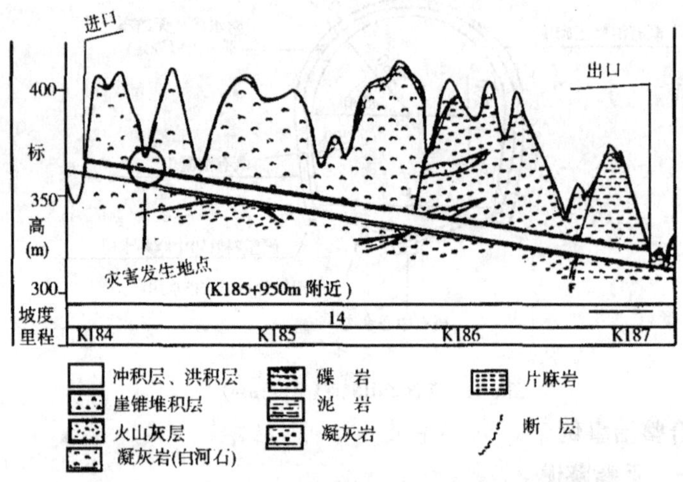

图 8-35 地质纵剖面图

(3)变异原因推定

·因暴雨使积存雨水侵入围岩内,使地下水位大幅度上升;

·坍陷处的围岩多已风化,因渗透水促使其劣化发展,此次暴雨使之坍陷。

(4)对策

采取的整治对策有:

·回填压浆(泡沫砂浆);

·补修刹肩;

·边墙上设排水及沟槽导水;

·从地表压注药液补强(局部地段)。

事例二 白板隧道

(1)隧道概况(表 8-6)

隧道概况 表 8-6

隧道名称	白板隧道	隧道长度	2965m
衬砌形式	新干线断面	开始营运时间	1977 年 5 月
构造	混凝土,厚度 50cm 或 70cm,下导坑超前上半断面法,有底板或拱,板式轨道		
开挖方法			
地形、地质	·丘陵地形,表层为护姆堆积; ·隧道穿越新第三纪石英安山岩质凝灰岩		
维修经历			

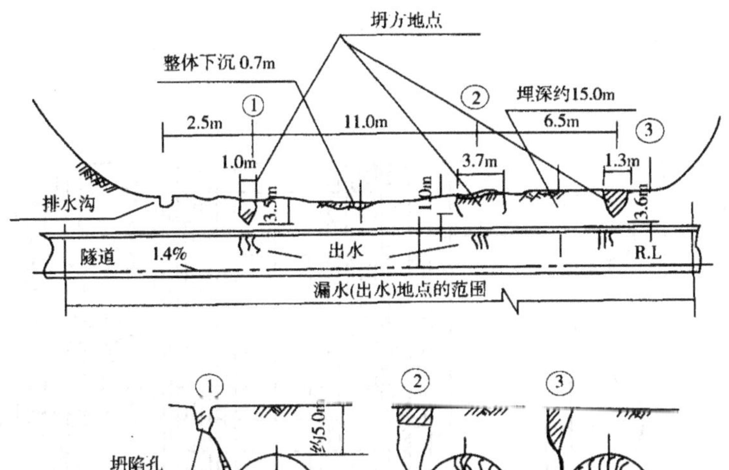

图 8-36　漏水、砂砾的流入状况

(2)变异状况(表 8-7、图 8-37)

变异现象和调查项目　　表 8-7

变异现象	·轨道异常造成列车摇晃(1983 年 3～4 月间轨道变异高差为 15mm); ·边沟土砂堆积; ·边沟底板破坏,路基下有空洞
调查项目	·现场透水试验; ·流水量测定; ·堆积土砂量测定,堆积状况调查; ·路基下空洞调查

(3)变异原因推定

因列车运行的反复荷载,使路基下围岩的孔隙水压上升、有效应力降低,而造成流动化、液化。

(4)对策

①应急对策

·向路基下压注水泥类材料;

·修复侧沟破损严重处。

②永久对策

出口
入口
坡度(‰)
里程
仰拱
下行线侧翻浆冒泥状况
变异
翻浆冒泥
轨道变异
下行线
上行线
上行线侧翻浆冒泥状况
记事
7
3
2
9 174 1 2 3 4 5 6 7 8 9 175 1 2 3 4 5 6 7 8 9 176 1 2 3 4 5 6 7
200
上行线
紧急工事
40130
上行线
紧急工事
20
下行线
紧急工事
紧急工事
高程 侧沟底破坏
1 小于1mm
2 1~3mm
3 3~5mm
4 5~10mm
5 大于10mm
变异状况
高程 涌出物高度
1 1~2cm
2 3~5cm
3 5~10cm
4 10~15cm
5 大于15cm
翻浆冒泥状况
涌出物的高度

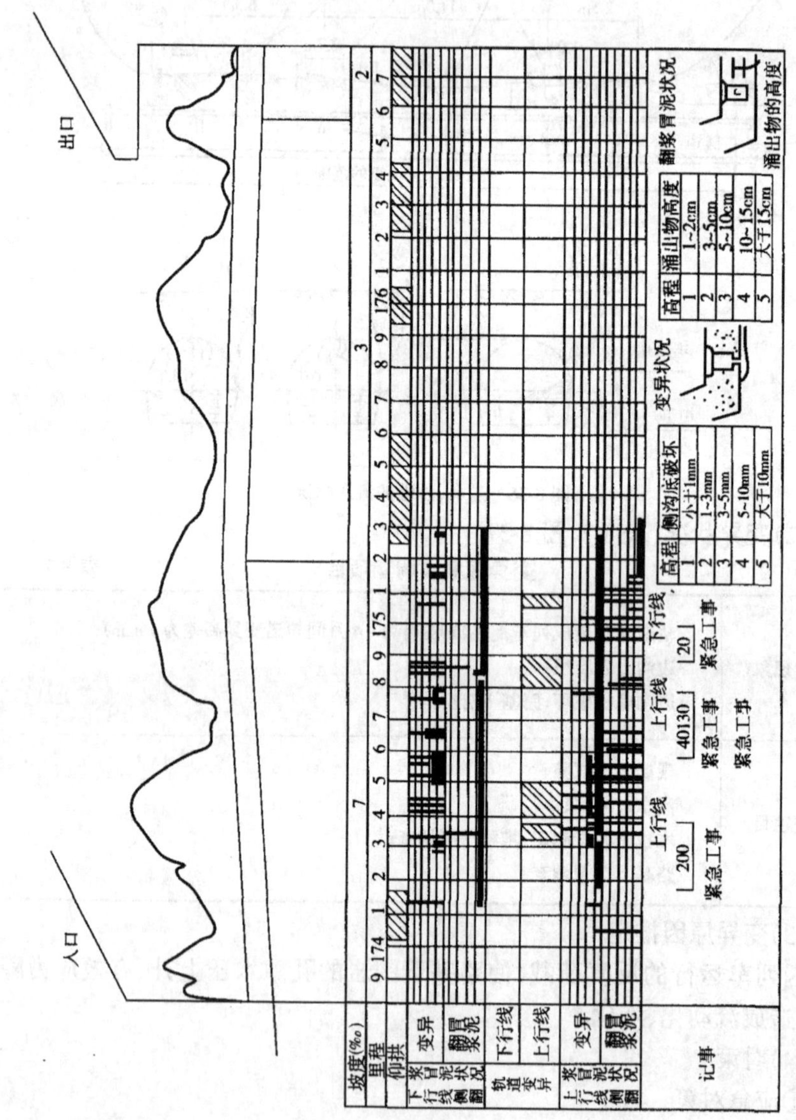

图 8-37 变异状况

·新设中心水沟(图 8-38);

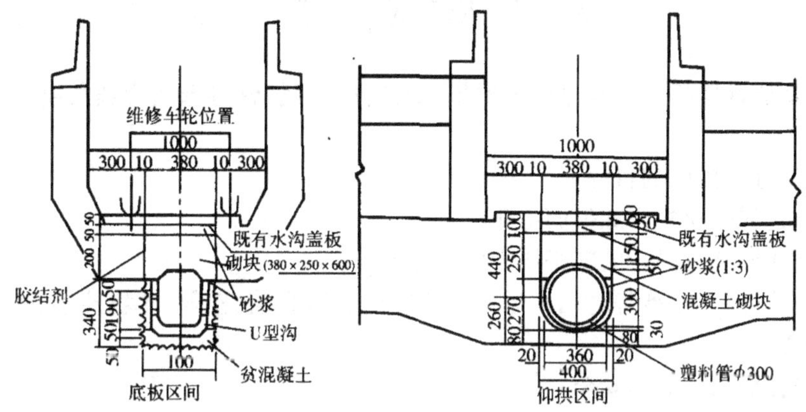

图 8-38　中心水沟(单位:mm)

·向路基上压浆(图 8-39);

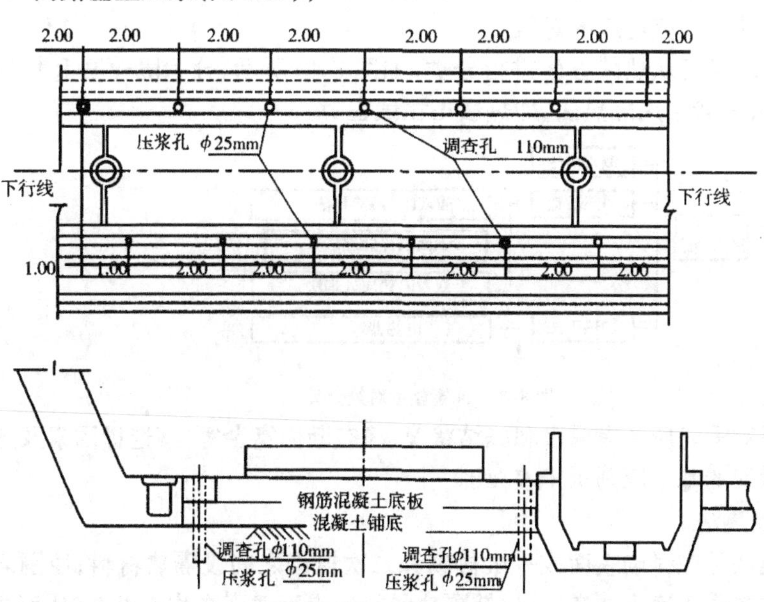

图 8-39　路基压浆详图(单位:m)

·改善边沟混凝土;

·在边墙上设排水孔。

要点三　冻害变异对策

视隧道环境条件并考虑对策效果、耐久性及经济性等选定合适的整治对策。

整治冻害措施的目的：

·防止衬砌材料因冻融而劣化；

·防止因背后围岩的冻胀压力使隧道变异；

·防止冰柱、结冰等对列车运行和旅客的有害影响(侵限、冰块掉落、列车空转等)；

·确保洞内作业的安全；

·减轻清理冰柱等补修作业量；

·同时，也可起到冻结时防止漏水对策的作用。

在采取整治冻害对策时，要进行充分的调查，在判定健全度的基础上，采取与上述目的相适应的对策。

冻害对策可从热能方面进行分类，如图 8-40 所示，分为隔热法和加热法。目前，一般采用隔热法，加热法正在试验中。

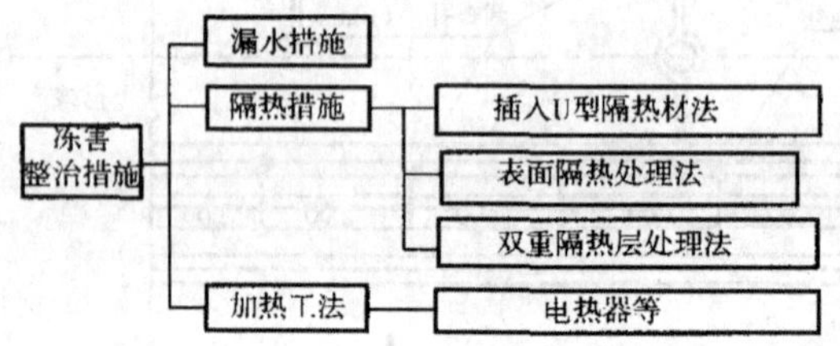

图 8-40　冻害整治对策分类

选择对策时应考虑漏水和冻结状况、净空断面富余等，其选择因素及选择整治对策的基本原则示于表 8-8。

1. 隔热法

隔热法是在衬砌表面或一次衬砌和二次衬砌之间设隔热材料，使围岩的热量在冬季不逸出隧道，并保持隔热材料的表面温度在冰点以上，从而防止冻害的发生。作为既有隧道的冻害对策有以下几种：

①U 型沟槽插入隔热材料；

②表面隔热处理；

③双层衬砌隔热处理。

下面按顺序说明这些方法。

冻害整治对策选择表　　表 8-8

因　素	漏水冻结状态	线　状		面　状		备　注
	净空富余	有	无	有	无	
工法						
隔热工法	U 型隔热材	○	○			寒冷程度小时有效
	表层隔热处理	○		○		
	双重隔热层			○	○	需加强衬砌时，与改建并用
加热工法		○				寒冷程度大，局部漏水时要有电源

注：①漏水冻结状态：线状：冻结呈线状分布时；面状：冻结呈面状分布时；
②净空富余：有：施设隔热材有富余；无：施设隔热材无富余。

(1)U 型沟槽法

U 型沟槽法适用于发生线状漏水、冻害时；一般说，适用于寒冷程度较小的情况。

U 型沟槽法是在接缝、开裂等漏水、冻结处挖 U 型沟槽，插入隔热材料，或张挂在衬砌表面，防止冻结，形成线状导水孔道。采用此法，在考虑冻结深度和宽度后，即使在寒冷地区也只能限于冻结程度比较轻微的情况。图 8-41 表示各种 U 型沟槽法示例。

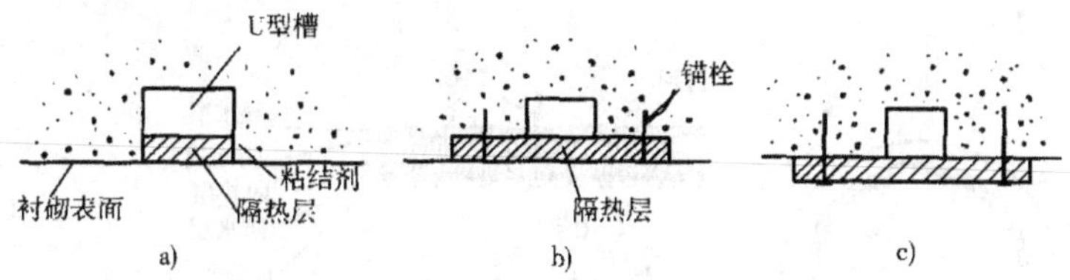

图 8-41　U 型沟槽法示例

a)轻微冻结时；b)净空断面无富余时；c)净空断面有富余时

在线状导水法中，该法是具有一定隔热性的方法；但采用时，要充分研究其效果、耐久性等。

(2)表面隔热处理法

发生线状漏水、冻结，净空断面有富余时，可采用表面隔热处理法。此法是在衬砌表面设隔热材料的方法，如图 8-42 所示。此法在既有隧道冻害整治中是最一般的方法。

表面隔热处理法的一般构成是，从衬砌表面侧起分为防止漏水的导水层、隔热层及防止火灾的防火层等三层。构成隔热层的隔热材料多采用泡沫聚氯乙烯和泡沫聚氯苯烯、泡沫尿烷等。

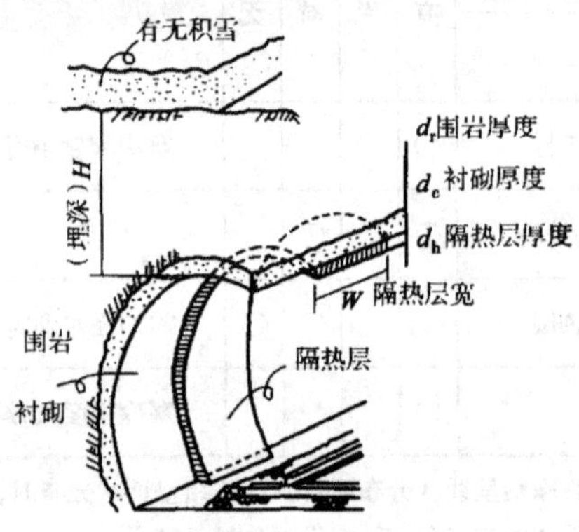

图 8-42 表面隔热处理法

在开发初期，此法是在工地把隔热材料直接喷射到衬砌表面上；但在最近，一般都是在工厂把隔热材料喷射到防水板上做成隔热板，并考虑导水层。即使在这种情况下，隔热板的搭接处和端部也要在工地喷射隔热材料形成所需壳体，以大幅度地提高作业的效率和安全。隔热材料表面的防火层可以预先喷射在隔热板上，也可在工地装好隔热板后再喷射。

一些施工实例示于图 8-43。在选择方法时，要充分考虑安全、经济、施工性等。

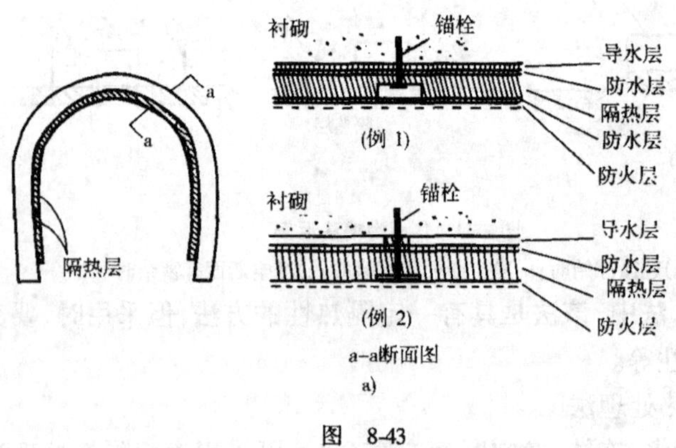

图 8-43

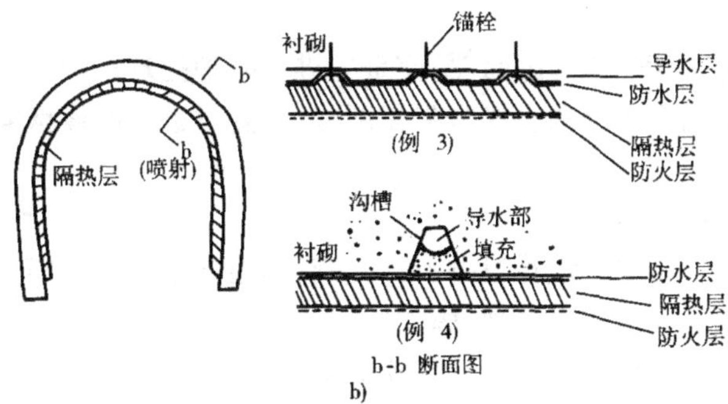

图 8-43　表面隔热处理方法例

a)隔热层安设方法；b)断面图

设计、施工中的注意事项：

①对策范围：一般在没有发现因冻胀力而产生的变异时，可只把发生冰柱、结冰的范围内作为对策范围。

但是，在同时发生因冻胀力和衬砌材料冻害引起的变异时，要推定冰柱的发生范围。其推定方法有基于实态调查的统计方法和理论方法。

②隔热材料的材质：隔热材料要选定对隔热效果、火灾等有安全性的材料(泡沫聚氯乙烯等)。

③隔热层的设计：设计中基本上是决定隔热层厚度、长度等，其方法等可参考有关文献，此处省略。

此外还应注意：

·埋深小和地表有积雪时，要研究来自地表的影响；

·隧道纵向的设置范围，要注意在端部设不发生冻结的导水层，一直到排水沟处(图 8-44)。

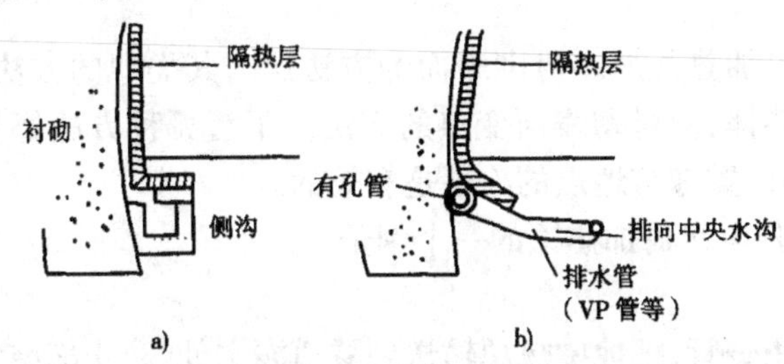

图 8-44　隧道纵向的设置范围(端部处理)例

a)排向侧沟情况；b)排向中央水沟情况

④导水层：隔热材料背面的导水层，视漏水状况应有合适的构造。

⑤前处理：

·在施工范围内有电缆等障碍时，应事先进行防护处理；

·除去附着在施工面上的尘埃和劣化部分，必要时进行断面恢复。

⑥施工：

·贴附隔热板；

·隔热板用锚栓切实固定在衬砌上，安设后不因列车风压等脱离；

·隔热板的搭接进行适当处理，施工后不要漏水和冻结；

·在工地喷射隔热材料时，可参照“喷射法、涂层法”。

(3)双层衬砌隔热处理法

双层衬砌隔热处理法适用于发生面状漏水、冻结，需加强衬砌时，限于一般改筑的情况。

双层衬砌隔热处理法是作为防止新建隧道冻害的对策而在近期开发的一种方法。在喷层面上贴附防水板后，再喷射泡沫尿烷类隔热材料，再修筑二次衬砌。

在既有隧道中，一般都采用表面隔热处理法。但因双层衬砌隔热处理法有着许多优点：

①隔热层处在衬砌中间，其厚度薄；

②效果比较可靠，耐久性也好。故在冻胀力大、材料劣化严重、需部分改建或全面改建时，采用此法较好。图 8-45 是该法的概念图。

2. 加热法

加热法包括：①电热法；②暖管法等。在日本曾有几个试验施工例。

(1)电热法

电热法适用于寒冷程度大，呈线状局部漏水、冻结时，净空断面要有富余，要有电源。

电热法是用电加热器加热衬砌表面的方法。与其类似的方法，还有在衬砌表面设置发热体，使衬砌表面变热的方法。不管哪种方法都要消耗电力，但对防止局部严重冻结地点的冻害是有效的。

图 8-46 所示是电热器加热法的一个例子

(2)暖管法

暖管法是采用暖管，把地中热源输送到隧道漏水处，防止冻结的方法。

暖管原理如下所述(图 8-47)：由于地热使蒸发部中工作液沸腾，因压力差流到凝缩部吸收衬砌表面的热蒸汽又变回液体。这是一种利用吸油绳的毛细管现象向蒸发部还流的方法。

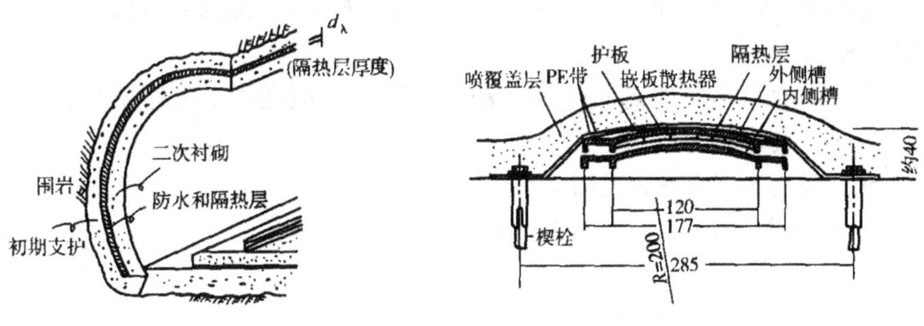

图 8-45　双层衬砌隔热处理法概念图　　　　图 8-46　电热器加热法例(单位:mm)

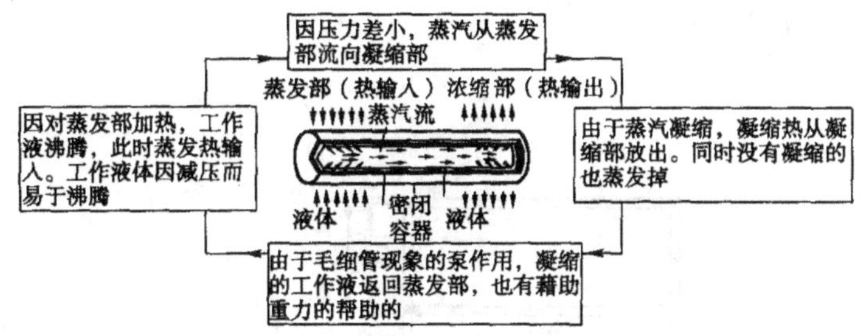

图 8-47　暖管法原理

暖管由于在 NASA 的宇宙开发中的应用而名声大噪，作为防止隧道冻害对策，其效果已经用实用性试验得到证实。图 8-48 是在日本东北新干线

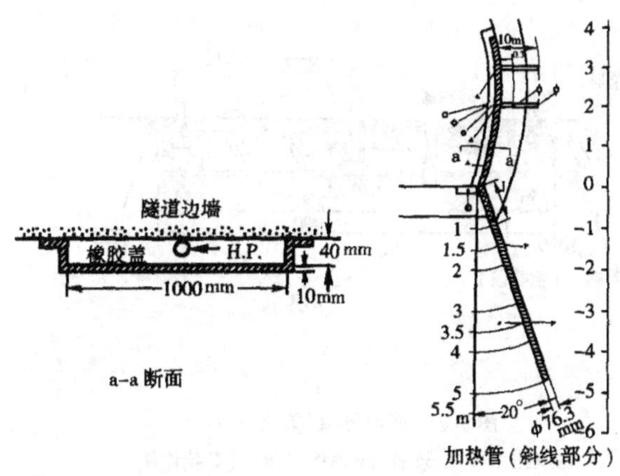

图 8-48　暖管法例

箕轮隧道中应用的例子，把钻孔中埋人的暖管沿衬砌表面漏水处设置，其外侧用橡胶覆盖。

在寒冷程度很高的地点应用暖管法，效果很好，但经济上有些困难，目前还只不过是试验性地应用。

3. 防止冻害对策事例(表面隔热法)

(1)张碓隧道(图 8-49)：长度 947m，双线，砖衬砌。

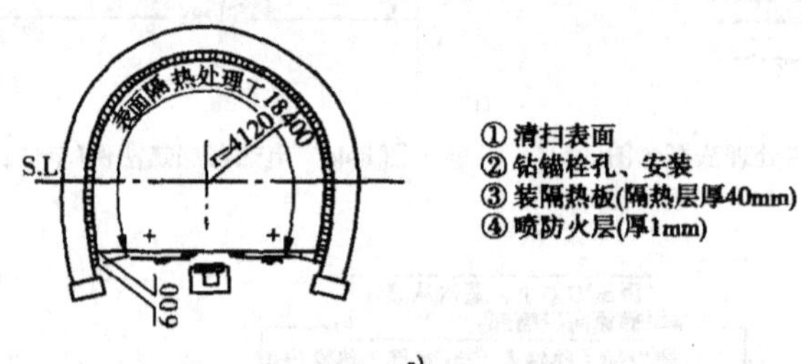

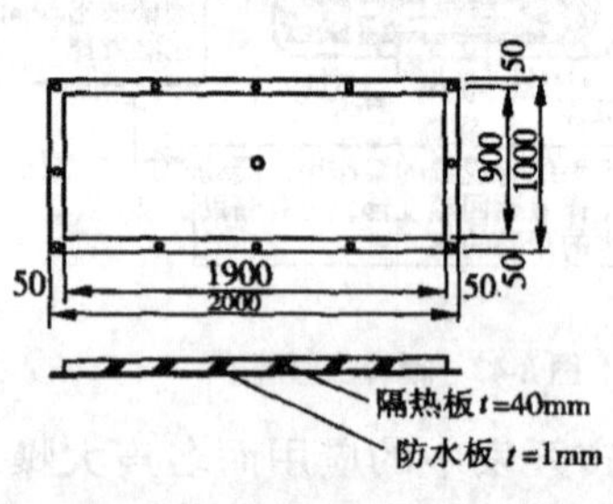

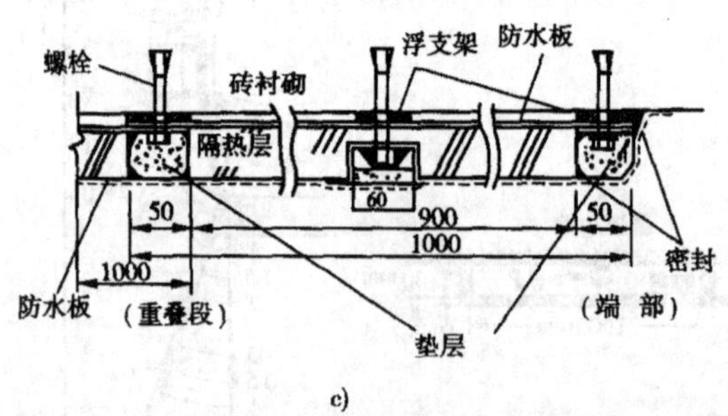

图 8-49 张碓隧道(单位：mm)

a)表面隔热处理；b)隔热板详图；c)安装详图

(2)新狩腾隧道(图 8-50):长度 5637m,单线,混凝土衬砌。

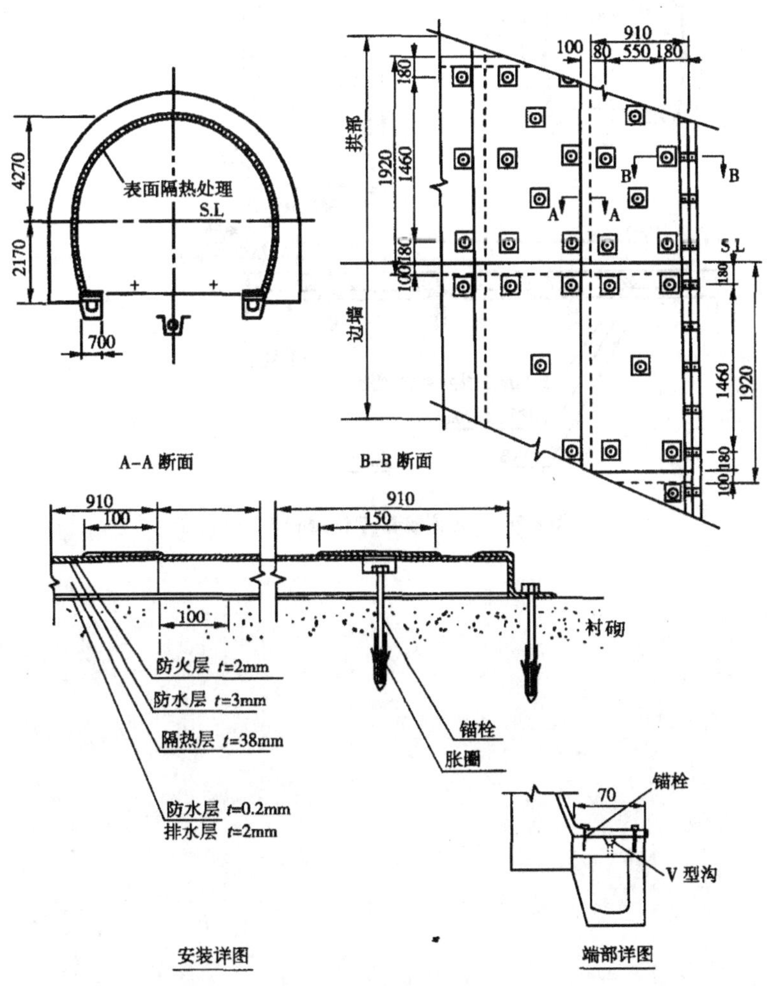

图 8-50　新狩腾隧道(单位:mm)

(3)午屋原隧道(图 8-51):长度 211m,单线,混凝土块衬砌。

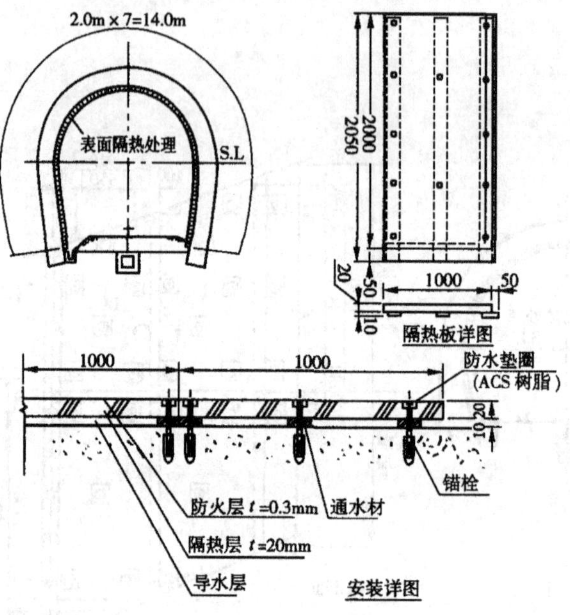

图 8-51 午屋原隧道(单位:mm)

第九部分　变异对策设计

要点一　基本原则

隧道变异是各式各样的，对策也是各式各样的。因此，很难有一个统一的设计方法。通常情况下，都是根据经验判定进行设计。但随着设计技术的发展和经验的积累，还是可以提出设计的一般原则和方法的，也有可能把设计方法标准化。这是变异设计方法发展的总趋势。为此，日本编制了《隧道变异对策设计手册》，把设计方法予以标准化。这是一个有益的进展，应予以关注。

设计时，应综合考虑变异现象、地形、地质等环境条件，衬砌结构以及由此推定的变异原因和健全度的分级等，选择最合适的设计方法进行设计。

变异对策设计时，应正确地掌握变异现象的表现方式、环境条件（地形、地质、气象、地震等）、结构条件（隧道结构、形状、维修状况等），在推定的变异原因和健全度的基础上，设定地压、衬砌刚性、围岩物性等。但是，一般来说，定量地确定这些参数是不容易的。为此，在变异对策的设计中，多是参考过去的事例，并基于经验的判断来进行设计。

一、设计的基本原则

设计时，应考虑对策施工后确保列车运行的安全性以及施工中的安全性、对策的施工性、耐久性及经济性等而进行规划。隧道变异对策，一般都是利用列车天窗时间进行施工的，因此确保列车安全运行是个前提条件。为此，应满足以下要求：

·不侵入建筑限界（确保对策施工后的限界富余）；

·确保轨道走行的安全性（轨道不能产生超过轨道整备基准的位移）；

·保持衬砌的稳定（不产生对策和衬砌的剥落、落下等）。

除满足上述要求外，还应考虑以下事项，进行设计规划：

(1)安全施工：在施工中，一边要确保列车安全运行，一边要设置临时设备，通常是很困难的。为此，要仔细调查设置的条件进行设计。

(2)施工性：利用天窗时间进行对策施工时，因隧道断面小，不可能任何时间都有足够的作业空间，而且照明条件也不好，架空线也需要保护等，所以施工条件上限制很多。为此，要求对策具有良好的施工性。

(3)充分的耐久性：隧道不能频繁地进行对策施工，因此要具有长期的耐久性。

(4)经济的施工方法。

(5)其他：设计时，除地压产生的变异现象外，都要充分掌握隧道衬砌、排水、路基构造等，同时也要掌握衬砌的构造缺陷和劣化、漏水等状态，并反映到设计中。因此，在对策设计时，应根据《隧道变异对策设计手册》提示的补强方法和现场的具体条件选择合适的方法。这一点是很重要的。

必要时，为确认对策的补强效果，应进行量测。这也是要在设计计划中体现的。

二、设计方法的选择

在设计中选择何种设计方法是很关键的。

1.设计方法选定的流程

设计方法选定的流程示于图 9-1。

2.设计方法的种类

(1)类比设计

将采取变异对策的隧道与已经采取对策并确认其效果的隧道进行比较，在地质条件、外力作用状态和隧道的结构条件等基本相同的场合可采用类比设计方法。

(2)标准设计

标准设计是在假定地压大小和作用形态的基础上，根据已经施工的隧道承载力的解析和以往实绩的分析结果，按变异的发展程度选择的设计方法。在不能采用类比设计的场合，最好采用标准设计方法。

(3)解析设计

没有类似的变异对策事例、地压形态特殊的场合或隧道衬砌特殊的场合不能采用标准设计时，可采用解析设计方法。此时，要充分注意隧道衬砌的模式化、荷载形态及大小等，并基于计算结果证明设计有效的对策进行计算。

(4)特殊设计

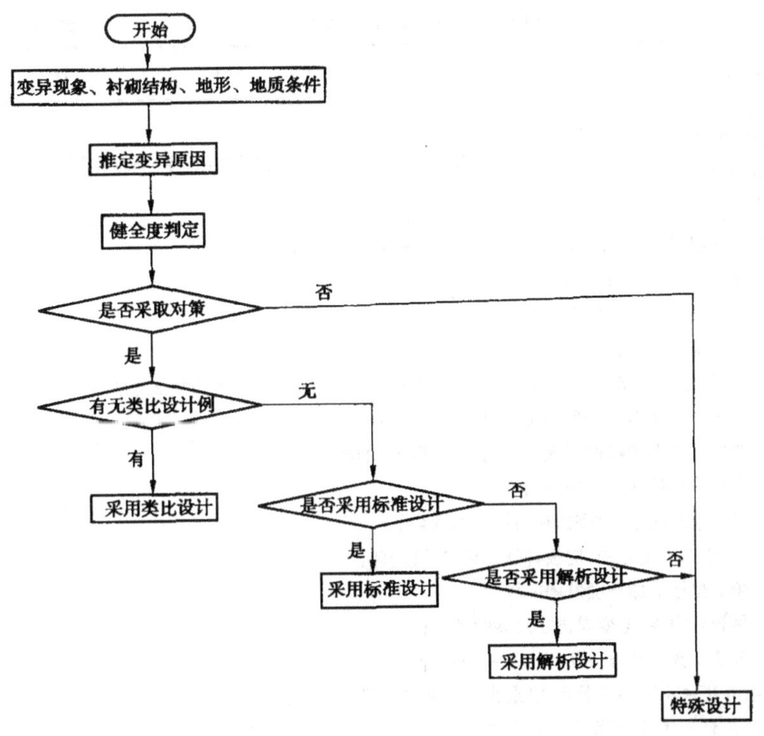

图 9-1　设计方法的选定流程

所谓的特殊场合指：

·补强等级 Ⅳ 的场合；

·上述 3 种方法不合适的场合。

三、补强等级

在进行对策设计时，按四级进行补强等级的分级。此补强等级按变异原因，分别示于表 9-1 ~ 表 9-3。

根据补强等级，一般可选定以下设计方法：

·补强等级 Ⅰ ~ Ⅲ 级：类比设计、标准设计及解析设计；

·补强等级 Ⅳ 级：特殊设计。

1. 塑性地压场合的补强等级

因塑性地压发生变异的场合，如表 9-1 所示，首先根据变异的发展性进行补强等级的分级。基于此，再根据衬砌结构和变异现象预计的地压规模修正等级，最后决定补强等级。

补强等级分级(塑性地压) 表 9-1

补强等级	I	II	III	IV
变异的发展性(净空位移速度基准)	有(小于 3mm/年)	稍大(3~9mm/年)	大(大于 9mm/年)	极大(大于 2mm/月)

注:①尽管结构没有缺陷,但变异在发展的场合应将补强等级提高 1 级:

·厚度、强度充分的场合;

·背后没有空洞的场合;

·施工缝没有结构上的缺陷的场合。

②产生压溃及剪切开裂的场合和产生极大轴力的场合,补强等级应提高 1 级:

·产生压溃及剪切开裂的场合(长度小于 3m);

·产生宽度大的拉伸开裂或错动(3mm 以上)的场合;

·产生多数拉伸开裂并行的场合;

·根据应力测定,衬砌的轴力极大的场合。

③相当于以下场合的,应按补强等级 IV 级处理:

·净空位移呈加速度发展的场合;

·尽管有仰拱,但变异仍在发展的场合;

·压溃及剪切开裂,长度大于 3m 的场合。

④限界富余非常小的场合,宜适当提高补强等级。

⑤路基有变异时,宜提高补强等级。

表 9-1 的适用条件,可参考以下两点:

(1)净空位移速度表示的数值系指下述条件的数值:

·一般断面的隧道;

·没有仰拱的隧道;

·没有任何结构缺陷的隧道。

(2)考虑变异的发展性,再加上以下衬砌构造和变异现象推定地压相当大的场合,补强等级应提高 1 级。

·结构缺陷(衬砌构造):衬砌没有构造缺陷但有变异场合,可能是地压大造成的,因此补强等级应提高 1 级。

·变异现象:压溃、剪切开裂、张开较大的拉伸开裂、错动等的存在,说明衬砌受到较大的断面力。同时,在素混凝土衬砌中,如果轴力小,可单独产生因弯曲造成的拉伸开裂;但轴力大和开裂开口小,会产生复数的开裂。为此,素混凝土衬砌发现复数的拉伸开裂时,就说明有很高的轴力作用。

如上所述,预计衬砌有很大断面力产生的变异现象的场合,就应考虑到地压的规模较大，应把补强等级提高 1 级。

2．偏压、坡面蠕动场合的补强等级

偏压、坡面蠕动产生的变异多集中在以拱部为中心的部位。因此，首先对拱部的稳定性进行评价是很重要的。为此，如表 9-2 所示，主要根据拱部的变异程度（开裂的发展、变形、回转、移动）和发展性，进行补强等级的分级，再考虑衬砌结构（特别是拱部的缺陷）、坡面状况等进行修正。

补强等级分级（偏压、坡面蠕动）　表 9-2

补强等级	I	II	III	IV
拱部的变异现象	山侧肩部发生轴向开裂	山侧肩部以外部分发生轴向开裂	压溃或剪切开裂	拱部变形，断面轴回转、移动
变异的发展性（净空位移速度基准）	有（小于 3mm/年）		稍大（3～9mm/年）	大（大于 9mm/年）

注：①“拱部的变异现象”和“变异的发展性”中，采用大的补强等级。

②尽管结构没有缺陷，但变异在发展的场合应将补强等级提高 1 级：

·厚度、强度充分的场合；

·背后没有空洞的场合；

·施工缝没有结构上的缺陷的场合。

③限界富余非常小的场合，宜适当提高补强等级。

④发现因滑坡的变异的场合，应按补强等级 IV 级处理，并采取滑坡对策。

⑤河侧脚部发现因承载力不足的变异的场合，应研究采取脚部补强措施。

⑥有坡面变异的场合应研究采取坡面对策。

有关注②的说明：尽管结构没有缺陷，但发现变异的场合，因地压大，应与塑性地压同样考虑，将补强等级提高 1 级。反之，拱部构造缺陷显著的场合（厚度非常薄、背后有很大的空洞或接缝的缺陷显著等），因构造承载力小，只要变异有很小的发展，就会降低拱部的稳定性，因此应同时采取补强构造缺陷的对策。

3．围岩松弛造成垂直地压场合的补强等级

在垂直地压场合，拱部的混凝土剥落是主要的变异现象。为此，如表 9-3所示，主要根据拱部的变异程度（特别是开裂的发展、崩落的可能性）和发展性进行补强等级的分级；并根据衬砌结构、上部围岩状况等进行修正。

补强等级分级(垂直地压) 表9-3

补强等级	I	II	III	IV
拱部的变异现象	拱部发生轴向拉伸开裂	发生交叉拉伸开裂(轴向、纵向)	发生以下开裂: ·放射状开裂; ·块体开裂; ·压溃或剪切开裂	拱部变异显著(有崩落的可能)
变异的发展性(净空位移速度基准)	有(小于3mm/年)		稍大(3~9mm/年)	大(大于9mm/年)

注:①“拱部的变异现象”和“变异的发展性”中,采用大的补强等级。

②尽管结构没有缺陷,但变异在发展的场合应将补强等级提高1级:

·厚度、强度充分的场合;

·背后没有空洞的场合;

·施工缝没有结构上的缺陷的场合。

③限界富余非常小的场合,宜适当提高补强等级。

④上部围岩松弛或有空洞的场合,应采取填充空洞强化围岩的对策。

⑤明确围岩松弛和空洞在发展的场合,应按补强等级IV级处理,并采取控制其发展的措施。

有关注②的说明:尽管结构没有缺陷,但发现变异的场合,因地压大,应与塑性地压同样考虑,将补强等级提高1级。反之,拱部构造缺陷显著的场合(厚度非常薄、背后有很大的空洞或接缝的缺陷显著等),因构造承载力小,只要变异有很小的发展,就会降低拱部的稳定性,因此应同时采取补强构造缺陷的对策。

有关注④和⑤的说明:隧道上部的围岩松弛、围岩内有空洞的场合,松弛地压可能增大,事前要把空洞填充好。如认为松弛和空洞有继续发展的场合,应根据衬砌的状况按补强等级IV级处理,并采取加强围岩补强的对策。

四、对策的选择

在进行对策设计时,不仅要考虑作用地压、隧道衬砌构造,还要充分理解各种对策的特性,加以应用。

从补强效果、施工性、经济性等观点出发,下面以回填压注、锚杆补强、内衬及内表面补强作为标准的对策。各种对策的特征如下:

1.回填压注

衬砌背后有空洞,因地压产生衬砌变形时,不能期待被动地压,衬砌易于变形,变异的程度也比较大。不管地压的状态如何,向衬砌背后回填压注是最有效、最基本的对策。

2.锚杆补强

锚杆补强对隧道壁面向净空侧的变形具有内压效果。同时,补强锚杆与新建隧道的锚杆不同,为了积极地发挥锚杆的作用,应加入预应力。

3.内衬

内衬是在衬砌显著劣化的场合、变异损伤显著的场合、全面改建不可能的场合,为代替、加强混凝土衬砌而采用的对策。

4.内表面补强

内表面补强采用碳纤维、玻璃纤维等板材,张贴在衬砌内表面或张贴钢板,作为抗拉材料控制开裂的开口和衬砌的变形,防止衬砌掉块、剥落、剥离。净空断面没有富余的场合,也能够采用是其特长。

要点二　类比设计

采用类比设计时,应充分研究其设计条件及设计方法的妥当性,根据对策对象的区间状况加以修正和应用。

1.适用条件

类比设计适用于设计施工条件类似,存在对策效果已经得到确认的事例的场合。有合适的类比设计的场合,可采用此方法进行设计。

2.注意点

一般的变异隧道的对策设计,首先要调查设计施工条件类似的变异隧道例。如有类比设计例,应研究其对策效果。当确认有对策效果时,应参考此类似设计进行设计。特别是,在同一隧道或有明确的类比条件的情况下,类比设计是最合适的方法。

3.类似事例

所谓类似事例指变异状态、地形、地质、断面形状、衬砌结构、材质、轨道构造、施工条件等相类似的条件。各种条件的具体内容列于表9-4。

类比设计的注意点　　表9-4

项　目	着　眼　点
变异现象	·变异现象(开裂模式、开裂地点); ·变异原因; ·变异的发展性(净空位移速度、开裂的发展)

续上表

项目	着眼点
地形、地质	·地形(埋深、偏压地形); ·固结度(如硬岩、软岩、土砂等类似时,应注意破碎带和风化带等场合); ·涌水、漏水的状态
断面形状	·断面形状(双线断面、单线断面、直墙)
衬砌结构、材质	·衬砌厚度; ·路基构造(有无仰拱); ·排水构造; ·施工方法; ·结构缺陷和背后空洞的有无及其程度); ·衬砌材质
轨道构造	·碎石道床、板式轨道
施工条件	·距隧道洞口的距离; ·天窗时间; ·气象条件; ·电化、非电化; ·壁面的污染状况

要点三 标准设计

采用标准设计时,应充分研究其适用条件,根据对策对象区间的状况合理地应用。

1.适用条件

在补强等级为Ⅰ~Ⅲ级,没有类似条件的设计例的场合,在满足表9-5的条件时,可采用标准设计。

即使不满足表9-5的条件,但能够根据类似事例或解析方法进行充分评价的场合,也可修正标准设计而采用之。

标准设计的适用条件　　表 9-5

项　目	条　件	记　事
变异原因	下列 3 种情况之一： ·塑性地压； ·偏压、坡面蠕动； ·松弛垂直地压	·因为存在多种变异原因，要进行充分地调查、量测和评价； ·即使存在其他的变异原因（水压、冻胀压）也可参照办理
地质	地质没有极端变化	所谓地质的极端变化指： ·夹有显著的软弱层； ·不整合和断层的存在； ·极不均匀的破碎带
断面形状	一般的断面形状	所谓一般的断面形状指：单线断面和双线断面（不包括箱形、圆形、车站、斜井、竖井等断面）
衬砌结构	设计厚度是标准的，没有显著的构造缺陷	·标准的设计厚度指： 单线断面：25～60cm； 双线断面：30～70cm。 ·显著的构造缺陷指：极端的厚度不足、材质不良［有效厚度（单轴抗压强度大于15MPa 以上的部分）小于设计厚度 1/2］；施工缝（先拱后墙的边墙剥肩部、边墙与仰拱的结合部）的构造不良
衬砌材质	模筑混凝土	

2. 标准设计的步骤

标准设计按图 9-2 所示的步骤采用。

·首先研究是否满足表 9-5 的条件。不满足条件的场合，应采用其他设计方法。

·根据补强等级 I～III 级，按表 9-6 设定补强模式。

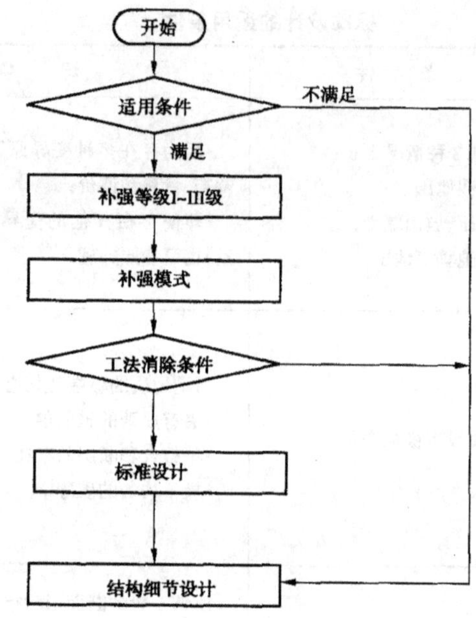

图 9-2　标准设计的设计流程

补 强 模 式　表 9-6

补强等级		I	II	III	备考
补强模式	回填压注	○	○	○	背后有空洞的场合
	锚杆补强	□ 代替回填压注	○	○	
	内表面补强或内衬+拱架补强	□ 代替锚杆补强	□ 代替回填压注或锚杆补强	○	

注:○:原则上采用;□:根据情况采用。

·各补强等级都有几种补强模式的组合,应根据表 9-7 所示的工法消除条件和现场的具体情况加以选定;否则就不宜采用标准设计。

3. 补强等级

补强等级应基于变异的发展性、变异现象、衬砌结构等,按变异原因,分别示于表 9-1 ~ 表 9-3。

4. 补强模式

对补强等级 I ~ III 级的补强模式,示于表 9-6。补强等级 IV 级,因按特殊情况设计，没有提出补强模式。补强模式的选定方法如下：

(1)塑性地压的场合

①补强等级 I 级：

原则上采用回填压注。不得已时可采用锚杆补强或内表面补强或内衬。判断锚杆补强有效果(锚杆的拉拔承载力在 90kN/根以上)时，最好优先选用锚杆。

②补强等级 II 级：

原则上采用回填压注 + 锚杆补强。

不能获得锚杆补强效果或与锚杆补强比较内表面补强或内衬明显有利的场合，可采用回填压注 + 锚杆补强。

不得已时，也可采用锚杆补强 + 内表面补强或内衬。即使背后没有空洞，也可采用锚杆补强 + 内表面补强或内衬。

③补强等级 III 级：

原则上采用回填压注 + 锚杆补强 + 内表面补强或内衬(拱架补强)。在背后没有空洞的场合，可采用锚杆补强 + 内表面补强或内衬。

(2)偏压、坡面蠕动的场合

偏压、坡面蠕动的场合，与塑性地压场合一样，选定相同的补强模式。但不管哪种模式，回填压注都可采用。

(3)围岩松弛的垂直地压场合

在此场合，从控制围岩松弛的意义上看，充填背后空洞是最重要的。因此，不管何种等级回填压注都适用。锚杆补强对控制垂直方向的松弛效果不大，采用时应格外注意。

5. 工法消除条件

根据具体情况，按表 9-7 的条件，从各种补强模式中选择合适的补强模式。

工法消除条件　表 9-7

工　法	消 除 条 件
回填压注	·背后没有空洞； ·涌水大，压注困难； ·衬砌材质不良，因压注压力的变化可能引起变异； ·衬砌缺陷显著，压注材料可能流入隧道； ·排水不能堵塞

续上表

工法		消除条件
锚杆补强		·不能获得充分的拉拔承载力
内衬		·净空断面没有富余(70mm 以上)
拱架补强		·净空断面没有富余(125mm 以上)
内表面补强	纤维板	·没有发现开口开裂; ·纤维板粘着困难
	钢板	·没有发现开口开裂; ·电化区间不能确保距架空线 30cm 以上; ·钢板的粘着困难; ·材料搬入困难

6.标准设计

(1)回填压注

明确背后有空洞的场合,都可采用回填压注。

(2)锚杆补强

按变异原因的锚杆补强的标准设计列于表 9-8 ~ 表 9-10。

锚杆补强的标准设计(塑性地压的场合) 表 9-8

a)双线断面(塑性地压)

标准设计			补强等级
根数/断面	长度	材质	
4 根/断面(拱部 0 根、边墙 4 根)	4m	异型棒钢	I
8 根/断面(拱部 2 根、边墙 6 根)	4m	螺纹棒钢	II
12 根(拱部 6 根、边墙 6 根)	4m	螺纹棒钢	III

b)单线断面(塑性地压)

标准设计			补强等级
根数/断面	长度	材质	
4根(拱部0根、边墙4根)	3m	异型棒钢	I
8根(拱部2根、边墙6根)	3m	螺纹棒钢	II
10根(拱部4根、边墙6根)	3m	螺纹棒钢	III

注:①间距以1.2m为标准,根据支撑的间隔设置;

②围岩的劣化范围深的场合,应适当加大长度;

③异型棒钢以SDT295、D25为标准;螺纹钢以SDR59、TD25为标准;

④拉拔承载力原则上采用90kN/根;

⑤原则上应导入预应力。

锚杆补强标准设计(偏压、坡面蠕动的场合)　表9-9

a)双线断面(偏压、坡面蠕动)

标准设计			补强等级
根数/断面	长度	材质	
2根(拱部2根、边墙0根)	4m	异型棒钢	I
4根(拱部3根、边墙1根)	4m	螺纹棒钢	II
12根(拱部8根、边墙4根)	4m	螺纹棒钢	III

b)单线断面(偏压、坡面蠕动)

标准设计			补强等级
根数/断面	长度	材质	
2根(拱部2根、边墙0根)	3m	异型棒钢	I
4根(3根、边墙1根)	3m	螺纹棒钢	II
10根(拱部6根、边墙4根)	3m	螺纹棒钢	III

注:①间距以1.2m为标准,根据支撑的间隔设置;

②围岩的劣化范围深的场合,应适当加大长度;

③异型棒钢以SDT295、D25为标准;螺纹钢以SDR59、TD25为标准;

④拉拔承载力原则上采用90kN/根;

⑤原则上应导入预应力。

锚杆补强标准设计(垂直地压的场合) 表 9-10

a)双线断面(垂直地压)

标准设计			补强等级
根数/断面	长度	材质	
4根(拱部4根、边墙0根)	3m	异型棒钢	I
6根(拱部6根、边墙0根)	3m	螺纹棒钢	II
12根(拱部8根、边墙4根)	4m	螺纹棒钢	III

b)单线断面(垂直地压)

标准设计			补强等级
根数/断面	长度	材质	
4根(拱部4根、边墙0根)	2m	异型棒钢	I
6根(拱部6根、边墙0根)	2m	螺纹棒钢	II
10根(拱部6根、边墙4根)	3m	螺纹棒钢	III

注:①间距以1.2m为标准,根据支撑的间隔设置;

②围岩的劣化范围深的场合,应适当加大长度;

③异型棒钢以SDT295、D25为标准;螺纹钢以SDR59、TD25为标准;

④拉拔承载力原则上采用90kN/根;

⑤原则上应导入预应力;

⑥侧壁锚杆视具体情况采用。

(3)内衬、拱架补强

内衬有模筑混凝土和喷混凝土两种。在一般的补强对策中,可采用纤维混凝土[钢纤维混凝土(SFRC)、玻璃纤维混凝土(GFRC)]、与拱架补强并用的组合和钢筋混凝土等。在标准设计中,如表9-11所示,采用较多的是抗弯能力和韧性比较优越的SFRC等纤维混凝土。根据厚度,原则上与拱架补强并用。

内衬在厚度不足、用以改善衬砌刚性的场合,具有一定的补强效果。

内衬、拱架补强的标准设计　　表 9-11

<table>
<tr><th>工　法</th><th>标准设计
(内衬厚度)</th><th>记　事</th><th>补强等级</th></tr>
<tr><td rowspan="2">喷混凝土</td><td>70～90mm</td><td>纤维混凝土等</td><td>Ⅰ、Ⅱ</td></tr>
<tr><td>90～150mm</td><td>纤维混凝土
与拱架补强并用</td><td rowspan="2">Ⅲ</td></tr>
<tr><td>模筑混凝土</td><td>125mm 以上</td><td>纤维混凝土
与拱架补强并用</td></tr>
</table>

注:①工法、内衬应根据限界富余、施工条件合理选定;
②混凝土设计基准强度在 18MPa 以上;
③SFRC 的纤维混入率以 1%(重量比)为标准,严格采用附着力充分的纤维;
④拱架补强应根据拱架内衬厚度采用 H90 或 H125(单线)、H125 或 H150(双线),间距以 1.2m为准;
⑤ 对策范围,以全周为准。

(4)内表面补强

内表面补强有纤维板(碳纤维板、玻璃纤维板等)和钢板补强两种。标准设计示于表 9-12。

内表面补强的标准设计　　表 9-12

<table>
<tr><th>工　法</th><th>标准设计</th><th>记　事</th><th>补强等级</th></tr>
<tr><td>纤维板补强</td><td>2 层</td><td>轴向 1 层、纵向 1 层</td><td rowspan="2">Ⅰ、Ⅱ、Ⅲ</td></tr>
<tr><td>钢板补强</td><td>厚度 4.5mm</td><td></td></tr>
</table>

注:①工法、内衬应根据限界富余、施工条件合理选定;
②纤维板工法,原则上在施工中、施工后都要采取防止剥离的对策;
③对策范围,以拱部(围岩松弛的场合)或全周(竖向地压的场合)为准。

两种工法作为衬砌的抗拉补强材料都具有优越的补强效果,但应充分研究与衬砌的粘着性能。特别是,采用纤维板的场合,为防止施工过后列车风压使纤维板剥离,应采取带板等防止剥离的措施。

7.标准设计的应用

各种标准设计的应用示于图 9-3～图 9-5。

应用时应注意以下几点:

·有多种变异原因时,应根据情况修正设计;

·施工过后,量测应继续一定时间,并确认其效果;

·基于量测结果逐步采取对策的场合,当确认变异的发展性已被控制时,应修正设计,必要时可降低补强等级;当确认变异的发展超过预计的场合或可能超过预计的场合,也应修正设计,必要时可提高补强等级。

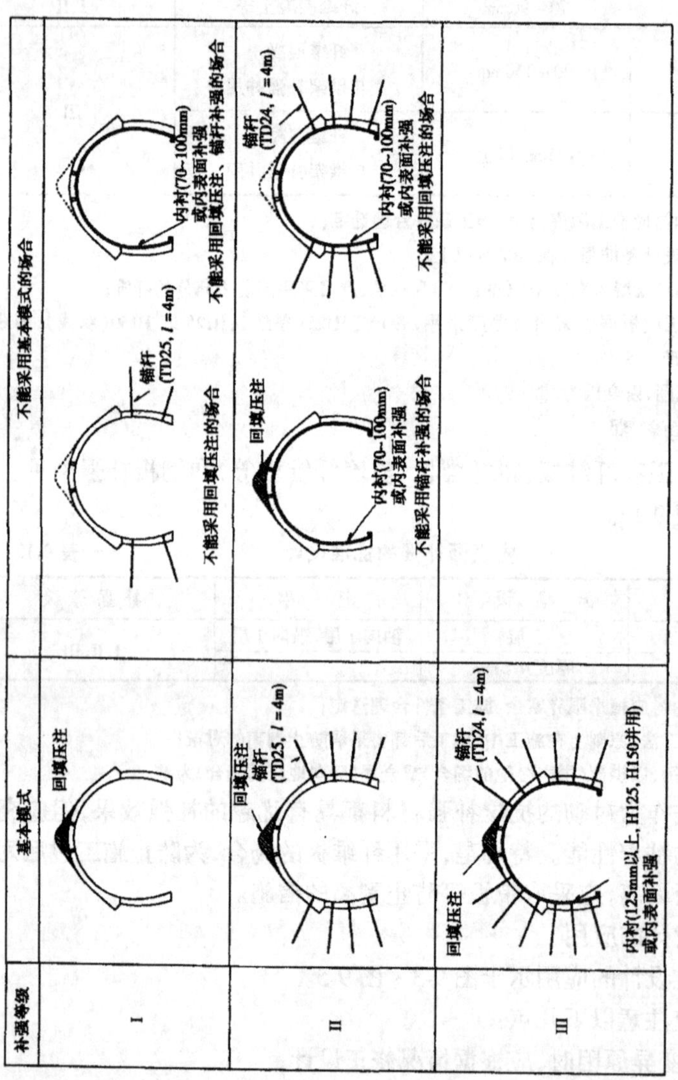

补强等级
基本模式
不能采用基本模式的场合
I
回填压注
锚杆
(TD25, l=4m)
内衬(70~100mm)
或内表面补强
不能采用回填压注的场合
不能采用回填压注、锚杆补强的场合
II
回填压注
锚杆
(TD25, l=4m)
回填压注
内衬(70~100mm)
或内表面补强
不能采用锚杆补强的场合
锚杆
(TD24, l=4m)
内衬(70~100mm)
或内表面补强
不能采用回填压注的场合
III
回填压注
锚杆
(TD24, l=4m)
内衬(125mm以上, H125, H150并用)
或内表面补强

a)

图 9-3

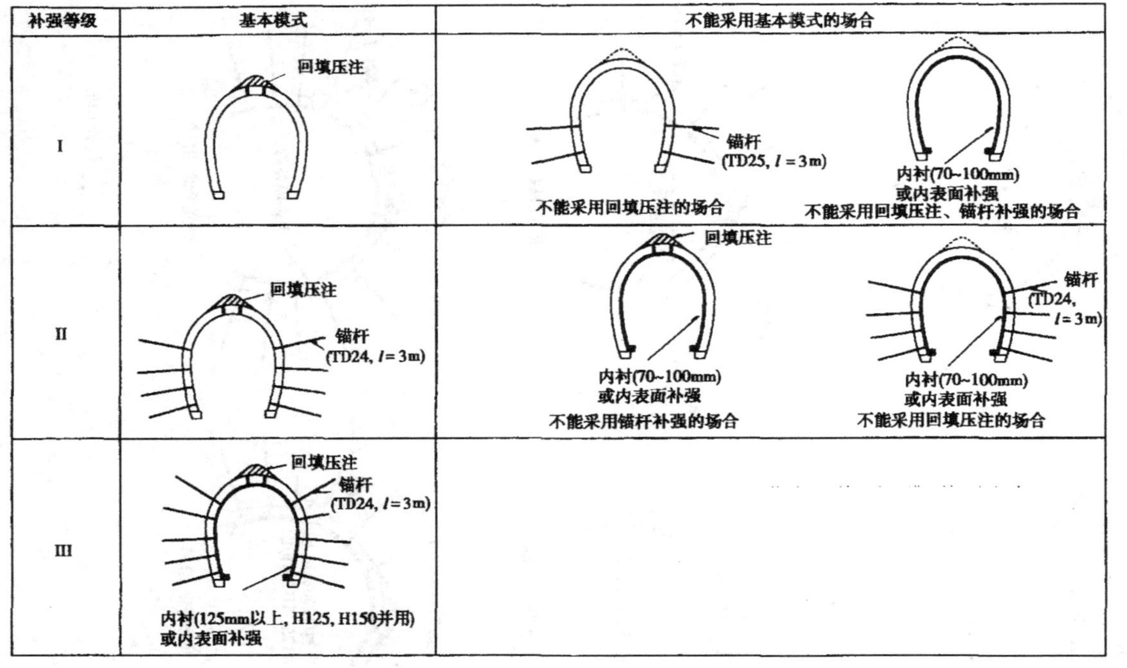

b)

图 9-3　塑性地压标准设计

a)双线断面；b)单线断面

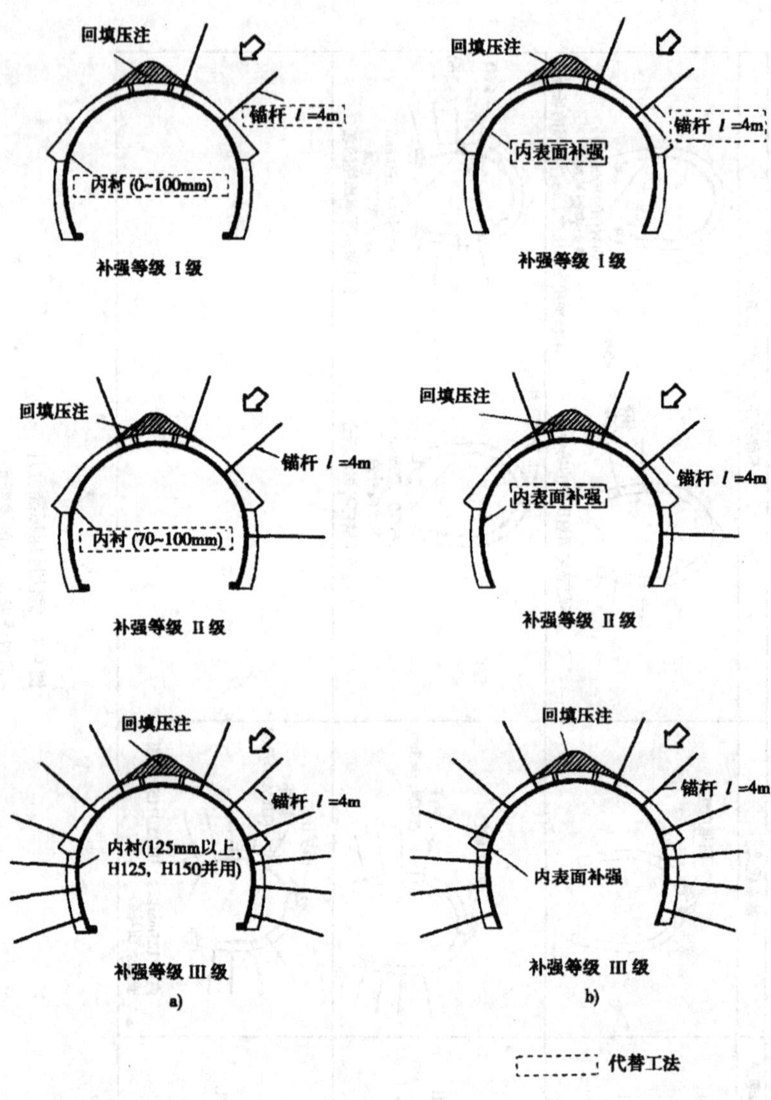

图 9-4 偏压、坡面蠕动标准设计(双线断面、单线断面)

a)内衬;b)内表面补强

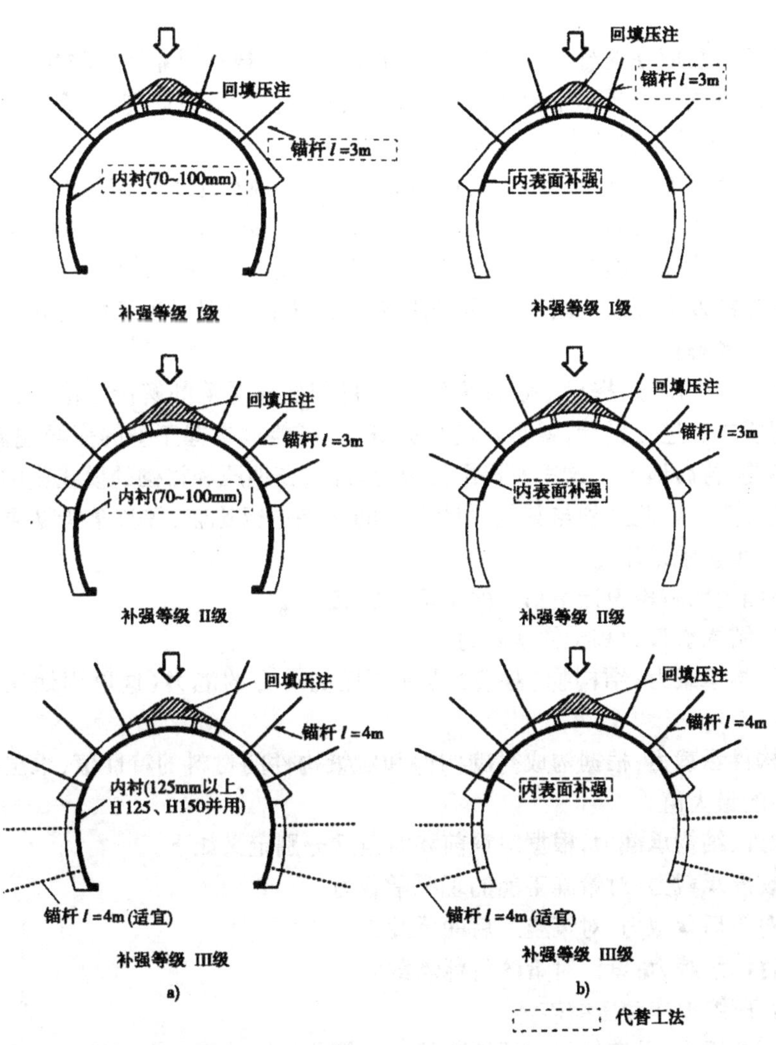

图 9-5　垂直地压标准设计(双线断面、单线断面)

a)内衬;b)内表面补强

要点四 解析设计

解析方法应在充分研究适用条件的基础上,并根据对象区间的状况,选择合适的方法。解析结果应考察类比设计、标准设计的设计例,在综合评价的基础上,反映到设计中。

变异隧道的设计,一般来说,正确地掌握因地压产生的衬砌应力是十分困难的。因此,根据开裂和变形、位移等的变异现象和背后地质、衬砌结构等进行综合研究,大致推定荷载作用方向及其强度,还是可能的。同时,根据模式化的发生开裂的断面,就可能用解析的方法表现发生开裂的隧道衬砌的力学动态。

鉴于以上所述,提出了设计素混凝土衬砌变异对策的解析方法。为了采用解析方法进行设计,就必须进行调查,尽可能地掌握正确的变异现象、衬砌结构、背后地质。这里所提出的设计方法,在地压和衬砌的模式化中做了一些假定。因此必须与其他设计方法的结果进行比较,评价解析结果是否妥当,慎重地采用之。

下面说明解析设计中采用的术语的定义:

(1)结构承载力和构件承载力

·结构承载力:结构物(衬砌)具有的抵抗外力的能力(这里用地压表示);

·构件承载力:根据构成衬砌构件和对策构件的材料的特性值,求出的断面力的最大值。

此外,结构承载力,根据对策前和对策后分别定义如下:

·现况承载力:对策施工前的现况承载力;

·对策后承载力:对策施工后的承载力;

·目标承载力:设计对策的目标承载力。

(2)压缩损伤和压缩破坏

·压缩损伤:受弯构件和开裂断面的一部分区域的压缩应变超过限界值(3500μ),但构件没有完全丧失承载力的状态;

·压缩破坏:压缩损伤状态的构件承载力完全丧失的状态,也称为压溃。

上述的压缩损伤和压缩破坏是根据以下观点定义的(图 9-6 和图 9-7):

在混凝土规范中,保证压应力下的混凝土健全的意义是设定压缩应变的限界值为 3500μ。在衬砌出现压溃的损伤断面,就意味着压缩应变超过限界值。实际上,即使出现压溃的情况,构件承载力是丧失了,但衬砌体和隧道的功能并没有完全丧失。在《隧道变异对策设计手册》中,这种状态定义为压缩损伤。在压缩损伤状态下,开裂从拉伸开裂的前端向压缩侧的斜方向发展,呈楔状开裂,构件断面内呈剪切开裂(图9-7)。这种从混凝土表面观察到的现象称为压溃。此状态继续发展下去,最终会导致丧失承载力的破坏(压缩破坏)。

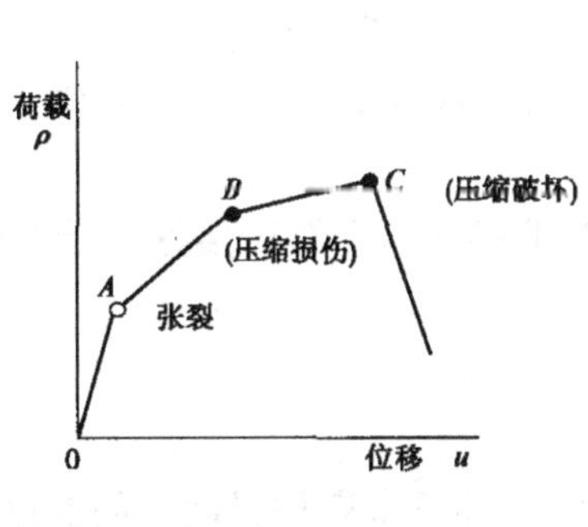

图9-6　压缩损伤和压缩破坏

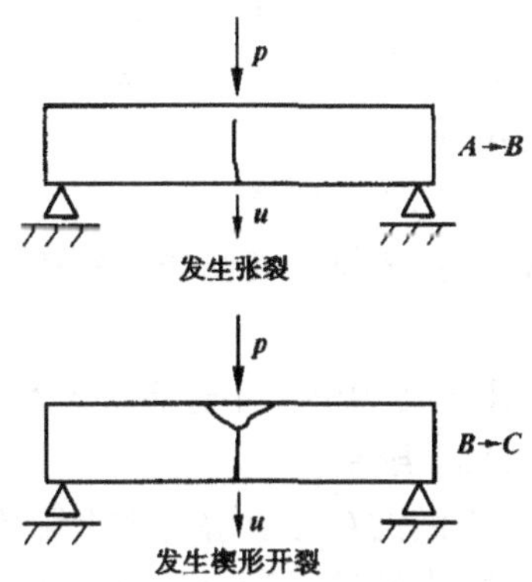

图9-7　混凝土的弯曲开裂

1.适用条件

解析方法在承受弯曲和轴力的素混凝土衬砌中,适用于满足表9-13条件的场合。

解析方法的适用条件　表9-13

项　目	条　件
变异现象	不产生压缩损伤
衬砌结构	没有显著的结构缺陷
围岩条件	能够设定背后的空洞范围、围岩特性(弹性系数)
地压模式	能够推定地压模式

(1)变异现象

衬砌产生压溃的场合,是处于压缩损伤状态。在此压缩损伤状态下的衬砌动态,可以用解析方法进行评价。但是在此状态下,一般来说,结构承载力多数是不会增加的。衬砌的变形随时间增加的动态,目前在解析设计中还很难考虑。为此,解析方法适用于没有产生压缩损伤的状态的场合。

但对压缩损伤处采取对策修复等消除了衬砌混凝土的压缩损伤状态的场合，也可以采用解析方法。

产生下述变异的场合，不能采用解析方法：

·产生放射状开裂的挤压变异模式的场合；

·出现显著的错动等因剪切造成的开裂的场合。

(2)衬砌结构

变异隧道没有结构缺陷的是很少的，但也有因结构缺陷而不能采用解析方法的。这种显著的结构缺陷是指以下不能充分传递轴力的结构：

·结构厚度极端不足的场合(单轴抗压强度 15MPa 以上部分的厚度小于设计厚度 1/2 的场合)；

·施工缝(先拱后墙的边墙刹肩部、边墙和仰拱的结合部)的结构不良的场合；

·施工缝等力学上不连续面产生显著错动的场合。

(3)围岩条件

背后空洞的存在对解析结果影响极大，因此，掌握其范围是解析的前提条件；同时，在解析设计中，还要掌握围岩的弹性系数。

(4)地压模式

地压模式(主要地压的作用方向)可以根据变异现象、衬砌结构、围岩条件等推定。

2.采用解析方法的基本条件

采用解析方法进行设计时，前提是要能够适当地设定衬砌结构、围岩条件、地压模式；其次，还要把产生开裂的衬砌的变形动态和对策的效果模式化，以便采用解析方法。

解析设计中，要根据设定的地压求出构件断面力及开裂、压缩损伤的发生状况，用表 9-14 所示的对策效果的判定条件加以确认，并评价对策效果。

对策效果的判定条件 表 9-14

项　目	条　件
衬砌构件	不产生压缩损伤
对策构件 ·锚杆补强 ·内衬 ·内表面补强	 没有达到屈服强度 没有产生压缩损伤 没有达到屈服强度

在隧道变异对策中，控制衬砌的净空位移、确保必要的净空断面是必要条件；同时，一般来说在对策施工后，可采用净空位移量测等实测位移的时间变化来确认对策效果。为此，在进行对策设计时，最好能够评价位移的对策效果。特别是，必须控制以下位移的场合，这对位移的研究是非常重要的：

·变异的发展性非常大的场合（有可能极大地损伤结构承载力）；

·变异在发展，有可能侵入建筑限界的场合。

但《隧道变异对策设计手册》中提示的解析方法不能考虑时间的影响，因此就不能直接地研究位移。为此，这里不能提出效果的判定条件，但可根据以下方法，评价位移速度的控制效果：

·根据过去的类似事例预计变形速度的方法；

·假定用解析方法求出的隧道变形率（刚性的倒数 = u/p）与变形速度成正比，比较有无对策前后的情况，进行评价的方法（图 9-8）；

·根据实测的净空位移掌握对策前后的隧道变形性进行长期预测的方法。

3.设计方法

解析设计原则上采用梁、弹簧的结构分析方法进行开裂发展解析。变异的解析方法，要能够适当地表现衬砌发生的开裂和其动态、衬砌和地层的相互作用、变异对策的效果；而且能够容易地进行解析。从能够容易模式化的结构分析方法看，原则上应采用梁、弹簧的结构分析方法。

当然也可以采用 FEM 等解析方法。但采用这些解析方法时，要充分考虑各种解析方法的特性，慎重地选择之。

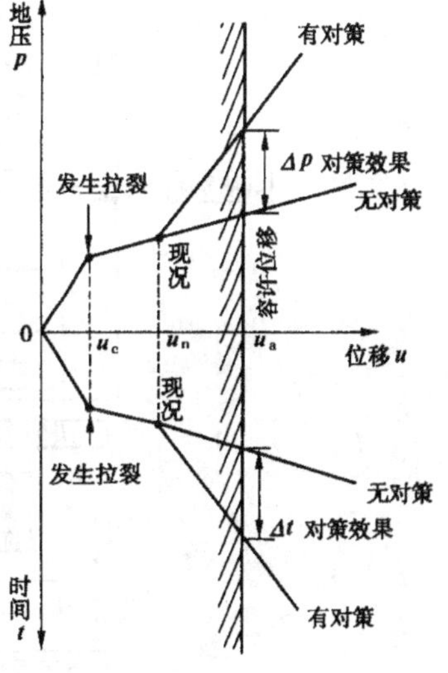

图 9-8　采用必须变形坡度评价对策效果

(1)开裂发展解析

在开裂发展解析中，如图 9-9 所示，每一开裂发展阶段都要设定结构模式进行计算。把这些计算结果重合在一起就可以表现开裂的发展。各阶段的衬砌构件均假定为线弹性体。

(2)解析步骤

解析设计应根据图 9-10 所示的步骤进行。各步骤的基本观点（图9-11）如下所述。

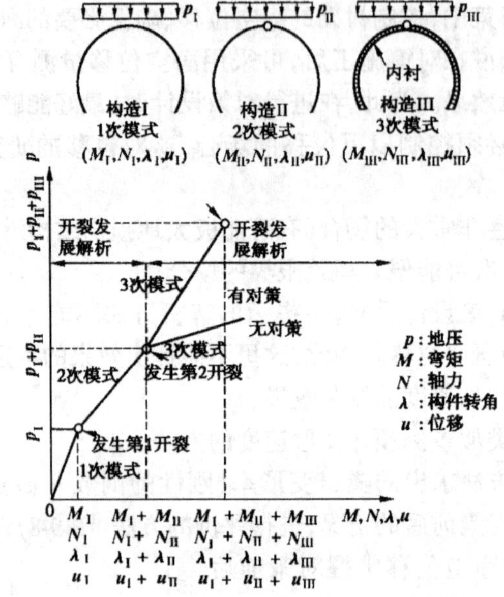

图 9-9 开裂发展解析的界限模式的概念

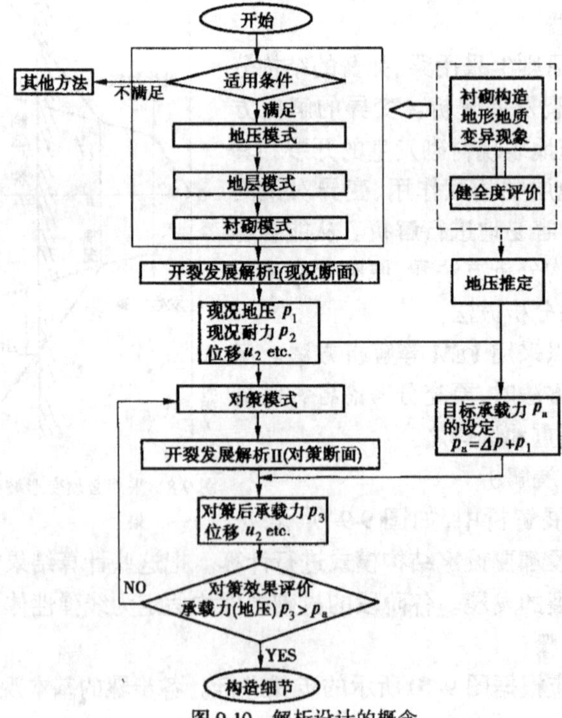

图 9-10 解析设计的概念

①适用条件

应研究是否满足表 9-13 的条件。

②地压的模式化

根据地形、地质、变异现象等条件，设定地压的作用范围和作用方向。希望地压分布范围是特定的场合，按均匀分布的地压模式化。

③地层的模式化

地层可根据地质调查得到的围岩物性值模式化。

④衬砌的模式化

衬砌可根据隧道设计时的断面形状、构件厚度及构件的设计值(混凝土强度、弹性系数)等模式化，但有实测值时，最好采用实测值。衬砌结构分析时应考虑自重。

⑤开裂发展解析 I(现况断面)

根据现况断面的模式化进行解析和变形模拟，计算现况地压 p_1 及现况承载力 p_2。

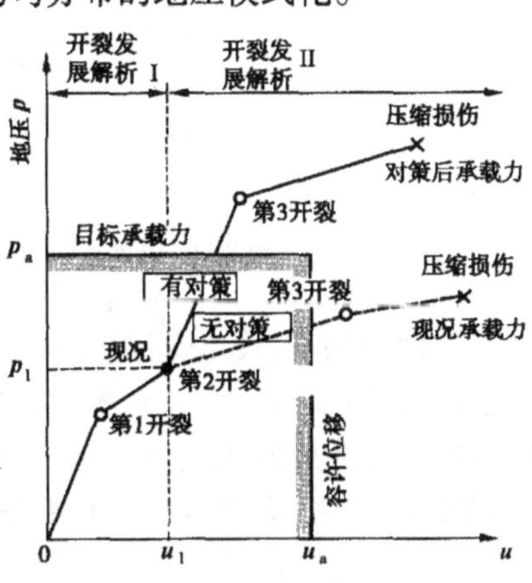

图 9-11　解析设计的概念图

同时根据现况地压 p_1 设定目标承载力 p_a[$p_a = p_1 + \Delta p$(Δp 是目标增加承载力)]。

⑥对策的模式化

考虑对策的设计值及对策效果，进行对策断面的模式化。

⑦开裂发展解析 II(对策断面)

根据对策断面的模式化进行解析，确认对策效果和计算对策后的承载力 p_3。

⑧效果判定

根据对策断面的解析结果和承载力等，进行效果判定。

·承载力：确认对策后的承载力 p_3 大于目标承载力 p_a($p_3 > p_a$)，评价对策效果；

·位移：根据刚性(p/u)的增加评价。

⑨结构细节

在综合评价对策效果和施工性等的基础上，设计结构的细节。

(3)解析模式

衬砌、地层、荷载(地压)对策的结构分析模式(图 9-12),是根据以下内容编制的。

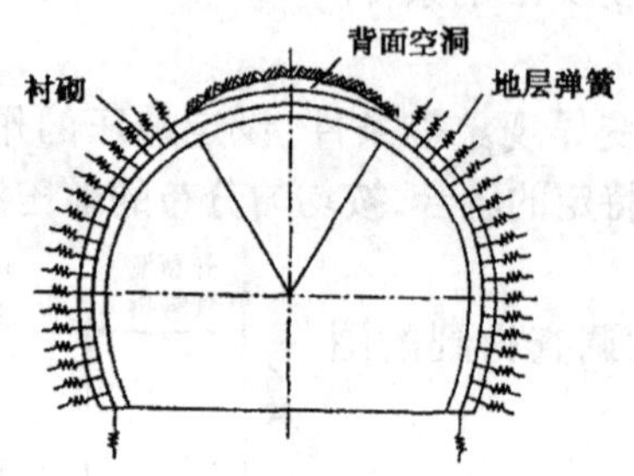

图 9-12 结构分析模式(衬砌和地层模式化例)

注:切线方向弹簧省略 。

①衬砌:衬砌模式为线弹性的梁,开裂发生后作为塑性铰处理。

②地层:地层按作用在解析模式的节点上的地层反力,用弹簧模式化。但地层反力弹簧只取压缩方向的作用,没有考虑衬砌向净空方向的位移。计算地层反力弹簧常数时,可根据有关规范提出的地层反力系数处理。

③荷载:一般考虑自重和地压,必要时可考虑水压等荷载。作为地压模式应设定地压的作用方向和作用范围。在解析设计中根据现况断面的解析结果(现况地压 p_1)设定目标承载力 p_a;但根据以往的推定方法推定地压的场合,最好不根据现况断面的解析设定目标承载力 p_a。

④对策

在开裂发展解析中(对策断面)的对策,可根据以往的对策事例,设定一般的单元并模式化。

要点五 特殊设计

特殊设计应在充分研究变异原因的基础上,参考既有的工程实绩和专家意见,慎重进行。

特殊设计主要用于以下两种场合:

·需要特别大规模补强的场合;

·不能采用类比设计、标准设计、解析设计的场合。

这相当于以下情况:

·需要采取路基对策的场合(采用仰拱等);

·相当于补强等级 IV 级的场合；

·需要采取围岩对策的场合(坡面稳定对策等)；

·与其他地压因素并用的场合。

1.需要采取路基对策的场合

一般有以下情况：

·路基下沉；

·产生底鼓；

·边墙显著挤出。

路基下沉主要是在地下水多、软弱围岩中没有仰拱的路基构造场合中，在列车反复的动荷载作用下发生的。底鼓和挤出是在塑性地压条件下经常发生的现象。可考虑采取以下对策。

(1)横撑及仰拱(侧压对策)

在塑性地压条件下，衬砌多出现边墙至边墙脚部向净空侧挤出的变形模式。控制这种变形最有效的方法是设置如图 9-13c)和 d)所示的横撑和仰拱。但在轨道下施工是很困难的，同时也要确保衬砌结构的稳定性(锚杆补强)。为此，应采取回填压注、锚杆补强、内衬、内表面补强等适当组合的方法。

(2)底鼓对策

底鼓一般也是在无仰拱的场合产生的，此时可采取如图 9-13a)～d)所示的对策。按变异程度从轻到重，可采用：

·路基底部设置锚杆；

·新设仰拱。

(3)既有横撑和仰拱的补强

即使有仰拱，在结构上应力最集中的部位(仰拱和边墙脚部的结合部)也会发生破坏，仰拱中部产生开裂，结果是隧道断面缩小和产生底鼓。这种场合，地压规模是极大的，应采取以下措施：

·改良仰拱：锚杆补强(图 9-13e)；

·增加仰拱厚度：加强刚性(图 9-13f)。

2.相当于补强等级 IV 级的场合

对补强等级 IV 级的场合，应根据变异状况需采取列车慢行、防护剥落、改建等多种多样的对策。图 9-14 是补强等级 IV 级的设计例。

3.需要采取围岩对策的场合

(1)受到坡面变异影响的场合

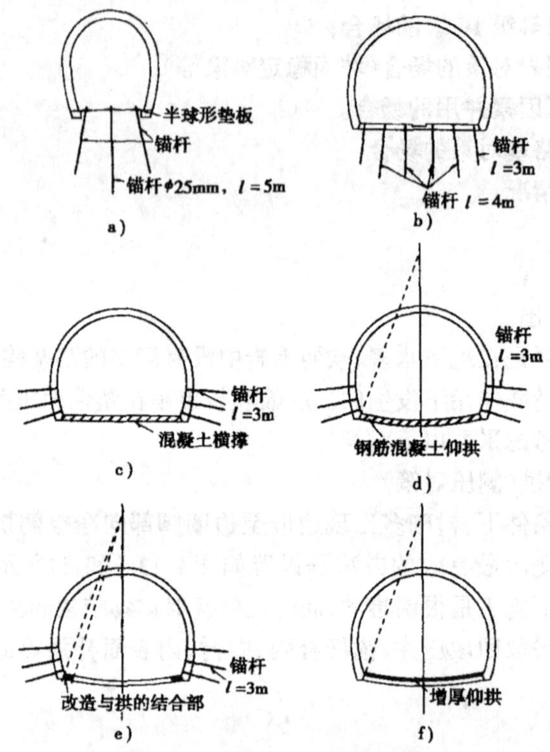

图 9-13 路基部衬强对策设计例

a)基底锚杆(一);b)基底锚杆(二);c)新设横撑;d)新设仰拱;e)改造仰拱;f)增加仰拱厚度

此时,可采取减轻偏压(上部卸载)和补强上部围岩(坡面稳定)等对策。

(2)上部围岩大规模松弛的场合

此时,应采取补强衬砌、填充空洞、围岩补强等对策。

4. 其他地压原因的对策

其他地压原因指:

·滑坡;

·水压;

·冻胀压力;

·地层下沉引起的隧道下沉;

·地层承载力不足引起的隧道下沉;

·地震;

·近接施工等。

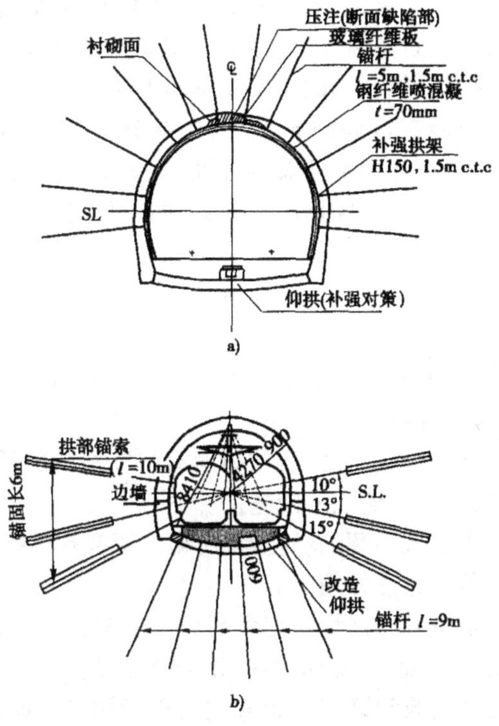

图 9-14 补强等级 IV 级的设计例(单位:mm)

a)新设仰拱后采取拱部的对策例;b)仰拱端部和锚索补强例

此时应采取的对策可参考有关文献。

要点六 回填压注设计

研究隧道变异对策时,衬砌背后和围岩间有空洞的场合,应采用回填压注。编制回填压注计划时,应充分调查地形、地质、空洞的分布及大小、衬砌的状况、涌水的状况及施工条件等。

隧道衬砌应与围岩密贴,能够承受均匀的荷载的同时,还能够产生充分的地层反力,这是极为重要的。但在目前的施工技术条件下,衬砌背后和围岩间留有空洞的现象,常常是不可避免的。特别是在传统的矿山法条件下,此空洞的存在,使衬砌受到不均匀的荷载,不能产生充分的地层反力。为此,作为基本的变异对策,应采用回填压注。

在喷锚构筑法中，因喷混凝土与围岩是密着的，背后空隙较少；与传统工法比较，回填压注的必要性也小。但在采用喷锚构筑法初期，在二次衬砌与喷混凝土之间，仍然可能留有空隙，应加以注意。

一般来说，在背后有空洞的场合，也有难于采用回填压注的情况。此时，在计划中，应充分注意。难于采用回填压注的情况包括：

·涌水大的场合：要认真选择压注材料，同时研究采用排水钻孔等降低水位的措施；

·衬砌厚度不足的场合：有效厚度在20cm以下，与内衬、内表面补强等并用；

·衬砌材质不良的场合：单轴抗压强度在10MPa以下，与内衬、内表面补强并用，必要时加以改建；

·衬砌开裂或断面缺陷显著，压注材料有可能流入隧道的场合：有必要采取修复断面或其他防止流入的措施；

·存在背后排水堵塞问题的场合：背后排水堵塞有可能诱发其他变异的场合，应与降低水位的方法并用。

在进行回填压注的调查时，掌握背后空洞的有无及其大小是非常重要的。因此，要充分调查地质、涌水状况、围岩崩落地点的施工记录等。作为事前调查，应尽可能地收集既有资料和进行现场调查。调查衬砌的变异状态、空洞状态、涌水状况及施工状况等，进行合理的、经济的回填压注的设计。特别是，要很好地掌握竣工图与现场的对比的实际状况。调查项目如下：

(1)地形、地质

对土砂、软弱及易于崩落的围岩，松弛增大，同时，埋深小时有可能引起地表下沉或沉陷。在这种场合，应充分调查背后围岩的状态，判断回填压注的必要性和紧迫性。

(2)背后空洞的分布、大小

正确地掌握背后空洞的状态有时是很困难的，但最好以适当的间距设置钻孔，调查其范围和大小。最近，采用电磁波(地质雷达)和超声波的非破坏的调查方法已经实用化了，在调查范围较大的场合是很有效的。

(3)衬砌状态

调查衬砌的缺陷、缺损的状态，判断是否可以采用回填压注或采用断面修复、内衬、内表面补强等方法的必要性。

(4)涌水状况

涌水量大的场合，有时不能采用回填压注或压注后水压变化较大。因此在有大量涌水的场合采用回填压注时，应充分考虑压注材料的选择，并采用降低水位的措施。

(5)施工条件

在运营隧道中，压注作业及其作业台和设备的设置会受到限制。因此，应充分研究作业时间、材料置放地点、搬入通道等施工条件。

(6)其他

必要时，在利用隧道涌水作为饮用水源时，应调查对环境(地下水系)的影响。

回填压注设计应基于调查获得的资料确定压注范围，确定压注量和具有充填效果的压注材料、压注方法、压注管的配置等。同时，压注材料应考虑地质、空隙的大小、涌水状况等，选定具有良好施工性和经济性的材料。

1.压注材料的选定

压注材料应考虑空隙的大小、涌水状况、地质及施工性、经济性等，选择最合适的材料。

压注材料起到均匀传递地压到衬砌上的作用。因此，压注材料应能够密着地充填地层和衬砌间的空隙，能够充分地传递因位移、变形产生的反力。

(1)压注材料的种类和特征

压注材料，如表9-15所示，应根据空隙的大小和涌水状况选定合适的材料。一般来说，多选用以水泥为主材的材料。

山岭隧道的压注材料种类　　表9-15

水泥系	水泥砂浆、水泥浆、泡沫砂浆、膨胀砂浆等
尿烷系	泡沫尿烷
水玻璃系	水玻璃、硅胶
其他	聚合物-水泥系

各种材料的特征如下：

①泡沫砂浆、泡沫浆液

砂浆和水泥浆混入泡沫后，流动性增大，是山岭隧道最常采用的回填材料。在地下水位以下，一般采用单液浆时，材料会产生离析。因此在有水的场合，多采用双液材料。

②泡沫尿烷

泡沫尿烷是一种高分子材料，在涌水多、材料充填困难的场合，要求紧急应对的场合采用之。

③水玻璃系

采用水玻璃系因能够控制胶凝时间，适用于要求速凝的场合。但其在耐久性方面有问题，在既有隧道中应用较少。

④聚合物-水泥系

聚合物-水泥系也是一种高分子材料，即使在涌水中，也不会产生材料离析。它是一种塑性压注材料，在限定压注中是有效的。

(2)选定压注材料时的注意事项

选定压注材料时应注意以下事项：

①要选择材料不易离析、泌浆小，同时压注后的体积收缩小的材料。

②压注材料应能够均匀地传递地压和作用反力。为此，在一般围岩条件下，其抗压强度应在 1MPa 左右；在涌水多和崩塌性围岩的场合，其抗压强度最好在 2~3MPa 左右。

③有涌水的场合，相对密度小的材料可能会出现流失和充填不足的情况。因此，应选择相对密度比较大的材料。

④有涌水和需要充填比较大的空隙的场合，有时采用砂砾、干燥砂等进行充填。但仅用这些材料，很难进行充分地回填，在围岩和衬砌变形小的场合，效果不大，因此要进行二次压注。

⑤在预定压注区间及其附近有排水设备时，应选择不妨碍排水效果的材料或施工方法。

⑥压注材料中的混合材料，有以分散、气泡、膨胀(发泡)及减少水泥用量等目的的材料，应根据使用目的选择。减少水泥用量的材料，有火山灰等；提高施工性的材料有膨润土等；促进分散的材料，通常采用减水剂。这些材料都有提高流动性的效果。

⑦起泡材料应根据水泥的种类选择。膨胀材料一般采用铝粉末。为了消除压注材料在硬化过程中的膨胀和收缩，应适当控制发泡速度。发泡过早或硬化开始前发泡，气体会逃逸；发泡过迟，会产生开裂。

2.配比

回填压注中采用的压注材料的配比，应使所选择的材料适合其目的，而且进行施工性好、经济的配比设计。

(1)流动性

压注材料应具有充分充填空隙的流动性。同时从施工性看，在压注孔和压注管内要能够通畅地流动。特别是，在压注距离大的场合，要特别加以注意。

砂浆或纯浆液，其流动性与材料离析有密切关系，流动性大是造成材料离析的原因之一。

对一般的砂浆，采用流动值管理流动性。作为例子，一般采用的砂浆、浆液的流动值如下：

气泡砂浆：25s ± 5s；

气泡浆液：200mm ± 20mm。

砂浆中采用的砂，其粗粒率范围应为 1.3～2.3。

(2)泌浆

压注材料泌浆显著时，会造成充填不足，因此要选择泌浆小的材料。

(3)强度

回填压注的材料一般不需要很高的强度，能够均匀地传递地压即可。

(4)容积变化及膨胀性

采用起泡剂及膨胀剂时，要设定目标空气量。空气量大是经济的，但强度和施工性会变差，因此要选定合适的空气量。同时，最近膨胀剂的使用越来越少，因为材料膨胀虽会提高充填效果，但膨胀力也会对衬砌产生不利影响。因此，在选择膨胀剂时，要对膨胀率、拌和时间等进行充分研究。

(5)硬化时间

有涌水的场合和附近有排水设备的场合，要研究硬化时间。特别是有涌水的场合，易于发生强度不足、材料离析、逸出等现象，应进行充分研究。

(6)配比

压注材料的配比例示于表 9-16。配比一般以 $1m^3$ 计。

气泡砂浆配比例　　表 9-16

序号	设计基准强度 σ_{28}(MPa)	流动值的范围(s)	空气量的范围(%)	水灰比(%)	单位用量(kg/m^3)				c∶s
					水泥	砂	水	起泡剂	
1	1	255	355	19	195	975	215	适量	1∶3
2	1	255	405	90	210	840	210	适量	1∶4
3	1	255	455	80	240	720	192	适量	1∶3

3.压注量

压注量应根据空隙的状态调查确定。一般来说,事前求出的压注量与实际的压注量会有出入,设计时要留有余地。

4.压注压力

压注压力要充分考虑压注材料的种类及施工方法,并对隧道衬砌及近接的结构物不产生影响,压注范围应尽可能小些。

确定压注压力时要注意以下两点:

(1)砂浆及浆液的压注压力,采用泵送时,安装在压注管的压力计以0.1~0.2MPa左右为标准;

(2)有涌水压的场合,应设置排水孔降低涌水压,再进行压注;但排水孔中有细颗粒流出时,应考虑同时采用围岩压注等方法。

5.压注管

压注管应考虑空隙的范围和大小及施工性等,以确定其配置、长度、管径及构造。

配置压注管时应注意以下几点:

(1)一般来说,压注孔的设置地点,是以易于产生空隙的拱顶为中心,根据空隙的状态,沿周边设置的。拱顶附近的压注孔,也可以作为了解充填状况的检查孔,以确认空隙。

(2)压注管,通常采用30~50mm左右的管径,最好在现场加工,处理起来简单。一般都采用钢管或硬质塑料管。

(3)压注孔的配置因背后的围岩状态而异,应根据实际状况确定。图9-15是一般压注孔的配置例。

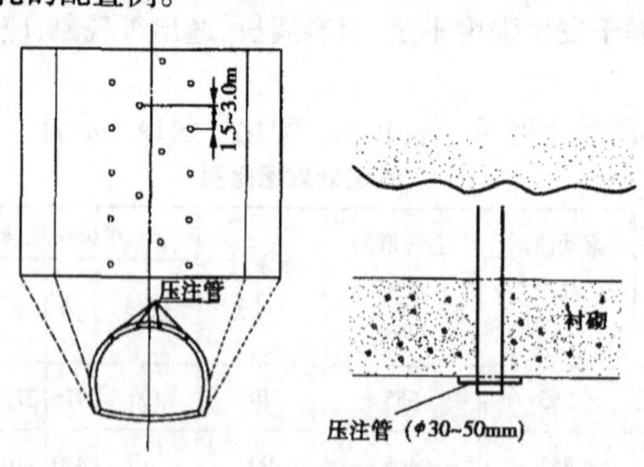

图9-15 一般压注孔的配置例

6. 其他

进行回填压注施工时，应编制作业日报及压注管理图等施工管理记录，以掌握压注状况，发现压注作业中的异常，判定向其他压注孔的移动时间或压注完成的时间等。为此，施工管理记录应尽可能地详细。压注时的管理项目有：

·施工时间及位置；

·压注量(各种材料的使用量)；

·压注压力；

·逸出状况、逸出位置及衬砌等的变异状况等。

压注作业应注意以下几点：

(1)压注中，应经常监视压注量、压注压力；

(2)要在大范围内监视从衬砌中的漏水、涌水及压注材料的逸出；

(3)在压注作业中，拌和地点和压注地点多有一定距离，为了便于在发生异常时了解压注状况，应设置简单的通信设备；

(4)衬砌有变异的场合，应监视衬砌的位移；

(5)施工完成后应迅速地根据压注管理记录判定充填状况，必要时，应进行钻孔予以确认；

(6)根据地形、地质状况，有可能影响地层及周边结构物时，应根据变形测定研究对策；

(7)根据涌水的形态，有时应调查涌水的水质及水量。

要点七　锚杆补强设计

采用锚杆补强的目的如下：

·控制因塑性地压和偏压造成的变异的发展；

·防止衬砌的掉块。

第一个目的，是用锚杆把围岩连接成一体，防止围岩强度的降低，来控制变异的发展。

在膨胀性围岩有很大地压作用的场合，可用灌浆锚索代替锚杆。

如能用锚杆把周边围岩确实地锚固，就可以获得衬砌的加强效果。因此，要想获得确实的加强效果，就必须在调查中确认围岩条件。这是很重要的。

在编制锚杆补强的计划时，要进行变异调查，适当评价变异现象及程度。特别是对周边的地质状况等，应进行以下调查：

(1)周边的地质状况

为了发挥锚杆补强的效果,能够获得充分锚固力的围岩是前提条件。因此,除了未固结的土砂围岩、粘土化的软弱破碎带等极端软弱的围岩外,良好的地质状况是是采用锚杆补强的前提。

为此,应进行洞内的地质调查钻孔、岩心观察和岩石试验等,掌握围岩的状态,这一点是非常重要的。同时,还要掌握围岩变异的程度,如隧道周边的劣化范围很大时,应采用长钻孔确认其劣化范围。

特别是在变异发展极为显著的场合,除钻孔调查外,还应进行确定松弛区域的调查。

事前应进行锚杆拉拔试验,确认其能够获得所需的拉拔力(以 100kN/根为标准)。

(2)涌水状况

涌水多的场合,会产生锚固材料流失等问题。因此,要事先掌握涌水状况。

(3)限界富余

一般来说,采用锚杆补强时,锚杆头部会突出衬砌内表面,因此限界要有一定富余。应采用断面测定方法确认是否有富余。如不能够确保限界富余时,应对锚杆头部加以适当处理。

(4)衬砌状况

衬砌内有钢支撑的场合,会妨碍钻锚杆孔。因此,首先要充分调查其位置及间隔;其次,还要掌握架空线、信号通信电缆等设备的位置。

(5)施工条件

选择锚杆补强的施工方法时,除上述条件外,还要调查距洞口的距离和给定的作业时间等。

进行锚杆补强设计时,应充分研究以下项目:

·材料(锚杆及锚固材料);

·尺寸及配置;

·拉拔力及预应力;

·对策范围;

·其他(构造细节)。

为了获得锚杆补强的效果,应根据变异程度、周边围岩状况、限界富余、隧道断面形状、尺寸等的调查结果,对锚杆材料、锚固材料、尺寸及其配置、拉拔力及预应力、对策范围等分别进行设计。

采用标准设计时，可选用表 9-8 ~ 表 9-10 的标准断面。此标准断面也可以作为采用其他设计方法的参考。

1.材料

(1)锚杆

锚杆使用的材料，一般有异形棒钢、全螺纹棒钢、螺纹棒钢等(图 9-16)。各种锚杆材料的材质示于表 9-17。在标准设计中，如表 9-8 ~ 表 9-10 所示，在补强等级 I 级时，多采用异型棒钢；在补强等级 II ~ III 级的场合，多采用承载力比异型棒钢大的螺纹棒钢。

锚杆的材质和承载力　　表 9-17

锚杆种类		异形棒钢				全螺纹棒钢	螺纹棒钢	
材质		SD295	SD295	SD345	SD345	SD295	STD59	STD59
直径		D22	D25	D22	D25	D22	TD21	TD24
螺纹段	直径	M22	M24	M22	M24		M22	M24
	断面积	3.03	3.53	3.03	3.53	3.87	3.03	3.53
	屈服承载力	89	95	95	122	114	155	180
	破断承载力	133	155	148	172	170	207	244
素材段	断面积	3.87	5.07	3.87	5.07		3.69	4.46
	屈服承载力	114	150	133	175		188	227
	破断承载力	170	223	190	248		253	306

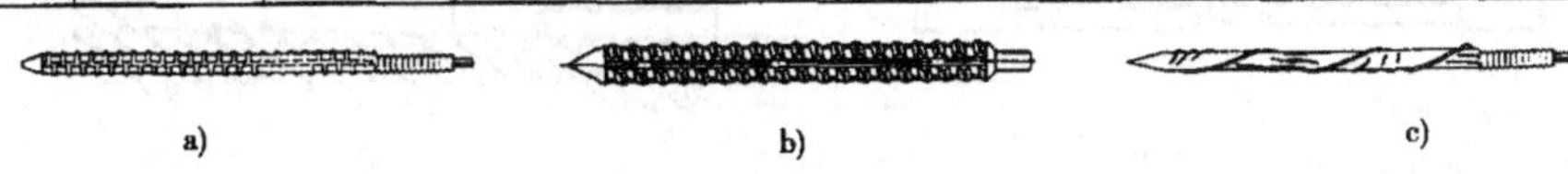

图 9-16　锚杆

a)异型棒钢；b)全螺纹棒钢；c)螺纹棒纲

锚杆根据锚固方式的不同，可按表 9-18 分类。其中，一般都采用插入方式的全长锚固的锚杆。但在以下场合也可采用其他锚固方式的锚杆：

①在孔壁不能自稳的围岩中，不能按通常的施工方法进行钻孔后的砂

浆充填并插入锚杆的场合，可采用自进式锚杆。

②在涌水多的场合，锚杆的锚固材料会流失，不能充分锚固；此时，可采用摩擦锚固方式（钢管膨胀式）锚杆。

钢管膨胀式锚杆的概况示于图 9-17。

锚杆分类 表 9-18

孔壁条件	设置方法分类	锚固方式分类
孔壁能够自稳	插入方式	全面锚固方式： 充填式——砂浆 药包式：水泥药包、树脂药包 注入式：水泥浆、树脂 摩擦锚固方式： 缝管式 钢管膨胀式 并用方式——端部固定和全面锚固方式并用
孔壁不能自稳	打入方式 自进方式 套管方式	全面锚固方式——注入式：水泥浆、树脂

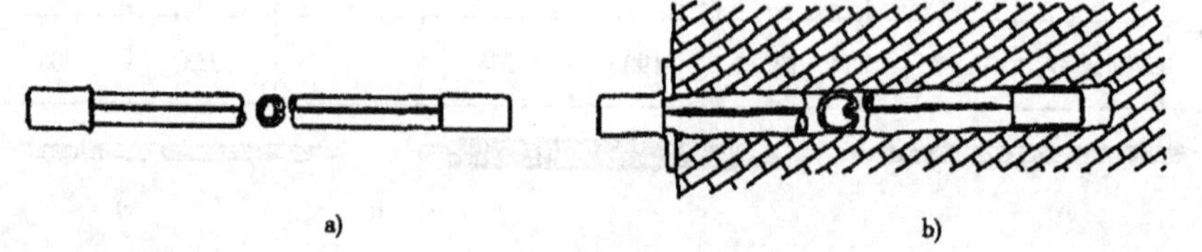

a) b)

图 9-17 钢管膨胀式锚杆

a）施工前；b）施工后

（2）锚杆垫板

锚杆垫板，一般采用钢板（150mm × 6mm × 150mm）；预计有很大轴力的场合，可采用厚 9mm 的钢板。锚杆不能垂直壁面打设时，可采用球面垫板。垫板的形状示于图 9-18。

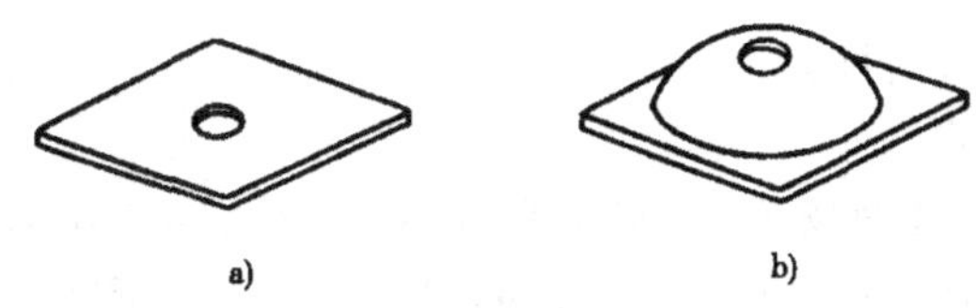

图 9-18　垫板的形状

a)钢板;b)球面垫板

(3)锚固材料

锚固材料的种类列于表 9-19。锚固材料大体上分为水泥系和树脂系两类,一般多采用水泥系材料。在有涌水的场合,或头部锚固及锚杆周边注浆的场合,可采用树脂系材料。

锚固方式如表 9-18 所示,有全长锚固方式和摩擦锚固方式两类,一般采用全长锚固方式。

在施工中,为了导入预应力,要求锚杆具有初期的抗拔承载力。为此,可用速硬性水泥药包锚固锚杆头部,中间段用迟硬性药包,24h 后导入预应力。

锚杆锚固材料的种类　　表 9-19

锚固材料种类		材　质
水泥系	充填式	砂浆
		水泥浆
	注入式	砂浆
		水泥浆
	药包式	砂浆
树脂系	注入式	硅树脂
		聚脂系
		尿烷
	药包式	尿烷

2.尺寸及配置

确定锚杆的尺寸和配置时,应考虑以下条件:

·变异程度;

·围岩条件;

·隧道断面形状、尺寸;

·衬砌状态;

·施工性及经济性。

(1)锚杆尺寸

作为地压对策的场合,一般采用 ϕ25mm,长 3 ~ 5m(单线)、3 ~ 6m(双线)的锚杆。在标准设计中,单线以 3m、双线以 4m 为标准,一般采用此长度为宜。但在用钻孔调查和地中位移量测、锚杆轴力测定等方法推定的场合,应根据其结果,采用适宜的长度。作为松弛的垂直地压对策的场合,单线可采用 2 ~ 3m、双线采用 3 ~ 4m 的长度。

(2)锚杆的根数和配置

一个断面的锚杆根数及配置,在标准设计中,示于表 9-8 ~ 表 9-10。在实施设计中,应基于标准设计的根数和配置,并考虑变异原因和程度、围岩条件、断面形状、尺寸、衬砌状态、洞内设备等状况。

(3)锚杆间隔

锚杆的轴向间隔,一般采用 1 ~ 1.5m。在实施设计中,应与钢支撑间隔配合。没有支撑的场合和支撑间隔特殊的场合,以 1.2m 间隔为标准。

3.拉拔承载力和预应力

一般来说,如果围岩能够使锚杆获得 100kN/根的拉拔承载力,就可以判断是能够取得锚杆效果的围岩。为此,事前应根据锚杆的拉拔试验确认拉拔承载力。

在变异对策中,要以每根锚杆都能够产生效果为前提。因此,原则上应导入预应力。预应力一般取承载力的 1/2 为大致标准。

4.对策范围

确定锚杆补强的对策范围时,应考虑地形、地质状况、变异原因(地压的方向)、变异现象(变异程度)、隧道断面形状、隧道衬砌的构造等。一般情况下,如标准设计所示,按以下情况设定是妥当的:

(1)补强等级 I ~ II 级的场合

·垂直地压是主要的场合:仅在拱部;

·侧压是主要的场合:仅在侧壁。

(2)补强等级 III 级的场合

·不管地压的方向,以侧壁至拱部全部范围为对象;

·底部有显著的底鼓的场合,还要在底部采取对策。

5.其他(构造细节)

锚杆补强的设计、施工,应充分考虑以下事项:

·锚杆施工前,应进行锚杆拉拔试验,确认围岩是能够获得充分锚固力的围岩；

·锚杆施工中，应充分充填锚固材料；

·锚杆头部应进行适当处理；

·不导入预应力的场合，要进行锚杆拉拔试验，确认锚固。

因锚杆补强以导入预应力为前提，因此，在施工前要进行拉拔试验（参照图9-19～图9-20），确认围岩是能够获得90kN/根的围岩。在锚杆拉拔试验中，为了确认围岩部分的锚固力，在衬砌部分不要压注锚固材料。

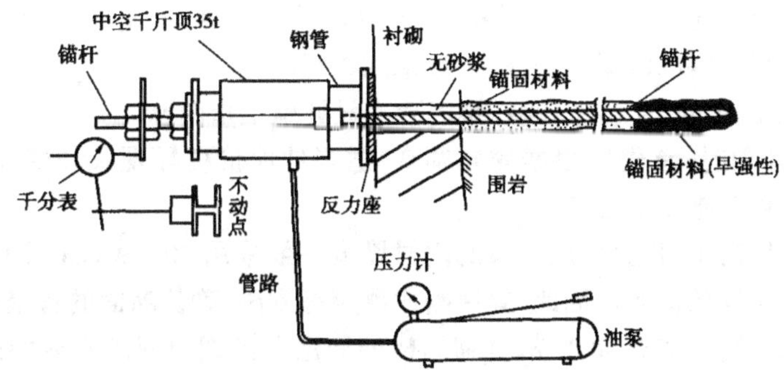

图9-19　锚杆拉拔试验装置

锚杆插入后，应用目视确认锚固材料一直填充到口部。

限界富余小的场合，有把头部埋置在衬砌和内衬中的。一般应把头部切断，露出的部分要进行防锈处理。

不导入预应力的场合，为了确认锚杆充分锚固在围岩中，施工后要进行拉拔试验。拉拔试验以对策范围的隧道长度每10m取3根为大致标准。

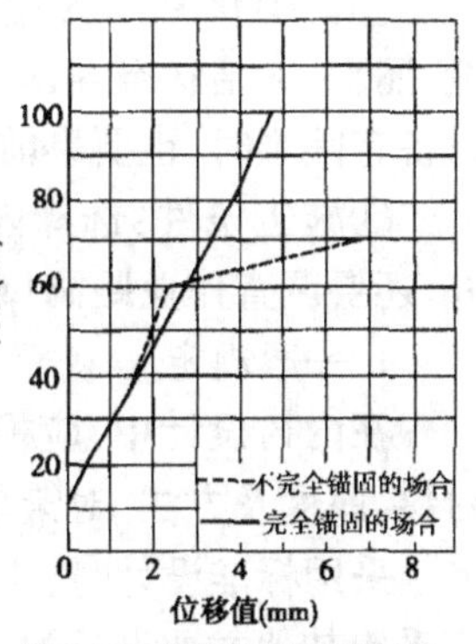

图9-20　锚杆拉拔试验结果

要点八　内衬补强设计

内衬原则上采用钢纤维混凝土（SFRC）。

计划时，应充分调查因地压造成的变异现象、限界富余、衬砌状况及施工条件等。

内衬作为隧道的变异对策,应用较多,其目的是对付地压、衬砌劣化、涌水及冻害等。仅作为地压对策,采用内衬时,应注意以下事项:

(1)作为隧道衬砌补强时,可采用在混凝土中混入钢纤维的内衬,或内衬与拱架补强共同使用,或采用钢筋混凝土的内衬。因隧道的净空断面受到限制,内衬的厚度通常都比较小(150mm以下);同时因作业空间狭小,内衬采用钢筋混凝土结构时,常常不能够确保保护层的厚度。因此,在《隧道变异对策设计手册》中,内衬原则上采用纤维混凝土。

纤维混凝土所用的纤维材料有钢纤维、玻璃纤维、尼龙和树脂纤维等。但因采用粗集料的混凝土补强,一般采用钢纤维。

SFRC施工时,应参考《钢纤维混凝土设计施工指南》。

(2)计划时,首先应根据变异调查,适当地评价变异现象和变异程度。其次应注意调查以下各点:

①限界富余:作为地压对策的内衬厚度一般采用70~90mm以上,限界至少要有这样的富余。因此,要用断面测定等方法,确认断面的富余量。不能确保限界富余的场合,要从衬砌结构的稳定上详细研究凿除表面的可能性。

②衬砌状况:应调查衬砌厚度和衬砌表面的劣化状态、边墙底部的构造、漏水、冻结状态等,取得计划、设计所需的资料;移设和防护隧道内各种设备有困难时,也要事前调查清楚。

③施工条件:选择内衬的施工方法时,除要调查变异程度和限界富余外,还要调查作业距洞口的距离和作业时间等施工条件。

1.一般规定

在内衬设计中,应根据变异程度、限界富余、隧道断面形状、尺寸等,对材料、厚度及方法、对策范围、防止漏水等进行合理的设计。

采用标准设计时,应采用表9-11所示的标准断面。此标准断面也适用于采用其他方法设计的场合。

纤维混入率在1.5%以下的SFRC,抗拉强度大致与混凝土相等。因此,SFRC构件发生开裂的断面力,与混凝土相比并没有很大改善。在SFRC构件中,因钢纤维能够保持开裂发生后的荷载,起到分散开裂的效果,可以期待提高构件的承载力和变形的性能。

图9-21、图9-22是SFRC和混凝土的构件承载力及开裂断面的变形性能的比较。SFRC的效果在轴力比较低的范围内很有效;同时,在相同断面力下,SFRC的变形性能比较优越。

采用解析方法设计内衬时，应重视 SFRC 的性能，即开裂发生后也能够保持荷载的性能。

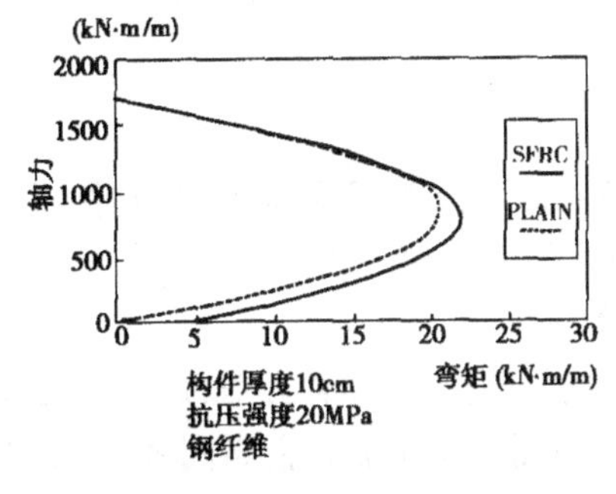

图 9-21　构件承载力

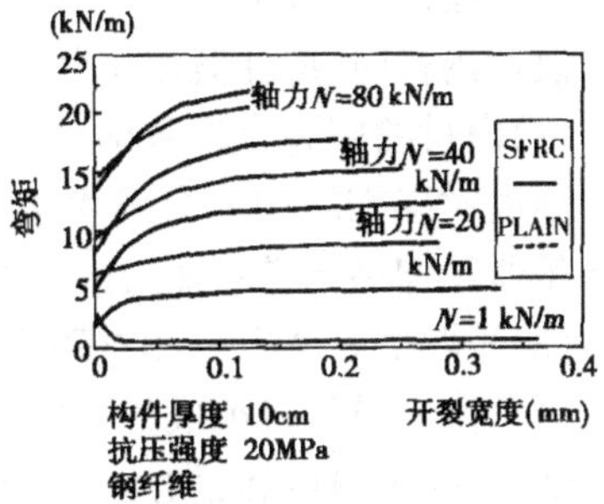

图 9-22　开裂断面的变形性能

2.材料

(1)根据一般施工实践，混凝土设计基准强度原则上采用 18MPa 以上。

(2)钢纤维传递的拉应力，取决于钢纤维的形状、尺寸、混入率及开裂的开口宽度。

随着钢纤维混入率的增加，在开裂断面，由钢纤维传递的拉应力也随之增加，但混入率(容积率)在 1.5% 以上时，会降低泵送的施工性。因此，原则上混入率采用 1.0%。

钢纤维的形状、尺寸不同，开裂断面传递的拉应力也不同。视钢纤维种类不同，抗弯承载力和韧性也不同。在选择钢纤维时，应充分考虑 SFRC 的抗弯承载力、韧性等性能。一般钢纤维长度取粗集料最大尺寸的两倍左右。

3.厚度及方法

在隧道中，净空断面的有限制的，因此要根据限界富余量来决定内衬的厚度。一般来说，隧道的限界富余是比较小的，因此内衬的厚度也很小。

厚度小的场合，从混凝土质量、施工性看，采用现场灌注混凝土施工是有困难的。因此，厚度在 12.5cm 以下的场合，多采用喷射法施工。采用 SFRC 喷射法时，因喷射厚度小和钢纤维回弹、分布不均匀等，而不能获得规定的质量。因此，标准情况是采用 7cm 以上的喷射厚度。

有条件时，也可以采用 RC 预制板施工。

4.对策范围

隧道衬砌是一个衬砌外面被围岩弹性支持的拱形结构，具有很大的承载力。因此，如果局部施做内衬，就不能期待作为拱形结构的承载力的增加。所以，内衬原则上要沿衬砌全周施做。

不得已时，只能在拱部或边墙施做的场合，要采取防止内衬剥离、剥落的措施。

5.其他(结构细节)

设计内衬时，应注意以下几点：

(1)内衬的底脚应设基础。

隧道衬砌在结构上会发生很大的轴力，因此，为了支持轴力，有仰拱的场合是通过仰拱传递断面力的。所以内衬的底脚要设置基础。

(2)采取措施使内衬和衬砌成为一体。

为了使内衬与衬砌成为一体，要用射水等充分洗净衬砌表面，并除去脆弱的部分，挂金属网和锚栓。锚栓最好按 1 根/m 施工。金属网要是露出，会成为腐蚀、开裂、剥落、剥离的原因。

(3)内衬厚度在 100mm 以上时，应与补强拱架并用。

内衬厚度能够确保 100mm 以上的场合，从增强补强效果、防止混凝土剥离剥落的效果看，应与补强拱架同时施工。

(4)有漏水和冻害的场合，应采取防止漏水或冻害的措施。

隧道内漏水的发生率是很高的。漏水会浸透混凝土，引起化学反应；在寒冷地区，水分有可能冻结。这些会成为混凝土劣化的原因。为此，在有漏水和冻害的场合，要采取防止漏水和冻害的措施。

内衬的设计例如图 9-23 所示。

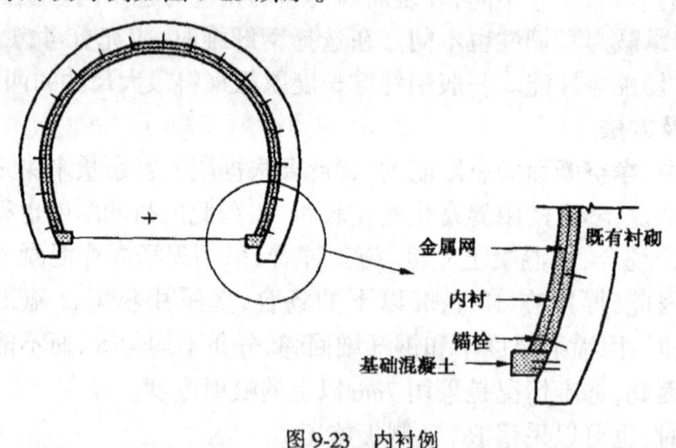

图 9-23 内衬例

要点九 补强拱架设计

补强拱架，一般与内衬同时使用。

计划时，应充分调查变异现象、限界富余、衬砌状况及施工条件等。

补强拱架，除了以抵抗地压为目的外，还有防止劣化衬砌剥落和补强有效厚度小的衬砌的目的；同时也可以作为回填压注时的防护措施。

补强拱架以抵抗地压为主要目的，但其他情况也可以参考。

补强拱架单独使用的补强效果很小，与韧性的内衬并用，会增强其效果；在地压规模小的场合，与能够防止剥落的金属网并用也是可能的；在地压较大的场合，也可以与内衬并用。

补强拱架单独使用时，应调查衬砌的剥落状况。

设计补强拱架时，应充分研究以下条件进行设计：

·材料；

·尺寸及间距；

·对策范围；

·其他(结构细节)

在补强拱架的设计中，要根据变异程度、限界富余、隧道断面形状、尺寸等，合理地设计材料、尺寸及间距、对策范围和底脚、楔紧、接头等结构细节。

采用标准设计时，应采用表 9-11 的标准断面；采用其他设计方法时，也可参照此标准断面。

单独采用补强拱架的场合，如果地压规模小，可采用计算方法设计补强拱架。

1.材料

补强拱架的材料，应具有足够的刚性、延伸度大、弯曲和焊接的加工性好等性能。

补强拱架的材料，应从表 9-20 中选择具有合适刚性的材料。钢材，作为补强拱架用，一般多采用 H 型钢。材质应符合有关规定的要求。弯曲加工应采用易于管理的冷弯加工。

2.尺寸及间距

确定补强拱架所采用的钢材尺寸及间距应考虑以下条件：

·变异程度；

·隧道断面形状、尺寸；

·限界富余；

·施工条件：

补强拱架从弯曲加工和洞内作业的角度看，一般多采用 H100 ~ H150、间距 1 ~ 1.5m 的标准情况。基于此，补强拱架的尺寸及间距，除需要很大刚性的场合、防止剥落的场合、需要更小的断面的场合外，一般可以表9-21的范围作为大致的标准。

补强拱架的规格 表9-20

类型	尺 寸(mm)	断面积 A (cm^2)	单位质量 W (kg/m)	惯性矩 I (cm^4)	断面系数 Z (cm^3)	最小曲率半径 R(cm)
H型钢	H-90×90×6×8	21.59	16.9	378	75.6	120
	H-125×125×6.5×9	30.00	23.6	839	134	150
	H-150×150×7×9	39.65	31.1	1620	216	200
[型钢	[-90×50×5×7.5	11.92	9.36	189	37.8	
	[-125×65×6×8	17.11	13.4	425	68	
	[-150×75×9×12.5	30.59	24.0	950	140	
L型钢	L-75×76×6	8.727	6.85	46.1	8.47	
	L-90×90×7	12.22	9.59	38.3	11.0	
	L-90×90×9	19.00	14.9	175	24.4	

补强拱架的尺寸及间距的基准 表9-21

应用场合 \ 断面种类		补强拱架尺寸 单线	补强拱架尺寸 双线	间 距
单独使用的场合	防止衬砌剥落	H100	H125	1～1.5m
	地压小的场合	H125	H150	1～1.5m
与内衬并用的场合		H90～125	H125～H150	1.2m

3.对策范围

补强拱架，原则上应从边墙底脚到拱部沿隧道全周采用。

一般来说，补强拱架在断面方向的对策范围，包括只在拱部，边墙底脚至拱部，包括仰拱的全周等。从补强效果看，全周设置是最好的，但在轨道下方施工是不现实的。此外，只在拱部设置的场合，要采取使补强拱架与衬砌成为一体的措施。因此，除特别场合外，应采用从边墙底脚到拱部的设置方法。

4.其他(结构细节)

(1)补强拱架的底脚，应确实固定，不能移动。

补强拱架的底脚应牢固固定，同时应能够充分支持上部传递来的荷载。底脚固定的方法可采用混凝土等充分固定在路基上的方法等(图 9-24)。

(2)衬砌和补强拱架应用楔块确实楔紧，使之成为能够传递荷载的结构。

衬砌和补强拱架间的楔块，应确实地施工，以便把荷载传递到补强拱架上。楔块脱落时，会降低补强拱架的补强效果和形成偏压等，因此应采取防止脱落的措施。此外，也可以用填充无收缩砂浆的方法代替楔块。

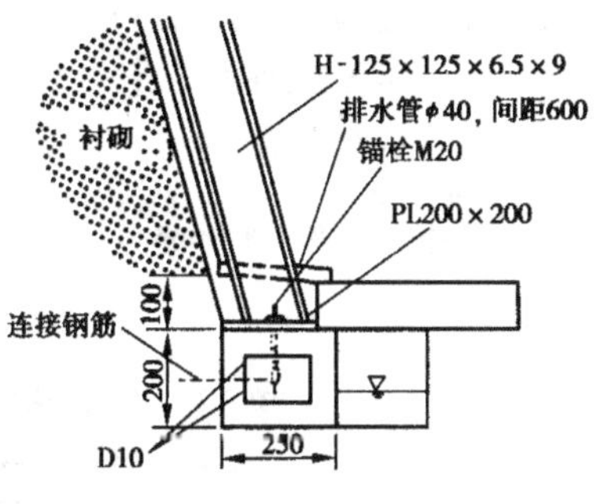

图 9-24　底脚固定的方法(单位：mm)

(3)补强拱架单独采用的场合，应与金属网、锚栓等并用，以防止衬砌脱落。

(4)补强拱架，必要时应采取适当的防锈措施。

补强拱架的 H 型钢，在洞内潮湿的环境条件下，易于生锈，应采取防锈措施。

(5)补强拱架的接头位置及构造应合理。

补强拱架的接头，应根据其形状、尺寸、施工方法等分割成几段。接头处是结构上的弱点，其位置、连接机构应根据隧道断面、形状等进行设计。图 9-25 表示一个接头的事例。

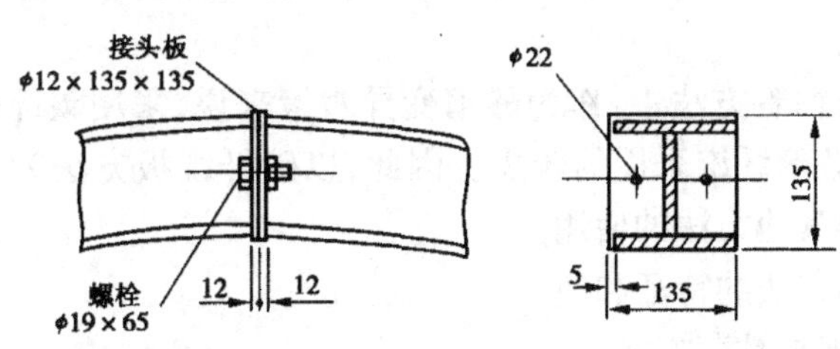

图 9-25　补强拱架的接头(单位：mm)

(6)架设补强拱架时，用规定的方法架设在预定的位置上。架设时，为防止倾倒，应设置必要的联系构件(图 9-26、表 9-22)。此外，与内衬并用时，联系构件也可以用螺栓代替。

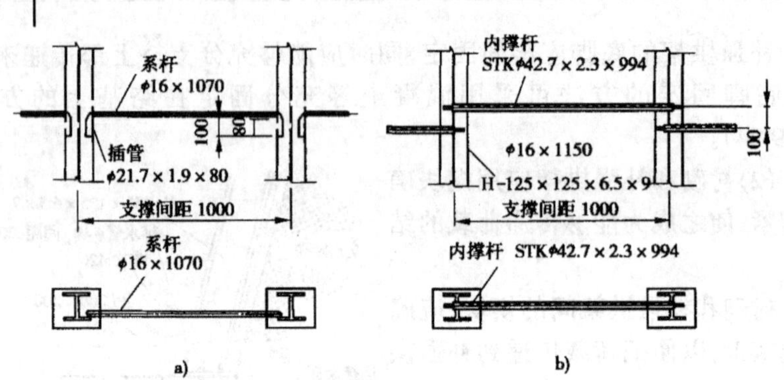

图 9-26 补强拱架的联系构件(单位:mm)

a)插管方式;b)内撑杆方式

联系构件的设计例 表 9-22

种 类	径间钢管	联系螺栓
H100 H125 H150	60.5mm×2.3mm	16~22mm

要点十 内表面补强设计

一、方法和调查

内表面补强方法有碳纤维、尼龙纤维、玻璃纤维等纤维板粘着方法和钢板粘着方法。

纤维板粘着方法中,作为隧道变异对策来说,采用碳纤维板的比较多,尼龙纤维、玻璃纤维采用的较少。因此,以碳纤维板方法为主体加以说明,但也不妨碍其他方法的使用。

1.各种方法的特征和注意点

(1)纤维板粘着方法

①净空断面的确保

·纤维板粘着方法如图 9-27 所示,是粘着非常薄的纤维板的方法;

·与其他补强方法相比,是净空断面减少最小的方法。

②补强效果

·因在衬砌内表面粘着纤维板,可以承受内表面产生的拉应力;一般来

说,可以控制弯曲开裂的开口;

·有防止剥落的效果。

③施工性

·含浸粘着树脂的粘着作业是施工的中心环节,施工比较容易;

·只用手工作业,不需要大型机械等,不受施工空间的制约;

·纤维板能够比较灵活地适应结构物的形状;

·可根据层数的增减,调节补强量;

·重量轻、可搬性好、易于搬入、施工容易。

④耐久性、耐腐蚀性

·不生锈;

·因被树脂覆盖,能够防止衬砌的劣化。

⑤注意点

·受压力的场合,不能期待补强效果;

·含浸粘着树脂是可燃物;

·衬砌混凝土劣化严重、混凝土强度小的场合,不能期待补强效果;

·含浸粘着树脂的强度发现,需要时间,因此,要使施工过后在列车的风压的作用下不发生剥离现象,就要采取防止剥离的措施;同时,在施工环境寒冷的场合,粘着强度的发现需要很长时间,更要引起注意;

·玻璃纤维、尼龙纤维没有导电性,碳纤维有导电性。

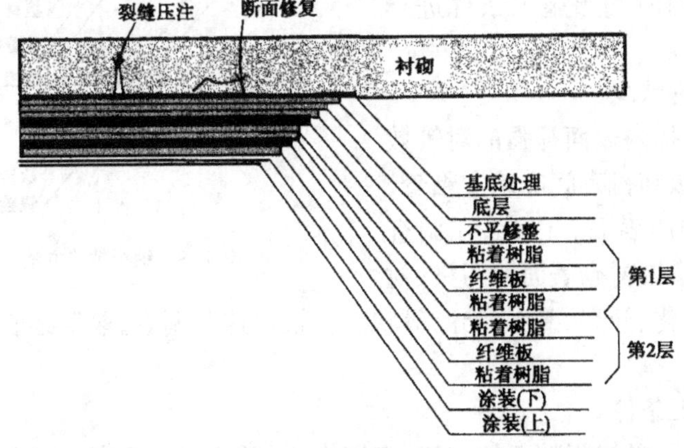

图 9-27　纤维板粘着方法

(2)钢板粘着方法

①净空断面的确保

·钢板粘着方法如图 9-28 所示，是把钢板粘着在衬砌表面的方法。为确保钢板和衬砌间有数毫米的树脂厚度，安装时用锚栓固定。为此，与纤维板粘着方法相比，会损失净空断面；

·但与其他补强方法相比，净空断面的减少仍是比较少的。

②补强效果

·衬砌内表面用钢板粘着，可承受内表面产生的拉应力，特别是能够控制弯曲开裂的开口；

·有防止剥落的效果。

③耐久性、耐腐蚀性

·因被钢板覆盖，能够抑制衬砌的劣化。

④注意点

·钢板比纤维板的密度大，施工性差；

·衬砌混凝土劣化显著、混凝土强度小的场合，不能期待补强效果；

·钢板会腐蚀，应定期进行涂装；

·有导电性。

2. 调查

计划时，应根据变异调查，适当评价变异现象及其程度。采用内表面补强方法时，应对劣化的衬砌表面状态、天窗时间等施工条件进行充分的调查。

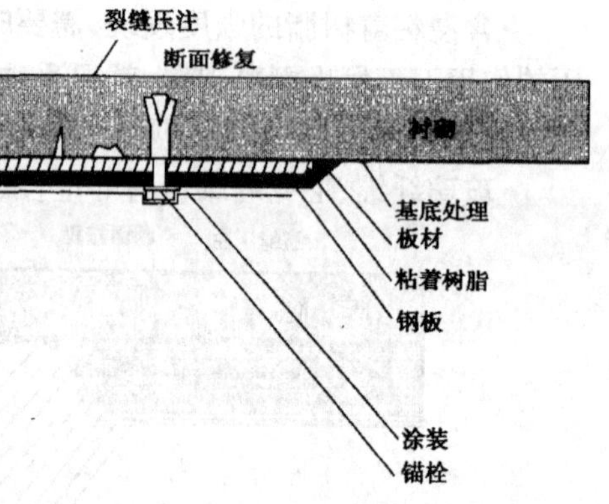

图 9-28 钢板粘着方法

(1)衬砌状况

为了发挥内表面补强的对策效果，板及钢板和衬砌间应确实粘着，要满铺衬砌的表面。因此，在调查中，要切实掌握衬砌表面的污染、衬砌材料的劣化、开裂、漏水、结露等状态。根据这些调查，取得必要的设计资料。

(2)施工条件

因是用环氧树脂粘着的方法，掌握作业可能时间(天窗时间和搬入搬出距离)和洞内气温是很重要的；同时也要调查通风条件、电缆等洞内设备的状况。

二、碳纤维板粘着方法

若采用碳纤维板粘着方法，设计时应充分研究以下项目：

·材料；

·层数和接头构造；

·对策范围；

·其他（结构细节）。

采用碳纤维板粘着方法时，为了发挥碳纤维板的补强效果，应对板和含浸粘着树脂等材料、层数及接头构造、对策范围、结构细节等进行设计。在施工对象范围内存在衬砌开裂及缺陷、背后有空洞等情况时，会损伤补强效果或显著降低衬砌的承载力，因此，事先要规定处理的方法。

1.材料

(1)碳纤维板

碳纤维板的质量规格见表9-23。

碳纤维板的质量规格　表9-23

项　目	规　格	项　目	规　格
弹性系数(MPa)	1.9×10^5以上	抗拉强度(MPa)	2400以上

碳纤维板的弹性系数、抗拉强度是按碳纤维板含浸粘着树脂含浸后硬化的CFRP测定的。即使采用同样碳纤维板的场合，因板的成形方法等的不同，其弹性系数、抗拉强度也会不同。因此，应用板和树脂的复合材料进行测定。

施工后的CFRP的厚度，因施工条件不同而不同。因此，弹性系数、抗拉强度、设计厚度，应采用按板中的碳纤维的断面积求出的数值。板中的碳纤维断面积是根据纤维质量和碳纤维的相对密度求出的。抗拉强度是取材料试验(破断强度的平均值减去3倍标准差)，弹性系数取材料试验的平均值。

碳纤维板应采用具有表9-24所示的各种性质的产品。

碳纤维板的性质　表9-24

项　目	试验方法等	项　目	试验方法等
纤维质量(g/m^2)	以J15 K7071为准	抗拉强度(MPa)	以J15 K7073为准
设计厚度(mm/枚)	按纤维质量和相对密度计算	弹性系数(MPa)	以J15 K7073为准

碳纤维板的碳纤维质量，一般采用一个方向上为200g/m^{2}以上。

(2)基底处理材料

对结构有害的开裂和产生漏水的开裂，应采用合适的压注材料进行处理。压注材料主要包括环氧树脂和水泥系的材料。根据开裂宽度和压注方法，使用粘度适当的材料。

止水材料是防止从隧道衬砌开裂部分漏水的材料。其代表性的材料列于表9-25。

一般的止水材料　　表9-25

项　目	名　称	主要成分	特　征
无机系	速凝性止水材料	超速效性无机系化合物水泥	·短时间硬化； ·致密的硬化体； ·粘着性好
有机系	耐久性压注止水材料	丙烯系聚合物水溶液	·双液反应型； ·耐久性好
	树脂压注止水材料	单液性聚胺脂	·混凝土粘着面大； ·耐久性好

(3)底层

底层是确保衬砌和碳纤维板切实粘着的材料，应采用符合表9-26规定的材料。

底层的质量规格　　表9-26

项　目	规　格	试验用基板	试验方法
粘着强度	1.4MPa以上	砂浆板	以J15 K5400为准

底层是为使衬砌和碳纤维板成为一体而采用的，因此，其与衬砌之间应有充分的粘着强度。

底层应进行适当的质量管理，要明确其性质(表9-27)。

底层的性质　　表9-27

项　目	试验方法等	项　目	试验方法等
混合比	用质量表示	可使用时间	温度上升法(250g)
相对密度		混凝土粘着强度	以J15 K5400为准
粘度	以J15 K6833为准		

(4)含浸粘着树脂

含浸粘着树脂应能够确实地含浸碳纤维板,能充分发现碳纤维板的弹性系数、抗拉强度,确保作为 CFRP 的粘着强度、接头强度,而且具有能够向上作业的粘度。

含浸粘着树脂,应采用符合表 9-28 规格的产品。同时,注意低龄时的强度。

含浸粘着树脂的质量规格　表 9-28

项　目	规　格	项　目	规　格
抗拉强度	29MPa	拉剪强度	9.8MPa
抗弯强度	39MPa		

碳纤维板在纤维间被树脂良好含浸的状态下,可以发现碳纤维和树脂的复合材料(CFRP)的强度、弹性系数。含浸粘着树脂可以传递来自衬砌表面的剪力,发现补强效果;在碳纤维板的纤维方向的接头处,能够传递纤维板间的应力。含浸粘着树脂,原则上采用长时间使用后的物性劣化小的材料。满足这些条件的材料,目前一般采用环氧树脂。

为了把纤维板粘着在衬砌表面,含浸树脂应对碳纤维板具有良好的含浸性。同时,在向上作业、垂直壁面上作业时,不发生树脂流淌,而且从碳纤维板贴附到含浸粘着树脂硬化期间,要保持确实的粘度。为此,施工时应具有适当的粘度。此粘度会因温度而异,施工时应根据预计的施工温度选择合适的树脂材料。

含浸粘着树脂应进行适当的质量管理。为进行管理,应明示表 9-29 所列的性质。

含浸粘着树脂的性质　表 9-29

项　目	试验方法等	项　目	试验方法等
混合比	用质量比表示	粘度	J15 K6833
相对密度	J15 K7112	可使用时间	是温度上升法

一般来说,在铁路隧道中,纤维板施工过后含浸粘着树脂未硬化前,纤维板可能因列车风而剥离。因此,要很好地掌握剥离强度,以选择树脂。

根据情况,端部或用机械方法固定,或用速硬性树脂等压紧。在新干线的隧道中,纤维板一般都采用机械固定的方法。

(5)表面整平材料

表面整平材料的质量规格见表 9-30。表面整平材料应能够确保与底层、含浸粘着树脂的充分粘着。表面整平材料，是为使长期表面比较小的凹凸平滑化而采用的，因此，应具有适当的粘度、粘着性。

表面整平材料的质量规格　　表 9-30

项　目	规　格	试验用基板
粘着强度	1.4MPa	砂浆板

为了确保 CFRP 和衬砌成为一体，表面整齐材料应与底层具有同等的粘着强度，可以采用环氧树脂腻子。

表面整平材料应进行适当的质量管理。为此，应明示表 9-31 所列的性质。

表面整平材料的性质　　表 9-31

项　目	试验方法等	项　目	试验方法等
混合比	用质量比表示	粘度	
相对密度		可使用时间	

(6)断面修复材料

断面修复材料是为了对衬砌不良处被凿除部分或已剥落部分进行断面恢复而采用的材料。在内表面补强中，为了确保和衬砌成为一体，断面修复材料应具有充分的粘着力，并具有与母材同等的强度。断面修复材料如表 9-32 所示，根据缺损部分的大小和深度，最好采用树脂系或水泥系的材料。

断面修复材料的选择　　表 9-32

材　料	大面积缺损				小面积缺损		
	深度(mm)				深度(mm)		
	大于 25	12～25	3～12	3 左右	12～25	6～12	3 左右
混凝土 喷混凝土 水泥砂浆	○	△			△		
聚合物水泥砂浆		○	○		○	○	
环氧树脂砂浆			○	○		○	○
环氧树脂腻子				○			○

2.层数和接头构造

(1)板的层数

在通常场合,沿周向及轴向各设一层碳纤维板,相互直角搭接。如果采用解析方法认为一层不足的场合,可在周向采用多层碳纤维板,在轴向仍然采用一层。只采用一层一个方向的纤维板时,会在纤维方向裂开,而从衬砌上下垂。因此,采用一个方向的纤维板时,拱顶及板的端部要用机械方法固定好。

(2)接头构造

为了展开碳纤维板,要将其切断成合适的长度。必须切断板时,在纤维方向会有施工接头,纤维板的应力通过含浸粘着树脂传递到纤维方向。一般情况下的接头构造示于图 9-29。

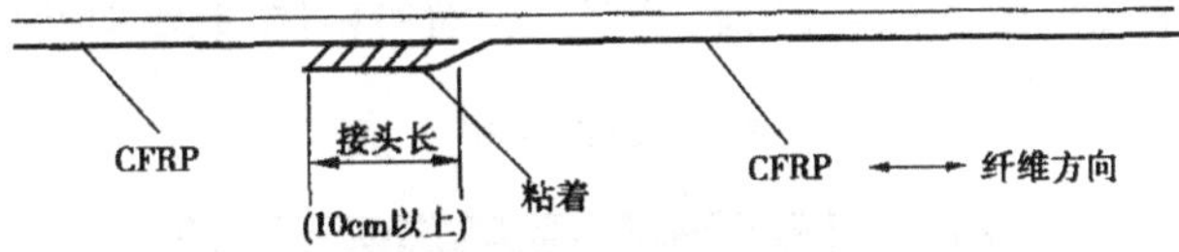

图 9-29　纤维板的接头构造

接头的搭接长度如在 5cm 以上,接头强度大致可以达到板的抗拉强度;长度在 5cm 以下,接头强度随接头长度而急剧变化。为了获得稳定的强度,最小接头长度取 10cm 以上(图 9-30)。

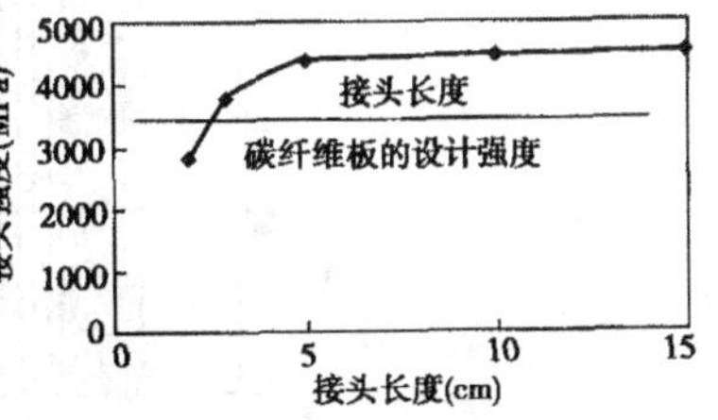

图 9-30　碳纤维板的接头强度

原则上,施工接头应避免设置在衬砌开裂的部位。多层的场合,为了避免应力集中和接头强度不足,接头不要设置在同一个位置上,只要离开 10cm 以上就可以了(图 9-31)。

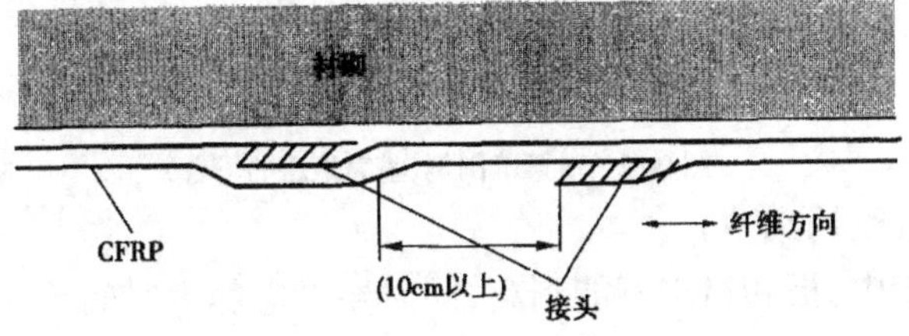

图 9-31　多层场合的重叠接头

接头重叠的数量,要在计划中确定。接头通常只在纤维方向设置;与纤维垂直的方向没有传递应力的必要，一般可不设接头；但板的端部因易于剥落，必要时要进行端部处理。

3.对策范围

采用碳纤维板粘着方法，设定其对策范围时，应考虑变异原因（地压的方向）、变异现象（变异程度）、隧道结构（施工接头的位置等）等。基本上，应根据变异原因按以下原则设定：

（1）塑性地压或偏压的场合：从边墙底脚到拱部全周设置。

在塑性地压或偏压的场合，受到压应力的拱部不能期待补强效果，要避免碳纤维板端部的应力集中和防止拱部的剥离，可只在拱部设置。

（2）垂直地压的场合：拱部全面设置（图 9-32）。

先拱后墙的场合，要在掌握拱和边墙施工缝的基础上，决定对策范围。特别是在垂直地压的场合，只取拱部作为对策范围时，要处理好施工缝。

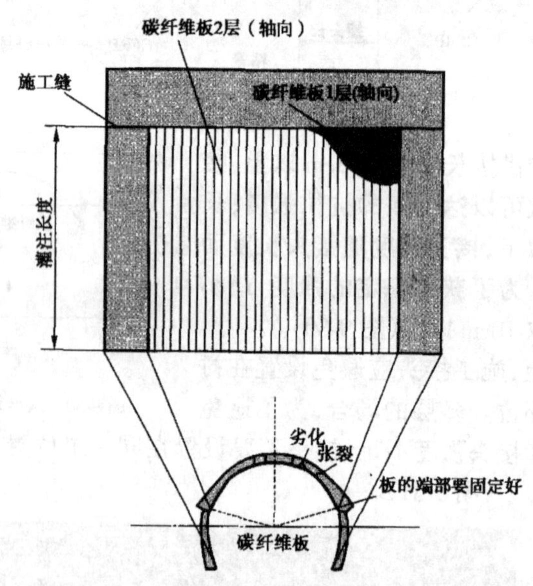

图 9-32 对策范围例（垂直地压的场合）

4.其他（结构细节）

（1）施工中，板和衬砌不能剥离，同时要考虑养生时间等，必要时应采取适当的措施。

用粘性支持自重的粘着后的板，在树脂硬化前，端部容易剥离 。在运营的隧道中，应限制在树脂强度没有发现前开放列车的运行。为此，施工中应使粘着的板不能剥离，而采取适当的措施。在这种场合，应研究对策的必要性；如有必要，应提高环境温度，采用速干性的材料或用压板临时固定等对策。

在新干线隧道中采用本方法时，考虑到很大风压的作用，板的端部都用临时压板(图 9-33)固定好。

(2)采用碳纤维板粘着方法时，应研究表面清扫、修补开裂、漏水处理和表面整平等的必要性。

为了确实地粘着板和衬砌，应在做底层前进行必要的基底处理。根据衬砌的状况，可以进行断面修复、开裂和漏水处理、表面整平等衬砌的前处理。

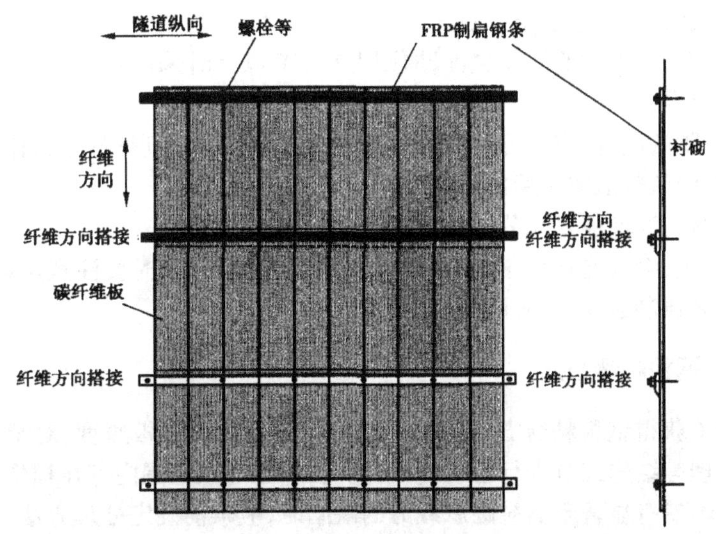

图 9-33　防止剥离用的压板

①断面修复：判断有可能损伤补强效果或可能使衬砌承载力显著降低的缺损部分和材料劣化部分的场合，应事前研究包括修复对象范围及材料在内的处理方法。

②修补开裂：施工范围内有开裂的话，会损伤补强效果或衬砌承载力可能显著降低，在此情况下，应事前研究包括对象范围及材料在内的处理方法。

③漏水处理：衬砌表面漏水出现流下的状态时，即使使用湿润的底层，板的粘着也可能有不完全的现象。同时，施工后从衬砌渗出的漏水，对板有妨碍，有可能形成水溜，冬季时会冻结。因此，表面的漏水，或是止水，或是

导水集中排出。大量涌水时，为降低地下水位，可采用排水孔等排水措施。

④表面整平：衬砌表面有凹凸时，会影响板和衬砌的密着性。为使之平滑，应除去不平整的部分。

(3)粘着树脂应选择具有规定的要求性能，而且使用后也能保持充分性能的材料。

作为粘着剂，有环氧树脂、尿烷树脂、丙烯树脂、合成橡胶系、聚脂树脂等；此外，还包括MMA(甲基丙烯酸基)树脂系的速硬化树脂。其中，环氧树脂在粘着性、机械强度、耐水性、耐碱性、尺寸稳定性等方面都比较好；但耐紫外线、剥离强度等方面较差。综合地看，在土木工程中，环氧树脂是应用较多的粘着材料。

使用时，应注意以下几点：

·温度：施工时要注意温度，原则上在5℃以上时采用；5℃以下的场合，要考虑保温；

·树脂的混合：应在可使用时间内混合；主剂、硬化剂按规定的比例计量混合，在确认气泡减少后使用；

·贴附：纤维板要充分地含浸在粘着剂中；

·通风：含有有机溶剂的粘着剂、底层，在洞内作业时要注意通风，必要时应采取强制通风；同时严禁使用火。

三、钢板粘着方法

为了获得钢板粘着方法的补强效果，应对材料、钢板厚度、对策范围及基底处理等结构细节进行合理的设计。在施工对象范围内存在损伤补强效果的缺陷或有显著影响衬砌承载力的缺陷时，应事前确定处理方法。

采用标准设计的场合，应采用表9-12所示的标准断面。采用其他方法时，此标准断面也可作为参考。

1.材料

(1)钢板

内表面补强用的钢板，不需要高强度，可以SS400为准。

(2)钢板的基底处理材料

为了提高钢板粘着面侧的粘着效果，对生锈要进行适当的基底处理。

(3)板材和粘着树脂

板材要能承受粘着树脂的压注压力，同时对混凝土和钢板要有充分的粘着强度。因此，在使用良好质量的材料的同时，也要注意仔细施工。板材的质量规格见表9-33。

粘着树脂对传递衬砌表面的剪力、发现补强效果是非常重要的。因此，粘着树脂原则上要采用长时间使用不劣化的材料。因采用压注施工，粘着树脂要有适当的粘度。粘着树脂的粘度是随温度而变化的。因此，施工时要根据预计的施工温度，选择具有良好粘度的粘着树脂。同时，粘着树脂应进行适当的质量管理。为了进行质量管理，要明示表9-33所列内容。

钢板粘着方法采用的粘着材料的质量规格　表9-33

项目		单位	粘着树脂	板材	试验方法
未硬化的粘着剂	粘度	mPa·s	900~7000	—	
	流淌		—	没有流淌	垂直流淌试验
	可使用时间	min	30以上	60以上	温度上升法
硬化的粘着剂	相对密度		1.2	1.7	
	压缩屈服强度	MPa	50以上	50以上	
	压缩弹性系数	MPa	1×10^3以上	1×10^3以上	
	抗弯强度	MPa	40以上	35以上	
	抗拉强度	MPa	20以上	20以上	
	拉剪强度	MPa	10以上	10以上	
	冲击强度	kJ/m²	0.15以上	0.15以上	
	硬度	HDD	80以上	80以上	

2.钢板厚度和构造

(1)若钢板较薄，施工时会因树脂压注而产生很大的挠度，会出现施工精度的问题。但钢板厚度超过6mm也不能期待较大的补强效果，这已经为试验和计算所证实。此外，钢板重量大，施工时要增加钢板的分割数，效率也会变差。因此，钢板厚度以4.5mm为标准。

(2)钢板不连续时，会产生很大的应力集中，因此钢板要加以连接。一般场合的接头构造示于图9-34。钢板的连接，从施工角度看，应以现场接头为标准。

(3)从衬砌表面不平整及树脂压注的施工性看，平均树脂厚度以3~5mm为标准。

(4)锚栓的作用是施工时固定钢板,控制树脂压注时发生的挠度,因此,锚栓应采用《隧道变异对策设计手册》规定的产品。锚栓按直径取 M9 ~ 12,锚栓使用个数取 7 个/m^2;最大锚栓间距取 50cm 以下。

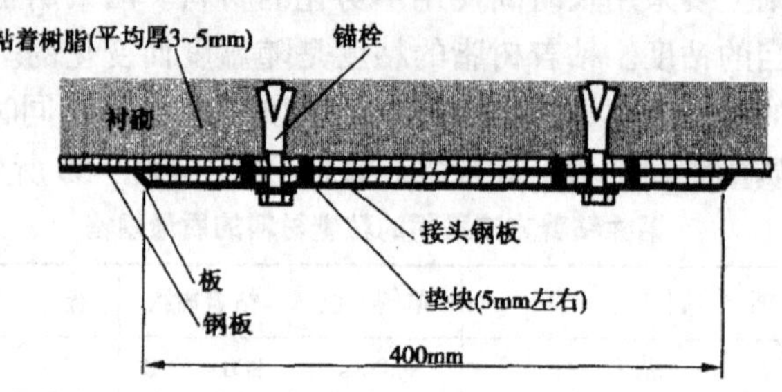

图 9-34 钢板的接头构造

3.对策范围

钢板粘着方法的施工范围,原则上为全断面。根据变异原因、地压分布、衬砌结构等,也有以隧道一部分断面为对象的可能。但在这种场合,应采用解析方法研究钢板端部的应力集中的不利影响。

4.其他(结构细节)

采用钢板粘着方法时,应研究断面修复、开裂修补、漏水处理及表面整平等的必要性。

粘着树脂要采用符合规定的基本要求和运营后也能保持充分性能的材料。

粘着树脂应从钢板底端开始,用锤一边检查,一边确认气泡、树脂是否喷出。

第十部分 沉管隧道维修管理

目前,世界各国用沉管施工方法已修建了200多座穿越江河、海底的交通隧道,在养护维修管理工作中积累了丰富的经验,建立了比较合理的养护维修管理体制。这些经验这对我们进行沉管隧道的维修管理工作是很有参考价值的。

从第一座沉管隧道兴建至今,已有百余年的历史。兴建的沉管隧道基本上都处于良好的使用状态,投入的维修工作量是比较小的。这与管段的工厂化制造、精心施工有很大关系。根据国际隧协1997年的沉管隧道报告,在一些有或没有薄膜的荷兰沉管隧道中,出现有穿过底板、墙体和顶板的较小的漏水。调查表明:没有出现严重的漏水,只有一些小的水滴。此外,有的隧道也曾出现较小的基础下沉。处于地震区的沉管隧道,在已发生的地震条件下,都是安全的。

总之,从既有文献资料看,沉管隧道尚未发现有威胁运营的变异现象出现。

一、国内外沉管隧道维修管理工作的状况

作为交通用的沉管隧道,其通常的维修管理方法及设施,与用其他施工方法建成的山岭隧道、水底隧道等,原则上是相同的。但由于沉管隧道的特殊性,也给养护维修管理工作带来一些新的课题,如:

·接头是沉管结构物的薄弱环节,特别是柔性接头,必须进行经常地和定期地监视;

·沉管结构的埋深一般不大,故必须要考虑地震、海啸和河床冲刷对结构物的影响;

·沉管隧道的基础下沉和漏水、结构物的变异等也是养护维修中的重要问题,必须经常监视、检测等。

下面我们介绍几座沉管隧道的养护维修和管理情况,以作参考。

1.日本东京港沉管隧道

(1)经常性检查

经常性检查的项目、方法列于表10-1。

经常性检查 表10-1

检查部位		检查项目	检查方法	检查频率	
				定期检查	巡回检查
主体	混凝土	开裂 漏水	目视、开裂宽度测定	每年两次	每年两次
	端部钢壳	腐蚀 漏水	目视、锤击检查	每年一次	每年一次
接头	接头的移动(相对位移)	轴向、垂直、水平向的伸缩量,温湿度	用游标尺测定接头的变化	每年两次	
	Ω钢板	钢板的腐蚀、焊接处的损伤	目视	每年一次	每年一次
	竖井至管体连接缆的锚固处	腐蚀	目视、锤击检查	每年一次	
地层	地基下沉	管底和砂浆面的空隙、垂直位移; 洪积砂砾层标高; 洪积砂砾层的地下水位	下沉管、 水准测量、 下沉计、 水位计	每年一次	
	上载土砂	土砂的堆积	声波探测	每5年一次	

(2)地震时的检查

地震时的检查项目、方法列于表10-2。

地震时的检查 表10-2

检查部位		需要检查的状态	检查项目	检查方法	注意事项
主体结构检查	混凝土构件	震度Ⅳ(20~80gal)以上的地震	开裂、漏水、剥离	参考经常性定期检查、目视及锤击检查	隧道横断面可能发生开裂,应注意检查
	钢构件	震度Ⅴ(80~250gal)以上的地震	漏水、变形	参考经常性定期检查、目视及锤击,变形量测	发生大规模地震时,Ω钢板会因拉力而变形,应注意检查

续上表

检查部位		需要检查的状态	检查项目	检查方法	注意事项
接头构件检查	接头变形	震度 III(8 ~ 25gal)以上的地震	轴向伸缩量,上下、左右的位移量	参考经常性定期检查	在 III 度地震时,实际上,可实施经常性检查
	Ω钢板	震度 IV 以上的地震	Ω钢板的变形焊接处的损伤	目视检查、参考经常性检查	必要时,应采用超声波探测
竖井至管段间连接缆的锚固处		震度 VI(250 ~ 400gal)以上的地震	螺栓损伤、缆绳损伤	目视及锤击检查	螺栓、缆绳损伤时,应设置易于判别的标志
其他部位检查	沉管支持地层	震度 III 以上的地震	与经常性检查相同	参考经常性检查	
	上载砂土	震度 IV 以上的地震	确认覆土厚度(1.5m 以上)	参考经常性检查	
	沉管移动	震度 V 以上的地震	垂直方向的移动、水平方向(蛇行)的移动	参考经常性检查、测量方法	
	地下水位	震度 IV 以上的地震	洪积砂砾层的地下水位	参考经常性检查	
	地层下沉	震度 IV 以上的地震	管段位置的地层标高、洪积砂砾层的标高	参考经常性检查	

(3)火灾等异常事故发生时的检查

发生异常事故的检查项目、方法见表10-3。

火灾、爆炸、异常潮位、车辆事故发生时的检查　　表10-3

异常事故	检查部位		需要检查的状态	检查项目	检查方法	注意事项
火灾发生时的检查	主体的检查	混凝土构件	火灾发生时必须进行	开裂、剥离	参考经常性定期检查、目视及锤击	
		钢结构(端部钢板)	接头及其附近发生火灾时	变形	目视检查;有变形时,测定变形量	一般说,温度超过20℃时,涂层开始变色劣化,可作为检查的大致标准
	接头的检查	Ω钢板	接头及其附近发生火灾时	钢板变形、焊接处损伤	目视、目视及锤击	
爆炸事故时的检查	主体的检查	混凝土构件	事故发生时必须进行	开裂、漏水、剥离	参考经常性定期检查,目视及锤击	爆炸荷载,一般是短期荷载,容许的荷载值由内壁的弯曲应力决定,其值约为0.1MPa
		钢结构(端部钢板)	接头及其附近发生事故时	漏水、变形	参考经常性检查、参考火灾时发生的检查	
	接头的检查	Ω钢板	接头及其附近发生事故时	钢板变形、焊接处损伤	参考经常性检查、参考火灾时发生的检查	

续上表

异常事故	检查部位		需要检查的状态	检查项目	检查方法	注意事项
异常潮位发生时的检查	主体的检查	混凝土构件	潮位在HHWL(AP+4.0m)以上时	开裂、漏水	参考经常性检查	
		钢结构(端部钢板)		漏水、变形	参考经常性检查,目视	
车辆事故发生时的检查		混凝土构件	内壁等发现有冲击的痕迹时	开裂、剥离	参考经常性定期检查,目视及锤击	

(4)其他检查

其他检查包括河床疏浚、船舶沉没等的检查。其检查项目、方法列于表10-4。

船舶沉没、隧道上方的海底疏浚等的检查　　表10-4

检查条件	检查部位		需要检查的状态	检查项目	检查方法
船舶沉没及其他	主体结构检查	混凝土构件	锚落在隧道上,或可能有沉船时	开裂、漏水	参考经常性定期检查
	接头检查	接头变形量	隧道上有沉船时	轴向变形量,垂直、水平方向变形量	参考经常性定期检查
		钢板		钢板变形、焊接处损伤	参考地震发生时的检查
	其他检查	沉管移动	隧道上有沉船时	沉管上下动	参考经常性检查
隧道内滞水时		接头变形量	隧道中央部(第5管段)有1m以上的滞水时	轴向及垂直向变形量	参考经常性检查(测量)
		沉管移动		沉管的下沉量	参考经常性检查(测量)

续上表

检查条件	检查部位		需要检查的状态	检查项目	检查方法
土砂疏浚			为确保航道，或在隧道上进行疏浚作业时	确认覆盖层厚度(1.35m)	参考经常性检查(测量)

东京港隧道是一座公路隧道，1976年建成后交付使用，现已经过了十多年了。在十多年的养护维修管理工作中积累了大量的量测和检查资料，这是非常宝贵的。测试表明：隧道柔性接头伸缩量的历年变化状况，大约每年反复变化为3cm左右(主要是由温度变化引起的)。图10-1所示是隧道7、8号管段下沉量。

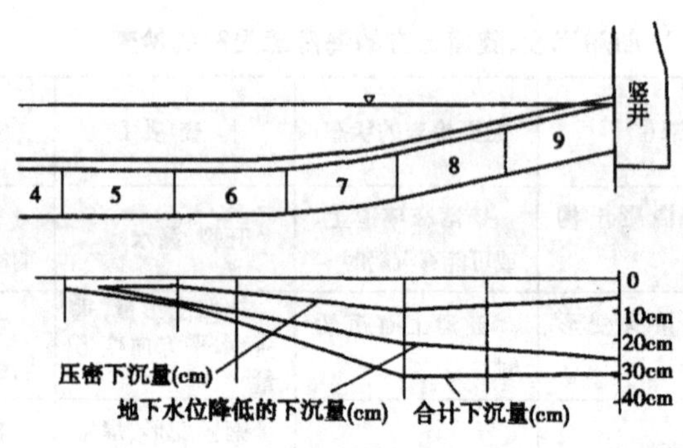

图10-1 7、8号管段附近基面下沉量

2.川崎港海底隧道

川崎港海底沉管隧道是一座双孔+双廊的高速公路隧道。它的养护维修管理工作中的观测、调查内容列于表10-5。

3.东京港第二航道海底隧道

表10-6列出了东京港第二航道沉管隧道在地震时的观测内容和量测仪器及仪器设置。

观测调查事项和内容　表 10-5

观测项目	调查事项、内容	测点数	测定次数	备注
地震动观测	同时观测地震加速度、钢筋应变、混凝土应变，与地震响应计算值对比。 地中地震计——基层面（-60m）和地表面（+25m）的地震加速度测定； 沉管内地震计——测定沉管的地震加速度； 钢筋计——测定地震时钢筋的应变； 混凝土应变计——测定混凝土地震时的应变	扇岛、千町各1个； 1、5、7号管各1个，1、5号管各2个； 7号管轴向2个，横向4个； 1、5、7号管各2个	每次地震记录数据	观测装置设在通风站的地下2层，每年两次定期检查
静态应变观测	沉管隧道的钢筋应变、混凝土应变，采用自动应变计测定，掌握应变状态。 钢筋计——1月30分间隔自动记录； 混凝土应变计——1日30分间隔自动记录	1、5号管轴向各2个，7号管轴向2个，横向4个； 1、5、7号管各2个	地震前后记录，数据定期检查	
管体开裂观测	对管体混凝土应在异常时或定期地进行检查	沉管隧道全体	定期测定每年两次； 异常时——震度IV以上	
下沉观测	在隧道全长，每隔20m设测点，定期地或异常时进行测定	每车道沿全长每隔20m设测点	定期测定每年1次； 异常时——震度IV以上	

续上表

观测项目	调查事项、内容	测点数	测定次数	备注
覆盖层厚度测定	定期地或异常时进行测定，或由潜水员进行调查	隧道航道全长，宽50m	定期调查每年1次；异常时——震度IV以上	
漏水观测	调查漏水状态	隧道全体	定期调查每年2次；异常时——震度IV以上	
柔性接头的位移测定	通风塔和陆岸段的柔性接头处的相对位移要定期测定，x、y、z三个方面	千町、扇岛各2个	定期调查每年2次；异常时——震度IV以上	

量测仪器一览表 表10-6

量测仪名称	量测部位	规格	仪器设置地点	测定项目	测定成分	测定时间
加速度计	地中	防水型、伺服型	AP～42m、13号侧竖井内	测定基层的地震波形、加速度	1台——3成分	地震时
	地表	防水型、伺服型	13号及中防侧竖井内	测定地表的地震波形	2台——3成分	地震时
	管体	防水型、伺服型	3号管电缆通道	测定管体地震时的动态	1台——3成分	地震时

续上表

量测仪名称	量测部位	规　格	仪器设置地点	测定项目	测定成分	测定时间
接头位移计		0~±50mm差动型	各管体的接头处	常时测定接头的间隔，地震时测定接头间隔的变动	7接头——2成分	常时和异常时
表面应变计		0.03~±3000μ差动型	$E_1 \sim E_3$	测定管体的应变（轴向应力）	3断面——2成分	常时和异常时
应变计		±500μ应变计	E_1及E_6		2断面——4成分	E_6只进行常时测定
钢筋计		240MPa的应变计	E_4	测定钢筋应力	轴向1断面——4成分，垂直向1断面——4成分	只进行常时测定

二、沉管隧道维修管理工作的内容

从上面的介绍中，我们可以了解到国外一些沉管隧道维修管理的方法。一般来说，沉管隧道的维修管理工作应包括下面两大部分：隧道主体结构物的维修管理和隧道附属设备的维修管理。

1.隧道主体结构物的维修管理

隧道主体结构物的维修管理主要指沉管隧道的管段的维修管理。其中包括经常保养、综合维修和大修等。综合维修及大修主要是针对隧道内病害的整治而进行的。隧道结构物可能出现的病害有结构变形、结构裂损、结构漏水和路面破损及下沉等。对于沉管隧道，由于管段是在岸上干坞中预制的，在工艺和质量上都有较大的保证，所以管段本身出现裂损、漏水的现象比较少。但管段间的接头处是结构物的薄弱环节，由于某种原因可能会出现一些错动、开裂或渗漏水等变异现象。但总的说来，沉管结构本身的维修工作量是比较少的，这已被国外的沉管隧道的维修工作的经验所证实。对于沉管结构本身，主要是采用各种检测手段和目视或摄影等方法进行日常的检查和观测，如混凝土管段壁面是否有开裂，表面有无剥离、腐蚀等现象等。

因车辆运行密度大、速度高，故应采用和开发研制先进的、可靠的、小型的检测设备进行检测作业。表 10-7 列出沉管隧道可以采用的几个壁面诊断机械手，可供参考。

壁面诊断机械手开发事例 表 10-7

系统名称	大林	大成	鹿岛	竹中
开发时间	1987 年 3 月	1984 年 9 月	1986 年 8 月	1984 年 9 月
检查项目	开裂、钢筋锈蚀	剥离	剥离	剥离等
检查方法	超声波、电位差	反发力分析	打击声解析	连续加振振动测定
特征	移动吸附式，数据自动处理	悬吊式，可探剥离深度	悬吊式，可同时检测表面、深层剥离	附着式，自动记录
尺寸（mm）	走行机：1060 × 830 × 330	打击部：470 × 600 × 400；驱动部：580 × 690 × 380	车体：700 × 1200 × 700；驱动部：1500 × 1500 × 600	走行机：760 × 520 × 225
质量（kg）	走行机：65 系统：150	打击部：32 系统：356	车体：60 系统：180	走行机：21 系统：71.2
移动速度	上升：max5m/min 下降：max7m/min	4 ~ 12m/min	6 ~ 7.2m/min	上升：5 ~ 7m/min

2.附属设备的维修管理

沉管隧道的附属设备有通风井及通风设备、电力设备、照明设备、泵房的排水设备等。对这些附属设备要进行经常地检查、保养与维修，使它们经常处于良好状态。

沉管隧道检测系统，主要是指日常的、定期的检测项目、检测方法或采用的检测设备。沉管隧道日常的和定期的检测项目、检测方法或采用的检测设备分别说明如下：

(1)隧道渗、漏水监测系统

隧道渗、漏水监测系统重点是对管段的接头处(包括岸边段与竖井的接头处)，测试项目是漏水地点、范围、漏水状态(渗水、滴水、涌水、漏水)、渗漏水量、水质状况、是否对管段结构有腐蚀作用等进行监测。

(2)隧道下沉及基础状态的检测系统

沉管隧道的沉降，有的是由地基产生的，有的是由基础产生的，也有由地基和基础共同产生的。不管哪种原因引起的沉降，对列车安全运营都会产生不可忽视的影响；尤其是不均匀沉降，将对沉管结构产生不均匀的附加应力，降低了结构的安全度。另一方面，管段的沉降也是造成隧道内轨道不平顺的因素之一，也是造成运行舒适度降低的重要原因之一。

基础检测的重要内容之一是对沉管下面的填充状况的检测。应检测在长期运行条件下，填充状态是否有变化，是否发生冲刷等。

从目前的检测技术的发展现状看，在运营时，检测管段下面基础状态的方法，主要是采用地质雷达的测试方法。如日本近期采用的小型雷达探测系统等。

(3)隧道的地震监测系统

位于地震区的沉管隧道，在运营后应设置地震监测系统，以掌握：

·地震对沉管隧道结构的影响(因为沉管顶板上回填覆盖层不厚)；

·地震对沉管段基础的影响(因为沉管段绝大部分通过粉细砂等松软地层，在地震作用下可能液化，应特别予以关注)。

地震监测系统重点设置在竖井与两端的接头处。设置能检测加速度的地震计和能检测地震初期微动、确定震源和地震规模的地震计，以此来监测地震。

从在地震区域已修建的沉管隧道看，沉管隧道的抗震性能是优越的。

(4)隧道洞内环境监测系统

隧道洞内环境监测的项目包括气压量测、温度量测(包括洞内气温、壁温以及管段接头处的温度)、湿度的测定和有害气体浓度的测定。

(5)沉管隧道的回填覆盖层变化状态的检测系统

要定期地对沉管隧道的覆盖状况、江底淤积状态进行检查。检查主要由有经验的潜水员进行。

各项检测系统及有关事项列于表10-8。

各项检测系统的调查事项、测点布置及测定方法　　表 10-8

观测项目	调查事项、内容	测点布置	测定次数	测定方法
地震动观测	观测地震加速度与地震响应计算值，掌握结构的变异状况	地震计分别设定在基层面、地表面及沉管内，特别是在地质条件变化处、竖井与两端接头处及各接头处布置；观测装置设在竖井内	每次地震记录数据，每年两次定期检查，地震时测定	地震加速度计
下沉及基础观测	掌握隧道使用期间的下沉及基础状态，特别是接头处的下沉状态，包括掌握柔性接头的位移变化	在地质条件变化处、竖井与两端接头处及各接头处布置，定期地或异常时进行测定	定期测定每年两次，异常时——震度Ⅳ以上	下沉计、沉降管、三维测量系统、声波测试等
覆盖层厚度测定	掌握因疏浚、洪水、抛锚等造成的覆盖层厚度的变化	隧道航道全长，宽 50m，定期地或异常时进行测定	定期测试每年 1 次，异常时测定	由潜水员进行调查
漏水观测	调查漏水状态，特别是接头的漏水状态；了解地下水位的变化等	隧道全体	定期调查每年 1 次，异常时——震度Ⅳ以上	水位测定、目视、开裂计等
洞内环境条件检测	掌握洞内温度、湿度及有害气体，必要时应测定压力波、微气压波	沿一定距离设置相应仪表	定期测定	温度计、湿度计、电子电位差计和热电偶等

总之，在一定的管理体制条件下，要实施“勤检测、早发现、及时维护”的维修管理机制，及时发现变异或病害。

第十一部分　隧道补修、补强材料

一、树脂系补修材料

树脂系补修材料的一般性质见表11-1。

树脂系补修材料的一般性质　　表11-1

主成分	水泥系	聚合物水泥	环氧树脂系	丙烯树脂系	尿烷树脂系	硅树脂系	聚脂树脂系
混合方式	混合型		主剂、硬化剂混合型	双液主剂型			硬化剂添加型
粘土(cps)	(流动度5~10s)	5000	300~2000	100~1000	20~300	100~300	1000
相对密度	2.0~2.3	1.8~2.0	1.2	1.0	1.0~1.2	1.1~1.4	1.1~1.3
可使时间(min)	1~60	30~240	60	20~60	0.1~0.5	0.1~3.0	30~60
硬化时间(min)	3~120	900~1440	900	30~90	0.5~3.0	0.5~10.0	60~120
硬化收缩率(%)	0.2	0.15~2.3	1.5	2.8	(发泡)~50倍	(发泡)~8倍	3.7
压注性(mm以上)	1.0	0.5	0.1	0.1	0.1	0.1	0.1
抗压强度(MPa)	20~50	25~60	65~90	85	0.1~4.0	2.0	60
抗拉强度(MPa)	抗压强度×0.1	抗压强度×0.1	40	30	0.1~3.0	0.1~2.0	30
弯曲强度(MPa)	3.0	10~25	50~60	40	0.1~3.0	0.1~2.0	60
粘结强度(MPa)	1.5	3.0~5.0	7.0~20	7.0	0.6	0.4	7.0

续上表

主成分	水泥系	聚合物水泥	环氧树脂系	丙烯树脂系	尿烷树脂系	硅树脂系	聚脂树脂系
优点	·无机材料与基层相性好	·干燥收缩小； ·与水泥系比，流动性、水密性、气密性、粘结性好	·属于低粘土，狭小开裂可以压注； ·硬化时收缩小； ·粘结力、耐碱性好	·低温时强度发现早； ·湿润面、油附着面可以粘结； ·施工性好	·与水的反应性好； ·施工性好	·与水的反应性好； ·施工性好	·硬化时不受外界气温影响； ·低温时强度发现早
缺点	·水分被混凝土吸收，流动性降低； ·因是水泥粒子，压注性差； ·粘结力差	·水分被混凝土吸收，流动性降低； ·因是水泥粒子，压注性差	·变形追踪性差； ·湿润面粘结力差； ·低温时强度发现差	·变形追踪性差； ·硬化时收缩稍大	·硬化速度快，药液流动性稍差	·发泡时的强度比尿烷系稍差； ·硬化速度快，药液流动性稍差	·硬化时收缩大； ·硬化时温度上升，易产生开裂
材料费比较（日圆/kg）	1.0	2.5	4.0	4.5	4.5	3.0	0.5

二、导水用的材料(表 11-2)

漏水对策(导水)的材料　表 11-2

工法分类		材料		特征	施工性
名称	对策	分类	主要材质		
导水	贴附	导水板	粘附钢板	·厚 20mm,不侵入建筑限界; ·无色透明,容易观察施工后的壁面状态; ·耐热、耐寒; ·可以防止结冰的发生; ·能够防止翻浆、轨道材料的腐蚀; ·施工后经过数年不会产生材料劣化	·锚栓易于安装; ·切断加工容易; ·根据衬砌表面的劣化状态,要注意锚栓的松弛、拔出; ·漏水后嵌缝材的效果丧失
			发泡聚乙烯	·导水性能好; ·施工后经过数年不会产生功能和材料的劣化	·锚栓安装容易
			高冲击强度乙烯树脂板	·对防止面状漏水有效; ·导水性能好; ·因锚栓粗(M10),不担心生锈掉落; ·因透明,能够观察衬砌面的变异; ·耐冲击、耐腐蚀; ·寒冷地区有可能损伤; ·数年后透明度降低,衬砌面难于观察	·设置容易,施工性好; ·不要熟练工也可施工; ·轻量、运输容易,锚栓易于安装; ·曲线地点施工性较差
			硬质氯乙烯	·对防止面状漏水有效; ·因透明,能够观察衬砌面的变异; ·导水性能好; ·因锚栓粗(M10),不担心生锈掉落; ·寒冷地区有可能损伤	·设置容易,施工性好; ·不要熟练工也可施工; ·锚栓安装容易
			高耐候性聚碳酸脂	·导水橡胶可用锚栓固定; ·面状导水有效; ·施工数年后功能和材料不会劣化	·因是独立发泡体,安装容易

续上表

工法分类		材料		特征	施工性
名称	对策	分类	主要材质		
导水	贴附	导水管	氯丁橡胶	·是防水板、缓冲材一体的面导水工法； ·材料是预制的，可直接用栓钉固定在衬砌面上； ·具有内装效果； ·采用塑料栓钉，可以防止锈蚀	
			硬质氯乙烯	·用弹簧反力和环氧树脂固定，可完全防水； ·导水性能好； ·种类丰富； ·也适用于开裂和施工缝等的漏水对策； ·施工后数年不会产生功能和材料方面的劣化； ·如没有强烈的冲击，耐久性好； ·净空断面小； ·设置后清扫困难； ·缺乏弹性，寒冷地区易冻结损伤； ·劣化时可能脱落，要很好地检查	·设置容易，施工性好，不要熟练工也可施工； ·在大量漏水的地点，需要与其他材料并用
			弹性塑料	·用锚栓安装； ·施工后长时间有效； ·槽内被土砂堵塞后，功能降低	·设置容易
			玻璃纤维	·与 FRP 比，强度劣化小； ·标准规格：$t=2.7$mm	·施工容易
		防水板	聚乙烯	·漏水地点全面安装防水板，用于面状防水； ·漏水面积大，可以全面防水； ·应用十分广泛	·短时间施工可能

续上表

工法分类		材　料		特　征	施工性
名称	对策	分类	主要材质		
导水	充填	导水管	树脂强化型泥系	·用于蛇状开裂的导水； ·用速凝剂、环氧树脂等确保导水	
			维尼龙＋橡胶	·用海绵、压板和栓钉安装； ·施工后经过长时间没有产生劣化	·锚栓安装容易； ·施工性好
			氯丁橡胶系独立发泡橡胶	·能够追踪躯体的伸缩； ·能够根据漏水状况变更形式； ·净空断面没有减小； ·因充填材的保温效果，不冻结，数年后导水性能良好，也不漏水	·曲线地点施工容易； ·凿除时粉尘多
		无机质水泥	速凝砂浆	·速凝、速硬，凝结后强度增长快； ·防水性、粘结性、耐久性好； ·硬化时不产生收缩龟裂； ·硬化后的颜色与混凝土几乎同色； ·最适合应急导水； ·根据温度，硬化时间可以变化	·易受温度、湿度、水温等影响； ·需要熟练工

三、止水用的材料(表 11-3)

漏水对策(止水)的材料 表 11-3

工法分类		材料		特征	施工性
名称	对策	分类	主要材质		
止水	压注	水泥系	无机微粒子水泥	·因为采用微粒子水泥,能够对比较微细的开裂进行压注	·硬化时间短,易于发挥止水效果
		树脂系	环氧树脂	·耐酸、耐碱,止水有效,能够用于比流水规模小些的场合	·除隧道内设施密集的地点外,能够不移动地施工,十分便利
			环氧树脂改性聚胺树脂	·用于补修混凝土结构的开裂和裂隙; ·低粘度、有流动性,能够充填微细的开裂; ·对湿润面的粘结好; ·耐水性、耐药性、耐久性、耐候性好; ·硬化后的耐水性更好,但因粘度低,可能漏水	·可用泵压入; ·为了压注压力的管理,需要熟练工
			亲水性尿烷树脂	·加水反应,瞬时硬化,止住流水; ·成为橡胶弹性体,具有粘结力	·渗透性好,能够止住大量流水
			液状尿烷树脂	·涂膜强度好,能够发挥作为板材的性能; ·对漏水有再膨胀的效果	·单液型,粘度低,作业性好; ·与水均匀混合后有高的反应性,短时间可胶凝

续上表

工法分类		材料		特征	施工性
名称	对策	分类	主要材质		
止水	接缝处理	水泥系	无机质硬性水泥 特殊化合物	·速凝、速硬化,强度发现早; ·防水性、粘结性、耐压性好	·可用于多种漏水形态,特别对突发涌水处理非常方便
			特殊速硬水泥 硅砂	·硬化早,短时间能够获得初期强度; ·能够缩短养生时间; ·品质稳定	·作业性好; ·相对密度小,顶板也容易施工; ·小带状,易于小量搬运
			水泥基层的无机预拌材	·长期稳定,无收缩; ·早强、长期强度也高; ·具有高附着抗剪强度	·有流动性、充填性好; ·在温度变化大的情况下能够施工
		树脂系	改性环氧树脂 聚酰胺类	·对潮湿混凝土的粘结性好; ·涂厚层,不流下,作业性好; ·硬化时显示低发热性和低伸缩性	·腻子状,可用手作业,但室温低时保持常温困难
			环氧树脂 聚酰胺类	·可以与湿润面粘结; ·能获得高强度; ·在水中也能硬化	·腻子状,作业容易
			环氧树脂 改性聚酰胺类	·可动性好; ·可以与湿润面粘结; ·与混凝土等粘结性好	·腻子状,垂直面可能使用
			阳离子系丙烯树脂	·砂浆粘结增强用; ·有防水性、保水性; ·防止碳化、防锈性好	·与基层粘着好

续上表

工法分类		材料		特征	施工性
名称	对策	分类	主要材质		
止水	贴附	树脂系	用环氧树脂浸透纤维的板	·防止结构全体经年劣化； ·提高弯曲抗拉强度7%以上；	·需临时止水； ·为了面的补修，电缆移动条数多
			可动性橡胶	·由于可动性橡胶的形状，能够适应错台长度的变化	·为了补修，隧道内发生移动设施的情况多
	涂布	树脂系	环氧树脂	·与湿润的混凝土面的粘结性好； ·强度的发现性极快	·向上和向两侧的充填容易； ·没有流淌
			环氧树脂	·与湿润的混凝土面的粘结性好； ·防腐蚀、密着、耐摩擦等性能好	·在水中和湿润面也可涂布； ·附着性好，可多层涂布
	插入	橡胶系	橡胶系	·因水膨胀效果，对浸入水和涌水的止水效果好； ·有防止再漏水的效果； ·耐水性、耐久性、耐药性好	·适合施工缝地点的施工

四、衬砌劣化对策用材料(表11-4)

衬砌劣化对策用材料 表11-4

工法分类		材料		特征	施工性
名称	对策	分类	主要材料		
衬砌劣化对策工法	内衬	薄板	尼龙纤维	·柔软，形状变化的追踪性好； ·由于能够承受衬砌内表面的轴向和纵向的拉应力，控制开裂、防止混凝土掉块的效果好； ·几乎没有缩小净空断面； ·能够缩短施工期间	·轻量、加工性好； ·凹凸面及漏水地点的基层处理困难； ·纤维板有可能剥离

续上表

工法分类		材料		特征	施工性
名称	对策	分类	主要材料		
衬砌劣化对策工法	内衬	薄板	碳纤维	·衬砌与RC化的有同样的效果； ·能够期待防止混凝土剥落等的效果； ·没有腐蚀	·柔软，施工性好； ·硬化时间短，能够缩短工期； ·湿度高的地点，要注意粘结； ·不需要大型机械
		混凝土	灌注	·目的是防止拱部的风化及劣化、剥落和漏水； ·与普通混凝土相比，灌注时的流动性保持能力和其后的速凝能力强； ·表面漏水时为确保粘结，要采取对策	·作业环境、施工性好； ·高强度速凝混凝土要采用速凝剂、延迟剂等混合材料，要注意对集料的影响
			喷射	·可能在通常的混凝土中掺入纤维； ·对防止风化有效； ·短时间内能够硬化，适用于短时间作业； ·施工面凹凸不平，美观上有问题	·粉尘多、回弹大
		网	金属网	·用锚栓固定容易； ·易于应急处理； ·对防止拱部掉落有效； ·易于进行检查	·与钢板比重量轻，容易处理；
			聚胺脂网	·净空断面几乎没有缩小； ·锚固夹具轻	·与钢板比重量轻，容易处理； ·制造需要时间

续上表

工法分类		材料		特征	施工性
名称	对策	分类	主要材料		
衬砌劣化对策工法	内衬	板	钢板	·防止混凝土掉落有效； ·净空断面几乎没有缩小； ·钢板要进行防锈处理； ·不易发现内部劣化现象； ·导水效果和防止混凝土掉落效果好	·没有熟练工施工困难； ·重量大，需要脚手架； ·成本高，施工性不好
			混凝土板（混凝土系）	PIC板 ·锚定容易； ·对腐蚀、冻结的耐久性好； ·耐冲击、耐热等性能好； ·能够缩短工期	·运输组装容易； ·预制的，不需要养生
				PIC板 ·耐腐蚀、耐冻害、耐冲击、耐药性等性能好； ·能够承受拉应力，板比较薄； ·可以改善粗度系数	·施工不需要特殊技术，也不需要熟练工； ·因为是在内表面张挂施工，要慎重处理背后的涌水； ·PIC板切割容易
				PCL板 ·构件厚度小（8～12mm）； ·强度高	·PCL板的重量大，在小断面隧道中受到安装机械的限制，拱部安装困难； ·PCL板背后的压注作业中浆液会从接头处泄漏，需采取对策

续上表

工法分类		材料		特征	施工性
名称	对策	分类	主要材料		
衬砌劣化对策工法	内衬	板	混凝土板（树脂系）	聚碳酸脂板 ·耐冲击、耐热性能好	·视混凝土剥离状况，施工容易，能够短时间施工
				INS衬垫 ·耐磨耗、耐药性好； ·表面平滑、无开裂； ·附着性好； ·可用于明挖施工的小断面水路，可降低成本	·能够短时间施工； ·曲线地点也能够施工； ·作业地点需要2t汽车两台以上，需要作业空间； ·补修长度有限制
				树脂砂浆 ·抗拉强度大； ·薄(6～12mm)、轻、施工性好； ·弯曲强度高，柔性好	·制品轻(20kg/m^2)，运输、安装容易； ·曲线地点配合施工缝需要时间； ·制品薄，安装时要注意
	锚杆补强	钢棒		·与砂浆的附着比异形钢棒好； ·有改善围岩的效果； ·对风化的围岩也有效； ·有锚固效果； ·市场性好	·适用于易塌孔的围岩； ·用泵能够稳定供给； ·钻孔、灌注同时进行，施工性好； ·可在任意地点进行； ·在隧道内有限空间内能够作业
		钢管		·有尘土排出性能和稳定的附着性能； ·可从有限空间进行长距离施工	·开挖时粉尘多

续上表

工法分类		材料		特征	施工性
名称	对策	分类	主要材料		
衬砌劣化对策工法	锚杆补强		FRP	·因把表面凹凸用和强度用的纤维组合到一起,对围岩和混凝土的附着好; ·可控制围岩松弛、地压增加; ·能够控制衬砌开裂及剥落; ·尼龙锚杆是非导电体,不会引起电气事故; ·不锈蚀; ·可长尺施工(20m)	
	开裂压注		环氧树脂	·低压压注可压注到开裂的各处; ·粘结力、浸透力、耐久性等好; ·具有适宜的柔性; ·高强度、收缩小,硬化后的耐水、耐候性能好; ·对开裂、龟裂的充填效果好; ·流动性好,能够充填到微细裂隙的各处; ·不含挥发物,几乎没有收缩; ·与湿润面粘结好	·压注量设定困难; ·防止泄漏很重要; ·施工容易; ·预计开裂的宽度、深度需要一定的经验; ·压注口大,即使低压也能高速压注; ·在狭窄地点施工也简单
			聚胺脂	·涌水地点也能够固结; ·有即效性; ·可用于发裂; ·与混凝土粘结好,剥离的危险小; ·不需要凿除,施工环境好; ·在铁道电化区间的补修有效果	·施工性好,简单; ·可追加压注; ·可用手动压注器,施工容易; ·作业时间短

续上表

工法分类		材　料		特　征	施工性
名称	对策	分类	主要材料		
衬砌劣化对策工法	开裂压注	砂浆		·粉体状，与浸透材的化学反应成分结合，效果大； ·涂布场合，碳化速度可降低30%，施工后止水效果缓慢，但1年后出现胶凝闭塞效果； ·用树脂砂浆固结钢筋周边的场合，因钢筋断面缺损，需要采取对策	·钢筋背后补修困难； ·工期长
		聚脂		·施工性好，能够缩短工期	·硬化时间短，作业容易
	断面修复	水泥	压注	·粘结力高； ·强度发现时间短； ·耐水性、防水效果好； ·对收缩开裂有效果； ·止水效果好； ·流动性好，作业时间短	·一次可能处理30mm厚； ·施工性好； ·衬砌剥落大的场合，要进行2~3次
			涂布	·耐溶剂性好； ·防止碳化有效； ·装饰面平滑； ·品质稳定，现场管理容易； ·止水效果好； ·断面修复效果好； ·可改善粗度系数； ·强度发现早，早期补修有效	·表面装饰可用镘刀涂布； ·有粘性，与衬砌附着好； ·速干，施工性好； ·基层处理很重要
			贴附		·凿除等施工性差； ·因有流动性，没有模板时施工困难

续上表

工法分类		材料		特征	施工性
名称	对策	分类	主要材料		
衬砌劣化对策工法	水泥	树脂		·能够与湿润面粘结； ·有速干性； ·能够提高老化混凝土的止水效果； ·能够控制碳化； ·与混凝土的密着性好，耐久性、耐磨耗性等好； ·开裂大时涂布效果差	·表面清扫很重要； ·施工性好，能够缩短工期； ·不需要模板； ·喷射也可，镘刀涂布也可； ·喷射的回弹小、硬化快
		丙烯		·轻量（相对密度 0.7），粘结好，没有剥落； ·耐久性好，效果高	

五、空洞回填用的材料（表 11-5）

空洞回填（回填压注工法）用的材料　　表 11-5

对策目的	工法名称	分类		特征	施工性
空洞对策	回填压注	无机系（水泥系）	非胶体系（气泡系）	·砂浆和水泥浆混入气泡，流动性好； ·山岭隧道一般采用的回填压注材料	·起泡稳定性好； ·有隔热效果、消声效果； ·压注后容积减小； ·完全充填空洞比较困难； ·限量压注比较困难； ·材料可能离析

续上表

<table>
<tr><th>对策目的</th><th>工法名称</th><th colspan="2">分　类</th><th>特　征</th><th>施工性</th></tr>
<tr><td rowspan="7">空洞对策</td><td rowspan="7">回填压注</td><td rowspan="7">无机系（水泥系）</td><td rowspan="2">非胶体系（非气泡系）</td><td rowspan="2">·砂浆和水泥浆混入气泡，流动性好；
·为提高防止材料离析性能可混入膨润土，为提高长期强度可混入高炉矿渣水泥</td><td>混入膨润土
·流动度调整困难；
·水泥制品因厂家不同，有差异</td></tr>
<tr><td>高炉水泥
·能够确保长期强度</td></tr>
<tr><td>可塑性压注（双液）</td><td>·即使有涌水也不产生材料离析，适用于涌水多和限定压注的场合</td><td>·没有流淌现象；
·加压后具有易于流动的液体的性质；
·流动性能够自由控制；
·涌水大时没有强烈的稀释</td></tr>
<tr><td rowspan="4">可塑性压注（单液）</td><td rowspan="4">·是在涌水中也没有离析的高分子系或特殊水泥的材料，适用于涌水多和限定压注的场合</td><td>Aqua浆液*
·预拌类型的材料，品质管理容易；
·能够调整早期强度；
·对水的离析阻力大</td></tr>
<tr><td>特殊水泥*
·流动性好；
·泌浆率低；
·压送性好</td></tr>
<tr><td>ES浆液*
·可调整胶凝时间；
·易于管理；
·易于在隧道内部施工；
·与水泥的矿物成分相同，安全性高</td></tr>
<tr><td>Q浆液*
·瞬间压注液，能够遮断涌水；
·可调整胶凝时间</td></tr>
</table>

续上表

对策目的	工法名称	分类		特征	施工性
空洞对策	回填压注	有机系（发泡树脂）	发泡丙烯	·是一种高分子药液，用于大量涌水、其他材料充填困难的场合	·即使有涌水，也难离析； ·施工容易； ·重量轻； ·设备小； ·发泡率可以选择； ·硬化时间快，需要较多压注孔

注：带＊号者皆为商品名称。

最近日本开发出一些新的回填材料，与过去的材料比较，其最大的特征是不仅有自立性和充填性，还具有适当的流动性。这里所谓的“适当的流动性”指：在泵压和自重作用下，回填材料易于变形的程度，以能够充分回填空隙为准，并可以防止材料向充填地点以外泄漏。此外，新的回填材料还具有以下特点：

·离析、稀释小；

·相对密度小，对既有衬砌不会产生过大的荷载；

·现场容易处理；

·施工及材料成本低。

最近开发的几种回填材料列于表 11-6～表 11-9。

气泡浆液、气泡砂浆 表 11-6

相对密度	0.6～1.4 左右
流动性（流动度）	200mm ± 20mm
强度	1.0MPa

气泡砂浆 表 11-7

气泡砂浆(1000L)						可塑性(40L)	
空气量(%)	水泥(kg)	水(kg)	砂(kg)	特殊气泡剂(kg)		AP-2	稀释水(kg)
				AP-1	稀释水		
43	300	214	600	1.3	21.5	23.5	28.2

Aqua 浆液(kg/m^3) 表 11-8

水泥	膨润土	Aqua 混合剂	水
338	250	8.5	793

注:表中的混合剂是由高吸水性树脂及速凝剂构成的,添加后使限定压注成为可能。

JETMS 浆液 表 11-9

A 液			B 液	
A 材(kg/m^3)	水(kg/m^3)	气泡(L)	B 材(kg/m^3)	水(kg/m^3)
300	150	155	80	565

注:本材料是双液的,A 液就是过去的气泡砂浆,B 液是天然粘土矿物构成的,是一种没有采用特殊药剂的无机材料。

第十二部分　基础及应用研究

为了从根本上对隧道进行整治，搞清隧道的现状是极为重要的。对运营隧道来说，采用目视方法也好，采用观察方法也好，采用检测方法也好，不管哪种方法都主要是掌握影响衬砌安全性、使用性和耐久性的外观上和结构内部(包括背后)的状态。

外观的表现主要指：

·开裂；

·剥落、剥离；

·渗漏水。

内部和背后的状态主要指：

·衬砌强度、厚度；

·背后空洞。

这些外观表现和内部缺陷对隧道的安全性、使用性以及耐久性究竟有什么影响，当然可以通过前面介绍的方法进行评价和判定。但这些评价和判定的基准又是怎样获得的呢？一句话就是通过一系列的基础研究和实践验证获得的。因此，了解一些在维修管理学科中进行的基础的、实验的及应用的研究概况是有益的。下面主要介绍在这一领域中对重点问题进行研究的概况。

要点一　开裂模式研究

衬砌开裂是评定衬砌承载性能的重要依据。但开裂形态是五花八门的，没有一定的规律，因此给评定带来巨大困难。解决这个问题的关键就是把开裂模式化。

一、开裂模式及变异原因

与变异有关的开裂模式可以按以下分类：

·与地压无关的开裂，其中包括与使用条件、环境条件有关的，与材料性质有关的，与施工有关的开裂等；

·与地压有关的开裂，其中包括各种荷载条件下的开裂模式。

各种开裂模式化图例分别列于表 12-1 ~ 表 12-4。

1. 与地压无关的开裂

(1)与使用条件、环境条件有关的开裂示于表 12-1。

(2)与材料性质有关的开裂列于表 12-2。

(3)与施工有关的开裂列于表 12-3。

与使用条件、环境条件有关的开裂　　表 12-1

1. 冻融反复 在角隅部和水平接缝处出现斜向开裂和纵向开裂、剥落等 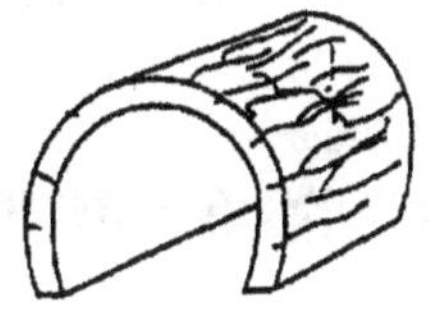	2. 火灾、表面加热 随着急剧的温度上升和干燥出现网状的微细开裂，在梁、柱上出现大致等间距的开裂，部分出现爆裂而剥落 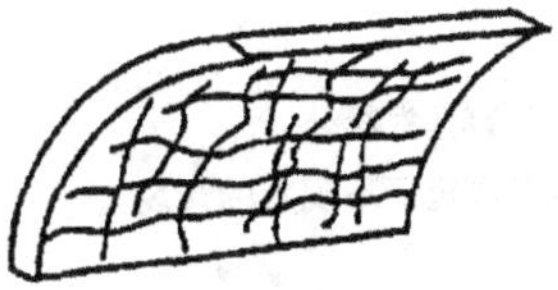
3. 酸、盐类的化学作用 侵入混凝土表面，多数在钢筋处出现开裂，部分混凝土剥落。露出的钢筋锈蚀发展很快 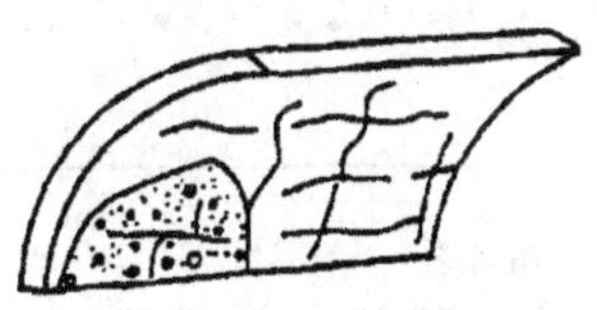	4. 构件两面的温度、温度差 外部高温或高湿，内部低温或干燥的场合，开裂发生在低温或干燥侧。在初期阶段，开裂没有贯通，但在反复作用下，随时间而逐渐贯通 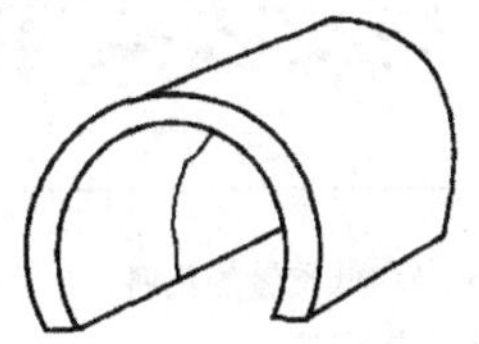
5. 碳化、侵入盐化物的内部钢筋锈蚀 开裂多沿钢筋处发生。从开裂处流出锈液，污染混凝土表面。钢筋锈蚀严重时，混凝土会剥落 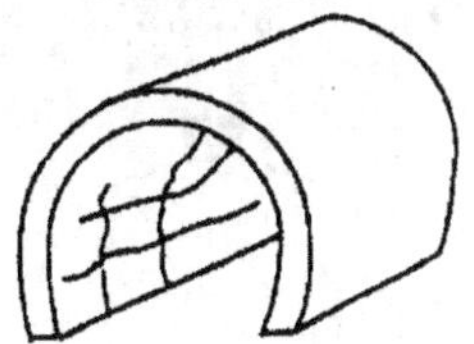	

与材料性质有关的开裂　　表 12-2

<table>
<tr>
<td>6.水泥的水化热
厚度大(t = 80cm 以上)的断面易发生
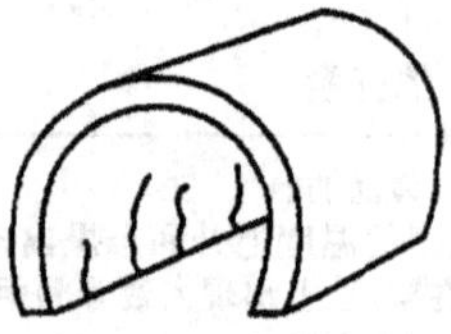</td>
<td>7.碱性集料反应
在梁、柱等部位,与轴向钢筋位置基本无关,大致与轴向平行出现。同时,在挡墙、壁等部位,出现没有方向性的网状开裂
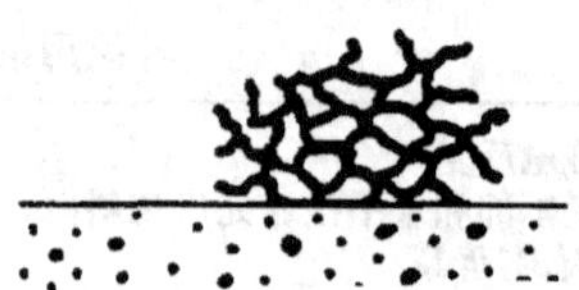</td>
</tr>
<tr>
<td>8.水泥的异常凝结
早期出现短而不规则的开裂
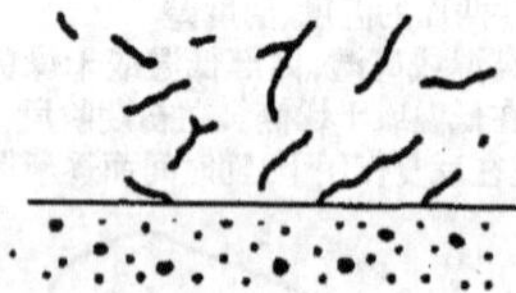</td>
<td>9.集料中的泥分
随混凝土的干燥出现不规则的网状开裂
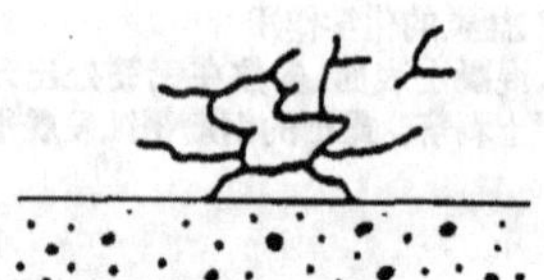</td>
</tr>
<tr>
<td>10.风化岩和低质量的集料
发生爆裂状开裂
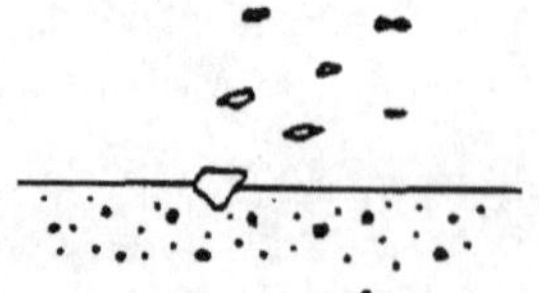</td>
<td>11.下沉开裂
发生在上部钢筋的上部,混凝土灌注后 1~2h,沿钢筋出现
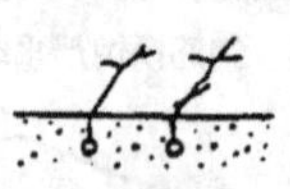

</td>
</tr>
</table>

与施工有关的开裂　表 12-3

12.混合材分散不均匀 有膨胀性的和收缩性的材料,局部发生	13.拌和时间过长 运输时间过长时发生,呈网状
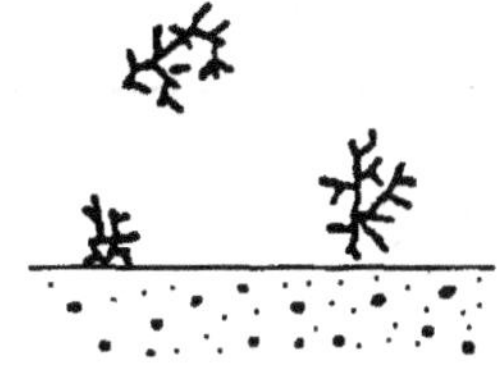	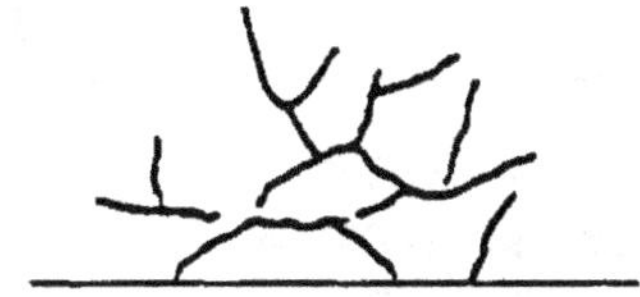
14.捣固不充分 	16.施工缝处理不当 形成施工缝 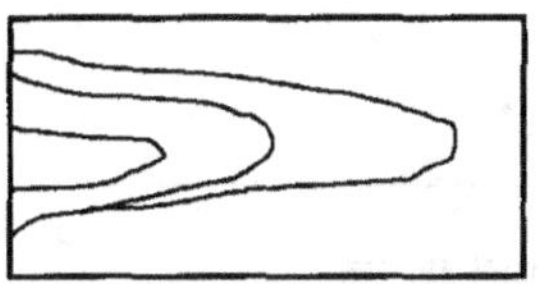 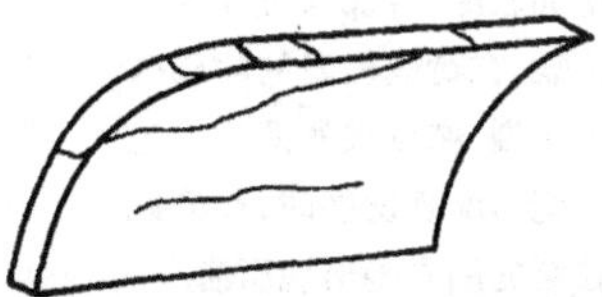
15.灌注过快 因混凝土沉降而出现 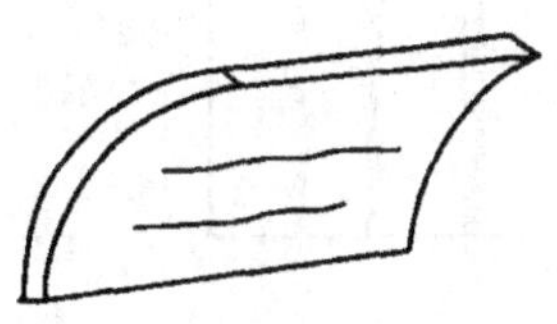	
17.支撑下沉(一侧底脚下沉) 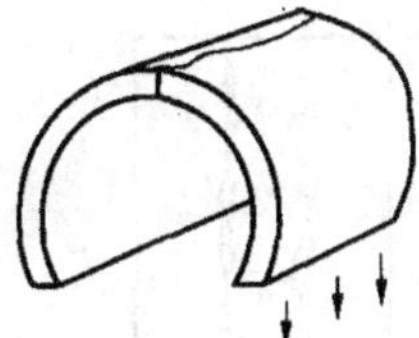	18.支撑下沉(纵向不均匀下沉) 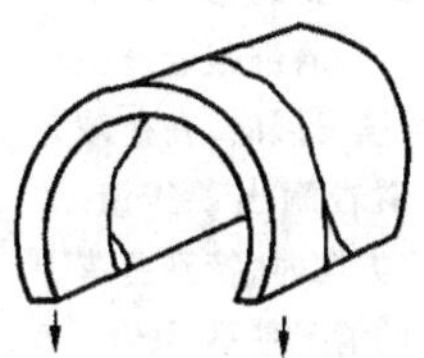

2.与地压有关的开裂

地压产生的开裂,因地压的作用位置和性质(集中荷载或分布荷载)不同,发生的开裂也不同。根据1:30的模型试验结果,作如下分类,见表12-4。

与地压有关的开裂　表12-4

1.垂直方向线状荷载 隧道如右图,在拱顶附近作用线状荷载,拱顶内面发生拉裂,两肩附近的衬砌内面发生压溃。随变形的发展,拱顶拉裂的围岩侧产生压溃	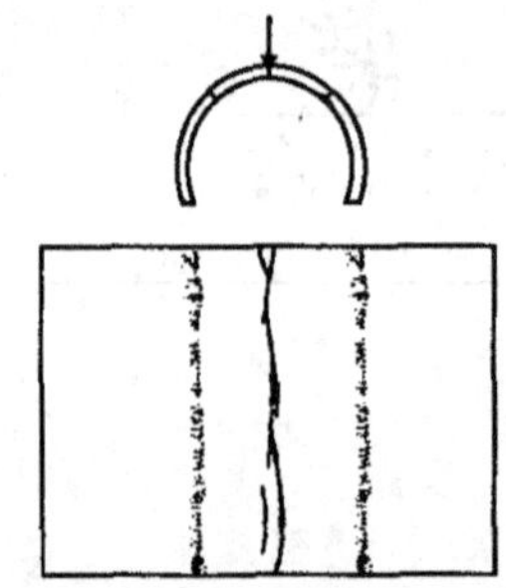
2.斜向线状荷载 隧道如右图,肩部附近作用有线状荷载,在荷载位置的衬砌内面产生拉裂,在拉裂的两侧发生压溃。变形继续发展时,在荷载位置拉裂的围岩侧出现压溃	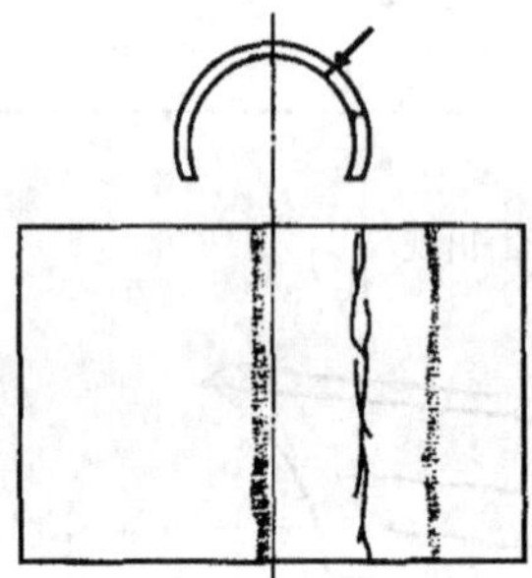
3.水平方向线状荷载 如右图,在SL附近作用有线状荷载,在荷载位置的内面产生拉裂,在其上方的肩部附近产生压溃。变形继续发展时,在荷载位置拉裂的围岩侧出现压溃。当荷载为水平方向时,特别是有无仰拱,破坏的情况是不同的	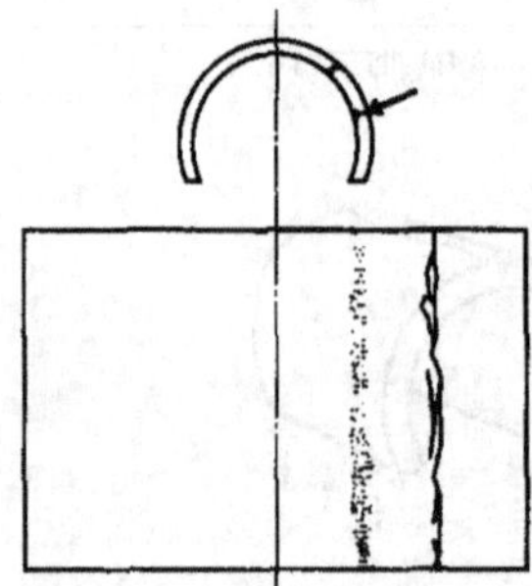

4.水平方向线状荷载

如右图，在SL附近两侧有线状荷载作用时，在荷载位置的内侧产生拉裂。变形继续发展时，从肩部到拱顶出现大范围的压溃。拱顶衬砌可能剥离、剥落。视有无仰拱，破坏的发展是不同的

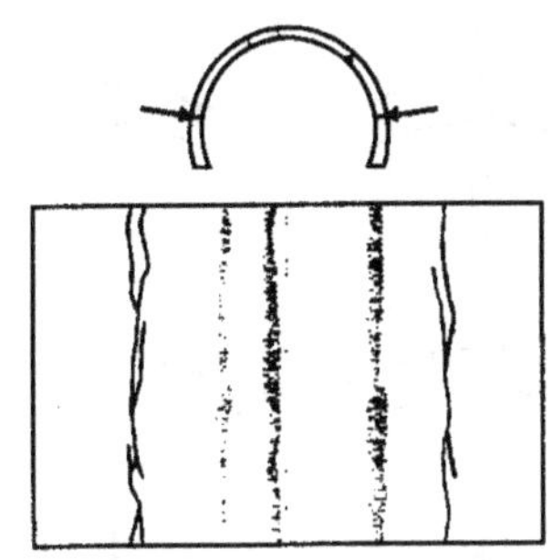

5.垂直方向分布荷载

如右图，在拱顶到肩部作用分布荷载时，也就是隧道地压很大时，肩部发生拉裂。变形继续发展时，在SL附近产生压溃

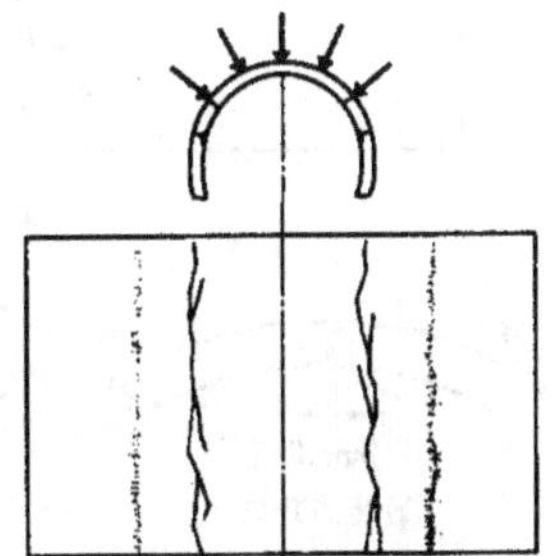

注：拉裂：〰；压溃：▓。

二、开裂模式的分类

日本在《隧道维修管理手册》中，作为初次检查、定期检查及特别检查的指标，曾对开裂进行分类并用开裂模式图加以表示(参见第三部分要点一表3-2)。

1.受力模式(图12-1)

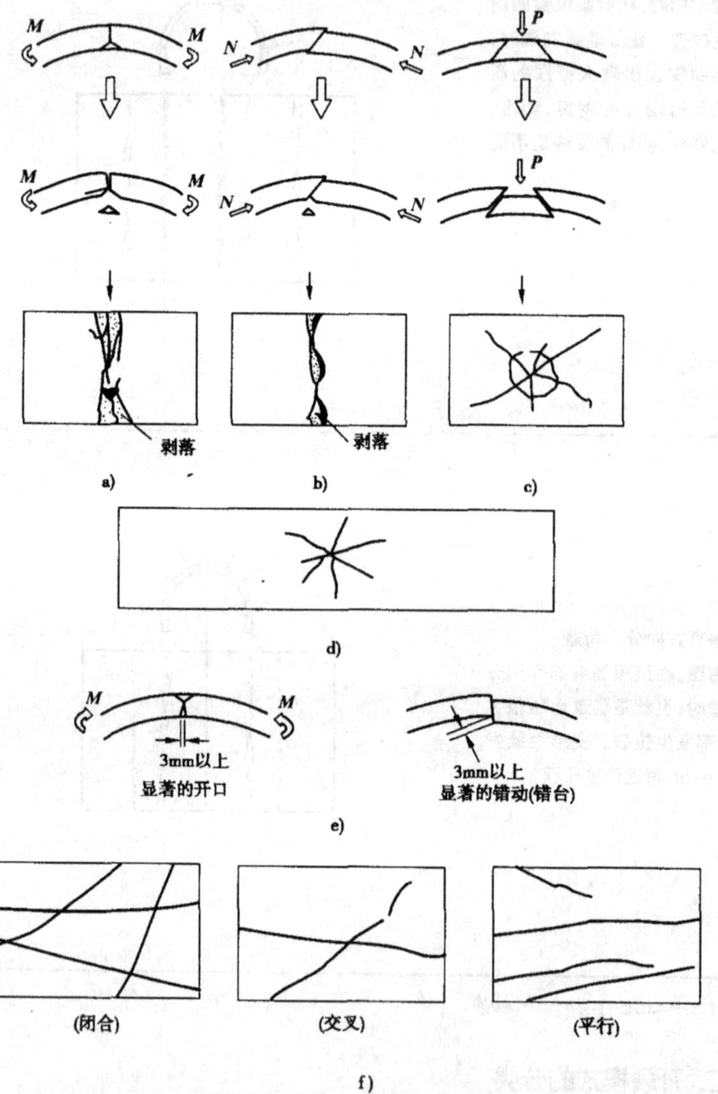

图 12-1 受力开裂模式图

a)弯曲压缩开裂;b)轴力剪切开裂;c)挤压剪切开裂;d)放射状开裂;e)拉伸开裂;f)开裂等的闭合、交叉、平行

2.与施工有关的开裂(图 12-2)

3.与材料、构造有关的开裂(图 12-3)

4.各种开裂的状况(图 12-4)。

5.在不同荷载条件下的开裂模式(图 12-5)

三、开裂的评价基准研究例

日本在水工隧洞中,为了建立开裂的评价基准,曾进行了一次大规模的调查。其结果列于表 12-5。

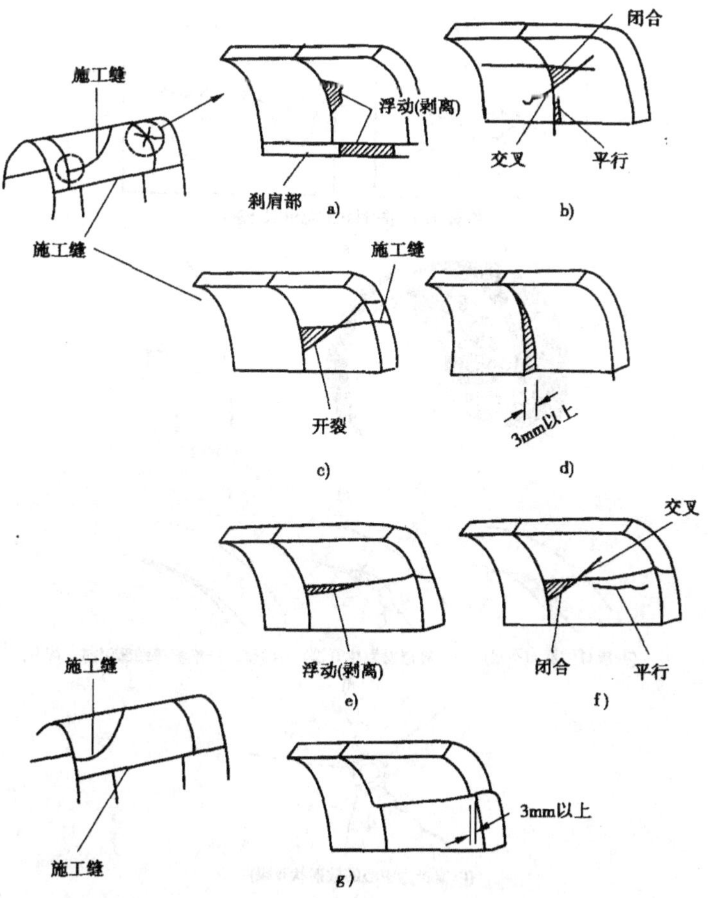

图 12-2　与施工有关的开裂模式图

a)浮动(剥离);b)开裂等的闭合、交差、平行;c)与施工缝闭合;d)显著的开裂(错台;e)浮动(剥离);f)开裂等的闭合、交差、平行;g)显著的错动(错台)

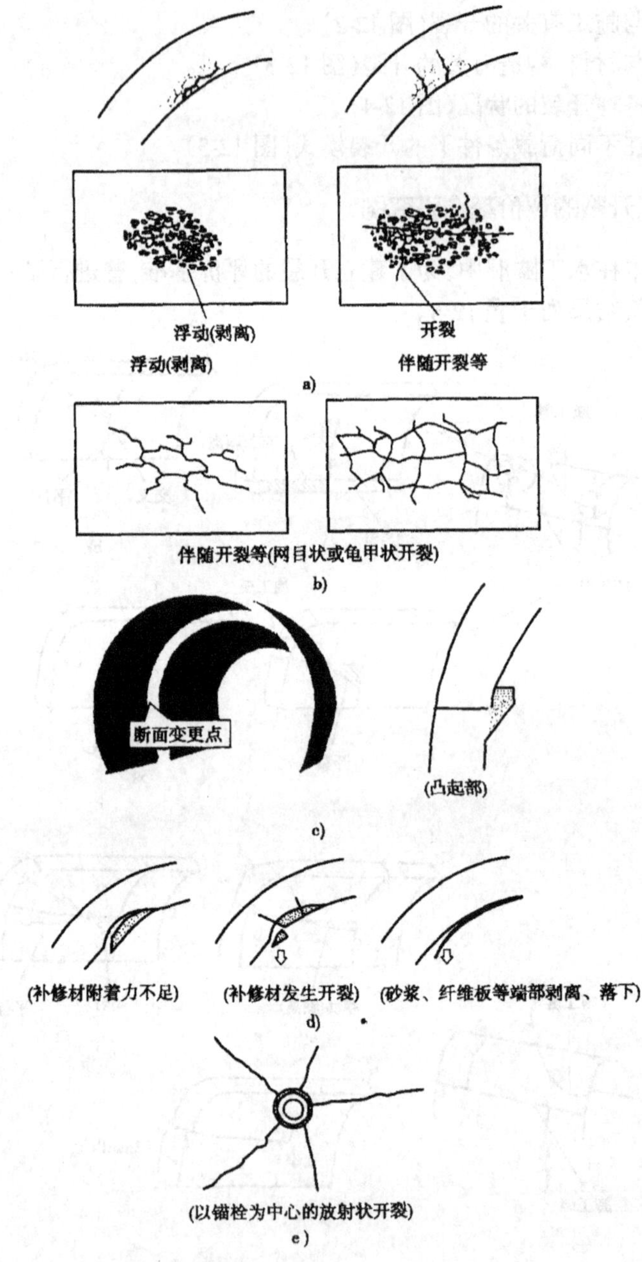

图 12-3 与材料、构造有关的开裂模式图

a)蜂窝;b)材料劣化;c)凹凸部;d)补修材;e)添加物

水工隧洞变异调查结果　表 12-5

项目数	开裂	磨耗劣化	厚度不足	强度不足	缺陷	空洞	碳化	变形	地表异常	涌水、漏水
555	174	174	62	44	34	34	16	7	5	5
百分率(%)	31.4	31.4	11.2	7.9	6.1	6.1	2.8	1.3	0.9	0.9

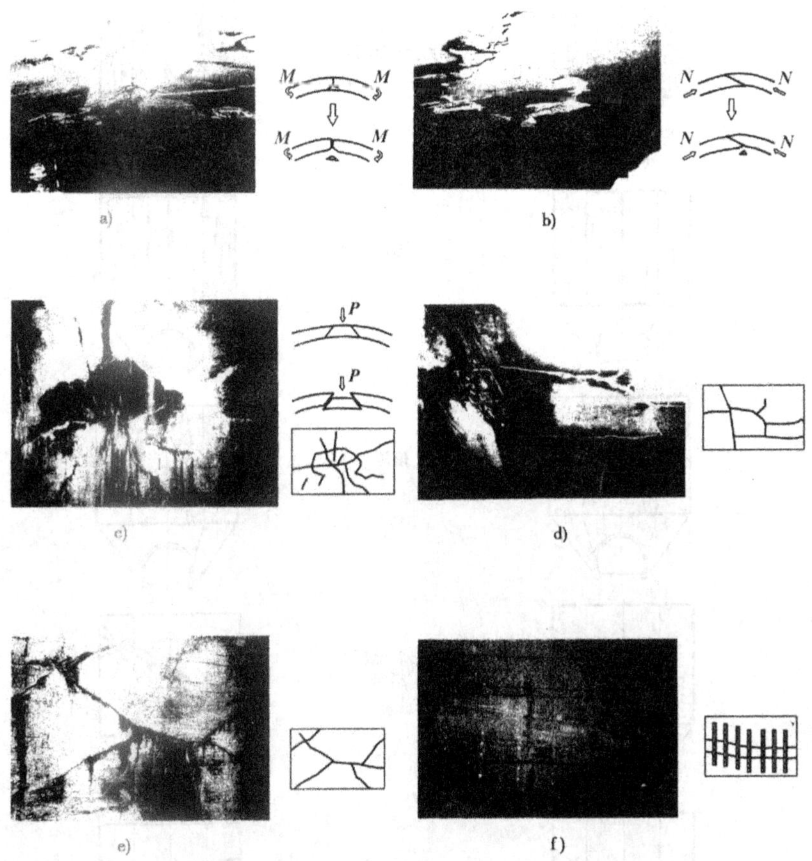

图 12-4　各种开裂状况

a)弯曲压缩开裂(压溃)；b)轴力拉伸开裂；c)放射状开裂和挤压剪切开裂；d)拉伸开裂(闭合的开裂)；e)拉伸开裂(交差开裂)；f)拉伸开裂(平行开裂)

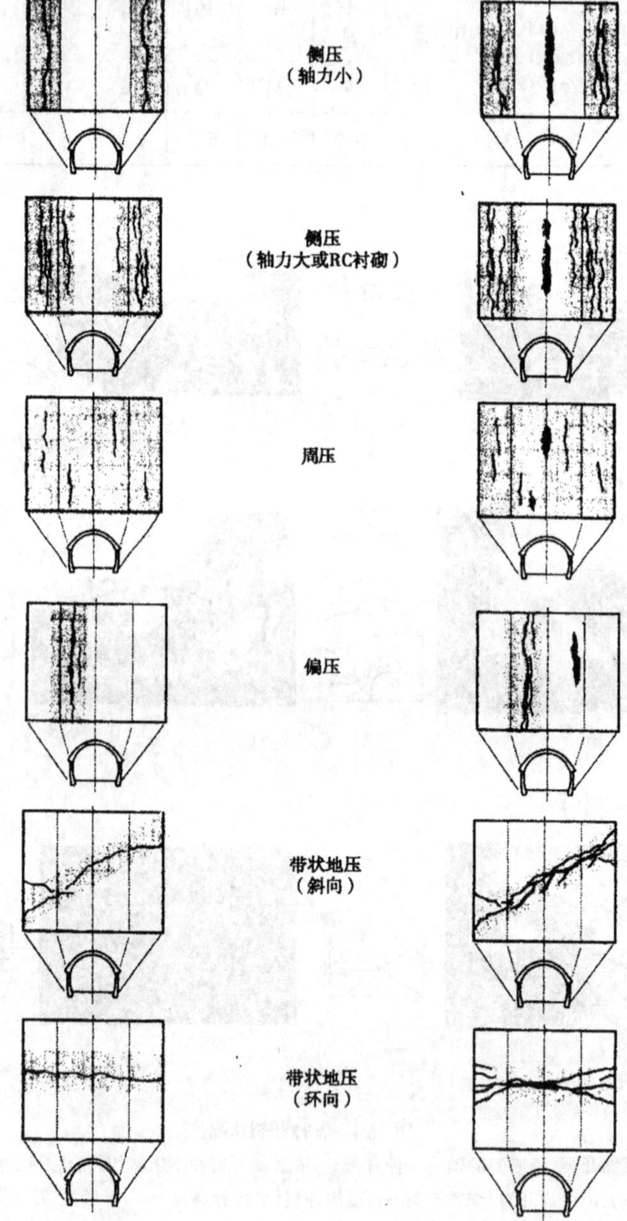
侧压
（轴力小）
侧压
（轴力大或RC衬砌）
周压
偏压
带状地压
（斜向）
带状地压
（环向）

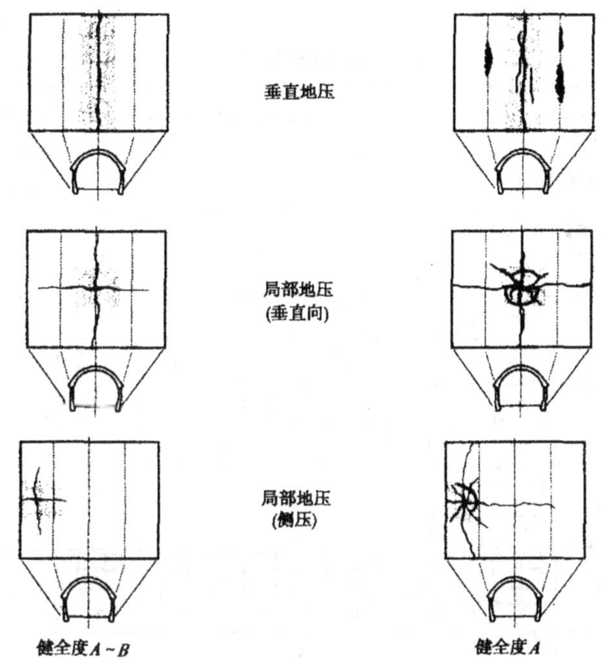

图 12-5　开裂的模式图例

剪切开裂　压缩开裂　拉伸开裂　预计外力作用范围

其中,开裂、摩耗劣化各约占31%,是重要项目。开裂发生的原因有收缩、施工不良、强度不够、材质劣化、应力过大等40余个,数量多,又难于调查。

25个发电站的引水隧洞的开裂,共有3388组,平均每26m有一组。

按开裂方向的分类示于表12-6。

其中约90%,从力学上看是对安全性影响很小的横向开裂。纵向和双向的开裂只占12%左右。

这些开裂中,凡是有变形的、有发展的,都认为安全系数小于1。在17个发电站、97km引水隧洞的调查中没有发现这种情况。

按开裂方向的分类　表12-6

方　向	组　数	比　率(%)
横　向	2933	88
纵　向	259	8
双　向	126	4
合　计	3318	100

根据开裂形状和发生的范围,并考虑对隧道强度的影响,开裂模式列于

表 12-7。

拱、墙的开裂

表 12-7

变异程度 \ 衬砌背后的围岩状态								1.土砂 2.<2.0m 3.回填区间	围岩良好
1.有变形、有发展、有外力								5	5
2.单独地发生发裂								1	1
3.横断型	A 一条，墙或拱 2 420	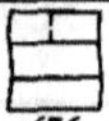 676	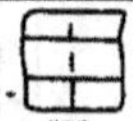 573	 409	 249	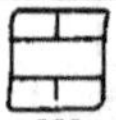 209	 193	3	2
		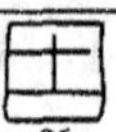 96	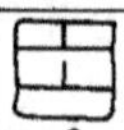 3	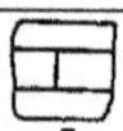 7	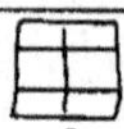 5				
	B 一条，拱 508	 310	 198					2	2
	C 多条，墙 50	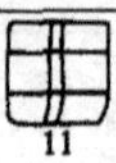 11	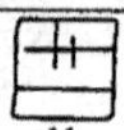 11	 10	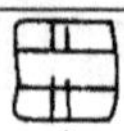 8	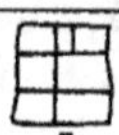 7	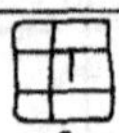 3	3	2
	D 多条，拱 13	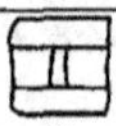 13						2	2
	E 多条，墙 2	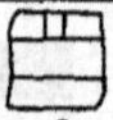 2						2	2
4.纵断型	A 一条，拱，5m 以下 111	 111						2	2
	B 多条，拱 33	 31	 2					3	2
	C 一条，拱，5m 以上 29	 9						3	2
	D 一条，拱墙，5m 以下 28	 24	 4					3	3
	E 一条，拱墙，5m 以上 26	 26						3	3
	F 多条，5m 以上 12	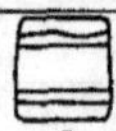 5	 4	 2	 1			3	3

续上表

变异程度 \ 衬砌背后的围岩状态								1.土砂 2.<2.0mm 3.回填区间	围岩良好
4.纵断型	G 多条,墙拱 10	4	3	3				3	2
	H 多条,墙 7	6	1					3	2
	I 多条,5m以上 3	1	1	1				4	3
5.混合型	A 形状复杂,拱 33	13	6	4	2	1	1	3	2
		1	1	1	1	1	1		
	B 形状复杂 29	5	4	3	2	2	2	3	3
		2	2	1	1	1	1		
	C 形状复杂,5m以上 23	4	3	3	2	2	2	4	4
		2	2	1	1	1			
	D 形状单纯,5m以上 24	11	8	2	2	1		4	3
	E 形状单纯,横断为主 15	14	1					2	2
	F 形状单纯,墙 5	2	1	1	1			3	2
	G 直线,一条,拱 7	6	1					2	2

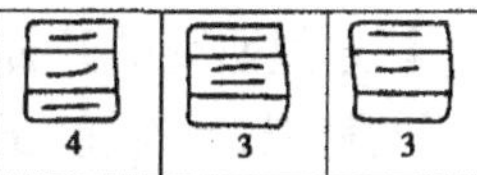

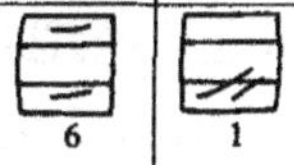

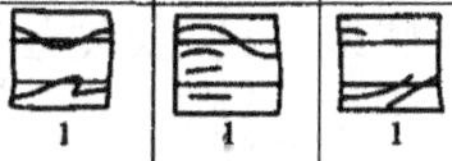

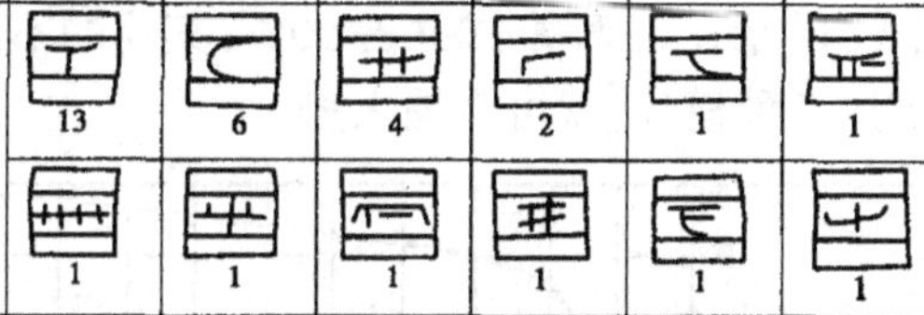

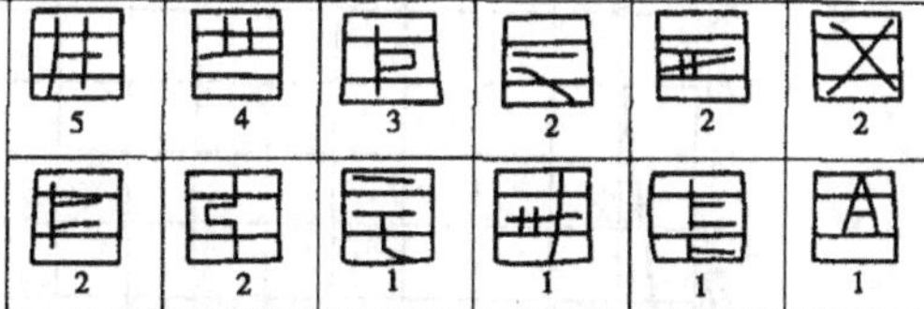

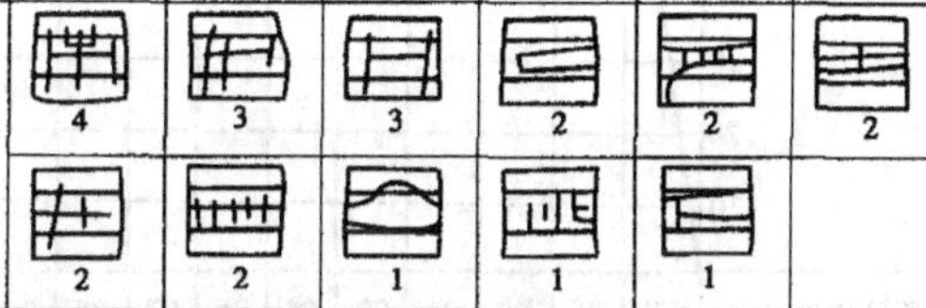

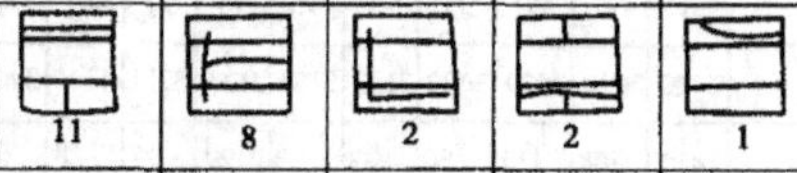

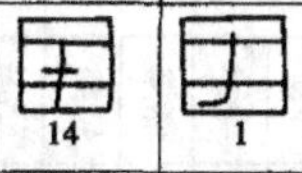

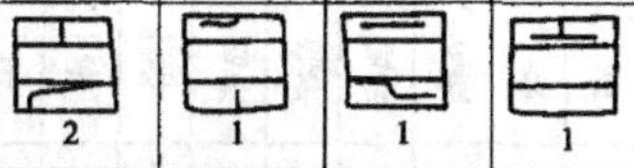

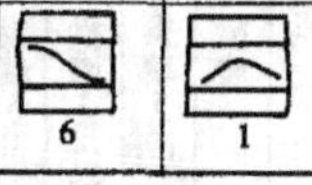

注:①表中最后两列的数值是日本水工隧洞的判定分级。

②表中的图是从隧道下看的展开图,两侧是边墙,中央是拱部。

在横向开裂中,对安全性影响比较小的一条开裂有 2928 组,占 98%。

在纵向开裂中,对安全性影响比较小的一条开裂有 194 组,占 75%;只在拱部有多条,或在边墙和拱部有多条或在边墙有多条的有 50 组,占 19%;而安全性较低的,多条开裂长度超过 3 个拱架的有 3 组,不超过 1 %。

此处,长度以 3 个拱架为基准的理由是:这里研究的开裂是除去因外力引起的开裂,混凝土虽然损坏但不会造成围岩的崩塌;但混凝土厚度取 30cm,掉下的混凝土长度在 3 个拱架(一般 5.4m)左右时,混凝土可能截断流水。

双向开裂中,安全性高的直线开裂只有一条的有 7 组,占 5%;安全性低的,难于分类的有 29 组,占 21%;安全性最低的,长度超过 3 个拱架的有 47 组,占 35%。

纵观之,如图 12-6 所示,三种模式共占 90%,其他的不足 12%。所以,如果能清楚地判定这三种模式,就可掌握大势。

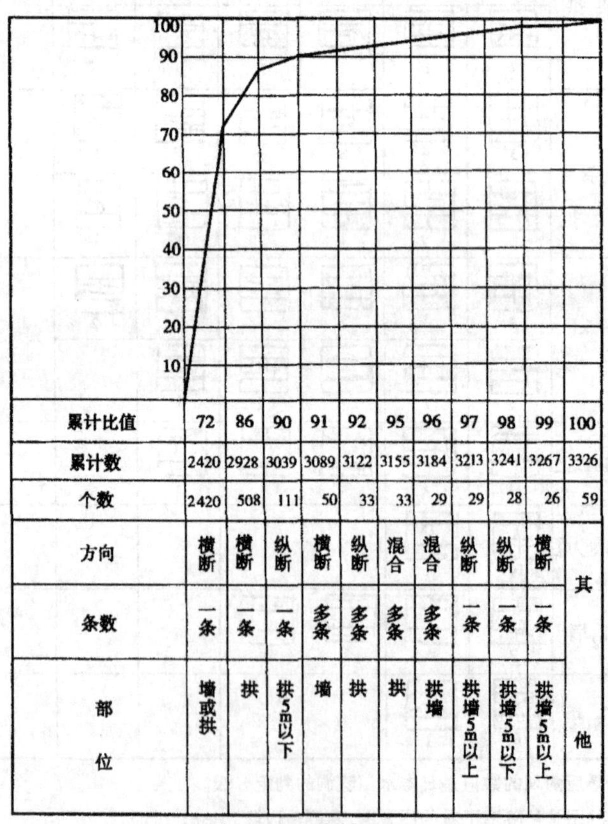

累计比值	72	86	90	91	92	95	96	97	98	99	100
累计数	2420	2928	3039	3089	3122	3155	3184	3213	3241	3267	3326
个数	2420	508	111	50	33	33	29	29	28	26	59
方向	横断	横断	纵断	横断	纵断	混合	混合	纵断	纵断	横断	其他
条数	一条	一条	一条	多条	多条	多条	多条	一条	一条	一条	
部位	墙或拱	拱	拱5m以下	墙	拱	拱	拱墙	拱墙5m以上	拱墙5m以下	拱墙5m以上	

图 12-6 开裂分析图

判定时，相当于下列情况者，应按健全度低的处理；

·在过去事故较多的地段发生的；

·开裂发生会使结构功能降低的；

·无外力，但形状复杂、损坏性高的（因开裂形成块状，发生的范围涉及拱部和边墙）；

·损坏时截断流水的可能性高的（围岩差，开裂长度超过3个拱架）。

另外，从开裂形状看，即使是安全的，但围岩差，如有漏水，背后可能出现空洞。所以，在水面下的开裂，即使围岩不差，也要降级评价。

各种开裂的评价基准在表12-7的右边两列中，可供参考。

作为参考，根据作出的判定，前述的3388组开裂的评价为：判定为4级的有3组，占1%；判定为3级的有120组，占4%；也就是说，需要改建的占5%。

四、开裂宽度的规定

混凝土结构物发生的开裂是多种多样的，但起因于荷载的开裂有弯曲开裂、剪切开裂、扭曲开裂以及轴向开裂等。在设计中，应根据结构物使用目的、环境条件、构件条件等规定出容许开裂宽度。

日本在混凝土技术标准中，曾建议采用以下基准：

(1)对钢材腐蚀的容许开裂宽度 w_a，一般根据环境条件、保护层厚度 c 及钢材种类，可按表12-8采用。该表的保护层厚度以100mm以下为标准。

容许开裂宽度 w_a(mm)　表12-8

钢材种类	环境条件		
	一般环境	腐蚀性环境	腐蚀性严重的环境
异型钢筋、普通圆钢	$0.005c$	$0.004c$	$0.0035c$
PC钢材	$0.004c$	—	—

(2)有水密性要求的混凝土的容许开裂宽度，可按表12-9采用。

容许开裂宽度(mm)的大致标准　表12-9

要求水密性的程度		确保高水密性的场合	确保一般水密性的场合
主要作用的断面力	轴向拉力	—①	0.1
	弯矩	0.1	0.2

注①：混凝土断面的应力，使全断面处于压缩状态，最小压应力在0.5MPa以上。

根据研究，作用水压在 0.9MPa 以下，开裂宽度在 0.1mm 以下时，漏水量是非常少的。

(3)根据隧道耐久性、防水性，是否需要维修的开裂宽度的限值列于表 12-10

是否需要维修的开裂宽度的限值(mm)　表 12-10

环　境	其他因素分级	从耐久性出发			从防水性出发
		严酷	中等	一般	
需要维修的	大	>0.4	>0.4	>0.6	>0.2
	中	>0.4	>0.6	>0.8	>0.2
	小	>0.6	>0.8	>1.0	>0.2
不需要维修的	大	<0.1	<0.2	<0.2	<0.05
	中	<0.1	<0.2	<0.3	<0.05
	小	<0.2	<0.3	<0.3	<0.05

注：①其他因素中的大、中、小，表示对结构的耐久性和防水性的有害程度；

②环境条件主要是对钢材而言。

要点二　衬砌厚度与背后空洞

衬砌厚度与其背后存在的空洞也是影响衬砌承载力的重要因素。

应该指出：在隧道施工过程中，因衬砌厚度不足、设计厚度与实际厚度存在差异、施工塌方处理不彻底，而在其背后留有空洞的现象是比较普遍的。

日本为了编制《隧道维修管理手册》，曾进行了大量的模型试验，研究在不同荷载状态下衬砌厚度、背后空洞等与结构物承载力之间的关系。

图 12-7 是双线隧道衬砌背后有空洞的试验结果。结果说明：有空洞时，对侧压是易于变形的(由于侧压，拱顶上抬不产生被动抗力)；但差异不大。因为，空洞范围一般也不大。空洞范围越大，越易变形。围岩越硬，空洞的影响也越大。如拱顶背后有空洞，软弱(易于变形)的围岩就会更弱。

图 12-8 是单线隧道衬砌背后有空洞的试验结果。结果表明：单线隧道在分布荷载和部分荷载作用下的情况与双线隧道一样。分布荷载作用时，轴力是主要的，将产生剪切开裂；部分荷载作用时，将产生弯曲变形。双线

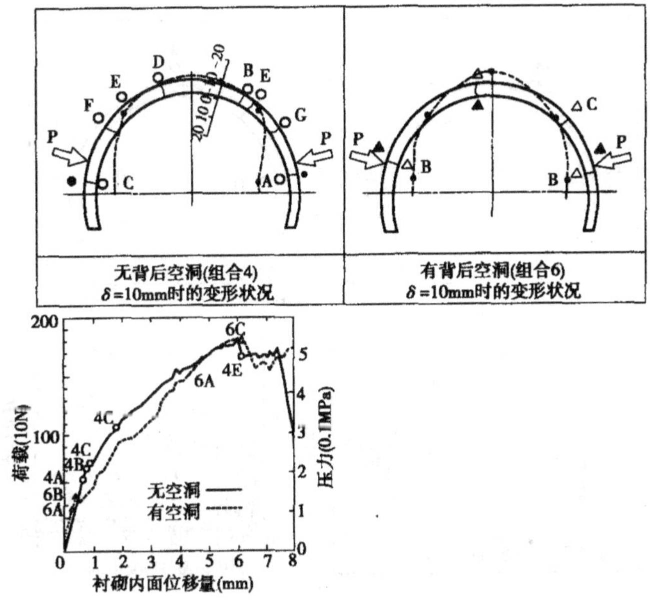

图 12-7　双线隧道衬砌拱顶背后空洞的影响

隧道，边墙向外有较大范围的变形，但单线隧道的边墙底脚几乎没有变形。

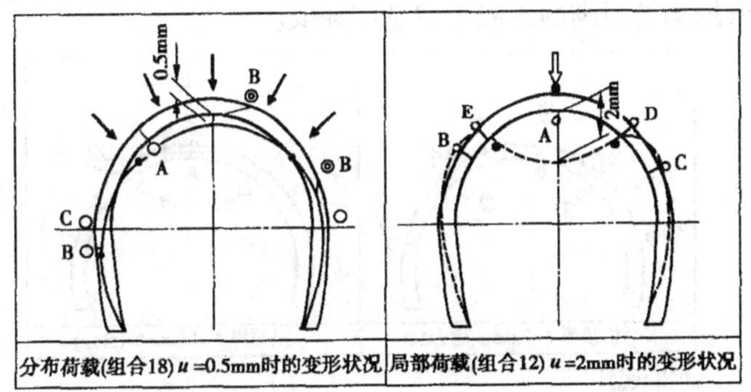

图 12-8　单线隧道衬砌背后空洞的影响

图 12-9 是在侧压作用下衬砌厚度影响的试验结果。说明了衬砌缺陷(厚度不足、背后空洞)对衬砌承载力的影响。应该指出，衬砌厚度不足与背后空洞经常是联系在一起的。试验结果表明：发生初期开裂(产生在边墙的加载点)的阶段，视缺陷情况，强度不同。但最大的特征是以后的动态，有缺陷后，残余强度几乎没有了。

图 12-10 是在斜侧压作用下衬砌厚度影响的试验结果。结果表明：在

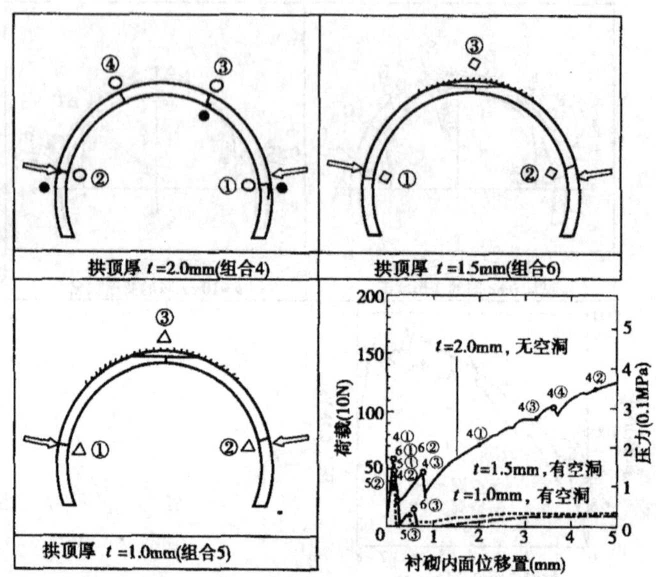

图 12-9 衬砌厚度的影响(横向两侧地压)

初期开裂产生前，几乎表现了与横向两侧地压作用下同样的动态；但一旦发生开裂，有缺陷的衬砌的承载力就急剧降低。

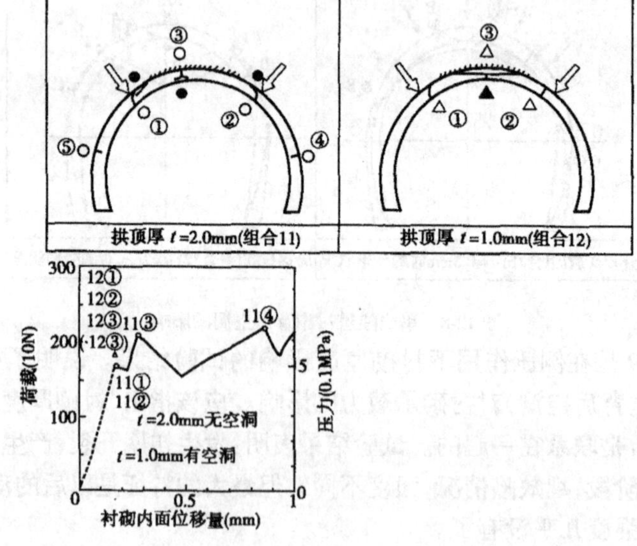

图 12-10 衬砌厚度的影响(斜向两侧地压)

图 12-11 也是衬砌背后空洞影响的试验结果。结果表明：空洞范围越大，最终承载力越低，但差异不大。

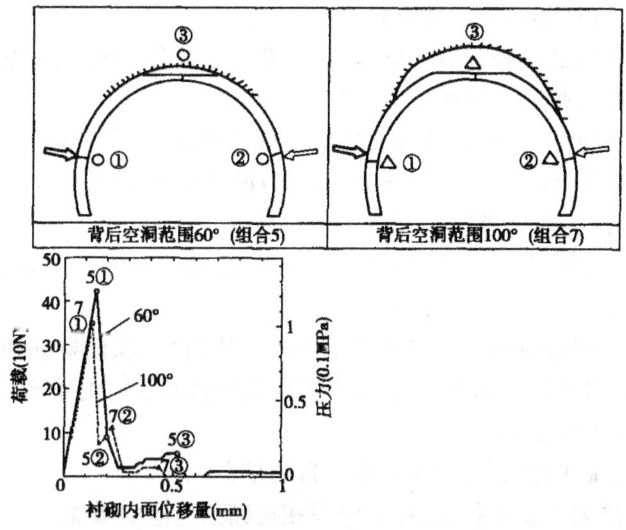

图 12-11 衬砌背后空洞范围的影响

图 12-12 是新干线隧道标准断面 1∶30 比尺的衬砌模型试验结果（荷载-位移曲线）。结果表明：①是健全的衬砌；②是拱顶背后有空洞、衬砌厚度不足的衬砌；③是在衬砌背后有空洞、衬砌厚度不足的状态下，加载发生开裂后进行空洞回填的衬砌。图中表示这三种衬砌在侧压作用下的情况。由图

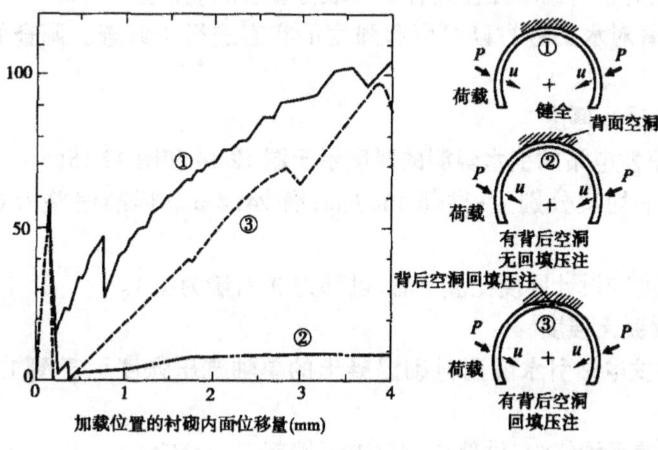

图 12-12 背后空洞的影响和回填压注的效果

可知,背后有空洞的场合②,随着初期开裂的发生,承载力急剧地丧失;开裂发生后进行充填的场合③,可以恢复到与健全衬砌①同等的刚性。

通过上述试验得出的结论如下:

·同样厚度的衬砌背后有空洞,其承载力在同样位移(u = 2mm)的条件下,有空洞时降低到无空洞的 1/3 以下;

·拱部厚度不同时,其承载力的变化是很大的;在同样位移条件下,如满足设计厚度的承载力为 1,则衬砌厚度为设计厚度的 3/4 时,其承载力为 0.4;衬砌厚度为设计厚度 1/2 时,仅为 1/12;

·背后空洞的范围越大(以背后空洞范围 60°和 120°作比较),最终承载力越低,但差异不大,两者相差 12%左右;

·背后空洞范围 60°时,有无回填与用硬质材料、软质材料回填相比,如用硬质材料回填时的承载力为 1,则用软质材料回填时的承载力为 0.8,而不回填的仅为 0.1 左右。

一般来说,隧道背后空洞对策的目的是:

·防止围岩松弛的扩大,控制作用在衬砌上地压的增加;

·恢复均匀的地层反力,恢复衬砌的承载力、变形性能;

·充填的空洞可以防止漏水、冻结,提高止水效果,增加衬砌厚度和强度。

图 12-13 是为了掌握各种对策(回填压注、锚杆、内衬、内表面补强)的补强效果采用解析方法进行解析的结果。由图可知,回填压注的补强效果最好,其他对策与回填压注结合也可取得显著的效果。

日本曾对水工隧衬砌厚度和强度的实态进行了调查。调查的结果如下:

(1)混凝土厚度

129 座发电站的引水隧洞的厚度示于图 12-14 和图 12-15。

厚度平均值分别为:拱部 16.7cm;墙 24.4cm。标准偏差为 6.3cm 和 9.0cm。

从厚度和设计厚度比值上看,拱部为 0.7,墙为 1.1。

(2)混凝土强度

58 座发电站引水隧洞衬砌混凝土的单轴抗压强度示于图 12-16 和图 12-17。

强度的平均值为:拱部 21.65MPa, 墙部 18.14MPa。

根据此实态判定应力时, 如该处无试验资料,拱部取单轴抗压强度

衬砌

新干线断面
厚度70cm
全断面衬砌，无仰拱
抗压强度 18MPa
抗拉强度 1.85MPa
弹性系统 2.1×10^4MPa

地层

均质软岩E=50MPa
有空洞

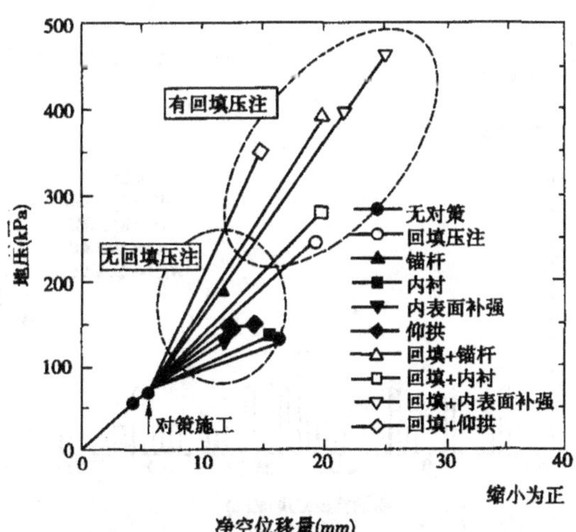

图 12-13　变异对策的解析比较

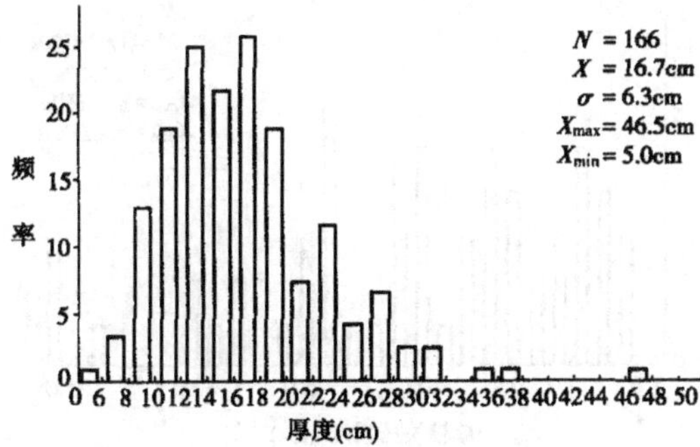

图 12-14　厚度直方图(拱部)

21.7MPa 减去标准偏差 8.2MPa，为 13.5MPa。弯曲抗拉强度取其 1/6，为 2.2 MPa。墙部取单轴抗压强度 18.1MPa减去标准偏差 8.4 MPa，为 9.4MPa。弯曲抗拉强度取 1.6MPa，作为容许强度。

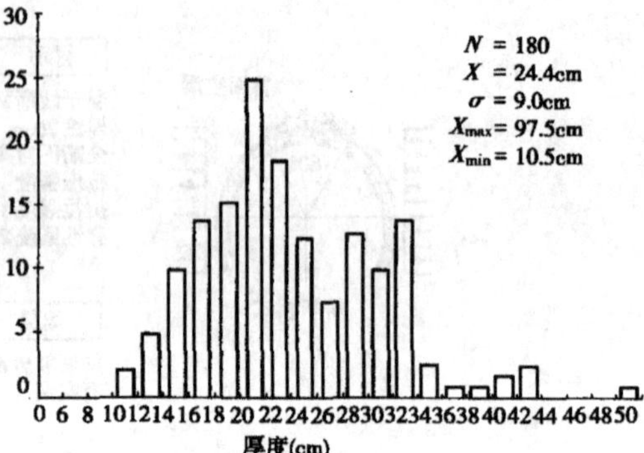

图 12-15　厚度直方图(边墙)

(3)空洞

83 座发电站的空洞发生状况示于图 12-18。拱顶约为 16.5cm，边墙为 2.5cm，底部为 3.1cm。

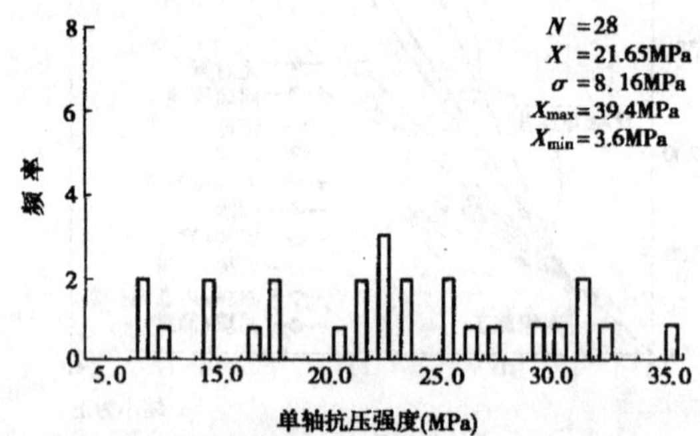

图 12-16　单轴抗压强度的直方图(拱部)

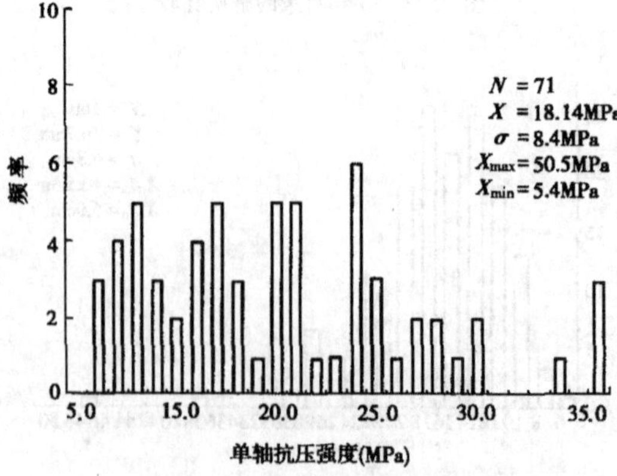

图 12-17　单轴抗压强度的直方图(边墙)

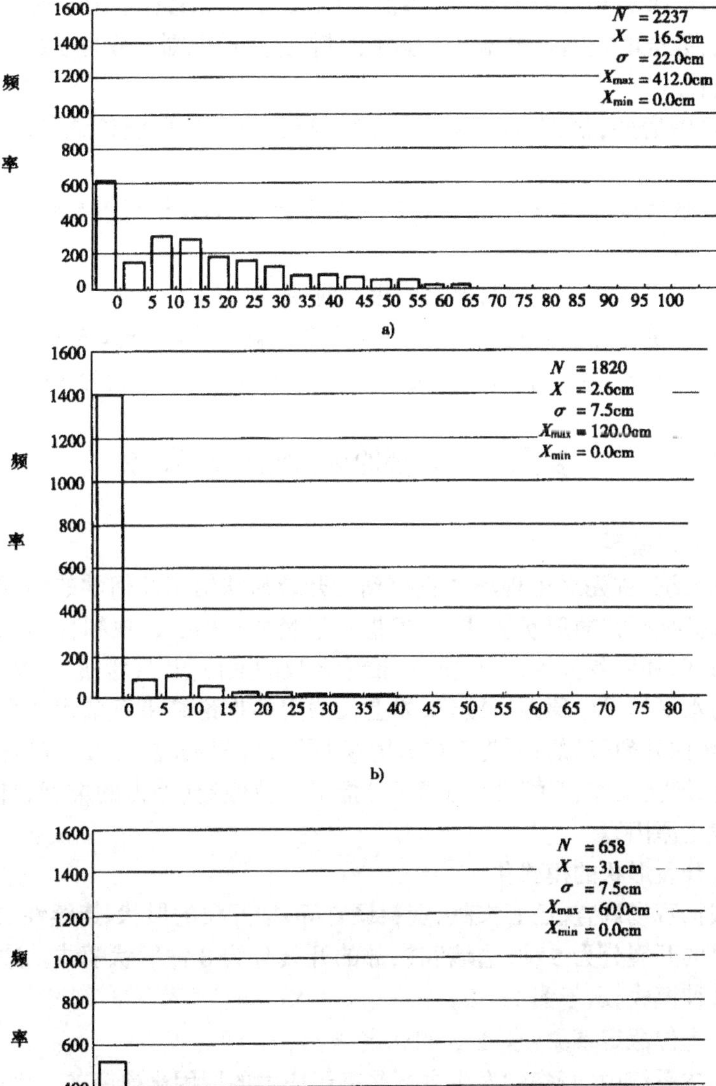

图 12-18 空洞直方图

a)拱部;b)边墙;c)底部

另外,拱部测点的71%、边墙测点的23%都发现有空洞。这说明边墙较密贴,健全度较高。根据水工隧洞的判定分级,原则上分为5级。可作如下判定:

(1)围岩差,拱部有空洞,随着时间延长地层有可能松弛时,判定为3级;

(2)围岩良好,有空洞,有崩塌土,在今后30~40年间还有崩塌土时,判定为3级;

(3)围岩良好,有空洞,但无崩塌土时,判定为1级;

(4)如拱部和边墙充填密实,本来安全性就高,可不设基准;

(5)围岩差,底部空洞有扩大可能时,其影响也大,判定为3级。

要点三　开裂原因诊断专家系统

1.系统概要

此系统,首先对由现场调查得到的开裂形状给出几何学的模式;而后,从中选择欲研究的形状模式;再根据一般情报(水准1:规则性、开裂宽度、发生时期、环境条件等)进行推论,推论开裂的上位假定(弯曲、干燥、收缩等的应力水平的发生原因);接着,如上位假定的推论结果有结构开裂(弯曲、剪切、扭曲开裂等)的话,为掌握其直接原因,应根据隧道的固有情报(水准2:埋深、地质条件、开裂发生位置等)推出下位假定(外力的类型、自然现象等的发生原因)。

2.开裂形状的模式化

根据现场调查、已有文献、资料调查等,按开裂的形状、连续性、方向等,把仰拱的开裂分为5种,边墙和拱部的开裂分为8种形状模式。边墙和拱部的8种模式,示于图12-19。

3.上位假定事象(水准1)的选定

在本系统中,开裂的发生主要是基于应力的原因来研究的。因此,根据图12-19的应力分类,把上位假定分为以下12种:

①弯曲开裂;

②剪切开裂;

③扭曲开裂;

④内部约束引起的温度开裂;

⑤外部约束引起的温度开裂;

⑥干燥收缩开裂；

⑦碱性集料反应引起的开裂；

⑧钢筋腐蚀引起的开裂；

⑨冻融开裂；

⑩下沉开裂；

⑪水泥异常凝结引起的开裂；

⑫集料泥化引起的开裂。

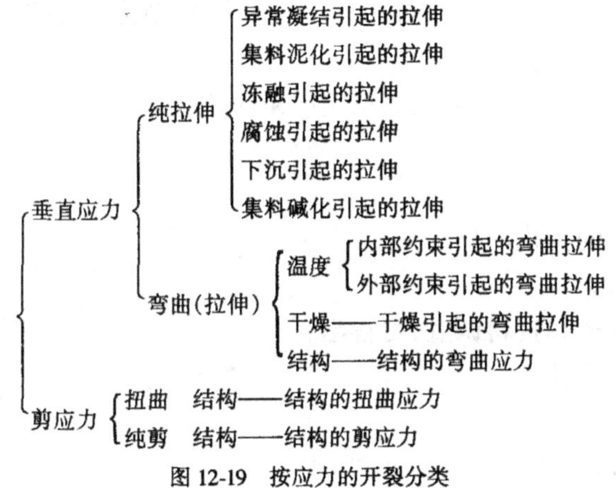

图 12-19　按应力的开裂分类

有关开裂时事象(水准 1),有以下 8 种：

①规律性；

②开裂宽度；

③连续性；

④开裂深度；

⑤开裂部分的状态；

⑥发生时期；

⑦环境条件；

⑧构件厚度。

4.下位假定和事象(水准 2)的选定

下位假定的原因,即下位假定,有以下 11 种：

①塑性地压；

②塑性偏压

③围岩松弛；

④水压；

⑤水偏压；

⑥冻胀现象；

⑦地层下沉；

⑧不均匀下沉；

⑨地震；

⑩滑坡；

⑪设计施工。

关于开裂事象（水准 2），有以下 9 种。其中，根据外观等简易调查数据，可得出：

①作用应力（根据上位假定的推定结果决定）；

②发生位置；

③分布；

④开裂以外的劣化现象；

⑤气象地象；

根据精密调查和资料调查，可得出：

⑥设计施工条件；

⑦地质；

⑧设置条件；

⑨其他（线形、近接施工的影响等）。

上述的下位假定和事象（水准 2）中，开裂的发生位置与发生原因有密切关系，必需很好地掌握其特性。因此，进行了下述试验和解析。

（1）室内试验

为掌握在各种荷载下衬砌开裂的发生状况，进行了比尺为 1:12 的模型破坏试验。试验中研究了荷载方向和背后有无空洞的影响。

试验结果表明：开裂的发生位置与荷载方向和拱背后的空洞有极大关系。特别是：45°处，出现两条轴向连续的开裂时，在拱顶背后存在空洞的可能性极大。这可能是衬砌破坏的前兆（图 12-20）。

（2）解析模式的探讨

混凝土视为非线性弹性体，开裂采用以任意荷载作用下的复数开裂为对象的“分布开裂模式”。经验证，本解析模式是可信的。

（3）采用上述模式的变量研究

为研究开裂发生位置和发生原因的关系，采用图 12-21 所示的解析模式。以围岩主应力比、大小、方向、空洞的有无等为变量，进行了解析。

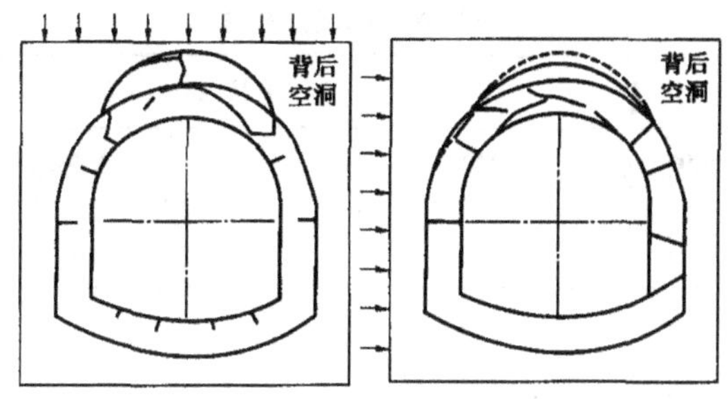

图 12-20　室内试验结果

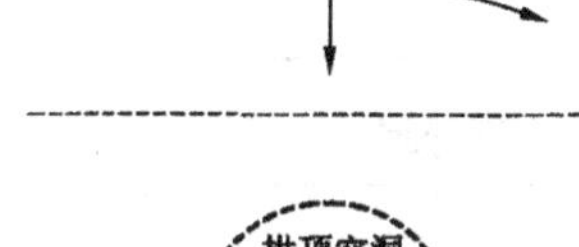

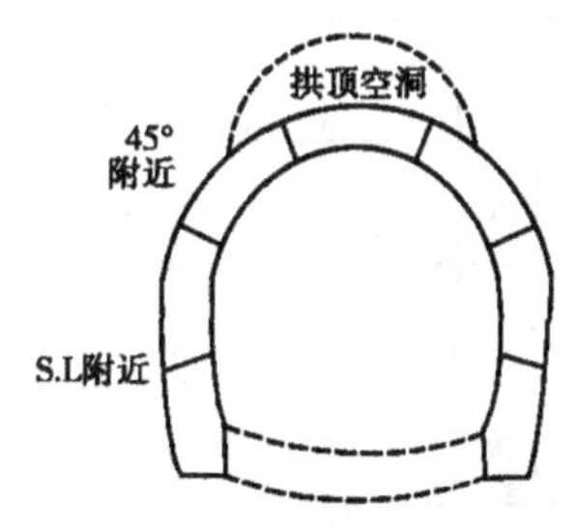

图 12-21　解析模式

因一般的引水隧洞的边墙和仰拱间有接缝存在，故此部分的模式采用接触单元（在压缩、剪切上具有一定的刚性，不能承受拉力）。

解析结果，从内部能够确认的开裂看，如图 12-22 所示。

此模式和发生条件的关系整理后，如表 12-11 所示。为便于专家系统的编制，将其修改为表 12-12。

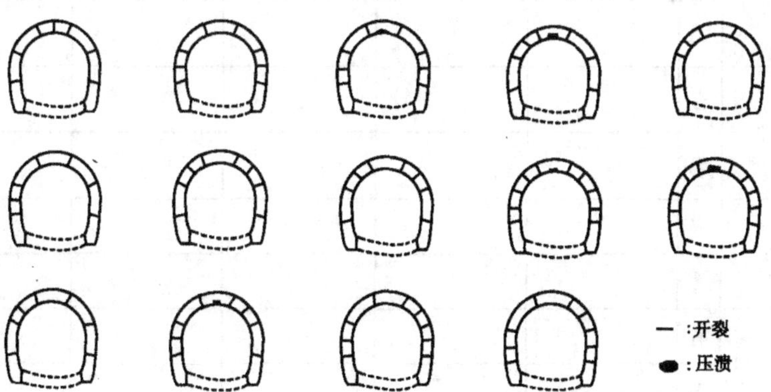

图 12-22　衬砌开裂解析分类

开裂模式和发生条件 表 12-11

开裂模式	空洞	外力状态				
		垂直为主	均匀分布	水平为主	单侧水平	斜　向
1	有	○				
	无	○				
2	有			○		
	无			○	○	
3	有					
	无			○		
4	有					
	无					○
5	有					
	无					○
6	有				○	
	无				○	
7、8	有		○			
	无					
9、12	有			○		
	无					
12	有					○
	无					
12、13、14	有			○		
	无					

注：表中○表示发生开裂。

开裂发生位置和发生原因 表 12-12

发生位置	外力方向	空 洞
拱顶附近	垂直为主	有、无
45°附近	均匀分布	有
	水平为主	有
	斜 向	有、无
SL 附近	水平为主	有、无
仰拱附近		

5.诊断实例

输入数据如表 12-13 所示。

输入数据(上位假定) 表 12-13

事例名	I 隧道
发生位置	仰拱、拱部边墙
开裂模式	I1、I2、I3、I4、I5 A1、A2、A3、A4、A5、A6、A7、A8
规则性	有、无、不明
开裂宽度(mm)	大(>0.4)、中(0.1~0.4)、小(<0.1)、不明
连续性	连续、不连续、不明
开裂深度	贯通、深、浅、表层、不明
开裂部分状态	漏水、胶状物析出、污染、无变化
发生时期	数小时之内、数日之内、2~3 个月之内、3 年之内、12 年之内、12 年之后、不明
环境条件	低温、高温、海水、湿润干燥、酸性、河流、不明
构件厚度	厚度(cm)、不明

根据假定得到的开裂原因是:

①弯曲开裂(确信度 = +0.93);

②内部约束(确信度 = +0.88);

③外部约束(确信度 = +0.87);

④干燥收缩(确信度 = +0.80);

⑤钢筋腐蚀(确信度 = +0.57);

⑥剪切开裂(确信度 = +0.47);

⑦碱性集料(确信度 = +0.27)。

依上述结果可推定为结构开裂,故转为下位假定(表12-14、表12-15)的推定。推定结果:开裂是因塑性压力、拱厚不足及水压急剧上升所造成的(表12-16)。

输入数据(下位假定1)　表12-14

发生位置	拱顶附近、45°附近、SL附近、仰拱附近
开裂种类	弯曲开裂、剪切开裂、扭曲开裂
分布(横断)	全体单侧、环状
分布(纵断)	比较长、特定区间、不明
劣化状态	拱顶部崩塌、错动、翻浆冒泥、磨耗冲刷、衬砌劣化
底鼓	有、无、不明
轴的移动(回转)	有、无、不明
净空断面缩小	有、无、不明
劣化的季节变化	有、无、不明
低温环境	有、无、不
地下水流	有、无、不明
现象	突然涌水
地震	发生过、没有发生过、不明

输入数据(下位假定2)　表12-15

拱厚	厚、薄、不明
混凝土强度	高、低、不明
边墙形状	直、曲
仰拱	有、无
回填压浆	有、无、不明

续上表

隔　热　层	有、无、不明
背后空洞	有、无、不明
模板的早期脱模	有过、没有过、不明
地质	泥质岩、砂质岩、变质岩、风化页岩、土砂
围压强度比	高(>2)、一般(2左右)、低(<2)
承载力	大、小、不明
围岩含水率	高、低、不明
条件	有断层、不明
埋深	埋深(m)、不明
其他条件	崩塌滑坡地带、山坡挖方、隧道与坡面平行、正上方有坝或水池等、有近接施工、采矿地区

原因推定结果　　表12-16

开裂原因推定	引水隧洞系统		
(开裂发生原因和确信度表) 发生原因	确信度		
	1	2	3
塑性压力	0.82	0.50	*0.91
塑性偏压	0.51	-0.56	0.24
围岩松弛	0.50	0.61	0.42
水压	0.91	-0.28	*0.88
偏水压	0.61	-0.65	0.36
冻胀现象	0.79	-0.75	*0.63
地层下沉	0.37	0.00	0.37
不均下沉	0.37	0.12	0.43
地震	0.28	0.00	0.28
滑坡	0.73	-0.57	0.47
设计施工	0.79	0.37	*0.87

注:①1-推定(1); 2-推定(2); 3-集合模式。

②*表示开裂发生原因

6.健全度评价基准

目前还没有确定这一基准。基本上是以结构的稳定性(安全系数=衬砌强度/衬砌应力)为主要评价基础,对不同的劣化原因,赋予权值来评价的(表12-17)。根据判定分级,所采取的措施见表12-18。

健全度评价基准(草案) 表12-17

劣化原因	类型	安全系数		
		$F<1.0$	$1.0<F<1.5$	$1.5<F$
开裂	塑性地压	3	3	2
	塑性偏压	3	3	2
	围岩松弛	3	3	2
	水压	3	3	2
	偏水压	3	3	2
	冻胀现象	3	3	2
	地层下沉	3	3	2
	不均下沉	3	3	2
	地震	3	3	2
	滑坡	3	3	2
	设计施工	3	3	2
	内部约束	3	2	1
	外部约束	3	2	1
	干燥收缩	3	2	1
	碱性集料	3	2	1
	钢筋腐蚀	3	2	1
	冻融	3	2	1
	下沉	3	2	1
	异常凝结	3	2	1
	集料泥化	3	2	1
冻害	剥离、剥落	3	2	1
冲刷	磨耗	3	2	1

注:安全系数 $F=\sigma_f/\sigma_m$;σ_f:材料强度;σ_m:最大或最小主应力。

措施 表12-18

判定分级	措施
1.要注意	监视重点管理项目
2.以后危险	要采取措施
3.危险	及早采取措施

要点四　结构加载模型试验研究

日本为掌握隧道衬砌的力学动态,包括变异隧道的补强后的动态,曾进行了大规模的隧道衬砌模型试验和解析。这些试验结果和解析结果对我们是有借鉴价值的。

一、模型试验

(一)试验装置

试验装置示于图 12-23,是以新干线隧道标准断面设计的直接加载的立体模型试验装置(比例尺 1:30)。此装置由加载部件、反力架、底脚控制阀、底脚下沉机构、底板等构成。加载部件沿衬砌模型断面呈放射状设置 12 个,沿轴向也设置了 12 列。加载用的螺栓是一个双重构造的部件,内侧螺栓可使橡胶压缩、释放,用橡胶的弹性表现地层反力。在试验中,隧道边墙底脚的水平方向没有约束,也没有仰拱。

图 12-23　模型试验装置(单线)

(二)试验组合和试验材料

二维基础试验的组合列于表 12-19。试验变量列于表 12-20。

(三)试验步骤

用砂浆制成衬砌模型后放到试验装置中,配置各种量测仪表。试验中用控制加载板的压入量的位移(双线 0.02mm/setp、单线 0.04mm/step),进行阶段加载。满足加载条件之前,一直继续加载。

(四)试验结果

试验结果按试验变量,按衬砌开裂的发展、变形情况、加载位置的衬砌内表面的法向位移量和荷载的关系加以整理,绘制成图。图中符号如下:

(1)开裂的发展及变形状况图

二维基础试验组合　　表 12-19

序号	衬砌			地层		荷载		备注
	断面	构造	仰拱	刚性	背后空洞	形态	位置	
1							垂直	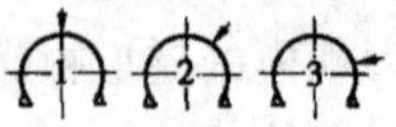
2			无				单斜	
3					无		单横	
4				软		集中		
5	双		有				2横	
6		先墙			有			
7		后拱	无			分布		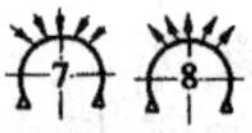
8	线		有		无	分布	垂直	
9				硬			垂直	
10			无			集中	单斜	
11							单斜	
12							垂直	
13							单斜	
14			无		无		单横	
15						集中		
16			有	软			2横	
17					有			
18			无			分布	垂直	
19	单	先墙后拱	有			分布		
20	线		无					
21					无		垂直	
22				硬		集中	单斜	
23							单横	
24			有			分布	全周	
25							垂直	
26		先拱后墙	无	软	无	集中	单斜	
27							单横	

二维试验的基本参数　表 12-20

试验参数		比较情况			
		双线断面		单线断面	
加载方向的影响	软地层(先拱后墙)	1、2、3	图 5	12、13、14	图 12
	硬地层(先拱后墙)	9、12、12	图 6	20、21、22	图 12
	软地层(先墙后墙)			25、26、27	图 13
仰拱效果	侧压作用	4、5	图 7	15、16	图 14
	全周作用			23、24	图 15
衬砌拱顶背后空洞的影响		4、6	图 8	15、17	图 14
荷载分布的影响		7、1	图 9	12、18	图 17
卸载的影响		8	图 12	19	图 18
地层强度的影响	垂直荷载作用	—	—	12、20	图 19
	斜向荷载作用	—	—	13、21	图 20
	水平荷载作用	—	—	14、22	图 21
衬砌新建顺序的影响	垂直荷载作用	—	—	12、25	图 22
	斜向荷载作用	—	—	13、26	图 23
	水平荷载作用	—	—	14、27	图 24

①开裂的种类:

○、▽:拉伸开裂;

●、♠、♦:压溃(压缩开裂);

□、©:剪切开裂;

×:内面加强层剥离。

②开裂的发生顺序:

A、B、C:基础试验的开裂发生顺序;

Ⅰ、Ⅱ、Ⅲ :对策前开裂发生顺序;

①、②、③ :对策后开裂发生顺序。

③变形状况：

---------:以衬砌内面为基准的变形状况。

(2)在加载位置的衬砌内面的法向位移量或加载板下沉量与荷载的关系图

·坐标轴

δ:加载板下沉量；

u:加载位置的衬砌内面法线方向位移量；

P:加载位置的荷载。

(五)试验结果综述

1.双线隧道的试验结果

(1)加载方向的影响

双线隧道拱部加载和侧向加载方向的不同,其影响也不同。图12-24表示在软岩条件下双线隧道的变形状况。

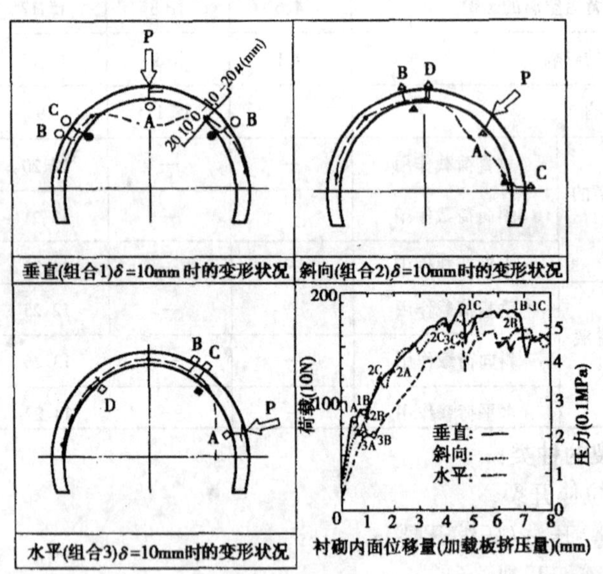

图12-24 软岩条件下双线隧道的变形状况

无仰拱的双线隧道,荷载作用在拱部时,衬砌的变形性没有很大的变化;但对作用在侧面(水平向)的荷载,变形性较大。

开裂发生后荷载反力急剧地降低,但继续加载时,反力反而增大。总之,由于开裂的发展,衬砌的结构系发生了变化,在一定的变形量条件下,衬砌可以维持其承载力。但产生压溃和高峰荷载时，会向终极破坏方向发展。

地质条件较好时，双线隧道的变形状况如图 12-25 所示。

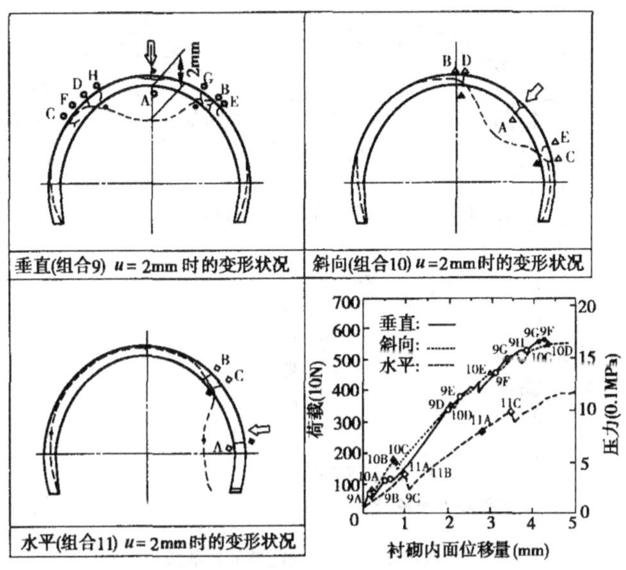

图 12-25　坚硬地层场合双线隧道的变形状况

与图 12-24 同样，在侧压条件下，变形性较大；与软地层时相比，其差值变小。围岩越硬，因荷载方向的不同引起的差异越小。

(2)有无仰拱的影响

双线隧道两侧都作用有侧压时，有无仰拱的影响是很大的(图 12-26)。

在开裂发生前，变形性有一定的差异(向无仰拱方向易于变形)，但开裂发生后的变形性没有很大的差异。围岩越软，仰拱的效果越大。

(3)衬砌背后空洞的影响

拱顶薄、背后有空洞的情况是不少的。

通过有无空洞的试验(图 12-27)进行比较，可以看出：有空洞时，对侧压是易于变形的(由于侧压拱顶上抬，不产生被动抗力)；但差异不大。因为，空洞范围一般也不大。空洞范围越大，越易变形。围岩越硬，空洞的影响也越大。

(4)分布荷载和集中荷载的影响

分布荷载和集中荷载的影响也是不同的(图 12-28)。

分布荷载作用时，因衬砌的拱形结构，轴力是主要的。因此在衬砌拱部几乎没有产生变形；终极破坏发生时，变形量也是不大的。

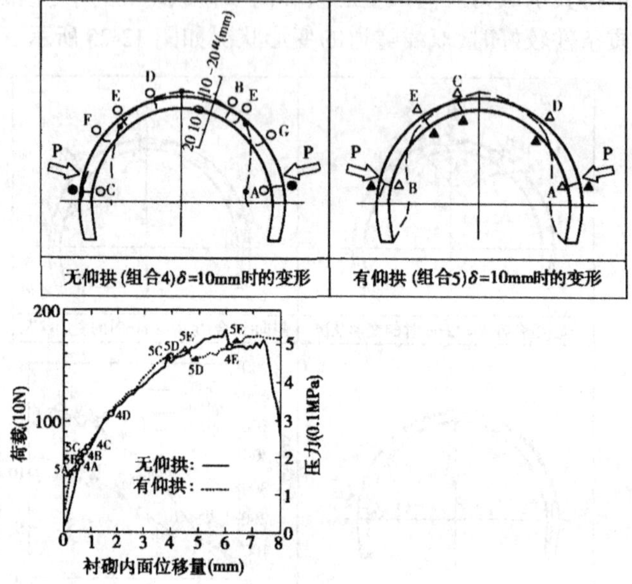

图 12-26 双线隧道仰拱的效果

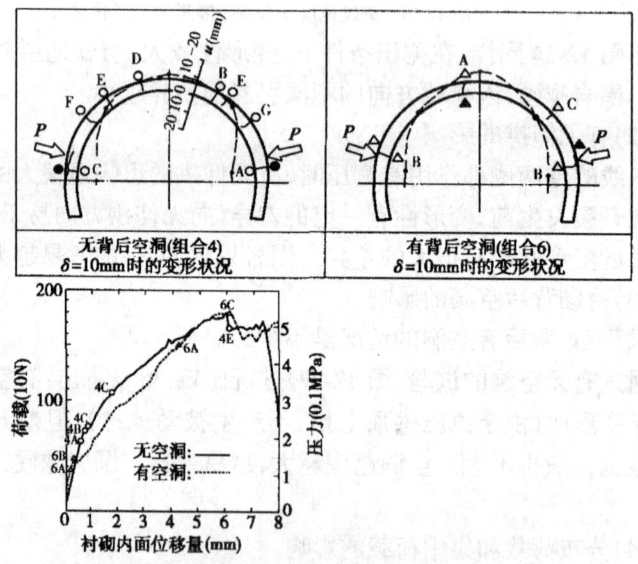

图 12-27 双线隧道衬砌拱顶背后空洞的影响

而在集中荷载作用时，轴力比分布荷载不规则，弯曲变形大。围岩越软，衬砌越易变形。

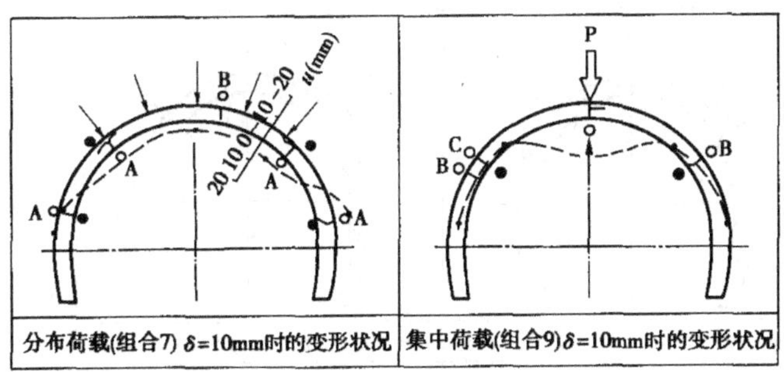

图 12-28　双线隧道荷载形态的影响

(5)卸载的影响(图 12-29)

全周作用有荷载,但上部荷载被卸载的情况,这与隧道上部进行明挖的情况相似。此时,与侧压作用时的发生同样的变形,开裂是发展的。

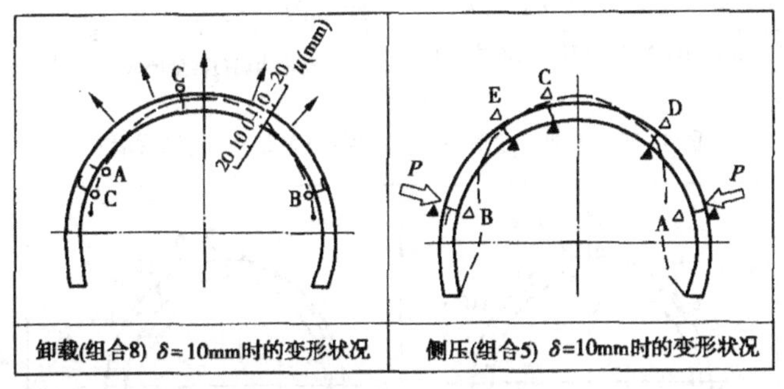

图 12-29　双线隧道卸载的影响

2.单线隧道的试验结果

(1)加载方向的影响

①先拱后墙

软地层条件下,单线隧道荷载方向的影响,与双线隧道一样,在拱部作用有荷载时,变形性的差异是不大的。但在侧压时,变形性变化很大,且此差异(垂直荷载或斜向荷载与水平荷载的变形性差异)比双线隧道显著(图 12-30)。

硬地层,先拱后墙的条件下,与地层软弱时是一样的,但其差异变小。地层坚硬,荷载方向不同产生的差异变小。从斜向荷载的组合看,会产生挤压的剪切破坏(图 12-31)。

②先墙后拱

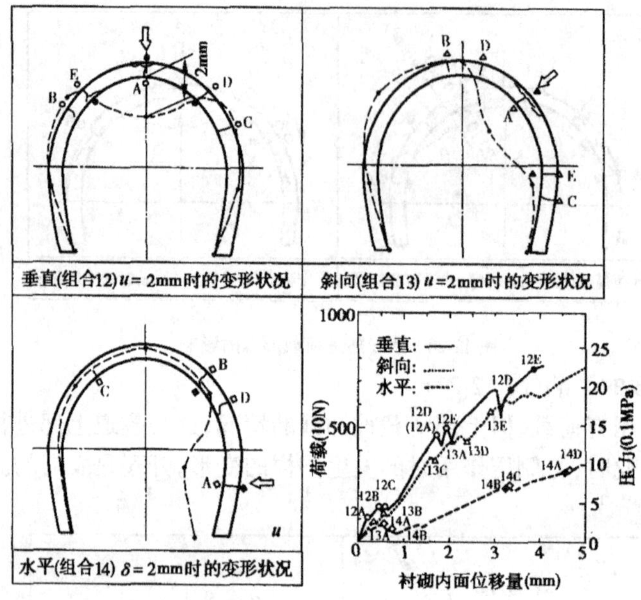

图 12-30 单线隧道荷载方向的影响(软地层,先拱后墙)

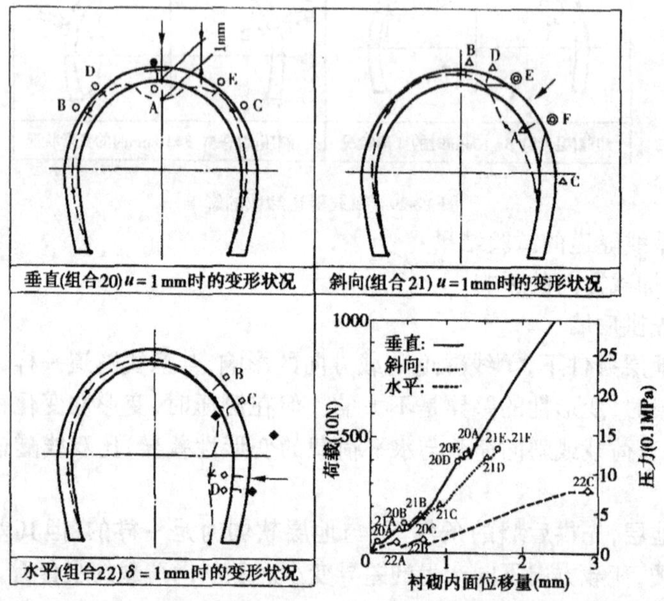

图 12-31 单线隧道荷载方向的影响(硬地层,先拱后墙)

改变施工方法为先墙后拱时,因施工顺序不同,动态也有差异。对侧压，边墙和拱部会产生错缝，表现出结构上的缺陷。对斜荷载，在起拱线和加载部间会发生很大的轴力，产生剪切破坏（图 12-32）。

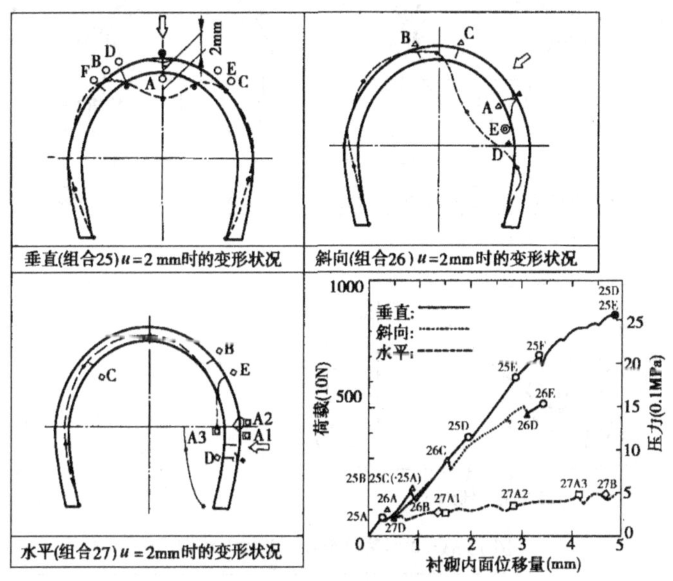

图 12-32　单线隧道荷载方向的影响（硬地层，先墙后拱）

刹肩施工不良，起拱线构造不良，都会使衬砌承载力降低。

(2)有无仰拱的影响

图 12-33 说明单线隧道在侧压作用下的仰拱效果。有仰拱时，变形是比较困难的，但比预计的效果要小一些。这可能是因为部分荷载作用在曲率小的边墙上的缘故。

图 12-34 说明单线隧道在全周作用有荷载的情况。无仰拱的场合，两边墙变形很大；但有仰拱的场合，几乎没有发生弯曲变形。不管有无仰拱，最终都发生了环状的拉伸开裂 。在实际的隧道中，不会有像试验中那样的全周作用的地压 。同时，衬砌如有厚度不足等结构上的缺陷时，也易于产生剪切破坏。

(3)空洞的影响（图 12-35）

单线隧道在侧压作用下，拱顶背后有空洞时的影响与双线隧道相比，其影响是很大的。单线隧道对侧压的抵抗能力是比较弱的（易于变形），如拱顶背后有空洞就更弱了。

(4)荷载形态的影响

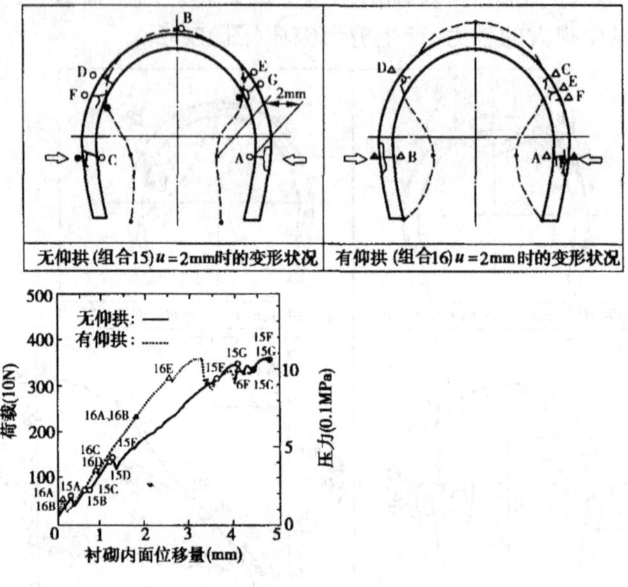

图 12-33 单线隧道仰拱的影响(侧压作用)

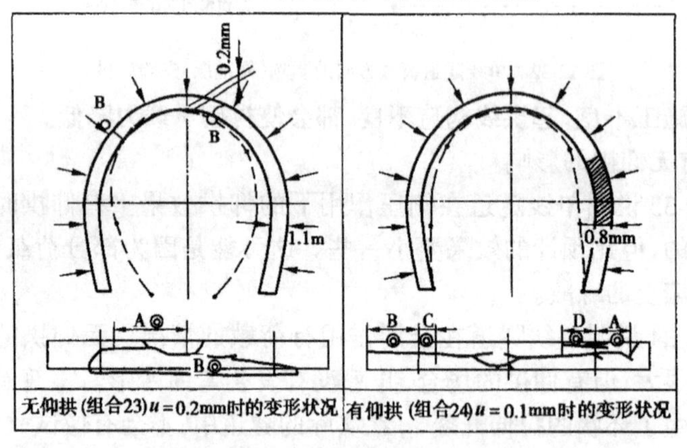

图 12-34 单线隧道仰拱的影响(全周作用)

单线隧道在分布荷载和部分荷载作用下的情况,与双线隧道一样。分布荷载作用时,轴力是主要的,将产生剪切开裂;局部荷载作用时,将产生弯曲变形。双线隧道时,边墙向外有较大范围的变形;但单线隧道的边墙底脚几乎没有变形,如图 12-36 所示。

单线隧道的上部预计开挖,垂直荷载释放的情况,与双线隧道一样,有与侧压作用情况同样的变形模式,开裂有所发展,如图 12-37 所示。

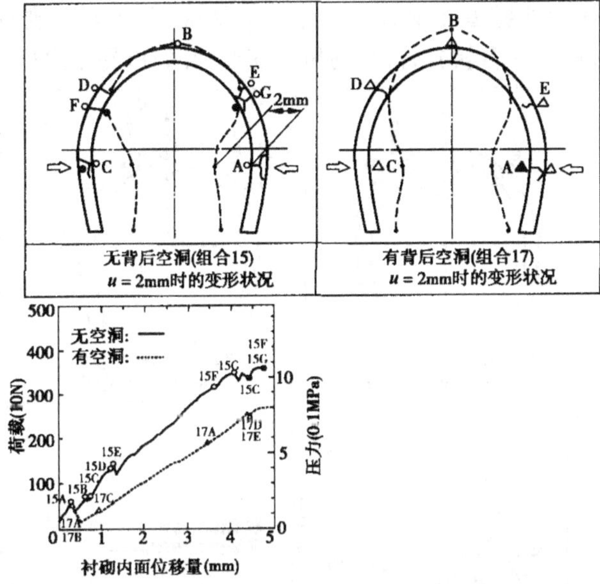

图 12-35　单线隧道衬砌背后空洞的影响

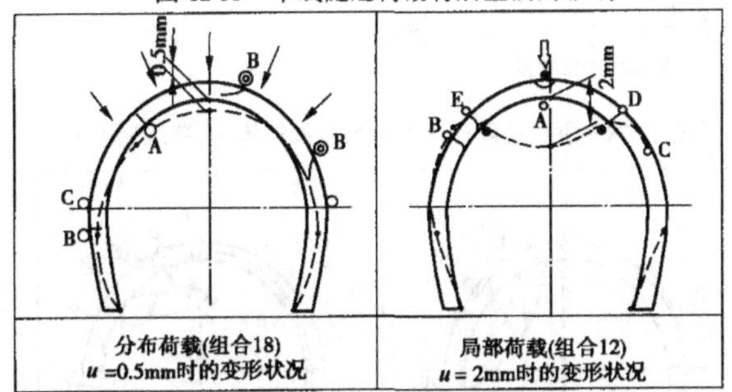

图 12-36　单线隧道荷载形状的影响

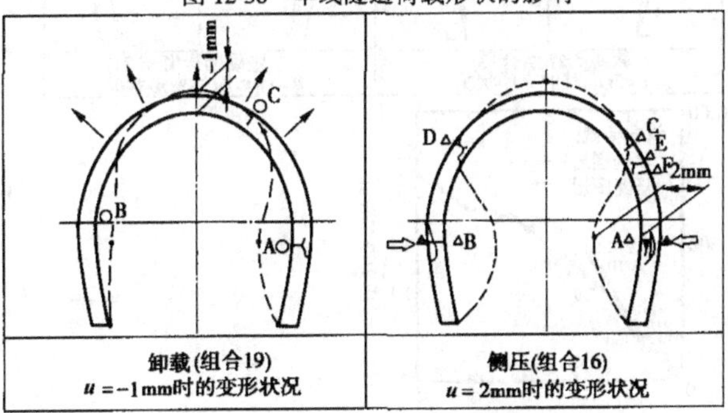

图 12-37　单线隧道荷载形态的影响

图 12-38 是单线隧道在垂直荷载作用的情况下,围岩坚硬程度不同对衬砌动态的影响。围岩软弱时,衬砌易于变形,开裂也易于出现。

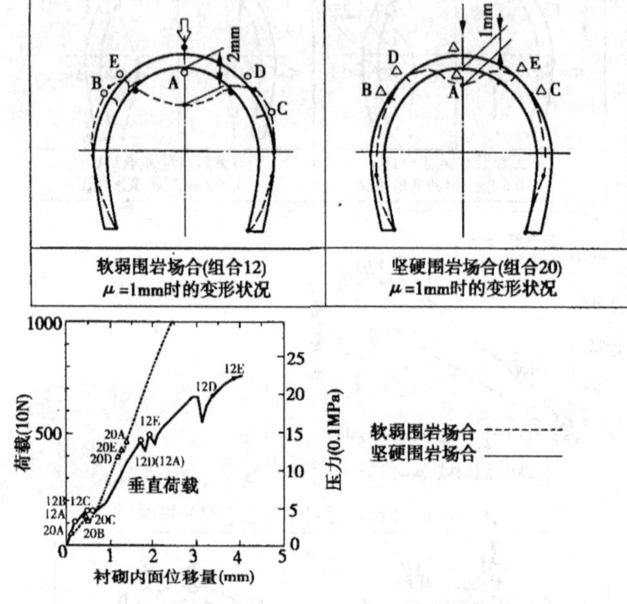

图 12-38 垂直荷载作用时围岩软硬的影响(单线隧道)

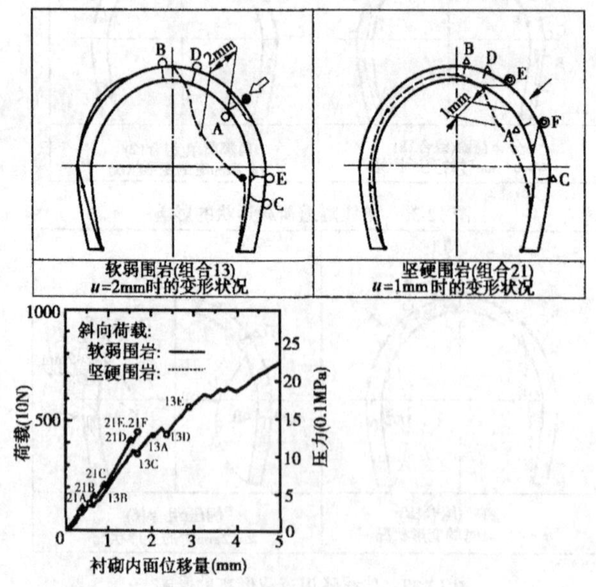

图 12-39 斜向荷载作用时围岩软硬的影响(单线隧道)

如图 12-39 所示，围岩坚硬程度不同时，比较斜向荷载时 单线隧道的动态，围岩软弱是易于变形的，也易于产生剪切破坏。此两例是弯曲破坏和剪切破坏的破坏模式的对照。

围岩软硬不同，在单线隧道侧压作用下的动态如图 12-40 所示。单线隧道抵抗侧压的能力本来就是比较弱的，围岩软弱时就更弱了。

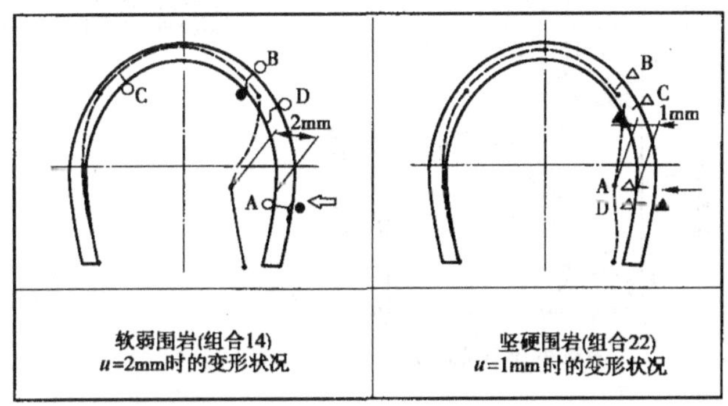

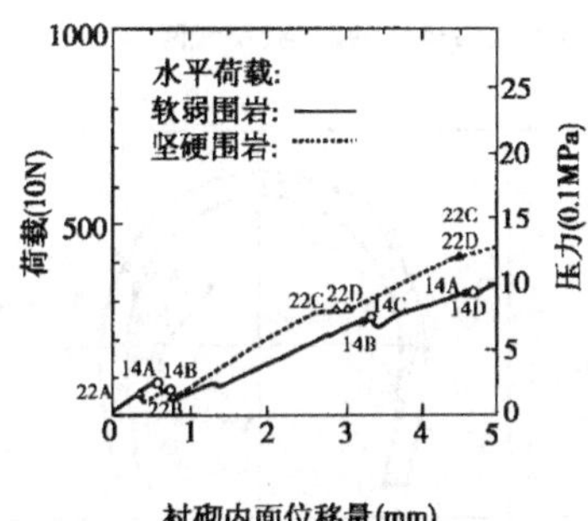

图 12-40　水平荷载作用时围岩软硬的影响(单线隧道)

(5)施工方法的影响

单线隧道在垂直荷载作用时，不同施工方法的影响如图 12-41 ~ 图 12-43所示。对垂直荷载，先拱后墙方法是比较易于变形的。

对斜向荷载，先拱后墙方法是易于变形的。先拱后墙方法施工的剁肩具有铰的动态；但视荷载作用方向，也有产生剪切破坏的情况。

在侧压作用下，先拱后墙方法的影响是肯定的。先拱后墙的结构，拱和边墙间产生错缝，施工缝施工不良，其影响是极大的。

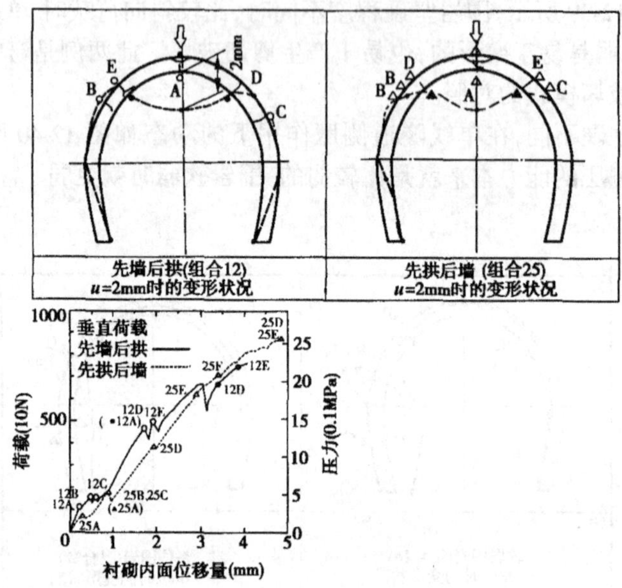

图 12-41 垂直荷载作用时先墙后拱法的影响(单线隧道)

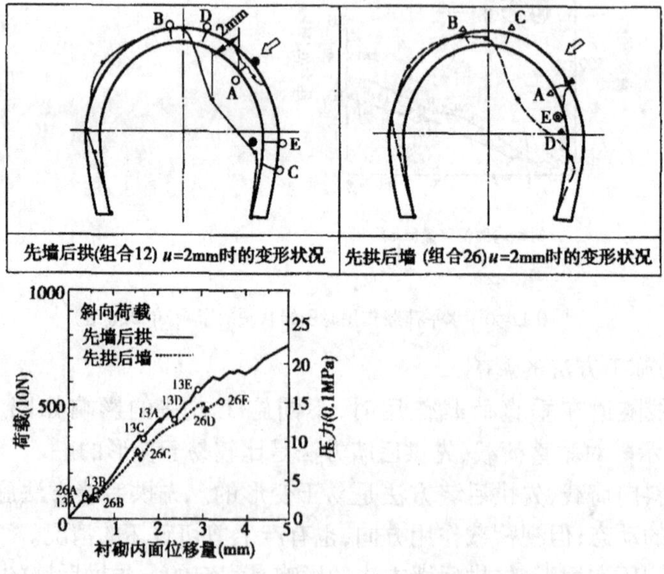

图 12-42 斜向荷载作用时先墙后拱法的影响(单线隧道)

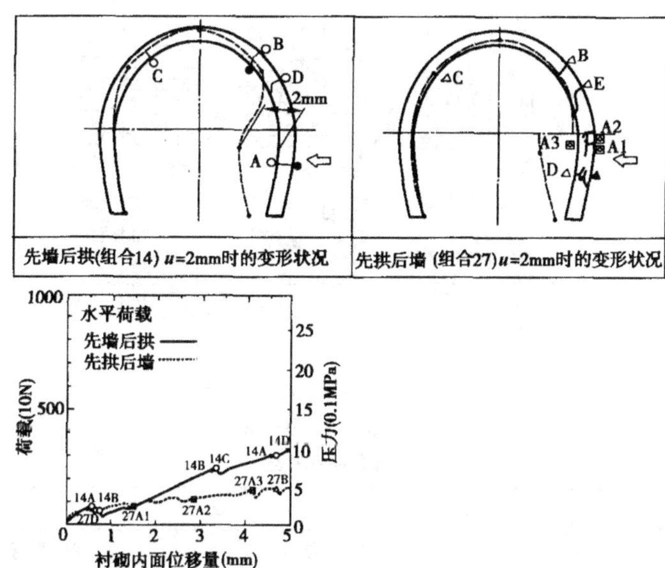

先墙后拱(组合14) u=2mm时的变形状况　先拱后墙 (组合27) u=2mm时的变形状况

图 12-43　侧向荷载作用时先墙后拱法的影响(单线隧道)

二、三维基础试验

三维基础试验的情况见表 12-21。试验参数见表 12-22。荷载位置图(展开图)示于图 12-44。试验结果见图 12-45 ~ 图 12-48。

三维基础试验情况　表 12-21

序号	衬　砌		荷　载		备　注
	断面	仰拱	形态	位置	
1	双线	无	集中	垂直	
2	双线	有	集中	单侧向	
3	单线	无	集中	垂直	
4	单线	无	分布	周向	断层模式
5	单线	无	分布	斜向 1	断层模式
6	单线	无	分布	斜向 2	断层模式

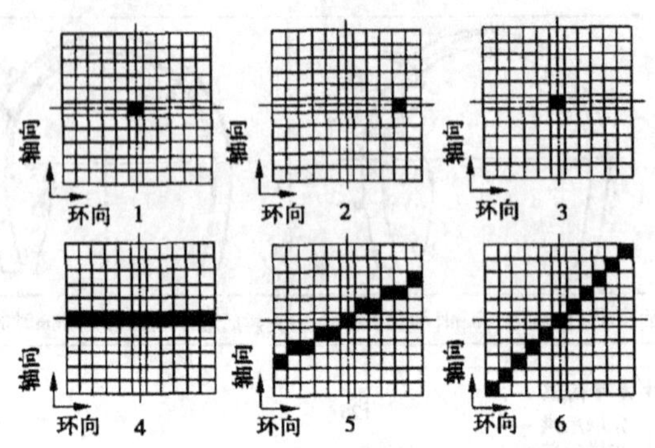

图 12-44 荷载位置展开图

注:■表示加载位置。

试验参数 表 12-22

试验参数		试验情况			
		双线隧道		单线隧道	
荷载作用位置	局部	1、2	图 12-46	3	图 12-47
	带状			4、5、6	图 12-48

无缺陷的双线隧道在拱顶作用有垂直荷载时,首先,沿拱顶的隧道轴向发生开裂;而后,产生环状开裂;之后,产生放射状开裂;最后,因剪切而破坏,如图 12-45 所示。此时的荷载强度约为 340N/cm。

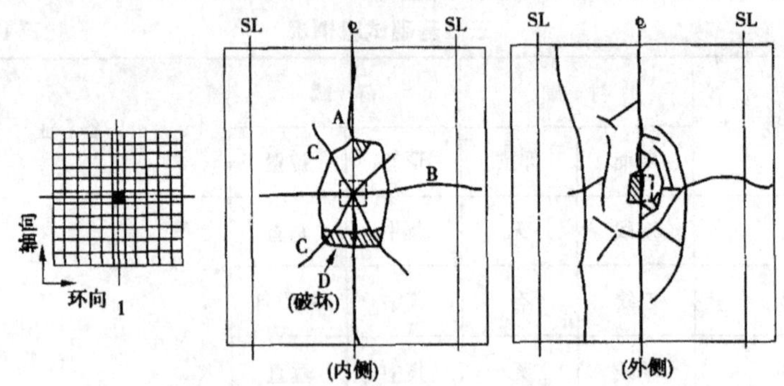

图 12-45 局部垂直荷载作用时开裂的发展过程(双线隧道)

无缺陷的衬砌的承载力是很大的,但产生图示的放射状开裂时,是一个危险信号。在实际的隧道中,多多少少都会有一些缺陷存在,因此要特别注意变形的发展过程。

与前例相同,但在侧压作用时,首先在加载处产生放射水平开裂,并向两侧延伸；其次，产生放射环形开裂；之后，产生放射状开裂；最后导致剪切破坏，如图 12-46 所示。此时，与垂直荷载比，峰值荷载为 280N/cm，稍低一些。

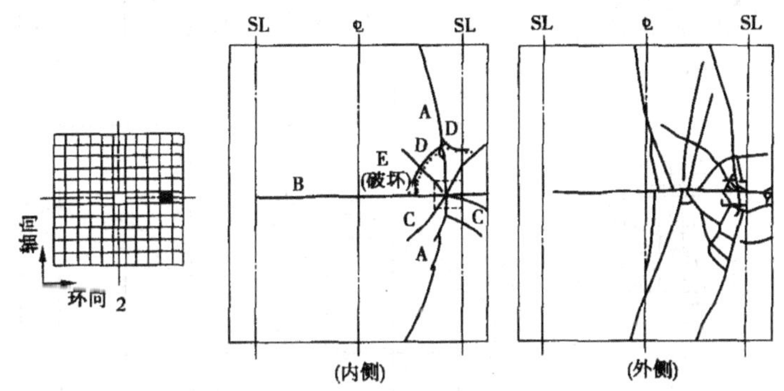

图 12-46　局部侧向荷载时开裂的发展过程(双线隧道)

单线隧道的情况与双线隧道一样，垂直荷载作用下，是难于变形的。其开裂的发展过程与双线的情况相同，如图 12-47 所示。

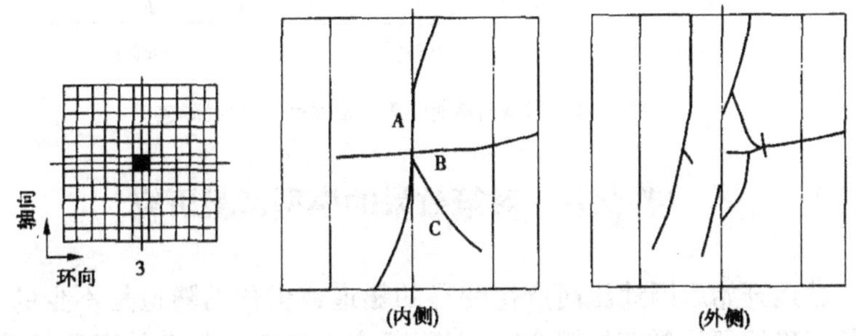

图 12-47　局部垂直荷载时开裂的发展过程(单线隧道)

在单线隧道中，预计有不太宽的断层时，可能出现带状荷载作用的情况。此时，对断层与隧道正交(组合 4)或斜交(组合 5、6)的情况进行了试验，如图 12-48 所示。

直交的带状荷载所用的场合，继环状开裂后，产生对称的斜向开裂。荷载增大，环状开裂张开。小角度交差的场合(组合 6)，底脚首先产生斜向开裂，接着拱部产生斜向开裂，接着与荷载成直角方向发生开裂。

必要的，实施内表面补强后，最终在对策的端部出现剪切破坏。

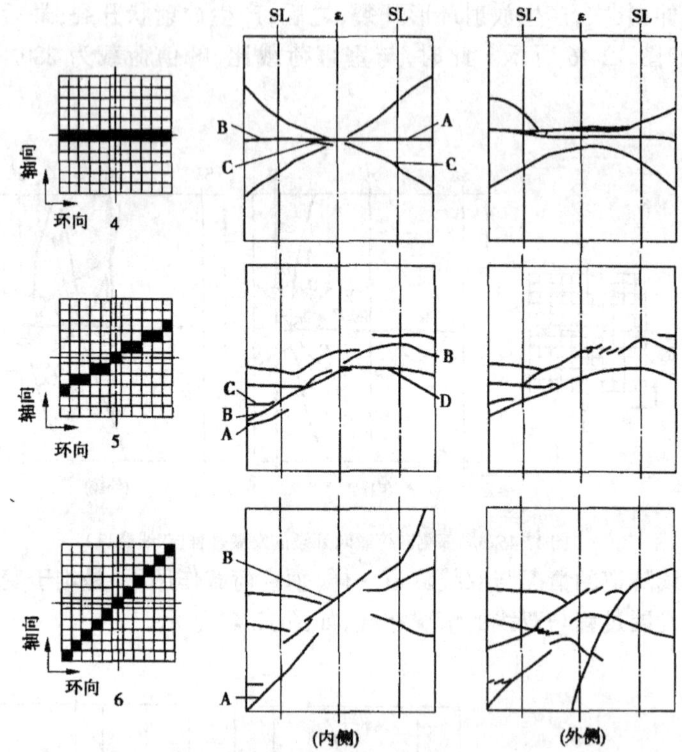

图 12-48　带状荷载时开裂的发展过程(单线隧道)

要点五　对策效果的模型试验研究

营运开始后因地压而产生变异的隧道或劣化的隧道是不少的。但是,如何正确地评价隧道的健全度,即判断应力和变异状态的定量的手段还没有成熟,而且由于隧道衬砌混凝土在灌注时的硬化收缩和地压的作用而产生开裂的情况也屡屡发生,衬砌背后有空洞存在或厚度不足的情况也不少见。基于这种情况,以掌握变异对策的效果为目的,日本曾进行了相应的一系列的试验研究。下面简要介绍这些试验的概况和结果。

一、直接加载试验

1. 试验组合及试验材料

表 12-23 列出试验组合。这次试验分两组。第 1 组是长拱顶加垂直荷

载，研究拱顶厚度不足时的隧道动态和进行回填压注的补强效果。第2组是从侧面加载，研究内表面补强的衬砌动态和内表面补强的刚性的影响。试验采用二维模式。试验材料列于表12-24。

试验组合 表12-23

<table>
<tr><th rowspan="2">组合</th><th rowspan="2">加载位置</th><th rowspan="2">拱顶厚度</th><th rowspan="2">背后空洞范围(°)</th><th colspan="3">对策</th></tr>
<tr><th>回填压注</th><th>内表面补强</th><th>对策范围(°)</th></tr>
<tr><td>1</td><td rowspan="5">横向两侧</td><td>标准(20mm)</td><td>—</td><td rowspan="3">—</td><td rowspan="6">—</td><td rowspan="6">—</td></tr>
<tr><td>2</td><td>标准的50%</td><td rowspan="4">60</td></tr>
<tr><td>3</td><td>标准的75%</td></tr>
<tr><td>4</td><td rowspan="2">标准的50%</td><td>软质材料</td></tr>
<tr><td>5</td><td>硬质材料</td></tr>
<tr><td>6</td><td rowspan="9">垂直</td><td rowspan="9">标准(20mm)</td><td rowspan="9">—</td><td rowspan="9">—</td></tr>
<tr><td>7</td><td rowspan="4">磷青铜板
($t=0.30$mm)</td><td>30</td></tr>
<tr><td>8</td><td>60</td></tr>
<tr><td>9</td><td>120</td></tr>
<tr><td>12</td><td>180</td></tr>
<tr><td>12</td><td rowspan="3">碳纤维板
(碳纤维量
20g/m)</td><td>30</td></tr>
<tr><td>12</td><td>60</td></tr>
<tr><td>13</td><td>120</td></tr>
<tr><td>14</td><td>磷青铜板
($t=0.15$mm)</td><td>60</td></tr>
</table>

试验材料 表12-24

<table>
<tr><th>种类</th><th>材料</th><th>物性</th></tr>
<tr><td>衬砌模型</td><td>砂浆</td><td>单轴抗压强度(21~36MPa)
弹性系数(14~17MPa)</td></tr>
<tr><td>地层弹簧材料</td><td>圆筒形橡胶</td><td>$K=80$N/mm</td></tr>
<tr><td rowspan="2">回填压注材料</td><td>软质材料(橡胶)</td><td>压缩弹性系数(3.1MPa)
硬度58Hs</td></tr>
<tr><td>硬质材料(环氧树脂)</td><td>压缩弹性系数(912MPa)</td></tr>
<tr><td rowspan="2">内表面补强材料</td><td>磷青铜板</td><td>拉伸弹性系数(120kN/mm^2)</td></tr>
<tr><td>碳纤维板</td><td>拉伸弹性系数(42kN/mm^2)</td></tr>
</table>

2.试验步骤

用砂浆制成衬砌模型后放到试验装置中,配置各种量测仪表。试验中用控制加载板的压入量的位移,进行加载。实施对策的场合,首先进行无对策模型的加载试验,内侧发生拉伸开裂,停止加载,实施对策后再加载。

3.试验结果

衬砌开裂的发展图及荷载位置的位移 u 和荷载 P 的关系,示于图 12-49~图 12-59。

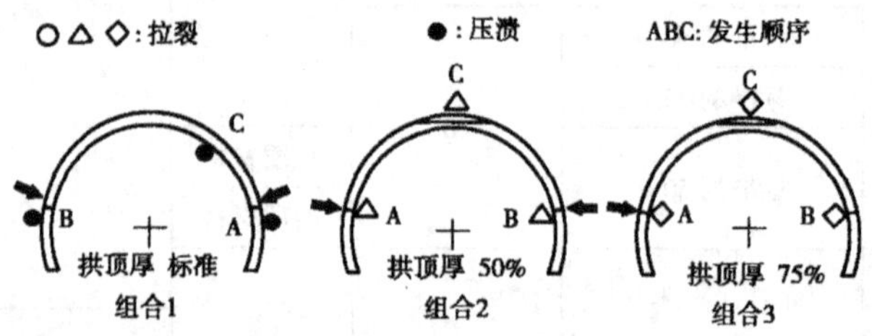

图 12-49 衬砌开裂发展图

(1)衬砌动态的总趋势

在最初的衬砌开裂发生前,衬砌呈弹性的变形动态。发生后,每发生新的开裂,结构系都发生变化,已发生的开裂也有闭合的。最初的拉伸开裂、剪切开裂、内表面补强材料的剥离,因荷载的急剧降低而都有明确的阶段;但压溃则是根据拉伸开裂的发展慢慢地一边有效断面减少,一边发挥,荷载没有显示出急剧的降低,发生阶段不能明确地显示出来。

(2)隧道的结构缺陷的影响及回填压注的效果

①结构缺陷的影响

隧道衬砌有结构缺陷的场合,缺陷对衬砌承载力的影响如何,下面根据试验结果果以说明。

对健全的衬砌(组合 1)、拱顶厚度减少的组合 2(标准的 50%)、组合 3(标准的 75%),在拱顶 60°范围内设背后空洞。根据图 12-50,组合 1 的场合,随着开裂的发生,结构系一边变化,但还能够维持一定量的变形量;组合 2、3 的场合,最初的开裂发生时,也出现高峰荷载,其后,荷载几乎都丧失了。比较组合 2 和组合 3,在最初开裂发生前衬砌的刚性和开裂发生后的动态几乎没有差

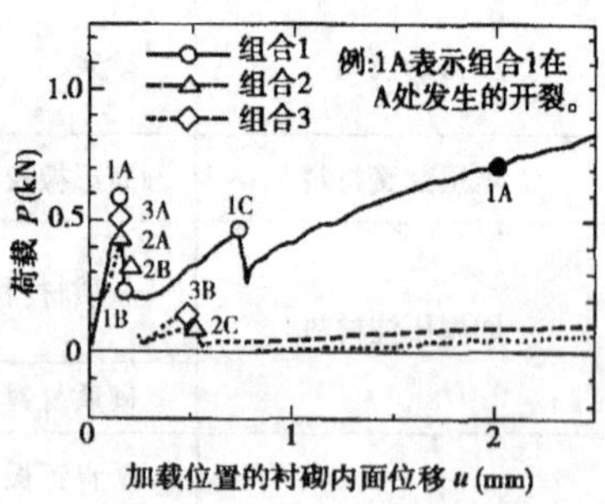

图 12-50 加载位置的衬砌内面位移值

异，但最初开裂发生的荷载（衬砌承载力）有差异。

②回填压注的效果

拱顶厚度不足（标准的50%）、背后有空洞（拱顶60°）存在的场合、没有进行回填压注的组合2，和组合4（软质材料、刚性小）、组合5（硬质材料、刚性大）进行回填压注的场合进行比较，结果示于图12-52。从图12-52可以看出，组合4、5与组合2相比，随着位移的增大，荷载也大幅度地增加，回填压注使衬砌刚性大幅度地恢复，从而强化了衬砌的承载力。

这里，实施对策后以开始再次加载点为原点而移动。压注材料刚性大的，回填压注的效果也明显些。

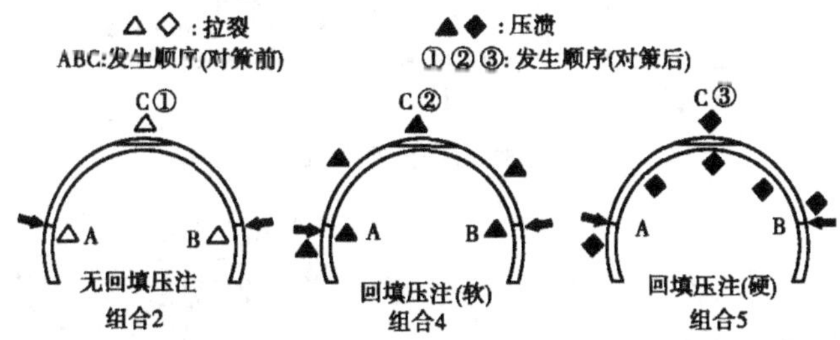

图12-51 衬砌开裂发展图

（3）内表面补强范围对衬砌动态的影响

①磷青铜板（$t=0.30$mm）的场合

改变用磷青铜板的补强范围，研究补强范围的影响。如图12-54所示，实施内表面补强的组合7~10和无对策的组合6，变形性 u/P 降低了，内表面补强表现出充分的控制变形的效果。但是，衬砌的变形性与补强范围无关。即使荷载增加，补强范围的衬砌内侧也没有发现新的开裂发生。但最终还是观察到补强范围30°、60°的场合，在端部出现剪切开裂；在120°、180°的场合，加载点附近出现剥离的情况。

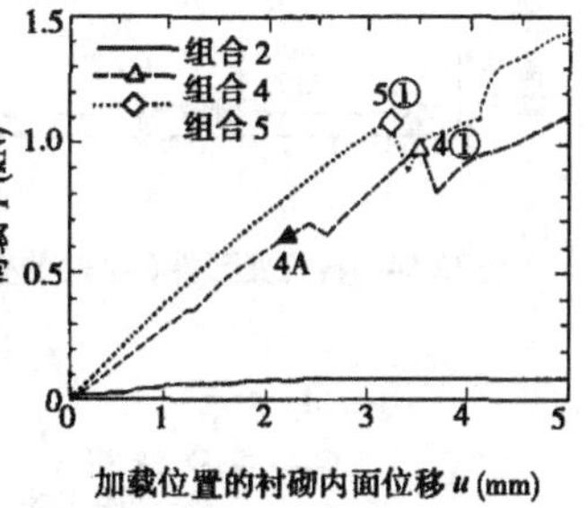

图12-52 衬砌内面位移与荷载的关系

②碳纤维板（20g/m²）的场合

改变碳纤维板的补强范围，研究补强范围的影响。如图12-57所示，与磷青铜板补强一样，实施对策的组合12~13和无对策的组合6，变形性是降低了，但变形性与补强范围无关。无论哪种组合，随着荷载的增加，补强范围内的衬砌内表面都发生一些新的开裂。但最终的破坏动态,在补强范围30°的场合是补强范围端部的衬砌发生脆性的剪切开裂;在60°、120°的场合发生补强材料的剥离和破坏,属于延性破坏的动态。

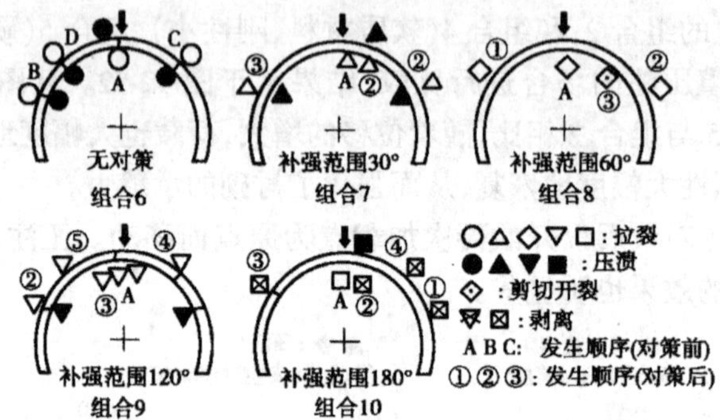

图 12-53 衬砌开裂的发展图

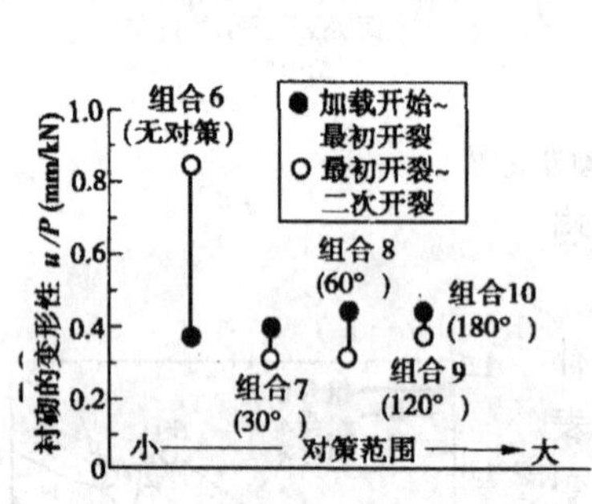

图 12-54 衬砌变形性(u/P)的变化

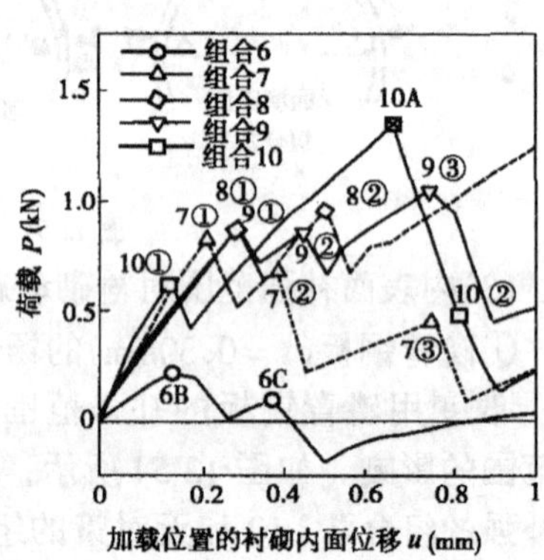

图 12-55 加载位置的衬砌内表面位移

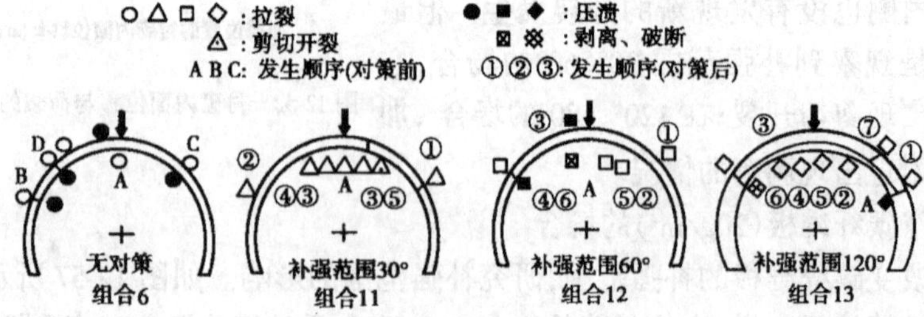

图 12-56 衬砌开裂的发展图

③内表面补强的刚性对衬砌动态的影响

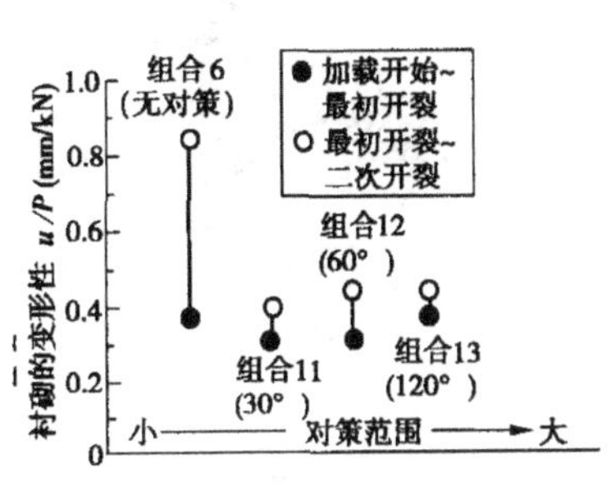

图 12-57　衬砌变形性(u/P)的变化

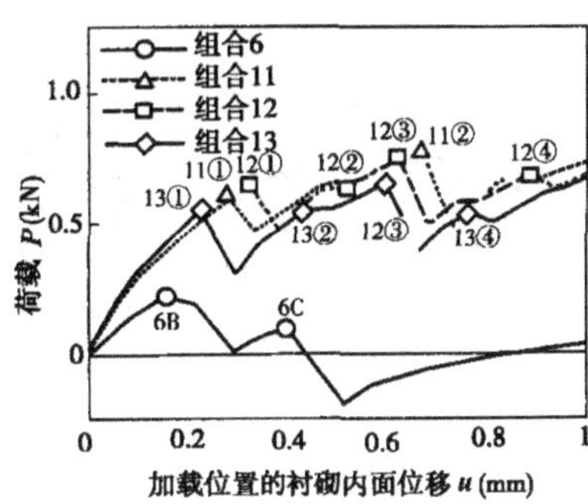

图 12-58　加载位置的衬砌内表面的位移和荷载的关系

以上的试验结果,以补强材料的刚性为变量,汇集于图 12-59。从图中可以看出:补强材料的刚性越大,变形性越小。

4.解析

(1)模拟解析

模型试验的解析是采用二维结构解析程序(SAP)和试验材料的物性值进行的。分步模拟了最初拉伸开裂的发生、无对策的组合二次开裂的发生、内表面补强的组合在实施对策后的新开裂发生等 3 种情况。

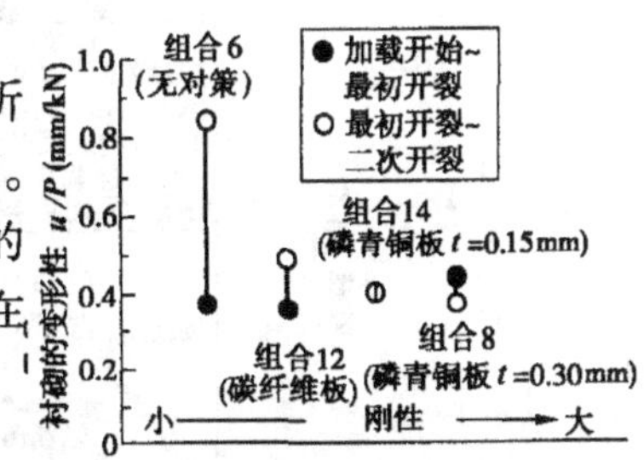

图 12-59　衬砌变形性(u/P)的变化

①解析模式

图 12-60 是所采用的解析模式。衬砌采用梁、地层采用节点集中的弹簧的梁-弹簧模式。假定衬砌和内表面补强材料为线弹性材料,地层为非线弹性材料。拉伸开裂用铰表现。切向地层弹簧常数取法向地层弹簧常数的 1/3。

②模拟步骤

图 12-61 表示试验(组合 9)及解析的荷载 P 与加载位置的衬砌内表面的位移 u 的关系。这里模拟了以下 3 种情况。解析(a):设最初的开裂发生 S(A)前的弹性弹簧无限大[刚性结合、E(A)],用荷载增量进行解析;解析(b):最初开裂发展位置的弹性回转弹簧假定为 0(铰结合),为实施内表面补强,用中断加载时的 E(Cs)前的荷载增量进行解析;解析(c):在该状态下,内表面补强附加层间弹簧,用加载再开始点 E(e)到发生新的开裂时 E

①前的荷载增量进行解析。

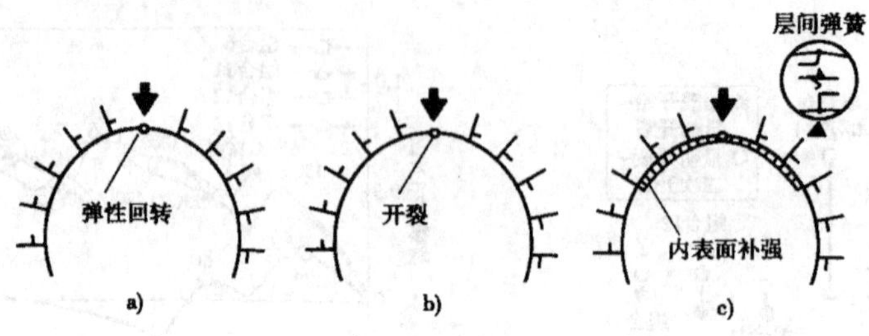

图 12-60 解析模式

a)健全状态;b)开裂发生(内表面补强前);c)内表面补强后

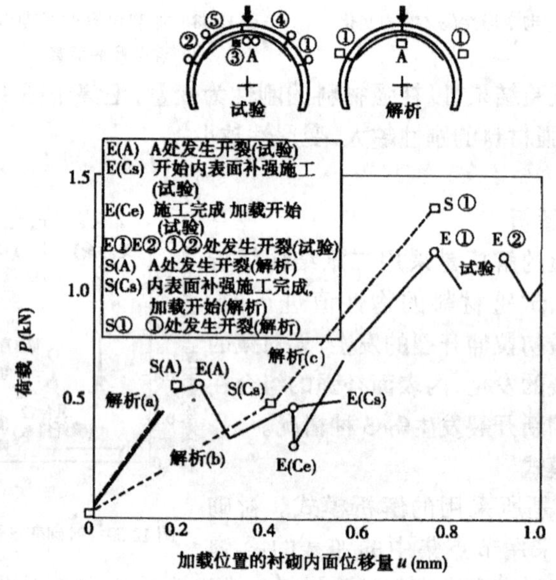

图 12-61 模拟方法

从图 12-61 可以看出:解析直线的坡度与试验值大致相同,模拟是有很高精度的。

③模拟结果

图 12-62 表示:a)无对策(组合 6)的最初开裂发生时点;b)无对策(组合 6)二次开裂发生时点;c)内表面补强实施的组合 9 的内表面补强后的最初开裂发生时点的衬砌变形状况和内外缘应力。试验结果与模拟结果基本上是一致的。

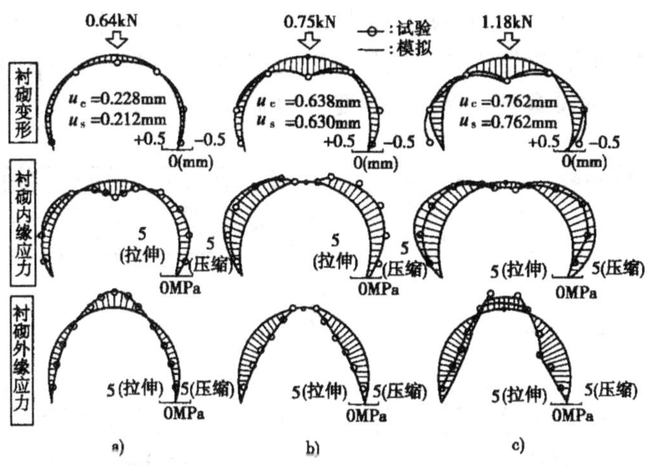

图 12-62 模拟结果

a)发生初期开裂时(组合 6);b)发生二次开裂时(组合 6);c)内表面补强后发生开裂时(组合 9)

(2)变量解析

以内表面补强的厚度(刚性)和内表面补强的范围为变量,按表 12-25 的范围进行变化,进行衬砌的变形性的灵敏度解析。

解 析 变 量 表 12-25

解析变量	范 围
钢板	厚度:0.05~0.50mm,弹性系数 $E=200\text{kN/mm}^2$
碳纤维板	层数:1~12(12~120g/m^2)、弹性系数 $E=42\text{kN/mm}^2$
内表面补强范围	30°~180°
周边地层弹性系数	$E=1.5\sim1.5\times10^5\text{kN/mm}^2$
衬砌弹性系数	$E=1.5\times10^5\text{kN/mm}^2$

①内表面补强的刚性对衬砌动态的影响

图 12-63 是内表面补强范围为 60°时,钢板板厚变化的解析结果。板厚越大,衬砌的变形性越小,提高了控制变形的效果。但是,板厚以 $t=0.20$mm 为界,变形控制效果并没有显著提高。周边地层软弱,地层控制衬砌变形的能力变小。板厚的变化,表现出变形性的显著差异。但周边地层坚硬,地层控制衬砌变形的能力增强,板厚的变化没有使变形性有很大改变。

图 12-64 表示内表面补强范围为 60°时，碳纤维板层数变化的解析结果。随着层数的增加，控制变形效果也随之提高。但碳纤维板比钢板的刚性小，增加层数并没有显著提高控制变形的能力。

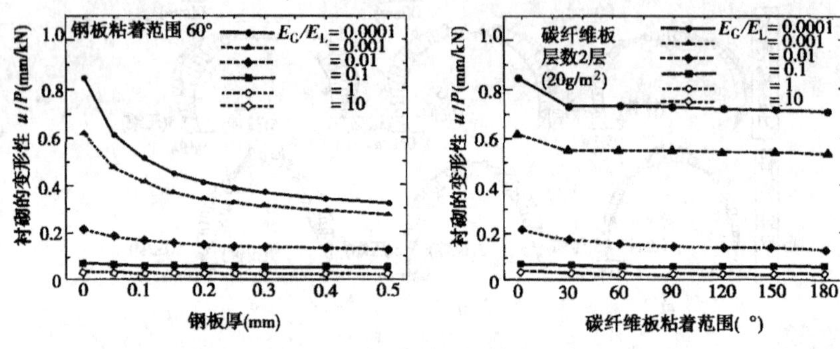

图 12-63 补强材料刚性的影响(钢板) 图 12-64 补强材料刚性的影响(碳纤维板)

②内表面补强范围对衬砌动态的影响

图 12-65 表示内表面补强的钢板厚度 $t=0.30$mm 时，改变补强范围的解析结果。补强范围在 30°~90°间变化，即使补强范围大，也几乎没有发现提高控制变形的效果。但补强范围超过 120°时，控制变形效果有了提高。这是因为板本身刚性大，补强范围大时 衬砌总的刚性也增大的缘故。

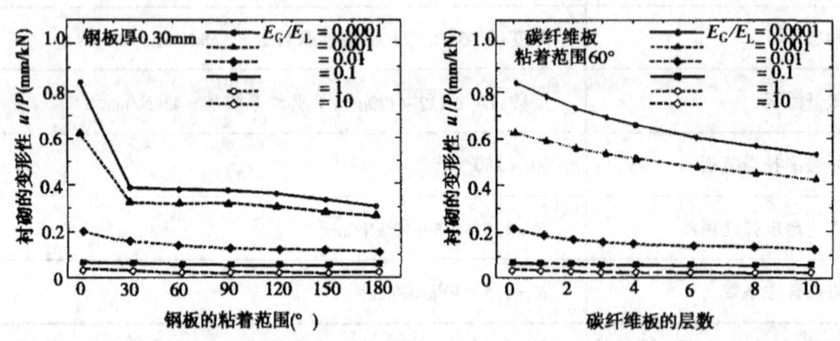

图 12-65 补强范围的影响(钢板 $t=0.30$mm) 图 12-66 补强范围的影响(两层碳纤维板)

图 12-66 是采用两层碳纤维板($20g/m^2$)改变补强范围的解析结果。即使改变补强范围，也没有出现提高控制变形的效果。碳纤维板补强对开裂的开口是有约束力的，但不能提高衬砌的刚性。因此，即使补强范围大，也不能发挥提高控制变形的效果。

5.结论

通过试验和解析，得到以下认识：

(1)衬砌结构缺陷对衬砌刚性及承载力的降低有很大的影响；

(2)向背后空洞进行回填压注后，能够把地层反力传递到衬砌上，衬砌的刚性和承载力得以恢复；同时，对压注材料的刚性没有太大的要求；

(3)内表面补强，如在衬砌内侧的拉应力部分实施，可以控制衬砌的变形，其补强效果是显著的；

(4)内表面补强范围小的场合，其端部会产生应力集中，发生剪切开裂，出现脆性的破坏动态；反之，补强范围大，会慢慢地发生补强材料的剥离和破坏，呈延性的破坏动态；

(5)内表面补强刚性小时，如增加刚性，会体现补强效果；但到达某种程度以上的刚性时，随刚性的增加，没有体现相应的补强效果。

二、间接加载试验

1.试验概要

(1)试验装置

试验装置示于图12-67，试验槽尺寸为3m×3m×0.3m，可单侧或两侧用液压千斤顶加载到最大3MPa，是一个二维的试验装置。

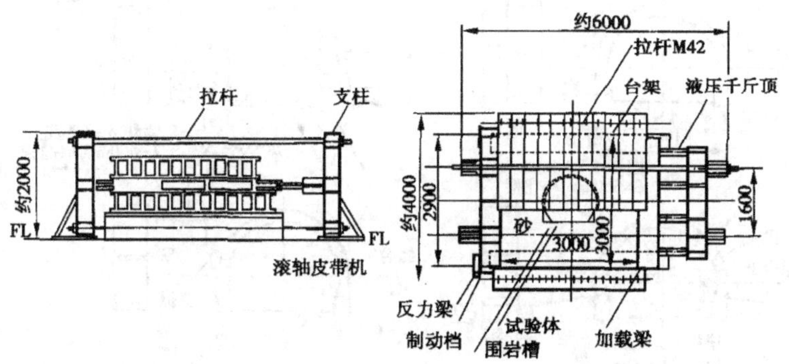

图12-67　模型试验装置(单位：mm)

(2)试验组合

模型试验体采用比例尺1:12(新干线隧道标准断面，衬砌厚度70cm)。试验体示于图12-66。各试验体的结构特征和加载方向列于表12-26。组合1、组合5是有仰拱的，此外都没有仰拱。拱和补强采用先拱后墙施作，结合面采用石膏。组合9、组合12强调了剎肩是有缺陷的情况。

锚杆采用ϕ3.2mm棒钢。组合7是根据组合4的试验结果，把锚杆配置从平行配置改为放射状配置。组合 8 是根据隧道的现场试验，按避开信号电缆等的配置。

验体的结构特征和加载方向　　表 12-26

组　合	仰　拱	锚　杆	拱、墙剥肩	加载方向
1	有	无	无	垂直
2	无	无	有	
3		拱、边墙		
4		拱、边墙、路基		
5	有	无	无	水平
6	无	无	有	
7		拱、边墙、路基		
8				
9		无		
10			有(有缺陷)	

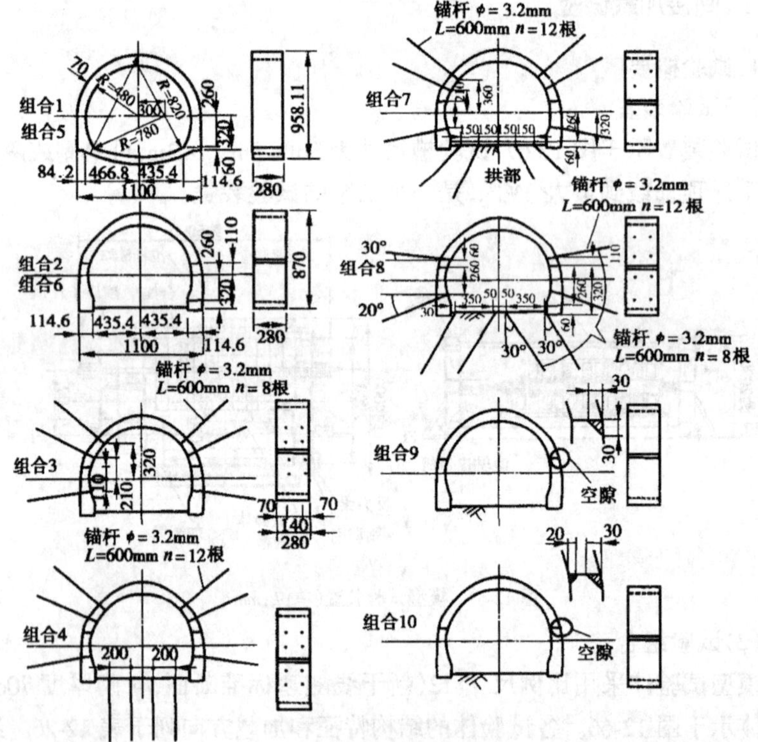

图 12-68　试验体概括

(3)试验材料

模拟围岩采用贫配比的砂浆(表 12-27),衬砌模型采用表 12-28 所示配比的砂浆。根据组合 1~5 的试验结果,组合 6~12 的衬砌模型改为低强度的材料。

围岩砂浆的配比 表 12-27

名 称	配 比	相对密度
早强水泥	65.6kg	3.14
粉煤灰	736.3kg	2.20
细砂	327.3kg	2.58
水	818.1kg	1.00
相当 1.0m、自然养护		

衬砌砂浆的配比 表 12-28

名称	组合 1~4	组合 5~12
普通水泥	360kg	265kg
粉煤灰	—	120kg
细集料	690kg	1600kg
水	234kg	243kg
相当 1.0m、蒸汽养护		

(4)试验步骤

试验步骤如下:

①为了减少试验槽和模拟围岩之间的摩擦,在试验槽内铺两层尼龙板,层间涂流动的油质;

②把衬砌模型设置在试验槽中央;

③在模拟围岩中埋土压计、应变计,并固定好;

④用贫配比的特殊砂浆做模拟围岩;

⑤模拟围岩固化后,进行表面整形;

⑥在隧道内设位移计,盖好试验槽,并固定;

⑦当模拟围岩达到预计强度(0.6~0.8MPa)时,开始加载;

⑧一边控制位移、土压,一边增加荷载;

⑨加载完成后,卸载,观察模拟围岩的破坏状况和试验体的开裂等。

2.试验结果

(1)垂直加载(组合1~4)

试验概要参考表12-29。试验完成后的围岩破坏状况参考图12-69和图12-70。

试验结果如下：

·在最薄弱的拱墙结合处没有出现相对的错动。这可能是由于试验体强度太大(34MPa)和垂直分析地压是主要的，衬砌产生相当大的轴力所致。

·拱墙的锚杆减轻了边墙底脚的负担，没有所谓的内压作用。

·拱周边的土压作用均匀，锚杆的效果得以体现。

·路基的锚杆效果不明显。加载荷载和土压的关系如图12-71所示。路基破坏呈接近垂直的角度，而锚杆也是垂直配置的。这可能是其没有发挥作用的原因。

图12-69 围岩破坏状况(组合2)

图12-70 围岩破坏状况(组合4)

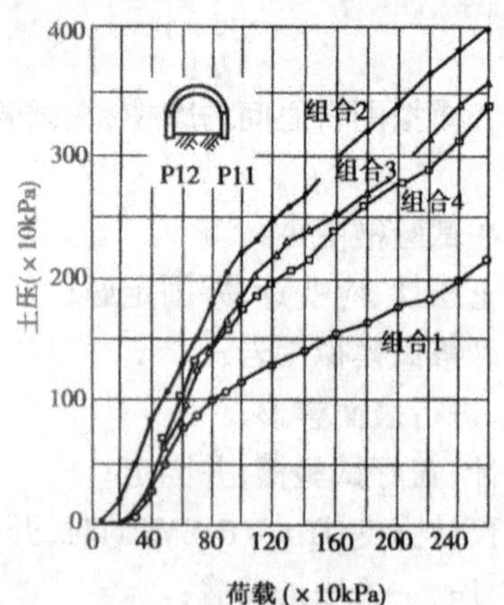

图12-71 加载荷载和土压的关系

试验概要(垂直加载)　　表 12-29

试　验　体	组合 1	组合 2	组合 3	组合 4
形状				
加载方向	垂直			
厚度	上半 70mm 仰拱 50mm	上半 70mm	上半 70mm	上半 70mm
衬砌强度(MPa)	31.8	34.0	34.0	34.0
围岩 σ_c(MPa)	0.79	0.76	0.81	0.77
E(MPa)	2.1	1.9	2.8	2.3
ν	0.20	0.20	0.19	0.23
开裂发生的推定荷载(MPa)	拱顶:0.9~1.0 仰拱:0.5~0.6	拱顶:0.6~0.7	拱顶:0.9~1.0	拱顶 0.7~0.8
破坏状况	拱顶、仰拱中央、仰拱脚部发生开裂	仰拱:围岩剪切破坏; 拱顶:发生开裂		

边墙底脚的土压(MPa)	荷载	组合 1 左	组合 1 右	组合 2 左	组合 2 右	组合 3 左	组合 3 右	组合 4 左	组合 4 右
	1	1.16	1.15	2.25	2.17	2.14	1.93	1.82	1. 69
	2	1.78	1.73	3.45	3.40	2.67	2.80	2.82	2. 69
	3	2.17	2.09	3.92	4.15	3.54	3.67	3.41	3.33

(2)水平加载(组合 5~8)

试验结果列于表 12-30。加载完成后的围岩破坏种类示于图 12-72。

试验结果如下:

·试验体内侧的开裂,从边墙看,组合 6 的荷载最低,其次依次为组合 8、组合 5、组合 7。锚杆的补强效果是显著的。

·组合 6、7、8 的破坏形状极为类似,但锚杆的效果从路基的破坏区域、净空位移值(图 12-73)可以看出。

·加载荷载低时,组合 7、8 与组合 5 有同样的动态。但一旦开始破坏,与组合 6 的情况类似。锚杆的效果在破坏的过程中得以发挥,推迟了破坏,但破坏后其效果也丧失了。

·组合 8 的锚杆数量比组合 7 减少,其效果也相应减弱,但定量评价是比较难的。与无锚杆的场合(组合 6)相比,其差异仍是明显的。

图 12-72 围岩破坏状况(组合 7)

(3)仰拱的效果(组合 1、5)

有仰拱的场合,没有发生围岩的破坏,是最稳定的。

(4)有刹肩缺陷的试验(组合 9、10)

试验完成后试验体的破坏状况示于图 12-74。组合 6、9、10 的试验体及模拟围岩的破坏状况示于图 12-75。刹肩施工不良造成的结果是右边墙起拱线处错动,但组合 6 没有,组合 9 是 3mm,组合 12 是很大的。左边墙的开裂,组合 10 是在最低荷载时发生的,依次是组合 9、组合 6。根据试验结果,刹肩不良就不能充分地传递轴力,成为结构上的薄弱环节。

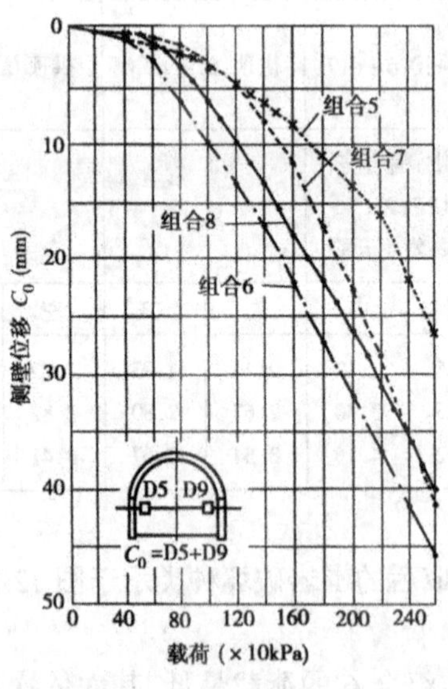

图 12-73 荷载与侧壁位移的关系

图 12-74 试验体的破坏状况(刹肩有缺陷的场合)

试 验 概 要(水平加载)　表 12-30

试验体	组合 5	组合 6	组合 7	组合 8	组合 9	组合 10
形状(mm)			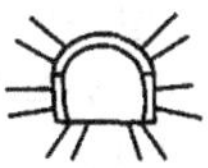	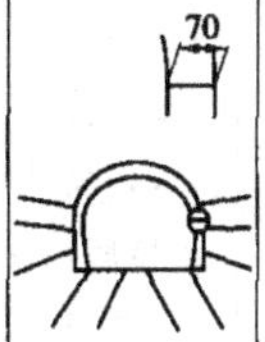 70	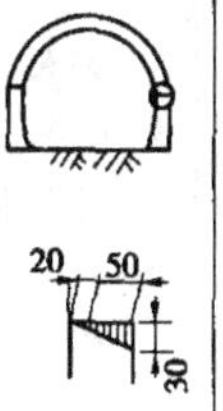 20 50 30	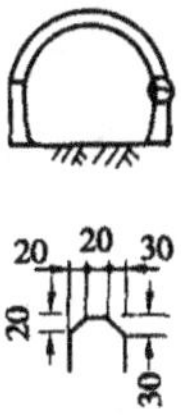 20 20 30 20 30
加载方向	水平					
衬砌厚度(mm)	上半 70mm 仰拱 50mm	上半 70mm	上半 60mm	上半 70mm	上半 70mm	上半 70mm
试验时衬砌强度(MPa)	$\sigma_{54}=18.8$	拱: $\sigma_{59}=17.4$ 边墙: $\sigma_{92}=18.9$	拱: $\sigma_{54}=21.4$ 边墙: $\sigma_{59}=19.5$	拱:22.9 边墙:22.8	拱:22.4 边墙:24.0	拱:20.1 边墙:19.6
锚杆			拱: $l=600$mm $n=4$ 根 边墙: $l=600$mm $n=8$ 根	拱: $l=500$mm $n=2$ 根 边墙: $l=600$mm $n=8$ 根		
围岩物性值						
γ(kN/m^3)	18.6	17.2	18.1	17.6	17.2	17.2
σ(MPa)	0.85	0.64	0.71	0.73	0.63	0.60
C(MPa)	0.19	0.16	0.19	—	—	—
φ(°)	42	42	42	—	—	—
E(MPa)	243	143	—	380	338	217

续上表

试验体	组合 5	组合 6	组合 7	组合 8	组合 9	组合 10
破坏状况	·拱部外侧拉伸； ·边墙内侧拉伸； ·仰拱极限破坏	·拱部外侧拉伸； ·边墙内侧拉伸； ·路基剪切破坏	·拱部外侧拉伸； ·边墙内侧拉伸； ·路基剪切破坏	·拱部外侧拉伸； ·边墙内侧拉伸； ·路基剪切破坏	·拱部外侧拉伸； ·边墙内侧拉伸； ·右边墙起拱线剪切破坏； ·路基剪切破坏	·拱部外侧拉伸； ·边墙内侧拉伸； ·右边墙起拱线剪切破坏； ·路基剪切破坏
·开裂发生时荷载(MPa)	边墙:1.0 仰拱:2.4	路基剥离:0.6 边墙:0.75	边墙:1.15 路基剥离:1.25	路基剥离:0.9 边墙:0.9	路基剥离:0.5 边墙0.6	路基剥离:0.32 边墙:0.45

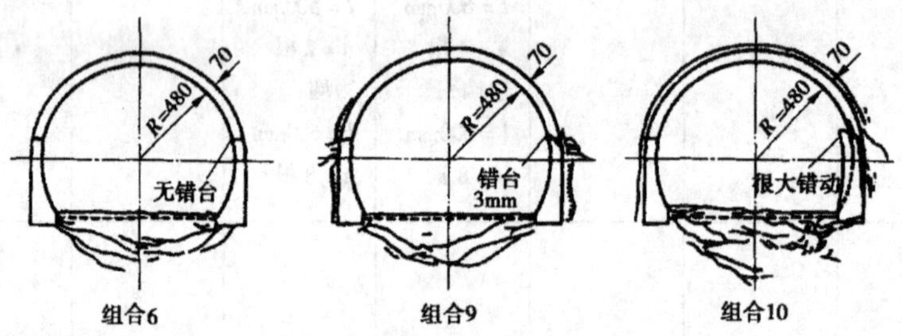

图 12-75 试验体的破坏状况比较(单位:mm)

三、对策试验

1.试验概要

对策试验的组合列于表 12-31。试验模式列于表 12-32。试验变量列于表 12-33。

试验组合　　表 12-31

<table>
<tr><th rowspan="2">序号</th><th rowspan="2">荷　载</th><th rowspan="2">初　砌</th><th rowspan="2">地　层</th><th colspan="3">对　策</th></tr>
<tr><th>施工期间</th><th>回填压注</th><th>内表面补强</th></tr>
<tr><td>1</td><td rowspan="3">垂直</td><td rowspan="4">健全</td><td rowspan="4">无</td><td>—</td><td rowspan="6">无</td><td>—</td></tr>
<tr><td>2</td><td rowspan="2">发生开裂后</td><td>钢板</td></tr>
<tr><td>3</td><td>碳纤维板</td></tr>
<tr><td>4</td><td rowspan="7">横向两侧</td><td rowspan="3">—</td><td rowspan="10">无</td></tr>
<tr><td>5</td><td>健全的 50%</td><td rowspan="2">小</td></tr>
<tr><td>6</td><td>健全的 70%</td></tr>
<tr><td>7</td><td rowspan="4">健全的 50%</td><td>大</td><td rowspan="4">发生开裂后</td><td>软</td></tr>
<tr><td>8</td><td rowspan="2">小</td><td>硬</td></tr>
<tr><td>9</td><td>软</td></tr>
<tr><td>10</td><td>大</td><td></td></tr>
<tr><td>11</td><td rowspan="7">斜向两侧</td><td>健全</td><td>无</td><td rowspan="2">—</td><td rowspan="2">无</td></tr>
<tr><td>12</td><td rowspan="6">健全的 50%</td><td rowspan="6">小</td></tr>
<tr><td>13</td><td rowspan="3">发生开裂后</td><td rowspan="3">软</td></tr>
<tr><td>14</td><td>钢板</td></tr>
<tr><td>15</td><td>碳纤维板</td></tr>
<tr><td>16</td><td rowspan="2">加载开始前</td><td rowspan="2">无</td><td>钢板</td></tr>
<tr><td>17</td><td>碳纤维板</td></tr>
</table>

注：①衬砌断面是双线隧道，健全衬砌的厚度是 2cm；

②背后空洞小的场合空洞范围是 60°，大的场合是 120°；

③回填压注软弱的场合采用橡胶材料，硬的场合采用环氧树脂材料；

④内表面补强的钢板采用磷青铜板，$t=0.3$mm；碳纤维板的碳纤维量是 50g/m^2；

⑤内表面补强的范围是 100°。

试验模式 表 12-32

类型＼加载方向	健全衬砌	缺陷衬砌		对策			
				回填压注		内表面补强	
				软	硬	钢板	碳纤维板
垂直	 1					 2	 3
横向两侧	 4	 6	 5	 8	 9		
			 7	 10			
斜向两侧	 11		 12			 16	 17
				 13		 14	 15

试验变量 表 12-33

变量		加载位置	比较组合	
缺陷的影响	拱顶厚度 2.0cm、1.5cm、1.0cm	横向两侧	4(2.0cm)、5(1.0cm)、6(1.5cm)	图 12-76
		斜向两侧	11(2.0cm)、12(1.0cm)	图 12-77
	背后空洞 60°、100°	横向两侧	5(60°)、7(100°)	图 12-78
回填压注效果	有无回填压注：无、软、硬	横向两侧	5(无)、8(软)、9(硬)	图 12-79
			7(无)、10(软)	图 12-80
		斜向两侧	13(无)、13(软)	图 12-81
内表面补强效果	有无内表面补强：无、钢板、碳纤维板	垂直	1(无)、2(钢板)、3(碳纤维板)	图 12-82
		斜向两侧	13(无)、16(钢板)、17(碳纤维板)	图 12-83
	与回填压注并用		13(无)、14(钢板)、15(碳纤维板)	图 12-84

2. 试验结果综述

(1)衬砌缺陷(厚度不足、背后空洞)对衬砌承载力的影响

如图 12-76 所示,发生初期开裂(产生在边墙的加载点)的阶段,视缺陷情况,强度不同。但最大的特征是以后的动态,有缺陷后,残余强度几乎没有了。

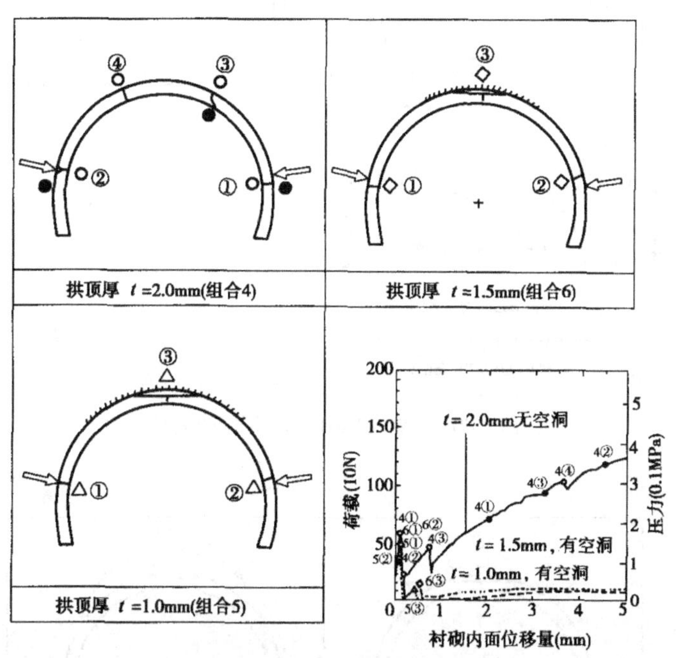

图 12-76　衬砌厚度的影响(横向两侧地压)

图 12-77 表示在斜向两侧地压条件下的情况。在初期开裂产生前,几乎表现了同样的动态;但一旦发生开裂,有缺陷的衬砌的承载力就急剧降低。

(2)衬砌背后空洞范围的影响

如图 12-78 所示,空洞范围越大,最终承载力越低,但差异不大。

(3)回填压注的效果

当背后空洞范围为 60°时,回填压注的效果示于图 12-79。

从试验结果看,回填压注的效果是非常显著的。特别应指出的是:采用软质材料和硬质材料的效果差别不大。

背后空洞范围为 100°时的情况示于图 12-80。在没有回填压注的场合,

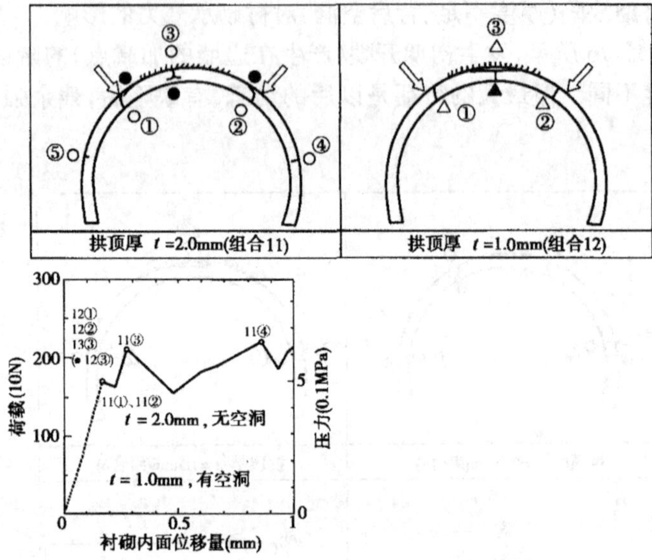

图 12-77 衬砌厚度的影响(斜向两侧地压)

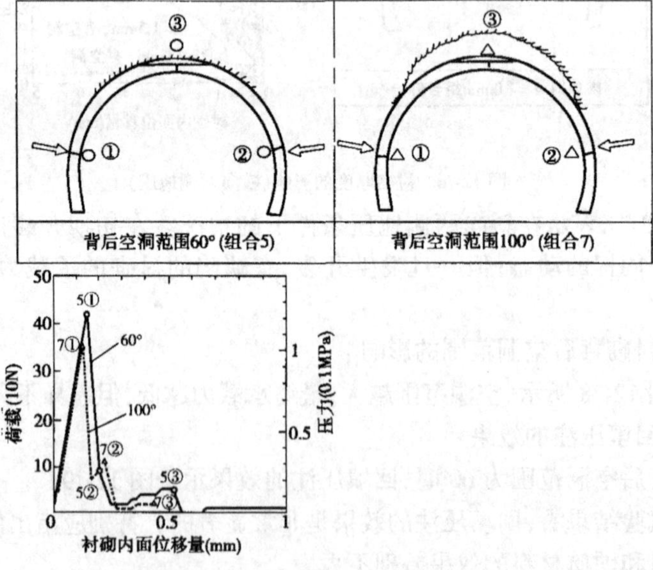

图 12-78 衬砌背后空洞范围的影响

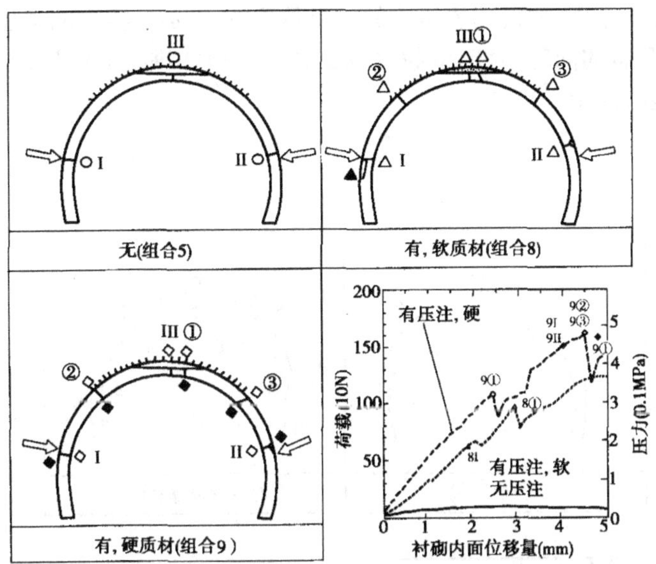

图 12-79　背后空洞范围 60°时回填压注的效果（横向两侧地压）

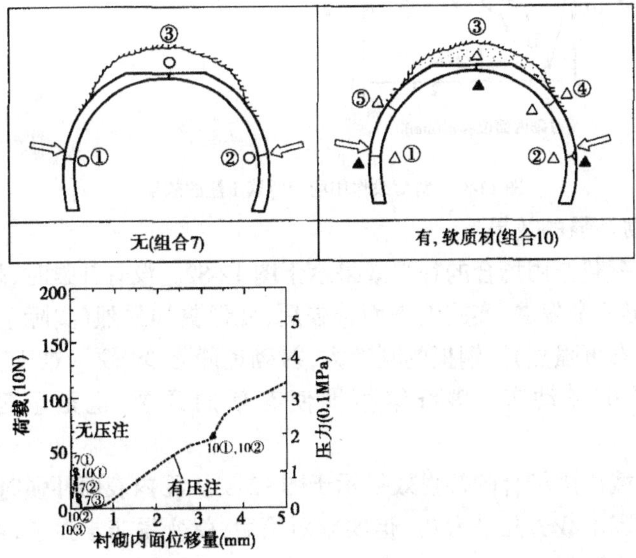

图 12-80　背后空洞范围 100°时回填压注的效果（横向两侧地压）

因开裂的发生承载力完全丧失了,回填压注使之恢复。

在斜荷载作用场合,回填压注的效果示于图12-81。没有回填压注的场合,与初期开裂的同时,衬砌承载力也丧失了。但如进行回填压注,衬砌的承载力还能够保留一部分。

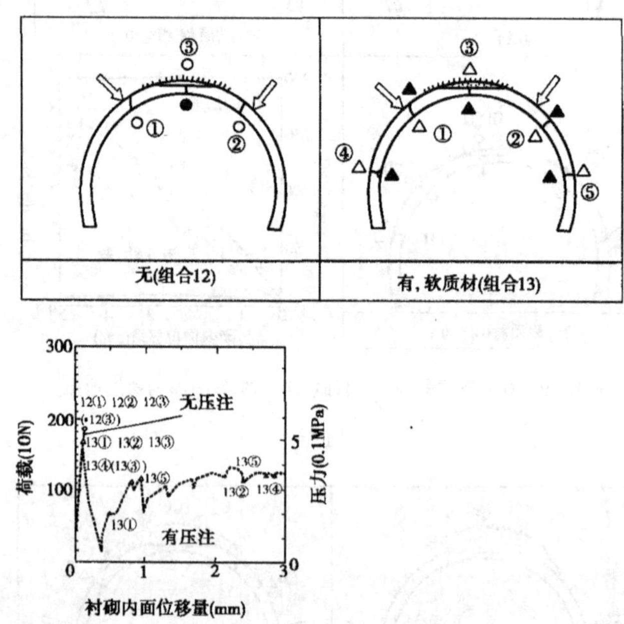

图12-81 斜荷载作用场合回填压注的效果

(4)衬砌补强的效果

在垂直荷载作用场合的补强效果示于图12-82。没有补强时,随着荷载的增加,变形逐渐发展;实施内表面补强后,变形更加强烈(实际上,比开裂发生前的状态更强烈)。钢板的刚性大,衬砌也随之变"硬"(难于变形),最终呈脆性的破坏动态。碳纤维板即使有新的开裂,也是呈延性的动态。

在斜荷载作用场合的补强效果示于图12-83。无内表面补强时,初期开裂发生后衬砌承载力几乎为0。但实施对策后,就变得非常强了,可能比没有缺陷的隧道还强。

内表面补强和回填压注同时采用的补强效果示于图12-84。

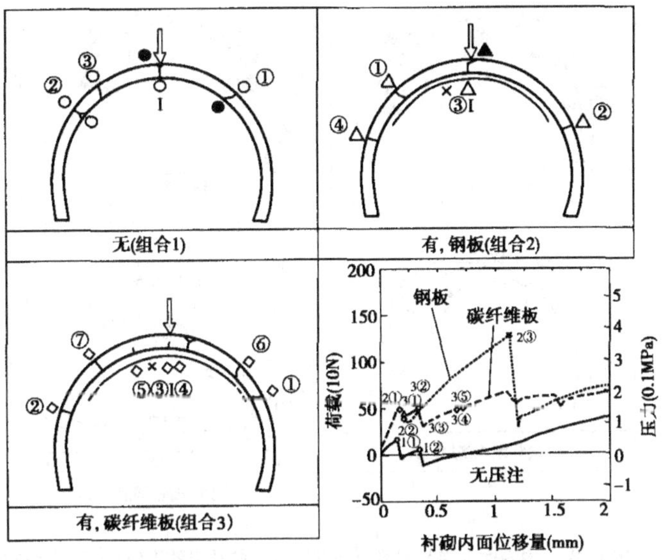

图 12-82 垂直荷载作用场合的补强效果

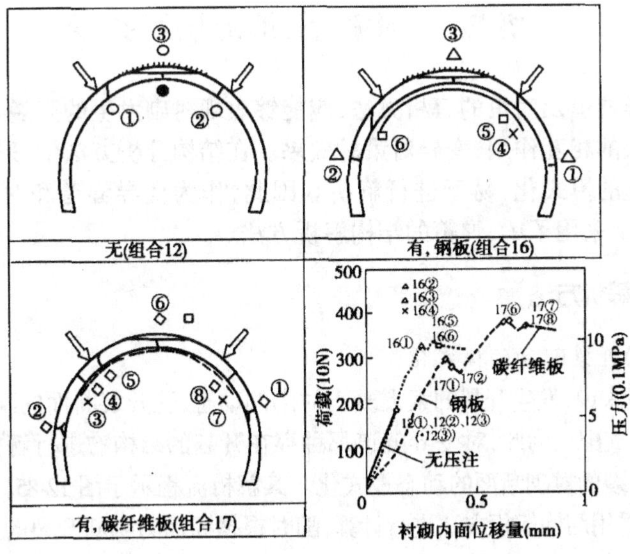

图 12-83 斜荷载作用场合的内表面补强效果

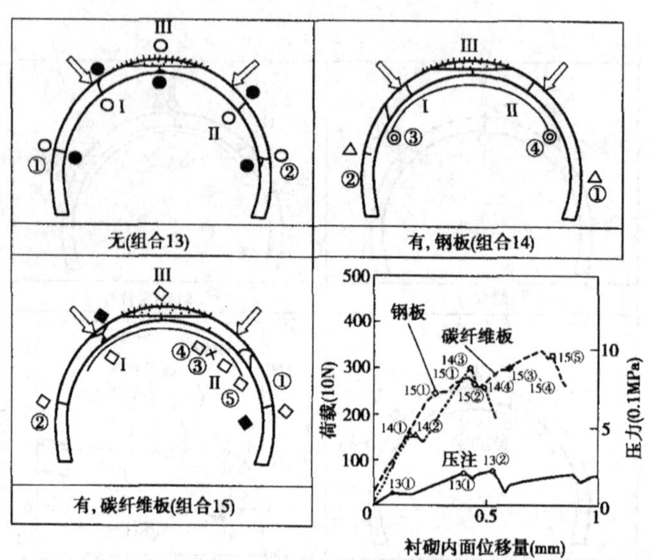

图 12-84 内表面补强与回填压注同时采用的补强效果(斜向两侧地压)

通过比较可以看出,为了补强有缺陷的衬砌,内表面补强是必要的。实施内表面补强后,最终在对策的端部出现剪切破坏。

要点六 对策设计解析方法的研究

变异隧道及对策的解析方法,应能够表现衬砌发生的开裂及其动态、衬砌和地层的相互作用、变异对策的效果。在结构分析方法中,采用比较容易而且合理的模式化,易于进行解析。因此,作为变异隧道和对策的解析方法,原则上采用了梁、弹簧的结构解析方法。

一、解析方法

(一)开裂断面的模式化

一般来说,发生开裂的素混凝土衬砌的动态,受开裂断面的断面力和变形的特性所支配。为此,对变异隧道那种存在开裂的结构物进行解析时,首先要把发生开裂的衬砌断面的动态模式化。其解析流程示于图 12-85。在开裂解析方法中,采用结构解析方法进行计算,随时根据断面力判断开裂的发生,每一开裂的发生,都要变更结构模式进行计算。这里,把开裂作为塑性铰模式化,开裂发生时的断面力、位移等用变更铰结合时计算的断面力、位移的增量重合来表现。这样的反复进行计算，直到引起开裂断面压缩损伤（压缩侧的压缩应变达到 3500μ）时，衬砌产生压溃，其时的地压就是结构的承载力。

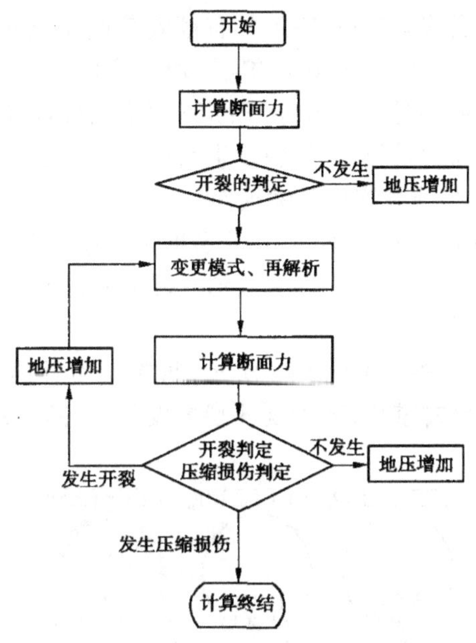

图 12-85　开裂发展解析的流程

1.开裂的判定方法

开裂的判定，首先要根据各解析结果的重合求出断面力。构件的拉伸侧达到抗拉强度时，构件发生开裂。根据此观点，开裂发生时的弯矩 M 和轴力 N 的关系可参考图 12-86 所示的开裂发生线。根据结构解析方法求出的断面力（M、N）与开裂发生线相交时，就是发生了开裂。轴力大于某一值时，构件的压缩侧达到限界应变（3500μ）比开裂的发生要早，也有产生压缩损伤的情况。

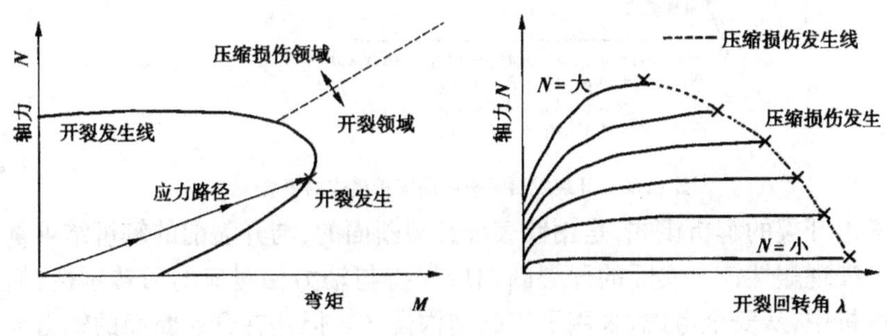

图 12-86　开裂的判定方法　　图 12-87　压缩损伤的判定方法

2.压缩损伤的判定方法

开裂断面压缩损伤的判定，首先，在发生开裂的变形动态模式化时，要导入等效塑性铰长度的概念；并假定具有等效塑性铰长度的某一构件的挠角(根据开裂的开口大小，与开裂面的回转角相等)。考虑这个假定后，衬砌压缩侧的应变达到限界应变(3500μ)时定义为压缩损伤(解析上的压溃)。此时的地压作为衬砌的承载力，开裂发生后的开裂断面的变形动态(图 12-87)达到压缩损伤发生线并产生压缩损伤。在此观点中，即使在相同轴力作用的场合，随着开裂回转角的不同，在开裂断面发生的弯矩也是变化的；但假定弯矩是一定的，因此将此观点导入到开裂发展解析中。

3.开裂发展解析

在开裂发展解析中，如图 12-88 所示，每次发生开裂都要变更结构模式。根据各解析结果的重合，来表现开裂的发展。各阶段的衬砌构件均假定为线弹性体。

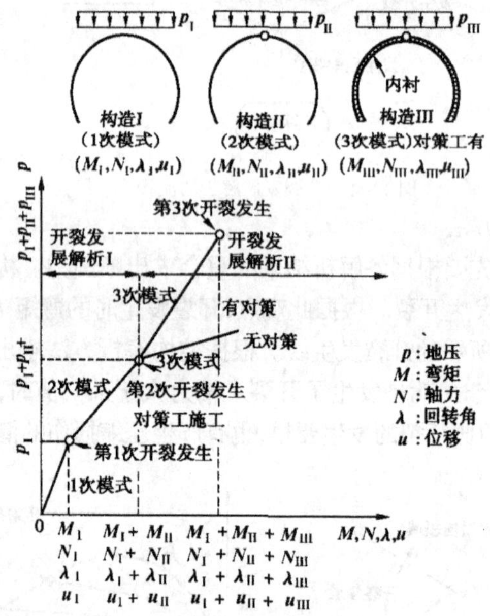

图 12-88 开裂发展解析中的解析模式的概念

考虑开裂的解析模式，是用铰表现开裂断面的，与开裂前的解析结果重合就可表现塑性铰。实际的开裂断面应保持与轴力相对应的回转刚性，但在本解析中，从安全考虑，采用了铰的结构模式。但是在开裂断面的轴力大的场合，也有不能够忽视回转刚性的情况，为此要设定回转刚性。在设定回转刚性时，应进行充分的研究。

(二)解析步骤

采用解析方法的概念示于图 12-89。

首先，把对策实施前设定的现况断面模式化，进行开裂发展解析 1(现况断面)，进行变异模拟及现况地压 p_1 和现况承载力 p_2 的计算；其次，参考现况承载力等，设定对策后的目标承载力 p_a，在现况断面上追加对策的模式化，进行开裂发展解析 2(对策断面)；而后，根据以上得到的对策后承载力 p_3 评价对策效果。

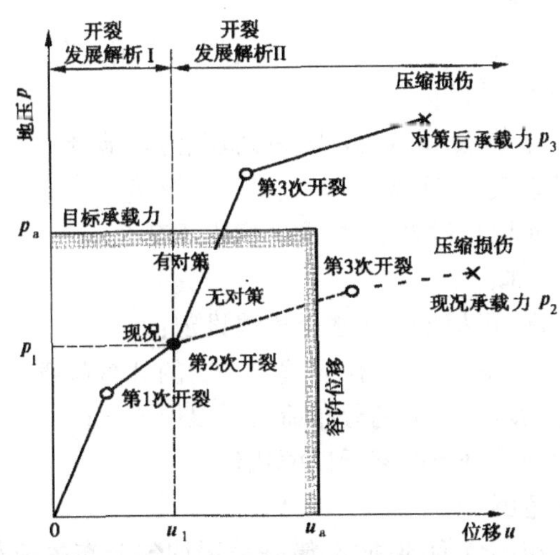

图 12-89　采用解析方法的概念图

1.解析条件的设定

(1)适用条件

根据变异隧道的变异状况和地质等，研究是否满足表 12-34 所示的适用条件。在本解析中，由素混凝土构成的衬砌承受图 12-90 所示的弯矩、轴力的情况，可作为解析对象。

结构解析方法的适用条件　表 12-34

项　目	条　件
变异现象	不产生压缩损伤
衬砌结构	没有显著的结构缺陷
围岩条件	能够设定背后的空洞范围、围岩物性(弹性系数)
地压模式	能够推定地压模式

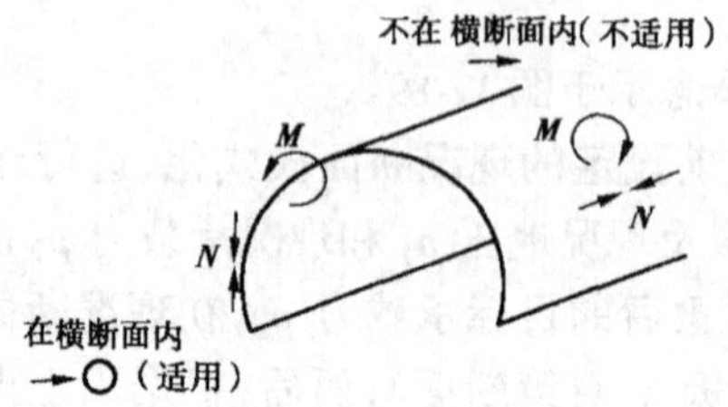

图 12-90 解析对象的断面力

(2)地压的模式化

根据以下的条件设定地压模式(主要的地压作用方向、作用范围):

·地形条件(埋深、陡坡面);

·地质条件(风化带、断层、破碎带、软岩层、滑坡地带);

·变异现象(开裂模式、净空位移量、拱顶下沉量)。

判断有地下水作用在衬砌上时,应考虑水压荷载。

①地压的作用方向

地压的作用方向,可根据以下 3 个模式设定:

·围岩松弛引起的垂直地压:作为垂直方向的分布荷载予以模式化;

·塑性地压:作为水平方向的分布荷载予以模式化;

·偏压:作为斜向的分布荷载予以模式化。

②地压的作用范围

不能确定地压作用范围的场合,最好采用均匀分布的荷载。但在确认有开裂的开口、局部的挤压变异等场合,最好按局部地压设定范围,采用集中荷载作用。但设定时要进行充分的研究。

在解析中,背后有空洞的场合,在空洞范围内不考虑荷载的作用。

图 12-91 ~ 图 12-93 是地压模式化的例子。

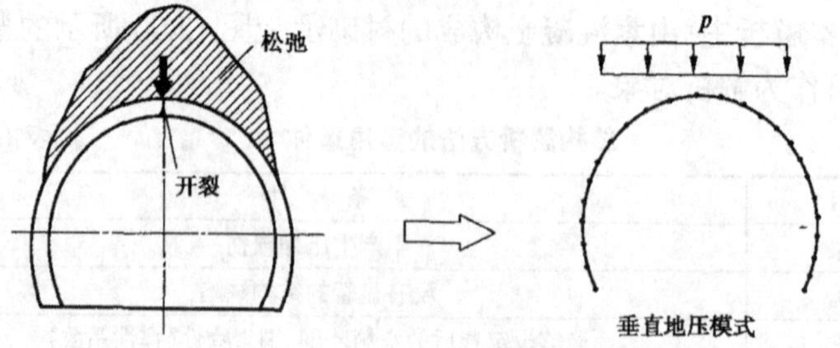

图 12-91 松弛地压模式

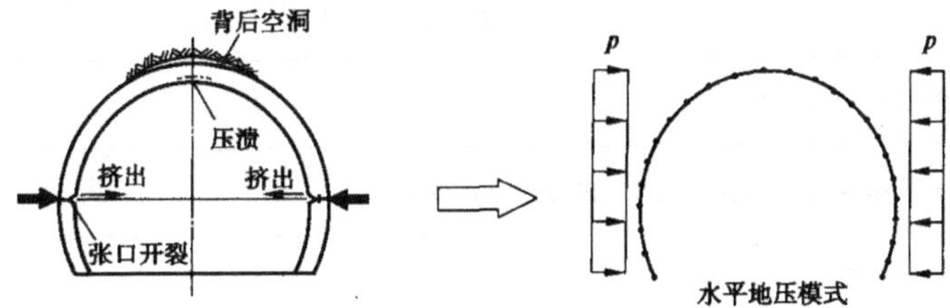

图 12-92　塑性地压模式

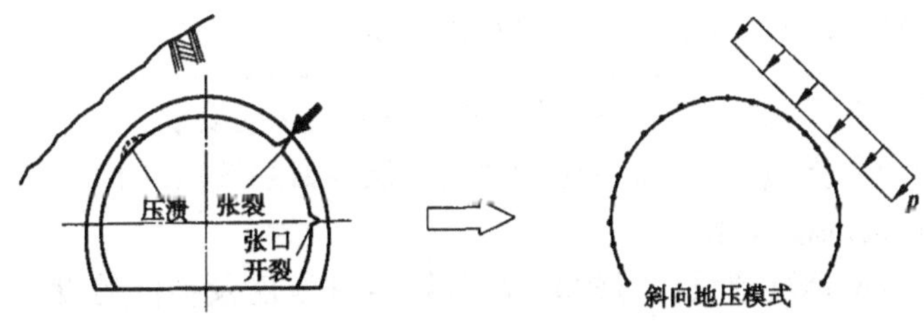

图 12-93　偏压模式

(3)地层的模式化

①解析模式

·地层按作用在解析模式的节点上的地层弹簧(法向地层弹簧系数 k_r、切向地层弹簧系数 K_0)模式化;

·取地层弹簧只作用在压缩方向,不考虑衬砌向净空方向的位移;

·背后有空洞的场合,其范围内不设置弹簧。

②物性值

地层弹簧系数的计算可根据有关规范的地层反力系数处理。下面是规范中一种计算方法例:

$$k_r = \frac{1}{0.3}\alpha E_0\left(\frac{B}{0.3}\right)^{-3/4} \tag{12-1}$$

$$K_r = k_r A \tag{12-2}$$

式中 k_r——法向地层反力系数(kN/m²);

K_r——法向地层弹簧系数(kN/m²);

α——计算 E_0 时的修正系数(表 12-35);

E_o——地层的变形系数(kN/m²);

B——荷载宽度($B = 12$m);

A——节点的支配面积(m²)。

计算 E_0 时的修正系数 表 12-35

地层变形系数的计算方法	α
直径 30m 的刚性板的加载试验求出的变形系数的 1/2	1
钻孔内测定的变形系数	4
单轴或三轴求出的变形系数	4
根据标准贯入试验 N,用 $E_0=2800N$ 推定的变形系数	1

地层的变形系数根据地质调查得到的物性为准设定。

切向地层弹簧系数 K_0 设定为法向地层弹簧系数 K_r 的 1/3。

(4)衬砌的模式化

衬砌应根据隧道设计时的断面形状、构件厚度及构件的设计基准强度等模式化,但有实测值时最好采用实测值。同时,在本解析中,根据重合后的开裂发展解析进行模式化,自重解析结果作为初始条件,在进行地压解析前要加以计算。

①解析模式

·衬砌按线弹性梁模式化,开裂断面在开裂发生处设定为铰;

·施工缝等不连续面,应根据具体情况,最好按铰结合模式化(图 12-94)。

②物性值

解析用的物性值,要设定厚度、弹性系数。同时,为了判定压缩损伤,要设定抗压强度。

③自重

衬砌解析时要考虑自重。

2.开裂发展解析 1(现况断面)

根据现况断面(对策前断面)的模式化,进行解析、变形模拟,计算现况地压 p_1 和现况承载力 p_2。

(1)变异现象的模拟和现况地压

首先,对在变异调查中确认的开裂模式进行开裂发展解析模拟,把现况开裂发生阶段的地压作为现况地压 p_1。

(2)现况承载力

其次,在没有实施对策的场合,根据开裂发展解析计算衬砌发生压缩损

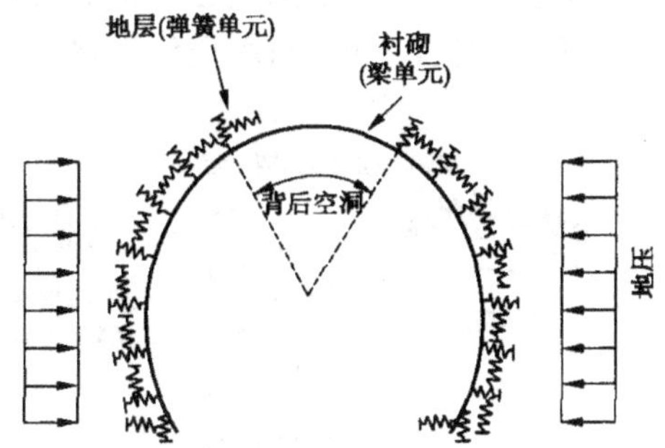

图 12-94　衬砌及地层的解析模式化

伤时的地压,即现况承载力 p_2,作为评价对策效果的大致标准。

3.目标承载力的设定

根据现况断面的解析结果,设定对策的目标承载力 p_a。

目标承载力 p_a 是按开裂发展解析 1(现况断面)得到的现况地压 p_1,加上由于对策施工使承载力增加的 Δ_p,根据下式设定的:

$$p_a = p_1 + \Delta_p$$

承载力增加值 Δp,应根据以下的条件组合设定:

·地层条件:地形、地质、围岩条件及地压的方向、分布;

·结构条件:断面形状、衬砌厚度、背后有无空洞等;

·变异状况:开裂地点及其程度。

根据这些条件研究承载力的增加值,但其设定有困难时,可按几种对策进行开裂发展解析 2(对策断面),再根据计算结果比较各种对策的效果设定之。

根据以下方法视变异现象能够推定地压的场合,最好按此方法设定目标承载力 p_a:

·在土砂围岩中,可采用以往的土压论(Terzaghi 方法等)的方法;

·根据量测能够推定地压的方法;

·根据以往的地压测定实绩能够经验地设定地压的场合。

4.对策的模式化

各种对策可按以下方法模式化。其他方法如认为是可行的,也可以采用。

(1)解析模式

①回填压注

·回填压注应根据作用在压注范围上的地压及弹簧模式化(图 12-95)；

·压注材料的物性值取与围岩一致，回填压注不考虑对衬砌的强度增加。

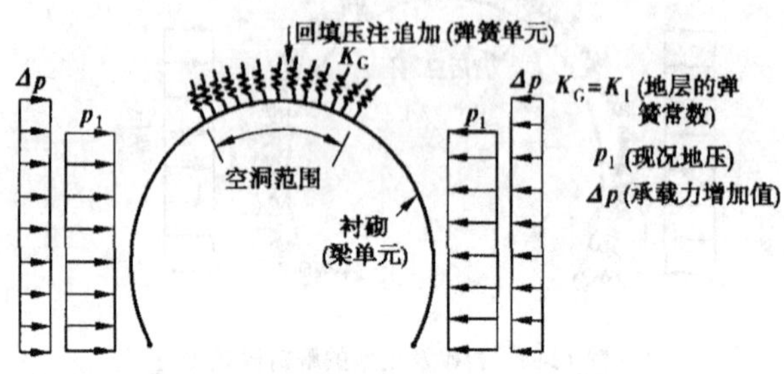

图 12-95 回填压注的解析模式(概念图)

②锚杆补强

·锚杆补强按前端固定的弹簧 K_B 追加到锚杆位置的节点上的方法模式化(图 12-96)；

·预应力锚杆的预应力 P_i，采用从净空内侧的荷载作用在锚杆位置的节点上的方法来表现。

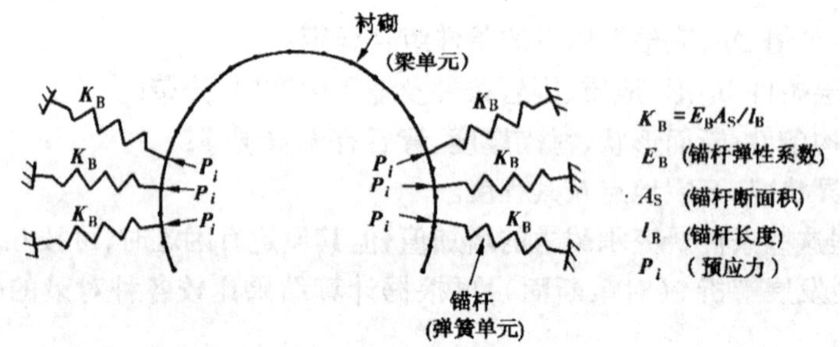

图 12-96 锚杆的解析模式(概念图)

③内衬

·作为内衬，按混凝土内衬、拱架补强、SFRC(钢纤维混凝土)等设定；

·内衬按梁单元模式化，如图 12-97 所示，衬砌和内衬之间设定层间弹簧。层间弹簧只传递压缩方向的力，不考虑剪切方向的影响。

④内表面补强

·作为内表面补强，可设定为纤维板、钢板等方法；

·衬砌内侧产生的拉伸开裂认为从塑性铰恢复到刚性绞(图 12-98)；而衬砌外侧产生的开裂，即使采用内表面补强也没有补强效果，开裂按原样处理；

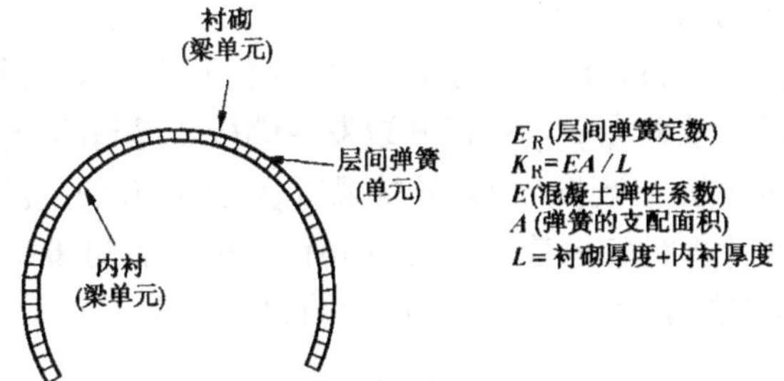

图 12-97　内衬的解析模式

·不考虑内表面补强的刚性。

(2)对策材料的物性值

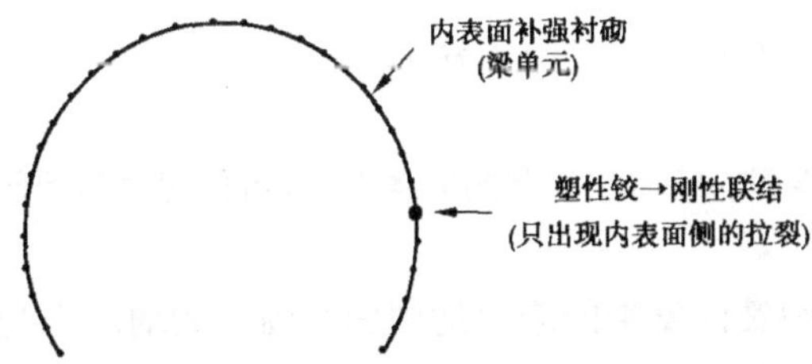

图 12-98　内表面补强的解析模式(概念图)

进行解析时,需要设定对策材料的物性值。对策材料的物性值可按表12-36采用。

对策材料的物性值　　表 12-36

对　策	材　料	物　性　值	
回填压注	与围岩相当的压注材料	不必要设定	
锚杆补强	以钢材为准	解析所需的物性值	·弹簧值(弹性系数、长度、直径等) ·施工范围(间距、根数) ·承载力(屈服强度) ·预应力值
内衬	·混凝土 ·钢材 ·SFRC	解析所需的物性值	·厚度 ·弹性系数 ·单位体积重量(采用23.5 kN/m³)
		编制诺模图所需的物性值	·构件厚度 ·抗压强度
内表面补强	·纤维板 ·钢板	编制诺模图所需的物性值	·构件厚度 ·弹性系数 ·抗拉强度

5.开裂发展解析2(对策断面)

在现况地压 p_1 中,追加对策的模式化,进行开裂发展解析2(对策断面)。对策后的衬砌承载力 p_{3L},根据开裂发展解析2得到的断面力、位移的增值,与开裂发展解析1(现况断面)的结果重合,进行开裂及压缩损伤的判定求出。这里,在计算衬砌承载力 p_{3L}的同时,也要计算对策构件的构件承载力 p_{3M},按两者中的小者作为对策后的承载力 p_3,即:

$$p_3 = \min(p_{3L}, p_{3M}) \tag{12-3}$$

式中:p_3——对策后承载力;

p_{3L}——衬砌承载力;

p_{3M}——对策构件的构件承载力。

各种对策的构件承载力的计算方法如下:

(1)回填压注

不考虑压注材料等的破坏。衬砌的承载力 p_{3L}可作为对策后承载力 p_3。

(2)锚杆补强

锚杆模式化的弹簧内发生的应力达到屈服强度的地压作为 p_{3M}。

(3)内衬

·SFRC:使用SFRC的诺模图进行开裂和压缩损伤的判定,计算 p_{3M}。

·与拱架补强并用的内衬:内衬达到抗压强度时的地压作为 p_{3M},拉应力由钢材负担。

(4)内表面补强

设定的内表面补强范围内的衬砌,随着开裂的开口,不能按着开裂的回转限界进行压缩损伤的判断,衬砌的内表面被补强后可采用内表面补强衬砌的诺模图进行破坏的判定(图12-99)。

在内表面补强的诺模图中,可根据断面力(M、N)进行判定。压缩侧的应变达到3500μ时,或者内表面补强材料达到抗拉强度时的地压作为 p_{3M}。

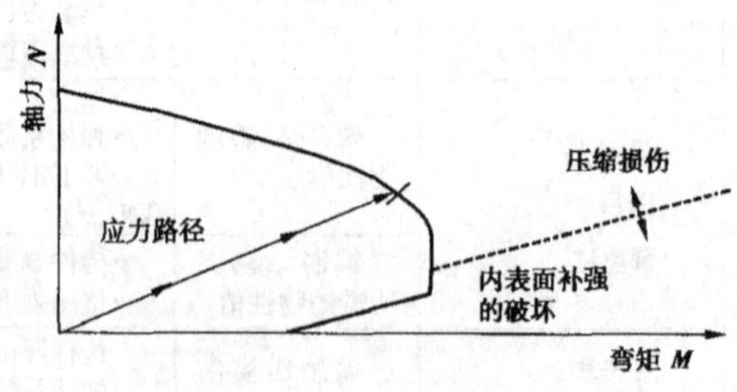

图12-99 内表面补强的诺模图(概念图)

6.对策效果的评价

(1)对策效果评价的方法

·根据开裂发展解析2得到的对策后承载力 p_3,大于目标承载力 p_a($p_3 > p_a$)来评价对策效果。

·目标承载力 p_a 设定困难的场合,要进行各种对策的解析,比较分别求出的对策后承载力 p_3,来评价各种对策的效果。

·在承载力没有表现有明显的增加,根据承载力评价有困难的场合,可根据隧道结构的刚性来评价对策效果。此时,可采用 p/u 的增加评价对策效果。

·由解析得到的对策效果,还要根据施工性、经济性进行综合评价,选定对策及设定设计值。

(2)评价对策效果时应注意的事项

·在解析中,对策后承载力增加不明显的场合,对对策效果的评价要特别慎重。

·在实际的变异隧道中,衬砌上地压的增加不仅同时有变形,也有位移的增加。这说明开裂的发生表示作用地压的再分配、周边围岩的应力释放。

·在开裂发展解析中,不能够表现此状况。在本解析中,因为衬砌模式是假定为线弹性体的,因此,地压增加状况时的地压和位移是按一定坡度增加的。在对策断面中,结构承载力之所以增加,是因为实施对策后隧道的结构总体刚性提高之故。

·因此,对开裂等变异在发展、发生显著位移的变异隧道,采用解析方法时,根据解析组合,会出现不能表现承载力显著增加的结果。

·但在实际的变异隧道中,由于隧道结构刚性的增加,能够产生位移控制效果。

二、解析方法的应用例

下面,以六十里越隧道为例说明解析方法的应用。

(一)隧道概况

隧道概况列于表12-37。

隧道的地质断面图如图12-100所示。

隧道的地质以新第三纪的绿色凝灰岩和同时期侵入的流纹岩为主体,有一部分是蛇纹岩和叶岩。凝灰岩含有属于膨润土粘土矿物的蒙脱土,在浸水崩解度试验中,显示浸水崩解度为D级,是易于粘土化的岩层。变异区间的地质主要是绿色凝灰岩,围岩强度比小于2,是易于发生塑性地压的围岩。

隧道概况 表 12-37

长　度	6359m
建设年度	1966 年 8 月至 1970 年 9 月
断面形状	单线 2 号型(边墙直墙区间 1542m,马蹄形区间 4817m)
结构	混凝土,厚度 23～45cm,一部分有仰拱
开挖方法	全断面法(5849m) 底导坑法(512m)
地形、地质	新第三纪中新世绿色凝灰岩、凝灰角砾岩及同时期侵入的流纹岩。最大埋深是 680m,变异地点的埋深超过 300m

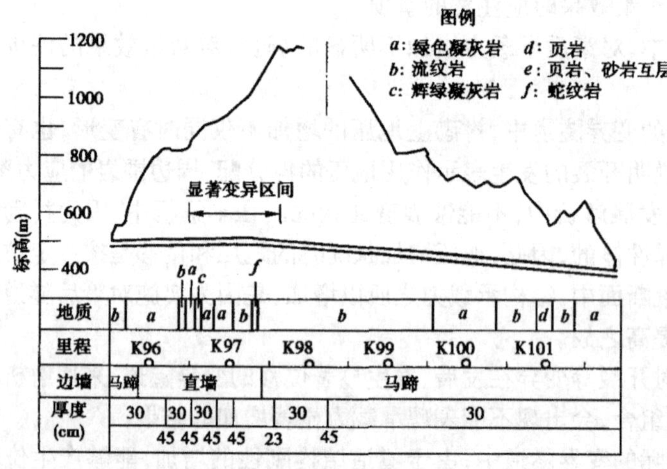

图 12-100　隧道地质断面图

围岩强度比：　$q_u/\gamma h = 450/(1.9 \times 350) = 0.682$　(12-4)

式中：q_u——围岩的单轴抗压强度(4.5MPa)；

γ——围岩单位体积重量(19kN/m^3)；

h——埋深(约 350m)。

(二)变异状况和变异原因

在隧道中,如图 12-101 所示,在边墙至肩部沿隧道轴向发生拉伸开裂,边墙挤出。在 K96 + K912m 处的拱顶发生长约 7m 的压溃。同时,在一些地点也量测到有 15mm/年的显著的净空断面缩小。图 12-102 是 1977 年绘制的最显著区间的变异展开图。

造成变异的原因是塑性地压。在塑性地压场合，一般的变异特征是：

·边墙、肩部出现开口的开裂；

·边墙挤出；

·底鼓。

同时，当拱顶背后有空洞时，会在拱顶内侧发生压溃。根据塑性地压变异的一般特征和实际上所观察到的变异状况，衬砌受到比承载力大的塑性地压；并且，变异区间的地质是绿色凝灰岩，围岩强度比在2以下，属于易于发生塑性地压的围岩；再加上变异区间没有仰拱，采用直边墙，设计厚度薄，施工不良等。这些结构上的缺陷也促进了变异的发展。

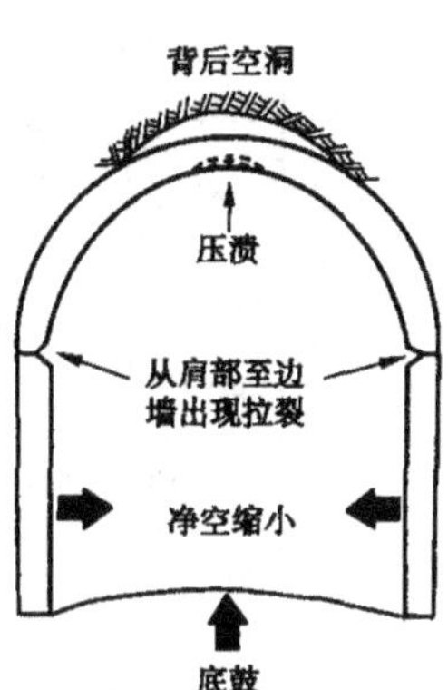

图 12-101　隧道变异概况

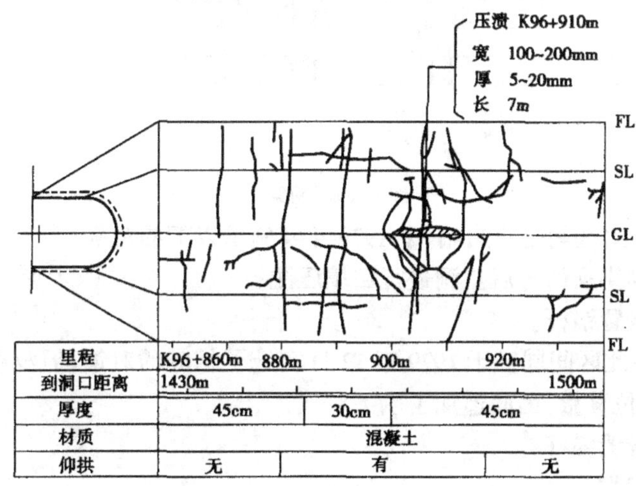

图 12-102　开裂展开图

(三)对策

对塑性地压，采用了如图 12-103 所示的对策。

实施这些对策后，净空位移速度降低了，没有发生致命的变异。

(四)解析条件的设定

1.解析对象区间

以变异最显著的且进行净空位移量测的两个区间(直边墙区间)为对

象,进行解析。

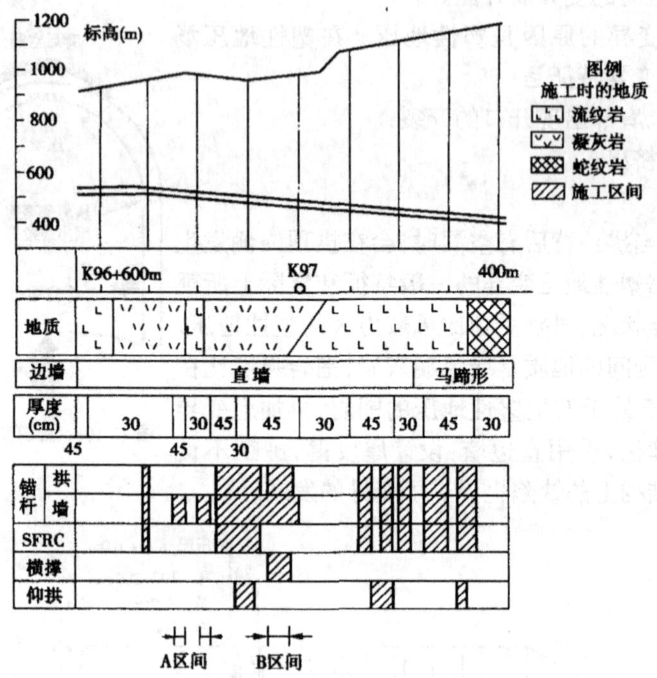

图 12-103 对策

A 区间:此区间是直边墙,于 1979 年实施了以下的对策:

·对衬砌拱顶的背后空洞进行回填压注;

·边墙设置锚杆。

B 区间:此区间同样于 1979 年 12 月实施了相应的对策,但没有能够充分控制净空位移量,因此追加了以下对策:

·拱部设置锚杆;

·设置横撑。

这两个区间的对策断面图示于图 12-104。

2.适用条件

解析时采用开裂发展解析方法。解析的适用条件见表 12-38。下面,研究是否满足采用开裂发展解析方法的条件:

·变异现象:本隧道的变异现象是在发展中的,在拱顶有长约 7m 的压溃发生。在这种发生大规模压溃的断面中,本来是不能够采用开裂发展解析方法的。所以,在试解析中,对压溃发生以前的阶段进行了解析,研究了该场合的对策效果。

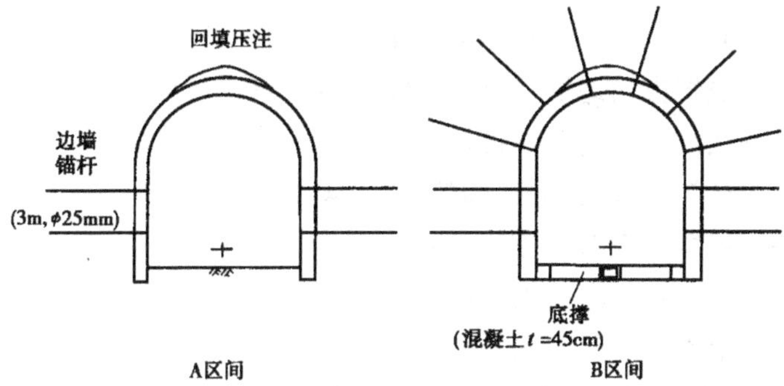

图 12-104　对策断面图

解析的适用条件　表 12-38

项　目	条　件
变异现象	没有发生压缩损伤
衬砌结构	没有显著的构造缺陷
地层	能够设定背后空洞范围、地层物性
地压模式	能够推定地压模式

·衬砌结构：确认衬砌没有发生错动，衬砌结构满足适用条件。

·地层：可以根据试验结果设定地层的物性值。

·地压模式：本解析按预计的塑性地压设定地压的作用方向。

3.地压模式

地压模式采用水平方向均匀分布的荷载。解析用的荷载模式示于图 12-105。

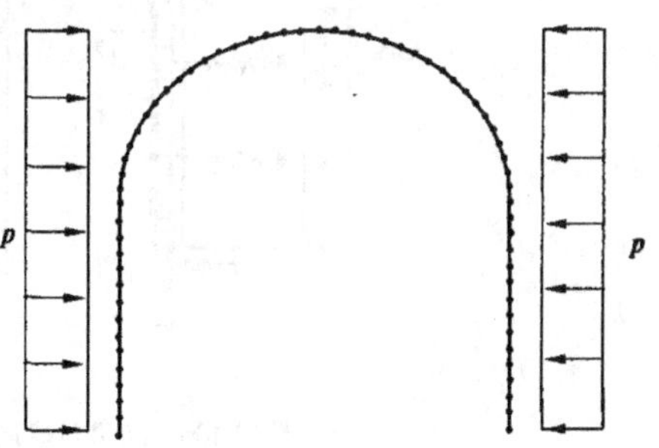

图 12-105　塑性地压模式

4.地层模式

地层模式按软岩进行解析。解析用的地层的变形系数设定为 500MPa。

地层模式以作用在节点上的弹簧(切向弹簧、法向弹簧)表示。

(1)地层弹簧系数的计算

①法向地层弹簧系数按下式计算：

$$k_r = \frac{1}{0.3}\alpha E_0(\frac{B}{0.3})^{-3/4} \tag{12-5}$$

$$K_r = k_r \cdot A \tag{12-6}$$

式中：k_r——法线方向地层反力系数(kN/m^2)；

K_r——法线方向地层弹簧系数(kN/m^2)；

α——计算 E_0 时的修正系数(采用4)；

E_0——地层的变形系数(kN/m^2)；

B——加载宽度($B = 12m$)；

A——节点的支配面积(m^2)。

②切向地层弹簧：取法向地层弹簧系数 K_r 的1/3。

(2)脚部地层弹簧系数的计算

①底面垂直方向的地层弹簧：取加载宽度 B 为脚部底面宽度(45cm)计算底面垂直方向的地层弹簧系数。

②底面水平方向地层弹簧：取底面垂直方向的地层弹簧系数的1/3。

5.衬砌模式

衬砌的解析模式如图12-106所示。

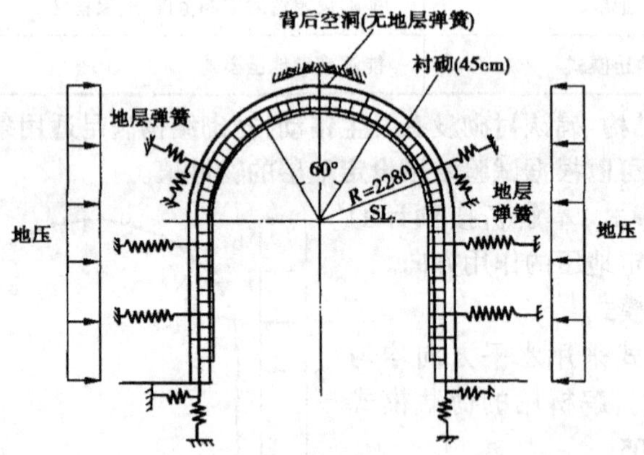

图12-106 隧道衬砌的解析模式(单位：mm)

隧道结构的物性值如下：

·设计基准强度：$f = 18MPa$；

·衬砌厚度：45cm；

·弹性系数：$E = 21kN/mm^2$；

·单位体积重量：$23.5kN/m^3$；

·结构缺陷：拱顶60°范围有空洞（预计厚度不足）。

混凝土开裂、压缩损伤的判定的诺模图如图12-107和图12-108所示。

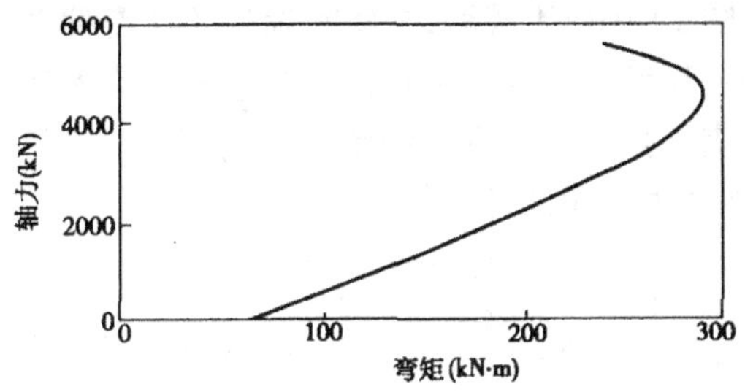

图12-107　弯矩开裂判定图

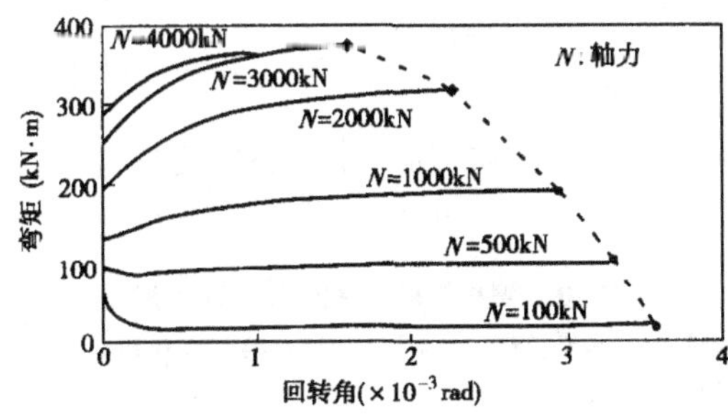

图12-108　压缩损伤判定图

同时，背后空洞以拱顶为中心设定在60°范围内。在此范围内没有地压的作用，也不设定地层弹簧。

（五）开裂发展解析1（现况断面）

对现况断面进行解析时，应推定作用在衬砌上的现况地压 p_1，计算现况承载力 p_2。

现况断面的解析结果如表12-39所示。

解析结果（现况断面）　　表12-39

发生第1开裂时（边墙内侧、开裂）	发生第2开裂时（拱顶内侧、开裂）	发生第3开裂时（边墙外侧、压缩损伤）
地压40kPa	地压50kPa	地压65kPa
变位：×100		

注：○表示开裂或发生压缩损伤的地点。

在开裂发展解析中,开裂从边墙内侧向拱顶外侧发展,边墙内侧开裂地点的里侧发生压缩损伤。以发生第3次开裂的地压65kPa作为现况承载力。

与变异现象(图12-101)比较后,按实际确认的开裂种类、开裂位置进行模拟,就可以在一定程度上表现因地压产生的变异。在本解析中,根据开裂断面的回转限界,进行具有压缩损伤的解析后就完成了解析工作,不能够进行实际确认的拱顶发生压溃的解析模拟。

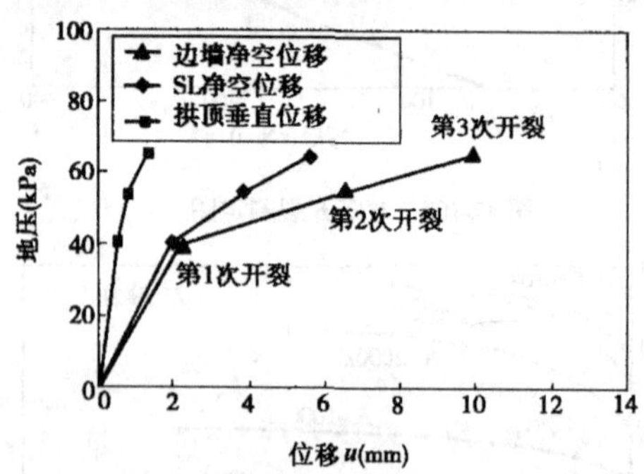

图12-109 解析结果(荷载和位移的关系)

注:SL净空位移是SL处的水平位移;边墙净空位移是第1次开裂地点的水平位移;拱顶垂直位移是拱顶垂直向上的位移。

开裂发展解析1(现况断面)的荷载(地压)和位移的关系示于图12-109。

如图所示,衬砌发生第1次开裂后,衬砌结构水平方向的p/u变小,刚性降低。同时,拱顶发生垂直位移,与边墙比较刚性也显著降低。

根据现况断面的解析结果,在开裂发展解析2中,对策的实施时期作了如下设定:

·因为本隧道在实施对策时,拱顶已经确认发生了压溃,因此,在第3次开裂以后,进行对策的施工;

但在解析中,压缩损伤发生时作为解析终了,因此对策的施工时期设定在第2次开裂发生过后,进行对策的解析。

根据开裂发展解析1的解析结果(表12-40),设定现况地压为$p_1 = 55$kPa,现况承载力为$p_2 = 65$kPa,进行开裂发展解析2。根据其结果计算对策后承载力p_3。根据现况地压的增加$p_3 - p_2$,和在同一地压时的位移量减少$u_2 - u_1$,来比较各种对策的效果。

(六)对策的模式

1.解析组合的设定

在开裂发展解析2中,解析组合的设定如下:

现况断面的解析结果　　表 12-40

项　　目	现况(现况地压)	压缩损伤时(现况承载力)
地压	$p_1 = 55kPa$	$p_2 = 65kPa$
净空位移	$u_1 = 6.6mm$	$u_2 = 9.9mm$
开口宽度	$W_1 = 0.8mm$	$W_2 = 1.5mm(4.7mm)$

注:①净空位移量、开口宽度都是边墙开裂地点的数值,净空位移是水平方向的位移量;

②括号中开口宽度,是考虑限界开裂宽度增加率时的数值。

A 区间:

此区间是直边墙,于 1979 年实施了以下对策:

·对衬砌背后空洞进行回填压注;

·边墙设置锚杆(间距 1.2m)。

B 区间:

于 1979 年 12 月实施了与 A 区间同样的对策。但因不能充分控制净空位移量,追加了以下对策:

·拱部全周设置锚杆;

·增加底撑。

实施这些对策的结果,整个隧道的位移速度下降,没有发生致命的变异。在解析中,设定了 5 种组合(表 12-41)。

对策断面解析组合　　表 12-41

解析组合	对　　策	备　　注
无对策	无	
对策 1	回填压注	(参考)
对策 2	回填压注 + 边墙锚杆	A 区间
对策 3	回填压注 + 全周锚杆	(参考)
对策 4	回填压注 + 全周锚杆 + 底撑	B 区间

2.对策模式的设定

(1)回填压注模式

进行回填压注范围的地层弹簧采用能够复活地压的模式。在回填压注中,不考虑压注材料的自重、因压注使衬砌强度的增加。压注范围取背后空洞(拱顶 60°)的全范围。

(2)锚杆补强模式

锚杆按前端固定,以及弹性系数、长度、直径等计算的弹簧模式化。锚杆的承载力取 180kN,不考虑预应力。锚杆的物性值列于表 12-42。

锚杆物性值 表 12-42

材　质	异形棒钢
弹性系数	212kN/mm^2
长度	3m
直径	25.7mm
承载力	180kN
施工范围	边墙左右各 2 根、拱部 6 根
间距	1.2m

(3)底撑模式

混凝土底撑按梁模式化。底撑的物性值列于表 12-43。

底撑物性值 表 12-43

底撑厚度	45cm
变形系数	21kN/mm^2

对策断面示于图 12-110。

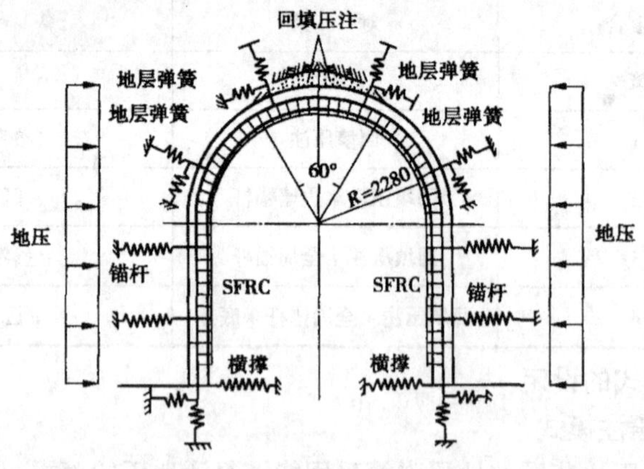

图 12-110 对策断面(单位:mm)

(七)开裂发展解析 2

开裂发展解析 2 的计算结果示于表 12-44、图 12-111 ~ 图 12-113。在对策断面中,开裂发生的顺序、位置与无对策断面相同,根据边墙外侧的压缩损伤决定结构承载力。根据此结果,地压作用方向和隧道形状对变异影响最大。

从各种对策增加结构承载力的角度出发,对策 1(加回填压注)、对策 3(加全周锚杆)几乎没有增加结构的承载力;而横向补强的对策 2(加边墙锚杆)、对策 4(加底撑)效果是比较显著的。理由是:隧道为直边墙,在塑性地压作用下,衬砌的轴力小,在开裂发生诺模图和压缩损伤发生诺模图中处于不利的位置。因此,不对边墙开裂地点进行直接补强的对策,就不会出现改善结构承载力的显著效果。

对各种对策进行考察后,首先可以认为,对一般背后有空洞的隧道进行回填压注是有效的,但这次解析并没有表现出来。其理由是:隧道结构承载力不仅是由拱顶,而是由边墙的压缩损伤所决定的。从拱顶的垂直位移(图 12-111)可以看出:因回填压注,拱顶的位移增加了,即拱顶开裂的回转被控制了。据此,回填压注的效果在一定程度上还是体现了。在本解析中,作为结构缺陷的边墙开裂地点,先发生压缩损伤,因此,回填压注效果没有表现出结构承载力的增加。而对策 2 是在边墙设置锚杆,起到了改善结构承载力的作用。对策 4 也发挥了补强效果。

解析结果　　表 12-44

<table>
<tr><th>解析组合</th><th>第 1 开裂</th><th>第 2 开裂</th><th></th><th>第 3 开裂</th><th>第 4 开裂</th></tr>
<tr><td>无对策</td><td>边墙外侧开裂</td><td>拱顶外侧开裂</td><td></td><td rowspan="5">拱肩外侧开裂</td><td rowspan="5">边墙外侧压缩损伤</td></tr>
<tr><td>对策 1</td><td rowspan="4"></td><td rowspan="4"></td><td rowspan="4">对策施工</td></tr>
<tr><td>对策 2</td></tr>
<tr><td>对策 3</td></tr>
<tr><td>对策 4</td></tr>
</table>

(八)对策的评价

根据对对策的模拟解析,及对策效果的比较分析,可以认为:

·直接对边墙进行补强的边墙锚杆和底撑的效果是比较显著的;

·回填压注虽然有一定效果,但效果不明显。

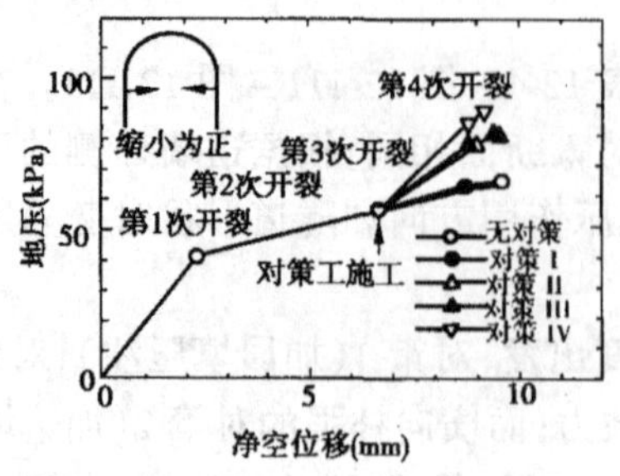

图 12-111 地压和水平位移的关系

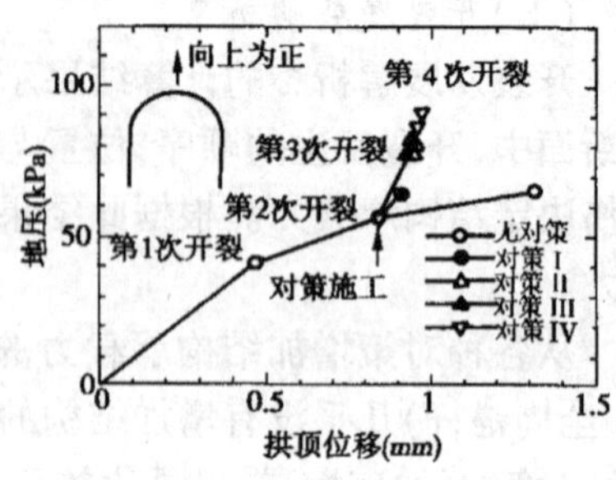

图 12-112 地压和拱顶位移的关系

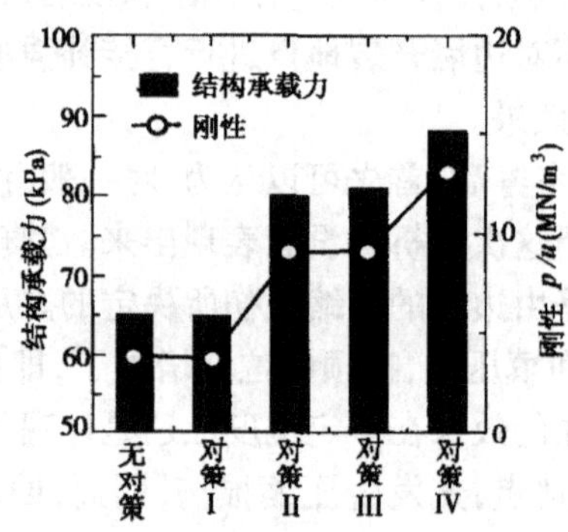

图 12-113 对策效果

要点七 衬砌混凝土剥落的研究

图 12-114 是日本铁路隧道既往的隧道剥落实绩，用剥落的块体重量和周长表示。

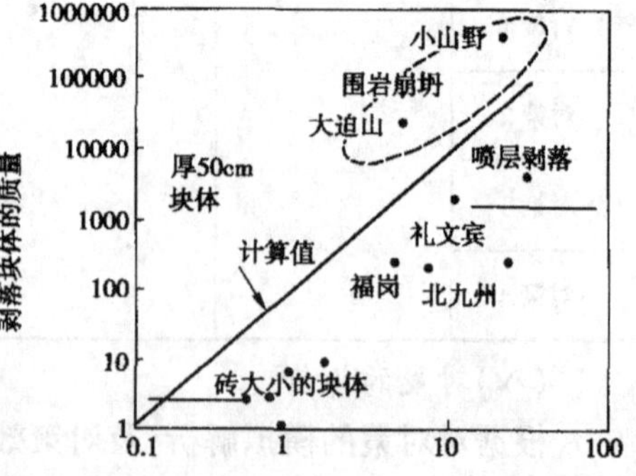

图 12-114 隧道衬砌剥落实绩的分布

由此图可知，在几乎都是素混凝土衬砌的场合，可以出现数百千克至数吨量级的剥落。最近一段时期，日本的铁路隧道相继发生 3 次重大的混凝土掉块事故，引起了日本运输省的重视。1999 年 6 月 27 日，山阳新干线福冈隧道发生衬砌混凝土剥落，造成列车破损的重大事故。运输省立即委托京都大学以足立纪尚教授为首的“隧道安全问题研讨会”进行对策研究，推定事故的原因，并提出今后维修管理的方法等建议。同年12月9日，山阳新干线北九州隧道的边墙上端又发生混凝土剥落事故。为此，对山阳新干线的全部隧道进行了史无前例的大规模的安全总检查。12月28日，室兰本线礼文宾隧道再次发生质量达2t的拱部衬砌混凝土的剥落，造成货物列车脱轨事故。

隧道安全问题研讨会在7个月的时间内召开了7次会议，于2000年2月28日提出了最终报告。

下面，对相关情况进行介绍。

1.福冈隧道事故

福冈隧道事故概要示于图12-115。

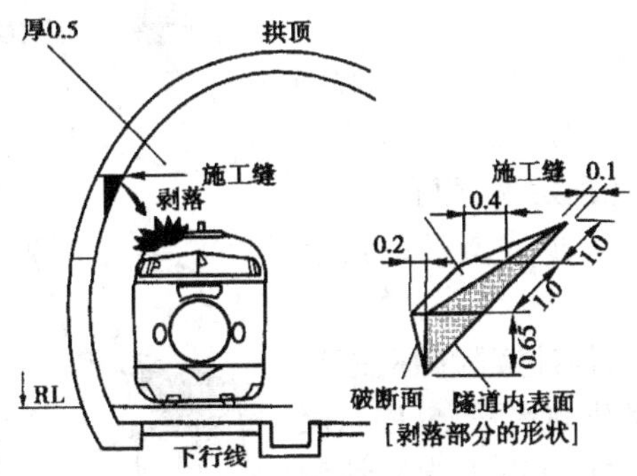

图12-115　福冈隧道事故概要(单位:mm)

福冈隧道长8488m，于1970年开始修建，1975年3月竣工，采用下导坑法施工。衬砌为素混凝土。地质条件是绿色片岩，埋深约120m。1999年6月27日9时24分，山阳新干线福冈隧道内突然停电，列车停在洞内。同时发现在列车顶棚上有混凝土块和隧道衬砌剥落。

为了推定原因，(包括外部原因和内部原因)，进行了调查和试验。

(1)外部原因

根据调查结果，外部原因中否定了地压和水压作用、地震、近接施工、冻胀力的影响。

针对列车振动和空气压变动，在事故发生地点对列车走行时衬砌混凝土的动态进行了种种量测。其结果如下：

·列车振动：最大0.3kine(衬砌表面切线方向)，最大0.1kine(衬砌表面法向方向)；

·空气压变动：最大6kPa(列车尾部通过时的压力下降)；

·应变：最大12μ(衬砌表面切线方向)。

一般来说，使衬砌开裂的振动速度是20～30kine，使混凝土开裂的拉应变一般是200μ左右，因此，列车振动、空气压变动、应变不会成为剥落的主要原因。但是，空气压变动和列车振动的反复作用，对开裂的发展是有影响的。因此，进行了空气压反复变动影响的试验。其结果是：

·随着荷载的反复作用，开裂端部的混凝土发生疲劳，微细的开裂徐徐发生；

·最终是开裂急剧发展，而剥落；

·开裂很深时，在少许次数的反复作用下就破坏了。

根据这个结果，预计实际的剥落形状、荷载的形态、荷载的水平(5kPa)、反复次数(剥落发生预计120万次)，认为疲劳破坏是造成剥落的主要原因。

(2)内部原因

通过对衬砌材料特性的研究，证实混凝土的强度是28.7MPa，没有问题。

但剥落处的上部施工缝出现了碳酸钙，同时粗集料(绿色片岩)的表面也有典型的碱性集料反应的生成物，但也没有达到成问题的程度。此外，还进行了混凝土促进膨胀试验，膨胀率极小。因此认为，可能是碱性集料反应所致。

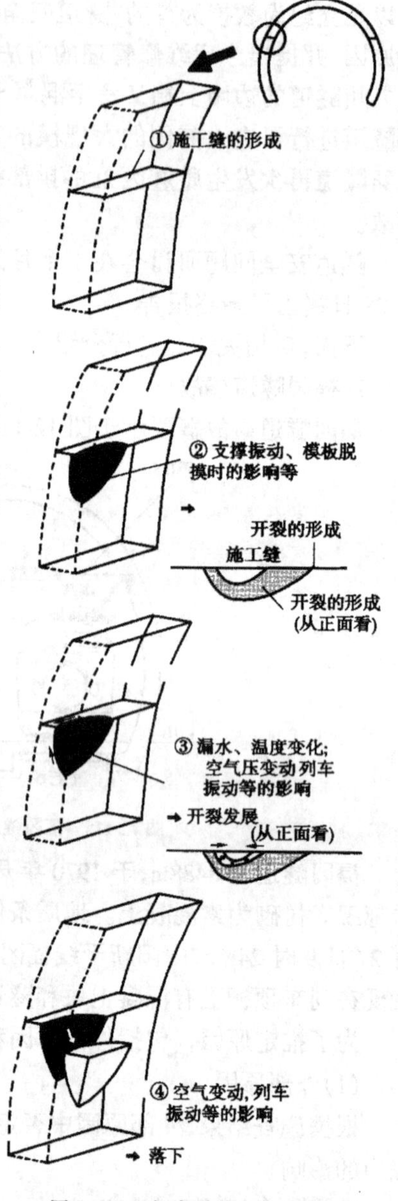

图12-116　福岗隧道事故分析机理

施工原因主要是施工缝的存在(灌注中断所致)。

(3)原因推定

综上所述，事故原因推定如下(图12-116)：

·施工缝的形成(混凝土灌注中断);

·施工缝下侧的内部有很大范围的开裂发生(灌注时的支撑振动或模板脱模时的影响);

·结合面徐徐开裂的发展(长时间漏水、温度变化、空气压变动和列车振动等的影响);

·最终因空气压变动、列车振动而剥落。

2.北九州隧道事故

北九州隧道事故概要示于图12-117。

北九州隧道长12746m,于1970年开始施工,1974年竣工,采用下导坑法施工。衬砌为素混凝土。

1999年12月9日4时,北九州隧道下行线边墙混凝土部分剥落。

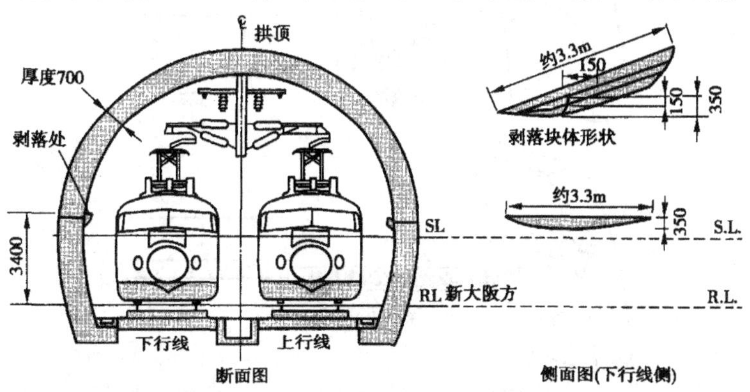

图12-117 北九州隧道事故概要(单位:mm)

剥落部位位于边墙混凝土灌注口处。这种灌注口在许多隧道中都存在。剥落块体的大小是:横334cm、纵35cm、厚15cm,质量约226kg。

(1)外部原因

地质调查的结果,否定了地压和水压作用的影响,也没有地震和冻胀力方面的问题。根据FEM解析的结果,近接施工的影响也被否定。

为了考察列车振动的影响,进行了三维FEM的振动分析,明确了在跨度60cm时有发生共振的可能性。跨度60cm时,由于自重引起的端部拉应力是15kPa(为设计抗拉强度的1/120),振动能量是小的(爆破振动使混凝土产生龟裂的振动速度是20~30kine)。因此,即使产生共振,列车振动单独作用使混凝土产生开裂的可能性是比较小的。但根据弯曲疲劳试验的结果看,随着列车的反复振动,抗拉强度会降低且开裂发展的可能性是很大的。

新干线列车走行中会产生列车风。根据实测结果,在走行位置风速大约是20~30m/s;但突起部是纵向连续的,列车风没有直接作用。因此,也消除了列车风的原因。空气压变动的影响可能在突起部的端部产生72kPa的剪应力(设计抗拉强度的1/22),也是十分安全的。实际上,在比较早的时期,突起部和边墙间就已经发生了开裂,突起部背后受到压力的作用,但没有造成影响。这个原因也被否定。根据作业人员的证实,没有列车走行的夜间,剥落的可能性是比较高的。因此列车走行的影响,使最终发生剥落的可能性是存在的。

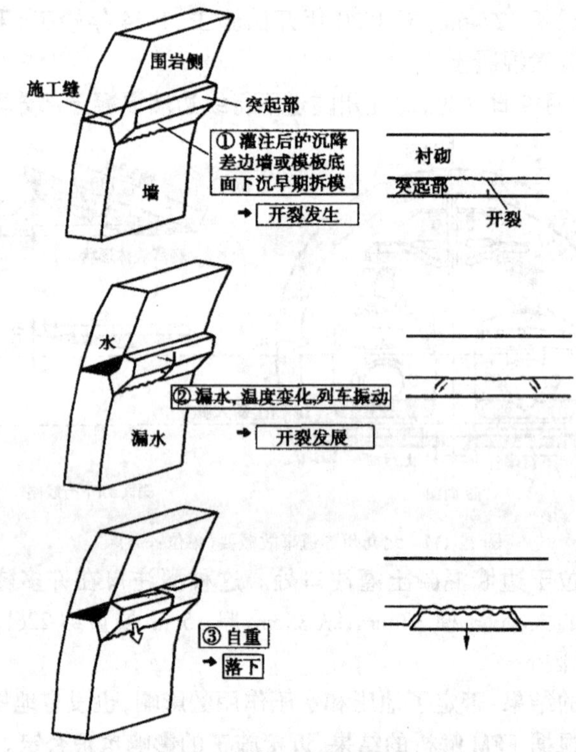

图12-118 北九州隧道事故分析机理

如剥落部的开裂扩大,剥落部的跨度变大,自重的影响也变大了。假定剥落部为两端固定的简支梁,求出的端部拉应力是460kPa(设计抗拉强度的1/3.5,跨度3.3m)。因此,如果固定部的强度降低,固定部的破坏、突起部的剥落就有可能。

(2)内部原因

与福岗隧道一样，进行了各种材料试验，确认混凝土材料没有问题。起因于施工的可能性有快速灌注混凝土、早期脱模等，但也被否定了。

剥落面存在面状的漏水，剥落面有呈红茶色和黑色的附着物，也有一定的碳化深度，因此，比较早期阶段产生龟裂的可能性是比较高的。

(3)原因推定

根据以上所述，原因推定如下(图 12-118)：

·突起部在灌注时会产生沉降，早期脱模会产生异常的拉应力，因此，突起部和边墙间有一部分开裂；

·长时期的漏水、温度变化等的影响，再加上列车振动的影响，开裂徐徐发展；

·而后，支持的两端开裂扩大，最终由于自重而剥落。

3. 礼文宾隧道事故

礼文宾事故概要示于图 12-119。

该隧道于 1975 年修建，长 1232m，双线断面，下导坑法施工。衬砌为素混凝土。

1999 年 12 月 28 日，在该隧道内走行的列车与落下的混凝土块冲突，而脱轨。

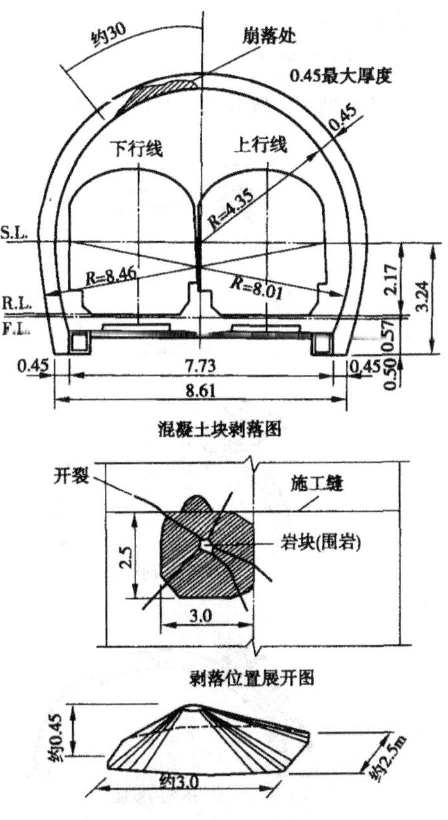

图 12-119 礼文宾隧道事故概要(单位：m)

剥落是在拱部稍下的拱肩处发生的。剥落块的大小是 2.5m × 3.0m × 45cm(最深处)，呈扁平的圆锥状，质量约 2t。

(1) 地形、地质和混凝土衬砌的状况

剥落地点处在陡峻的坡面下，正上方的埋深约 40m，围岩比较稳定。地质是新第三纪的安山岩，属于硬质岩。根据剥落地点的钻孔，在衬砌的正上方有约 2 ~ 3m 的安山岩熔岩，相对比较软。

衬砌混凝土的抗压强度是 29 ~ 36MPa，比设计基准强度高。因此，材料是没有问题的。拱部的混凝土厚度也是足够的，因此也不存在厚度不足的问题。

(2)破坏状况

衬砌破坏面的大部分，是由于局部的荷载作用而造成的剪切破坏。破坏面约有 1m 是新鲜的。在剥落部有许多放射状的开裂。破坏面的顶部防水板露出。

(3)原因推定

综上所述，推定原因如下(图 12-120)：

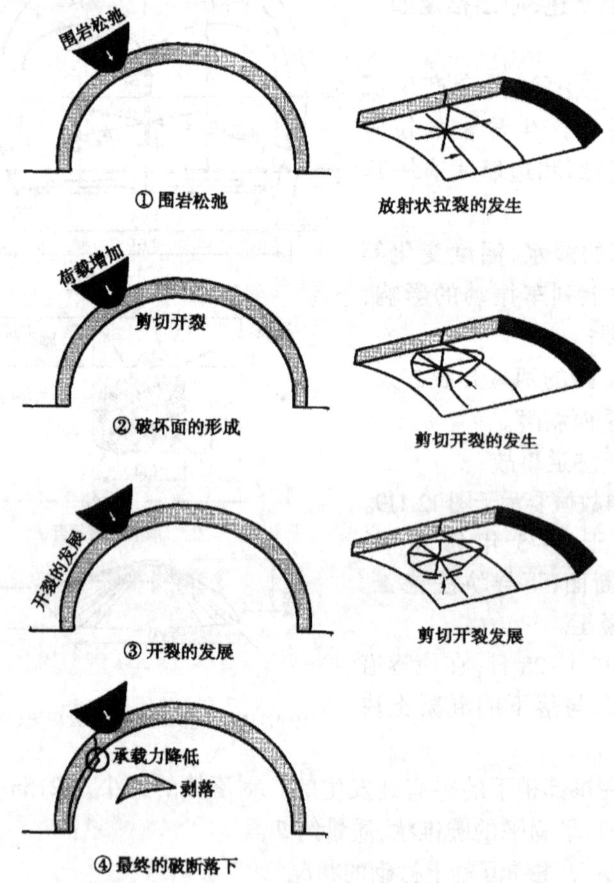

图 12-120 礼文宾隧道事故分析机理

·混凝土灌注后，比较早期的上部围岩松弛，拱顶附近的突出岩块局部作用在衬砌上；

·在此地压的作用下，以突出岩块为中心产生放射状开裂，而后造成剪切破坏，形成破坏面；

·由于列车振动和冻融的反复作用，破坏面前端的开裂徐徐发展；

·最终，因自重而掉落。

4.从事故应吸取的教训和认识

以3个隧道事故为开端进行的衬砌混凝土剥落事故的调查结果，得出以下共识：

·事故比较集中地出现在1965～1975年经济高速增长的时期；

·剥落是局部问题，对隧道总体稳定没有直接影响；

·施工后早期发生开裂，其后逐渐发展而导致剥落；

·剥落是在维修管理上没有充分认识的部位上产生的。

5.素混凝土衬砌的疲劳试验

一般来说，山岭隧道的衬砌多采用素混凝土。其安全性从应用实绩看是可以完全保证的。但是，1999年日本连续发生的素混凝土衬砌的剥落事故情况表明：素混凝土衬砌长期使用的场合，特别是已经发生开裂的素混凝土衬砌的场合，高速列车运行的空气压变动和列车振动产生的疲劳作用，会对衬砌造成意料不到的影响。为探讨这种影响，日本进行了素混凝土衬砌的疲劳试验研究。

从对福岗隧道的研究结果看，剥落的主因应该是施工缝。另外，下述原因也是可能的：

①列车走行产生的振动；

②列车走行产生的压力变动；

③疲劳使混凝土强度降低；

④温度变化、漏水、干湿反复等造成的混凝土强度降低；

⑤衬砌施工中存在问题等。

这些原因是相互影响的。下面仅就其中①～③项进行研究，进行列车走行时衬砌的动态测定。主要是测定在剥落地点附近，列车走行时的空气压变动、振动加速度及衬砌的应变。测定结果示于图12-121。

测定结果如下：

·衬砌应变是非常小的，最大12μ左右。

·空气压变动在车头通过测定地点后急剧降低；其后，当最后的尾部通过后压力继续平缓地降低。最后尾部通过时的压力降低幅度达2～5kPa。此值与模拟计算结果一致。

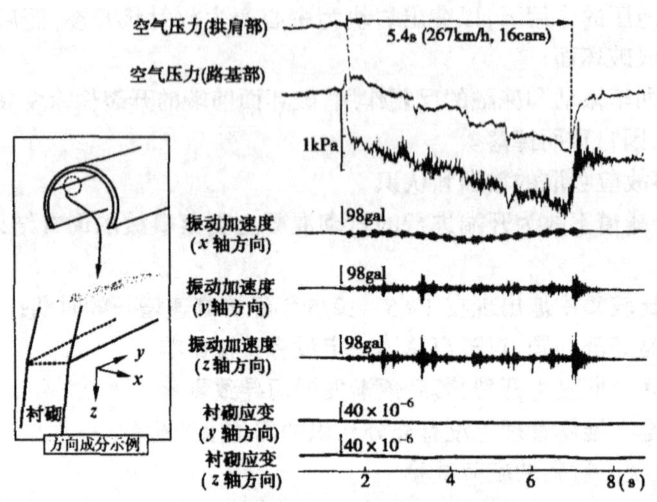

图 12-121 空气压变动、振动加速度及衬砌应变的测定结果

·衬砌假定是单一刚性、拱厚的圆环,采用上述值作为内压,计算的衬砌应变约为 12~20μ 左右,与测定结果基本是吻合的。

6.素混凝土的弯曲试验

为了评价空气压变动对衬砌的影响,以列车通过时的空气压降低幅度为条件,进行了模型试验。

(1)试验体形状

试验体采用抗压强度为 18MPa 的素混凝土,尺寸是 200mm(宽)×200mm(高)×700mm(长)。为了研究初期开裂的有无、深度等的影响,在试验体的下侧插入厚 0.2mm 的尼龙板模拟开裂。开裂深度为 12mm、50mm。

图 12-122 所示为试验体的形状及测定位置。

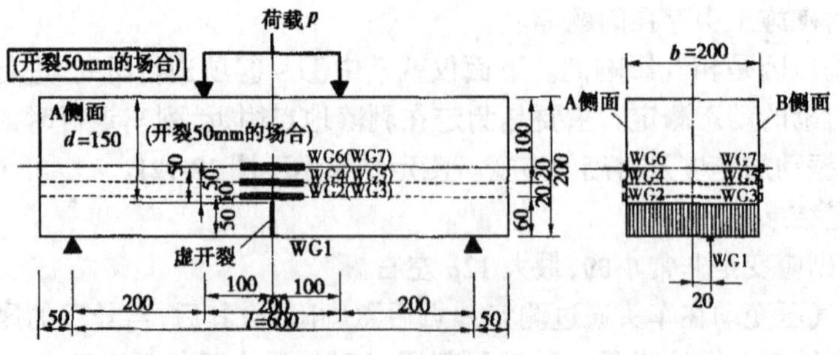

图 12-122 试验体的形状及测定位置(单位:mm)

(2)试验方法及测定项目

试验体水平设置，其加载模式示于图12-12。进行了静的和反复的加载两种试验。测定项目包括加载荷载、加载点下及支点位移试验体两侧面(有开裂的场合，开裂的上部)及加载面下侧的应变。

试验组合列于表12-45。

试 验 组 合　　表12-45

试验组合		开裂			加载方法	加载速度	备考
		无	有				
			12mm	50mm			
静加载	1	△	○		单调	每分钟0.8~1.0MPa	△:3 ○:5 合计13
	2						
	3			○			
反复加载	1	□			反复	5Hz	□:15 合计45
	2		□				
	3			□			

(3)试验结果

①静的弯曲试验

试验结果(图12-123)如下：

·试验体达到最大荷载(发生开裂)的同时，不能维持荷载，开裂发展达到破坏。

·与无开裂的试验体相比，随着开裂深度的加大，最大荷载变小。

·发生开裂的荷载，计算值与试验值比较一致。

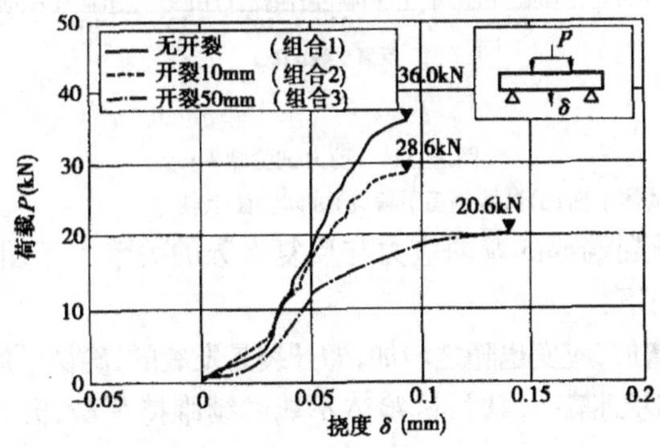

图12-123　静力试验结果

②动的弯曲试验

混凝土表面的应变与反复次数的关系（开裂深度 50mm 的场合）示于图 12-124。

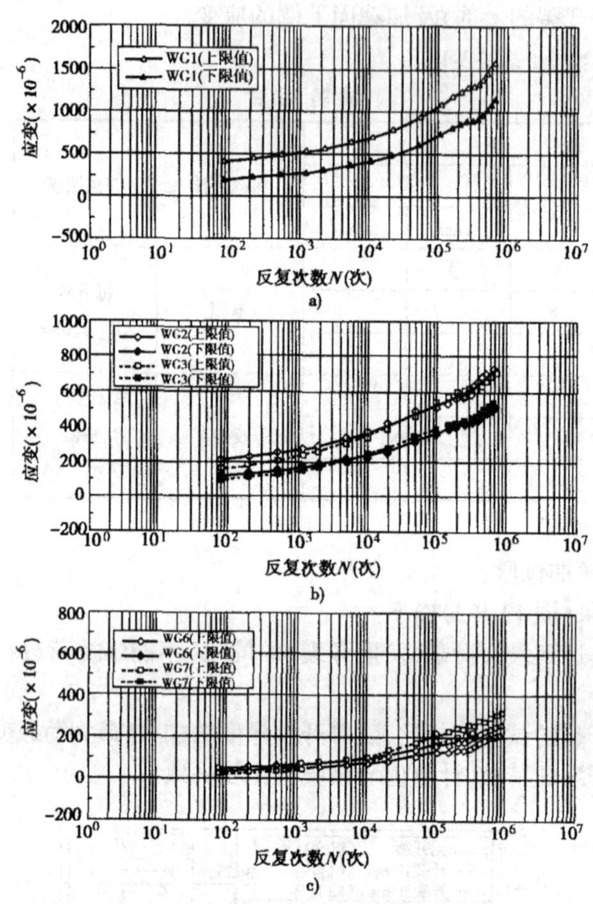

图 12-124　动力试验结果

a)试体下面；b)试体侧面下段；c)试体侧面上段

破坏前的开裂端部的弯曲应力与反复次数的关系示于图 12-125。

试验结果如下：

·反复次数增加，应变也随之增加，即开裂是发展的，确认了疲劳的影响。

·反复次数达到某一值时，试验体不能继续维持荷载，开裂急剧地发展，最终达到破坏。

7. FEM 解析研究

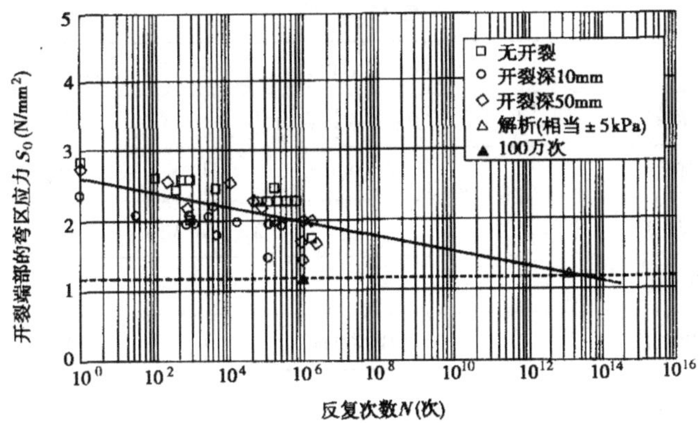

图 12-125　破坏前的开裂端部的弯曲应力与反复次数的关系

采用FEM先计算出福岗隧道初期开裂的前端部分的应力，求出疲劳试验的等效荷载，与疲劳试验进行比较。

(1)解析模式

首先，把衬砌剥落地点和开裂深度50mm的试验体模式化。剥落地点的模式化时，假定从表面深入700mm。其解析模式示于图12-126。

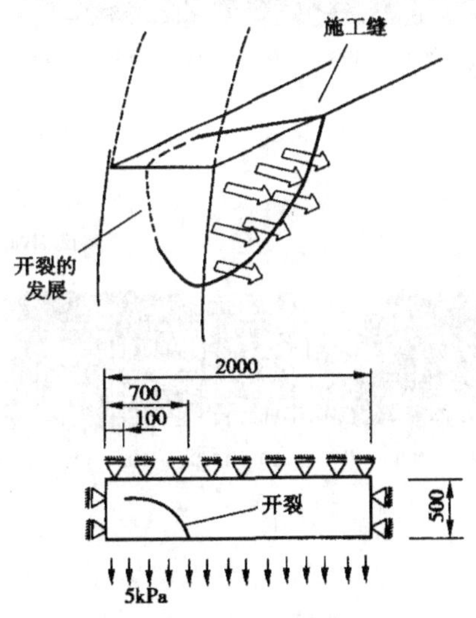

图 12-126　剥落地点的解析模式(单位:mm)

(2)解析条件

采用二维弹性FEM进行解析。解析条件列于表12-46。

解析条件 表 12-46

项　目	剥落地点模式	试验体模式
边界条件	3 边固定,1 边自由	固定、滚柱
荷载	5kPa	12kPa
弹性系数	2.1×10^4MPa	
泊松比	0.2	
解析组合	开裂:700mm	开裂:50mm

(3)解析结果

解析结果示于图 12-127。

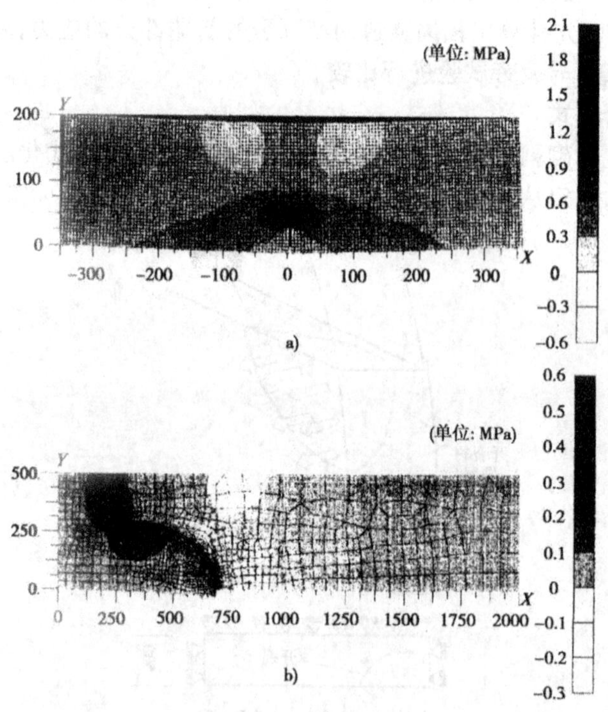

图 12-127　解析结果(主应力)

a)试验体;b)衬砌剥落处

剥落地点模式在空气压变动(5kPa)作用时的初期开裂的端部产生的拉应力与试验体模式的开裂端部产生的拉应力等效的疲劳试验的加载荷载 P

=3.78kN。

在该等效荷载($P=3.78$kN)作用时的前端应力(1.2MPa),示于图12-127。福岗隧道从运营后到剥落前通过的列车数约40000列车/年=1200000次。

8.结论

·没有开裂的健全衬砌即使预计使用年限为120年($N=200$万次)以上,因空气压变动产生的疲劳影响也是可以不考虑的。

·即使衬砌多少产生一些开裂,衬砌一体化的范围大的场合,也可以不考虑空气压变动的影响。

·考虑到因疲劳产生的开裂发展速度是非常缓慢的,在两年以内进行一次通常全体检查是可以防止剥落事故的发生的。

要点八　隧道变异诊断专家系统

一、铁路隧道变异诊断专家系统(TDD)

(一)概述

为了建立隧道变异诊断专家系统,针对铁路隧道发生病害(变异)的原因,西南交通大学编制了隧道病害诊断推定专家系统。

隧道变异是多种多样的,原因也是复杂的、多层次的,经验性极强,很难通过理论模式加以判定;而且检测手段有限,数据量小。在这种情况下,采用专家系统的手法,即"以有限的情报或在一定范围内,正确地作出最低限度的、必要的、不可缺少的判断"是极为有效的方法。日本已经研制出基本上可以实用的诊断系统,已装备在日本铁道综合技术研究所内,供各铁路系统使用。我们根据我国铁路隧道维修养护的基本经验,汇集、提炼、发掘了我国专家和专业技术人员的知识和经验,采用知识工程的技术手法,研制了本系统并得到一定的应用。

TDD专家系统的开发,是以诊断为中心的,目前具有的功能是:

(1)推定变异原因:这是TDD专家系统的主要功能,只需输入变异现象、环境条件、气象条件、结构形式等,就可推定变异原因,出提示。

(2)提示详细检查项目:详细检查是指细查变异原因、变异的发展性以及选择措施等所需的调查。

(3)判定结构物的健全度:结构物健全度是评定结构物功能状态损伤到

何种程度的一个模糊定量指标。本系统可根据全貌检查或个别检查的数据进行大致的分级。

(4)提示整治措施决策:提示采取措施的一般性原则,如措施的紧急性和必要性等。

(5)动态知识库管理。

TDD专家系统的基本框图见图12-128。

(二)隧道变异原因及其推定

1.变异现象的分类

根据调查分析,隧道一般的变异现象包括开裂、接缝开裂、错位和压溃、剥离、剥落、漏水、结冰、衬砌背后土砂流失、衬砌表面污染、材料老化等。为构筑专家系统,必需将其层次化。为此,将隧道病害分成以下几种基本类型:

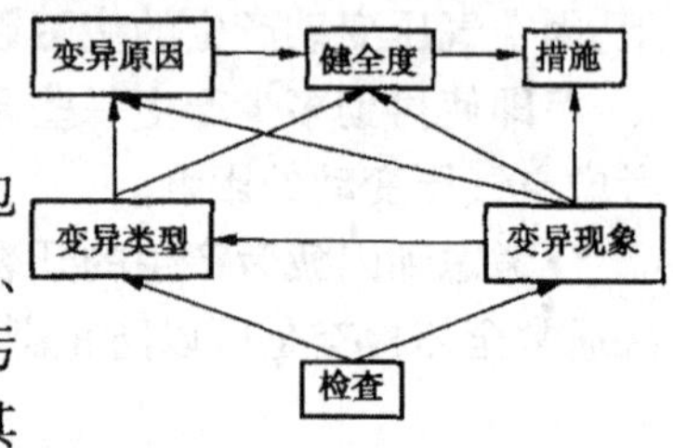

图12-128　TDD专家系统的基本框图

(1)由外力变化引起的衬砌变形、衬砌移动、衬砌冻胀(鼓出、开裂)、衬砌下沉、洞门前倾等;

(2)由衬砌材质劣化引起的,如混凝土的碳化、腐蚀、盐害、烟害等;

(3)由水引起的漏水、结冰、翻浆冒泥、底鼓等;

(4)其他,如设计不当、施工不良造成的等。

基本变异现象的分类见表12-47。

基本变异现象的分类　表12-47

衬　砌	道　床	洞　口	围　岩
开裂	轨道变形	开裂	下沉、塌陷
错缝	底板开裂、变形	错动	滑动
剥离、剥落	侧沟开裂、变形	前倾	
变形	中央通道开裂、变形		
边墙下沉、倾倒			
材料劣化			
涌水、漏水			
土砂流入			
结冰、衬砌冻胀			

隧道检查的重点是确定变异模式。它对变异原因的分析、健全度的评定,以及措施的采用都是极为重要的。

2.隧道病害的基本原因及其推定

隧道变异的原因是多方面的,而且是相互影响的。但不管原因多么复杂,从大的方面看,它们都可分成内因和外因。外因指的是隧道周围所处的环境;内因指的是构成隧道结构物本身的内部条件。隧道发生变异,或者是由于隧道结构物不能适应其周围环境条件的变化,或者是隧道结构物本身的条件发生了变化。本系统的动态数据库,目前已收入了44个变异原因。

变异原因的分类,大致如表12-48所列。

变异原因的分类 表12-48

外因		内因	
塑性地压	承载力不足	设计不当	施工不良
偏压、坡面需动	地层下沉	直边墙	拱背后留有空洞
滑坡	相临施工	偏压衬砌厚度不足	拱厚不足
围岩松弛	冻害	无仰拱	刹肩不良
水压	盐害	排水不良	施工缝不良
冻胀压力	烟害	无隔离层	材质不良
地震	有害水		防水不良
	年久		

3.病害原因的检定条件

为推定变异原因,首先,必需分析变异现象,建立变异现象和变异原因之间的因果关系。据此,初步推定可能的变异原因,但这是不充分的。还必需引入相应的检定条件,如环境条件、地形、地质、气象等,对初步推定的变异原因作进一步地确认,从而,最后确定变异原因。例如,本系统中采用的检定条件列于表12-49。

因而,“变异现象-变异原因”及“检定条件-变异原因”的关系表(其间关系以权值表示)构成了TTD专家系统变异原因推定知识库的基本内容。变异原因推定流程见图12-129。变异原因因素关系图见图12-130。

系统的环境条件输入数据 12-49

地　　形	地　　质	设计施工条件	其　　他
坡面地形	未固结的黏性土、未固结的砂层、砂石层	线路形态	有无地震
滑坡地带、构造线地带	软岩（第三纪泥岩等）、膨胀性岩石	边墙形状	有无大雨
埋深	结晶片岩类、裂隙发育的岩石	有无仰拱	有无地层下沉
河流冲刷的坡面	健全的岩石	有无回填压浆	
隧道坡面上部	强风化带	有无塌坍经历	
隧道上部	断层破碎带	有无横穿的河流	
	围压比	相临施工	
		有无增加上部荷载的施工	
		有无侧面开挖施工	
		有无相临隧道施工	

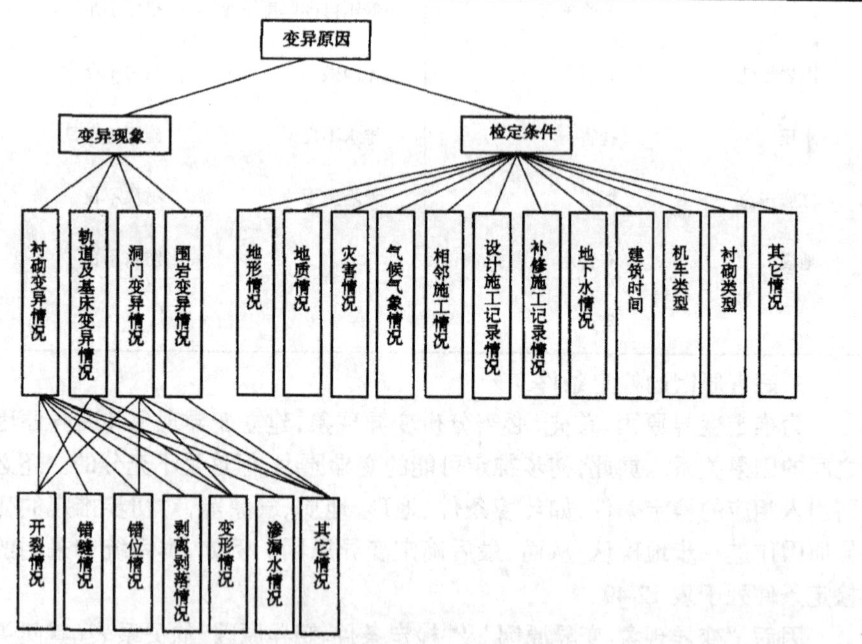

图 12-129　变异原因推定流程图

变异现象、检定条件与变异原因之间的关系都以一数值 W 来反映，它表示权重的大小。在“变异现象-变异原因”关系中，$W>0$；而“检定条件-变异原因”关系中，W 可以大于0，也可以小于0。例如，有关“衬砌开裂”的知识，见表12-50。则衬砌开裂与开裂的原因之间的关系可表示如下。

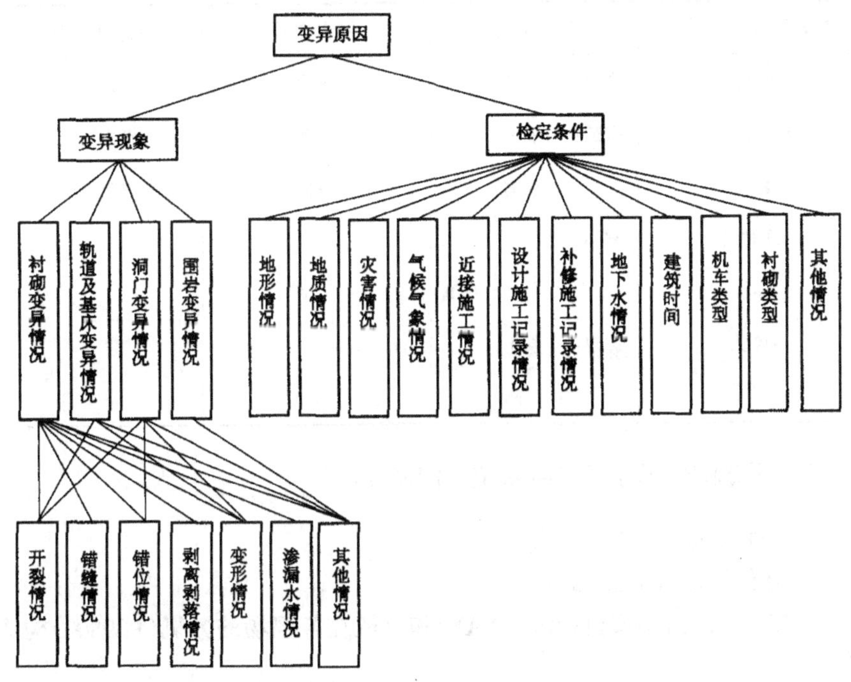

图12-130　变异原因推定因素关系图

衬砌发生开裂，且

如果：开裂方向为纵向，且

开裂部位在拱顶，且

受力性质为张裂，且

则开裂的原因是：

偏压(3.2)，或

滑坡(5.0)，或

围岩松弛(4.1)，或

地震(2.9)，或

相临施工(3.4)，或

边墙有空洞(3.0)，或

衬砌厚度不足(2.4)，或

无仰拱(2.3),或

括号内的数据值即为权重。

有关“衬砌开裂”的知识 表 12-50

裂缝方向(或状态)	开裂部位	受力性质	发展性
纵向	拱顶	压溃	正在发展
横(竖)向	拱腰: 单侧	张裂	停止发展
斜向	双侧	剪裂	发展趋于平稳
放射状	起拱线附近: 单侧		
环状	双侧		
随机状	边墙: 单侧		
	双侧		

二、日本的隧道诊断专家系统(TIMES-1)

(一)TINES-1 的系统构成

1.硬件构成(图 12-131)

TINES-1 是由小型机(Micro VAX)和分散在各现场的微机(PC9800)构成的。

专家系统是基于对象领域的专门知识构筑其知识库,并利用它模拟专家的业务。所以,为了提高专家系统的性能,构筑一个完善的知识库是很重要的。因此,在研究所设置了知识库。

2.主机和终端的功能分担

(1)主机功能

主机如图 12-131 所示,从终端获得要求原因推求的变异数据,推求隧道的变异原因,并把结果返回终端。知识库因为给出了变异现象-原因及环境-原因的关联,所以是根据专家提供的关系表构筑的。

程序语言最初利用了产生式系统(OPS),但因与规则有关,为了更多地表达知识,最后采用了 LISP 语言。

(2)终端功能

终端采用日本最普及的 PC9800 微机,其可能利用的软件丰富,在现场勿需专为 TIMES-1 设置专用终端,而利用原有计算机即可。

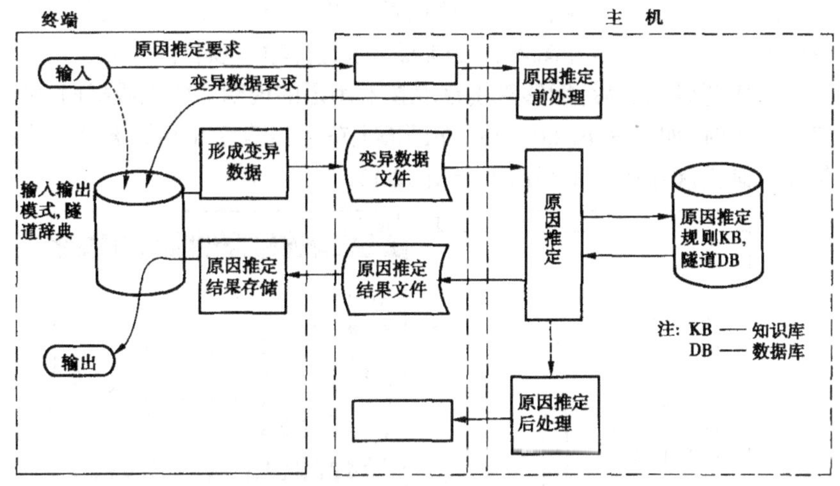

图 12-131　TIMES-1 的硬件构成及处理功能

终端的功能包括输入数据、解释用语、评价健全度及提示详细检查项目。没有必要推定变异原因时,终端可单独使用。

(3)终端与主机的接续

考虑使用者的方便,TIMES-1 在人机对话上下了一些工夫。在终端和主机的接续上,拨号后启动调制解调装置(modem),与硬件接续,且主机承认终端接续后就与软件接续。

(二)TINES-1 的功能

1.变异原因的推定

变异原因的推定是 TINES-1 的主要功能。只需输入变异现象、环境条件、气象条件、结构形式等,就可推定变异原因,作出提示。

(1)输入数据

输入数据是推求变异原因的前期工作。在第一次使用 TIMES -1 时,要把变异数据和环境数据输入。因为被输入的数据被存在数据库中,所以在下次利用时,只输入追加修正的部分即可。另外,由于施工记录等不完善,有不少没有输入数据的情况,此时可输入“不明”,而用“不明”数据推定原因。

TIMES-1 的使用者,不一定是隧道维修方面的老手,为此,要准备好有助于支持正确输入变异数据的功能和有助于理解隧道专门用语的功能。

系统要求的变异数据,大部分是由现象的种类和现象的发生地点所组合的。这些完全用文字输入,对使用者来说,负担是很大的。所以,可把隧道横断面图和变异展开图表示在画面上来选择输入项目。

使用解说功能后,能够直接存取技术用语的说明。输入数据时,需确认专门用语时,如选择 HELP 指令,在画面上就可以表示出用语解说。变异数据输入画面和用语解说画面示于图 12-132。

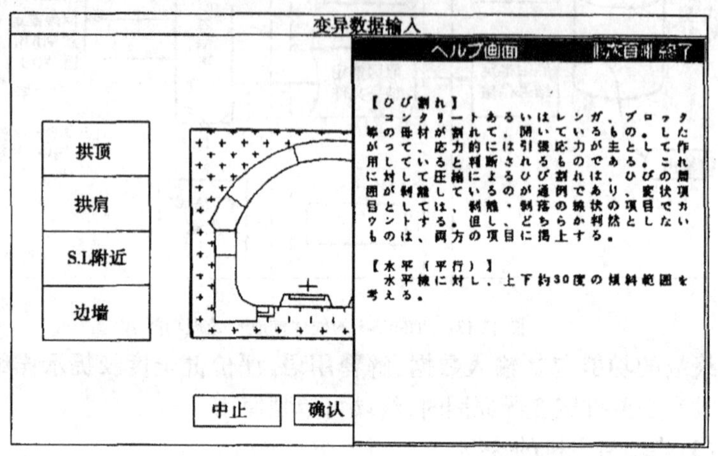

图 12-132 输入变异数据画面和用语解释例

(2)知识库

TIMES-1 的专家知识库,整理成关系表形式,参见表 12-51。

知识库的内容举例如下:

·如边墙两侧发生水平的张性开裂,则有塑性地压的可能;

·如围岩强度比小于 2,则塑性地压的可能性高;

·如靠山侧拱肩有张性开裂,则可考虑偏压和滑坡等。

作为解决问题对象的数据,使用者可一边观看输入画面,一边回答提问,系统就可获得数据库。

(3)推理方法

采用下述三阶段的推理,推求原因:

第一阶段:根据变异现象,分为外因和内因推求候补原因(称为推定规则);

第二阶段:把前一阶段推求的候补原因,根据环境条件、地质、地形、气象条件等检定(称为肯定、否定规则——检定规则);

第三阶段:最后确定原因,根据推定规则、检定规则的得点,加出数值后,用比率判定得点(评价规则)。

变异现象、原因关系表 表 11-51

变异现象 \ 变异原因				外因(举例)				内因(举例) 设计不当		内因(举例) 施工不良	
				塑性地压	水压	地层下沉	冻害	直边墙	排水不良	拱顶空洞	防水不良
衬砌	开裂	水平	拱顶							◎	○
			拱肩	○	△	○			△	◎	○
			起拱线附近	◎	○	○		◎	△		
			边墙	◎	○	○		◎			
	错缝	水平	拱顶			○	○				
			拱肩	○	△	○	○				
			起拱线附近	◎	○	○					
			边墙	◎	○	○					
		垂直		○							
		斜向		○							
		不定									
	错动	垂直		◎							
		斜向		○							
		不定		○							
路基	底板开裂			○		○	△	△	◎		
	水沟开裂、变形			○							
洞门	开裂										
	错动										
	前倾										
围岩	下沉、陷没			△					○	○	
	滑动			◎					△		

注:◎关系密切;○:有关系;△关系不密切。

首先,检入有关变异现象的情报;而后,对照专家的知识,视各个候补原因的关系给出点数并相加。此得点的分配是根据专家的知识给定的。实际上,此得点是以后原因推定的重要因素,故应反复试行并决定之。

在第一阶段,如各选出5个内因、外因,则可根据环境条件等对这些候补原因进行检定。具体地说,与第一阶段相同,根据输入的条件和各原因的配点表,给出得点。此时,如是否定的工作条件,则得点为负。

确定变异原因时,要综合评价由上述推论得到的得点。目前,以下式算出评价点数:

各变异原因 =（推定规则得点 × α + 检定规则得点 × β）/配点合计

其中得点比率 $\alpha = 0.3, \beta = 1.0$。

在综合判定中，从变异现象进行推定比从环境条件求出的得到的评价要低。此比率(0.3)要通过试行决定。

作为评价，得点比率大于70%时，为可能性最高；50%～70%时，为可能性高；30%～60%时，为有可能性；小于30%时，为无可能性。但数据少时，配点也少，这个基准不一定合适。

图12-133为诊断事例的评价结果。

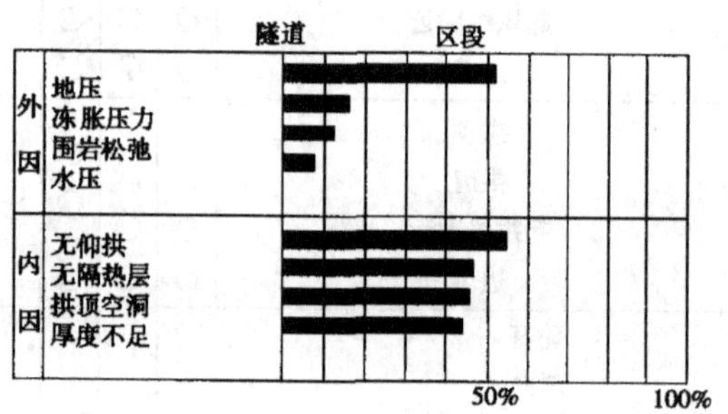

图12-133 诊断事例（塑性地压是主要原因）

这个事例是一个位于新第三纪泥岩层、埋深约140m的双线隧道。根据专家意见，是因围岩塑性化而使侧压增大所造成的。其对策是修建仰拱。TIMES-1判定为塑性地压，得点比率大于50%；冻结压力位于第二位。

2.提示详细检查原因

提示详细检查项目对后述的健全度判定功能是有用的。

详细检查是指细查变异原因、其发展的判定、选择措施等所需的调查。

对于检查项目，要提示其重要度。此外，要解释易于发生其原因的条件以及典型的变异现象等。

3.健全度的判定

TIMES-1是针对总体检查（目视观察、施工记录等为主体的检查）的水平，进行原因推定的系统。但在功能上，可输入个别检查的数据，进行大致的分级，而后应通过量测数据的分析等。

4.规则的提炼

为了更好地提练规则，可以采用下列方式进行。该例是针对塑性地压的（图12-134）。

概略推定隧道变异原因时，可用隧道检查诊断专家系统作为评价的参考。

为了推定隧道的变异原因，可以利用专家系统(TIMES-1)。

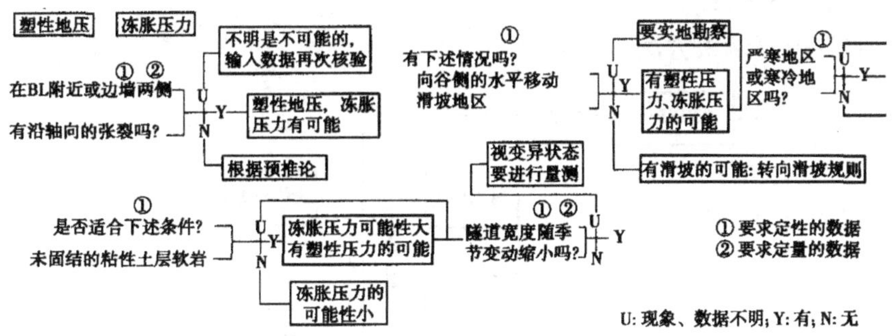

图 12-134　塑性地压的推定例

对具有复杂变异现象的变异原因的推定是很困难的，但 TIMES-1 可以用总体检查(目视观察、施工记录等)的数据，近似地进行原因的推定，作为推论对象的变异原因，这里只限于 5 种外压现象，材料劣化和天灾、相邻施工等除外。理由是：专家的知识整理正在进行，而外压现象对现场人员是比较难的，以及可以提高推定精度等。为了支援现场业务，如图 12-135 所示。还有一些附属子系统可支援原因推定以外的业务。

三、TIMES-1 的应用

(一)现行的补修流程和 TIMES-1 的地位(图 12-135)

(二)TIMES-1 的应用方法

1.变异现象的调查

对每一隧道变异区段，要进行表 12-52 和表 12-53 所列的各项调查。

上述的变异现象，一般都整理在变异展开图上，每个都用数值或图表的量测结果进行管理。而 TIMES-1 则是在变异现象有无中选定变异因素的系统，目前仍在进行定量评定的研究，即预计构筑 TIMES-1 系统。

2.地形、地质等环境条件的调查

旧的隧道没有保存施工记录或无地质调查资料时，输入数据作为不明，也要在系统的规则中考虑。

3.TIMES-1 的处理

TIMES-1 的硬件组成见图 12-136。在工地的养护工区和建筑物检查中心，可按下述方法利用 TIMES-1 系统：

(1)计算机

·主机：铁道综合技术研究所 Micro VaxII；

·终端：工地 PC 9000 系列(VM 或 VX)附件，通信用 MODEM RAM。

(2)系统软盘。

(3)接口(输入方法)。

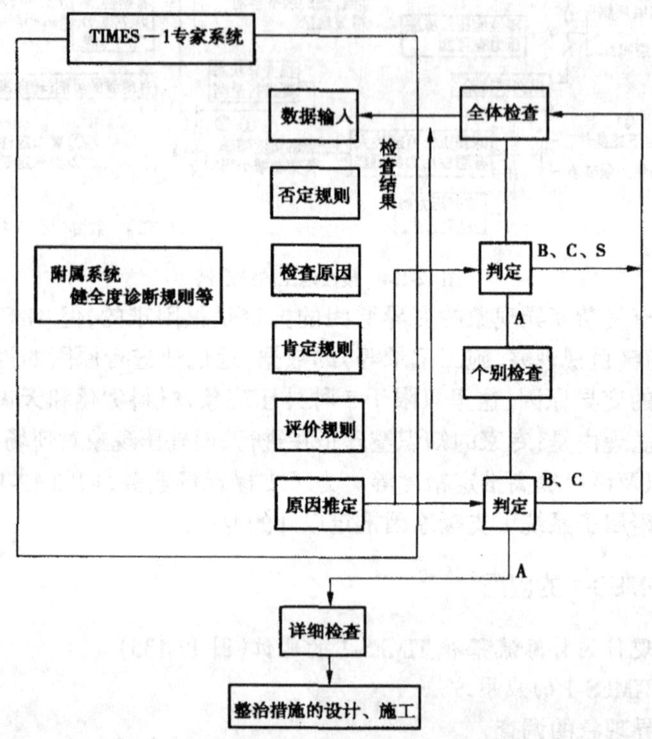

图 12-135　隧道补修流程和 TIMES-1 的地位

(4)输出：

变异原因的推定结果：5 个外因，各自的可能性及推定理由(打印)。

(5)其他：子系统的各种情况，可按打印键打印出来。

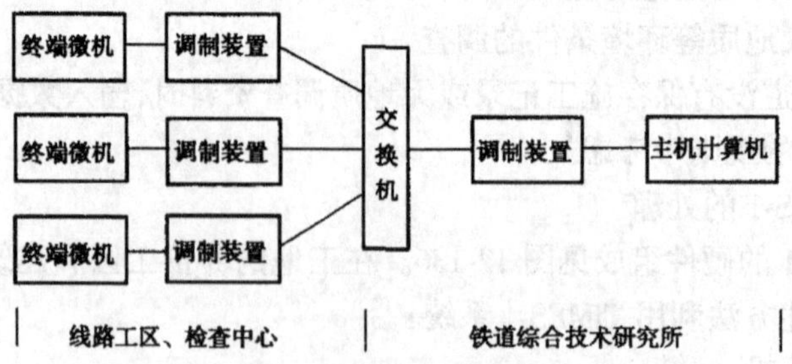

图 12-136　TIMES-1 的硬件组成

TIMES-1 的变异输入数据 表 12-52

A 衬砌(现象:发生部位)				
(1)张裂 水平 铅直 斜向 不定向	(2)错缝 (砖、砌块等) 水平 铅直 斜向 不定向	(3)错动 刹肩处	(4)压溃	(2)变形 断面缩小(高度、宽度) 水平轴移动 边墙下沉
B 路基(现象:发生部位)				
(1)轨道变形 线形 水准 高低	(2)路基设施等 侧沟开裂、变形 中央通道开裂、变形 人孔环裂			
C 地表(现象)				
(1)下沉坍陷	(2)滑动			

TIMES-1 的环境条件输入数据 表 12-53

A 地形 坡面地形(斜度 15°以上) 滑坡地带、构造线地带 埋深(>200m、<50m、200~50m) 河流冲刷的坡面 隧道坡面上部有无崩坍经历 隧道上部有无横穿的河流 B 地质 未固结的粘性土 未固结的砂层、砂石层 软岩(第三纪泥岩等) 膨胀性围岩 结晶片岩类 裂隙发育的岩石 健全的硬岩 强风化带 断层破碎带 围压比 C 气候、气象 累积寒度(极冷地区等)	D 设计、施工条件 线路形态(单线、双线) 边墙形状(直、曲) 有无仰拱 有无回填压注 有无迂回坑道、排水坑道 有无隔热层 E 近接施工 有无增加上部荷载的施工 有无侧方开挖方 有无上部挖方 有无近接隧道施工 F 其他 有无地震 有无大雨 有无地层下沉 有无衬砌材料劣化

要点九　引水隧洞整治工法选择系统

引水隧洞整治工法选择系统以引水隧洞为对象，以各变异的损伤分级为基础，用以判定是否需要整治，选择调查方法，是以选择合适的整治工法为目标而开发的。

一、硬件

该系统配置富士通 G150(MODEL 30)。

二、软件

该系系采用C语言及SUPER BRAINS/C工具。知识表达及规则采用产生式系统和框架。本系统为对话式。

三、系统的构成

系统包括数据生成和推论两部分(图12-137)。

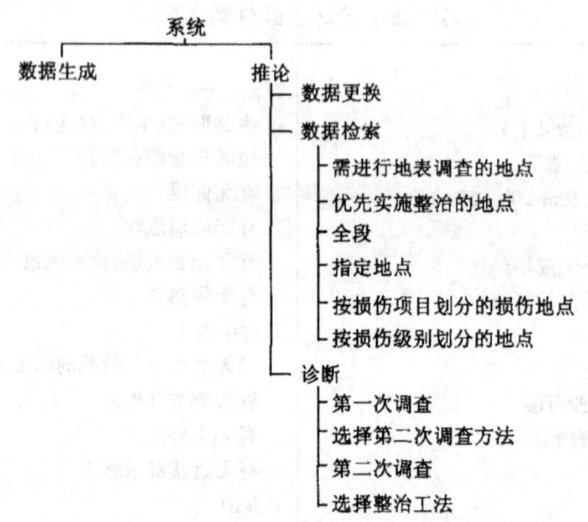

图12-137　数据的构成

1.数据生成

输入调查、检查数据，同时把数据变换为系统的数据结构(图12-138)，成为健全度判定及二次调查方法、整治工法选择时的数据库。

2.推论执行部

推论执行部由数据更新、数据检索、诊断三部分组成。各自的功能如下：

框架名	
is - a	子框架名
Point A	区间始点
Point B	区间终点
变异种类	损伤等级

图 12-138　数据框架

(1)数据更新

根据再次调查和整治的结果，需改变损伤地点的损伤级别时进行更新。

(2)数据检索

本系统预备了六种检索菜单，使迅速检索成为可能，可大大缩短检索时间。六种检索菜单如下：

①需要进行地表调查的地点(地表塌陷、滑坡等)；

②优先整治的地点(按损坏度 5～1 的顺序检索)；

③全地段(从隧洞始点开始)；

④指定地点(指定地点的数据)；

⑤按损伤项目划分的损伤地点(具有指定的损伤项目的地段)；

⑥按损伤级别划分的损伤地点(具有指定的损伤级别的地段)。

(3)诊断执行部

诊断执行部是本系统的主要部分，由第一次调查、第二次调查方法选择、第二次调查、整治工法选择构成。

诊断的结构示于图 12-139。

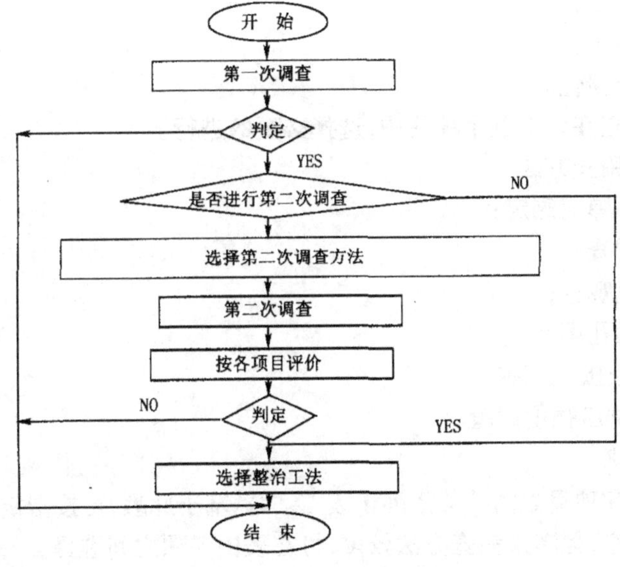

图 12-139　诊断结构

①第一次调查

根据地表调查和隧洞的外观调查，评定变异的损伤级别并输入，判定是否需要整治。

②选择第二次调查方法

选择调查空洞、衬砌背后围岩、拱厚、应力、混凝土碳化的方法。

③第二次调查方法

根据第二次调查结果，评价变异的损伤等级并输入，判定是否需要整治。

④选择整治工法

综合考虑损伤项目及等级，在登记的工法群体中，选择合适的工法。

四、第二次调查方法的选择

第一次调查发现变异，为评价其安全性及是否整治，需进一步调查时，应进行第二次调查。

1.调查项目

(1)衬砌背后围岩有无支撑；

(2)空洞有无崩塌土；

(3)厚度不足；

(4)应力不足；

(5)混凝土碳化。

第二次调查在以上五个项目中，选择必要的进行。

2.第二次调查方法

(1)表面回弹值测定；

(2)钻孔调查；

(3)内视镜观查；

(4)岩心钻孔调查；

(5) 混凝土碳化调查；

(6) 单轴抗压强度试验。

3.选择原则

调查方法和项目之间的关系列于表12-54。基于此表，可按指定的项目进行所有的调查；但考虑调查方法较多，可在表中各项之间选择。

调查项目和调查方法　表 12-54

调查方法 / 调查项目	衬砌背后围岩有无支撑	空洞有无崩塌土	拱厚不足	应力不足	混凝土碳化
表面回弹硬度测定(A)	—	—	—	●	—
钻孔(B)及内视镜观察(C)	◎	◎	●	—	—
心钻孔(D)	◎	—	◎	—	—
D 及混凝土碳化(E)	◎	—	◎	—	—
D 及混凝土试件试验(F)	◎	—	◎	◎	—
D、C、E	◎	◎	◎	—	●
D、C、F	◎	◎	◎	—	●
D、E、F	◎	—	◎	◎	—
D、C、E、F	◎	◎	◎	◎	●
D、C	◎	◎	◎	—	—

注:◎:最可能;　●:可能;—:不可能。

五、选择整治工法

1.系统设计的前提条件

本系统采用变异种类和程度及整治工法的特性两大因素,基于下述条件构成标准的整治工法,加以选择。

(1)隧洞的形式:无压隧洞;

(2)从洞口到整治处的距离:取标准距离 3km;

(3)视条件,有许多整治工法,但本系统考虑现有水平,采用 15 个工法;

(4)选择整治工法时的变异种类和程度的数据,采用各损伤的损伤等级.其等级分为五级,即:

·5 级:安全上需立即整治;

·4 级:需尽早(1～2 年)整治;

·3 级:计划整治(3～5 年,需止水;

·2 级:现状无问题,需继续监视;

·1 级:微小变异,无问题,一般检查;

·3*：计划需止水。

但只按这些选择整治工法还不充分，可按图 12-140 的问题补充情报进行。

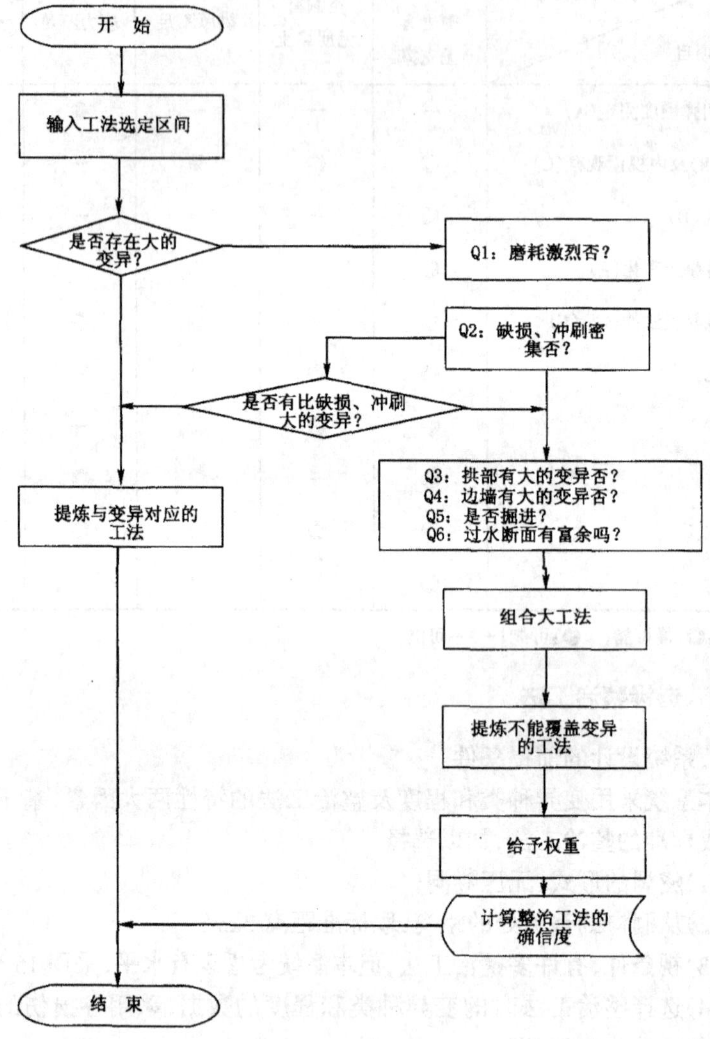

图 12-140 整治方法选定流程

2.规则

本系统以产生式规则为主采用 if-then 形式，即“如果……，则是……”的简单推论。

与变异对应的工法规则列于表 12-55。

工 法 规 则　　表 11-55

变异(整治项目) \ 整治工法			大工法							小工法						其他	
项目	判定	部位	全断面更换衬砌	部分更换衬砌	增设二次衬砌	增设二次边墙	增设PC板	支撑补强	修补底部	开裂补修	涂砂浆	喷砂浆	嵌缝	通水处理	衬砌背后压浆	围岩压浆	锚杆补强
变形	5	拱墙	○		○		△	●									
		底部	○						○								
开裂	5	拱墙	○		○		△	●									
		底部	○						○								
开裂	4	拱墙	○		○	○	○	●									
拱厚和应力不足	4		○		○		△	●									
开裂	3	拱墙								○							
		底部								○							
错缝	3	拱墙								○							
		底部								○							
磨耗	4、3	拱墙		○		○	○				○	○					
		底部							○		○						
漏水	5									○	○		○			○	
涌水	3													○			
缺陷和冲刷	4、3	拱墙		○		○							○				
		底部							○				○				
空洞	3	拱墙													○		
		底部							○								

注：①△：围岩应力小的场合；●紧急时；

②(表 11-55 和表 11-56，表格相同，内容有些区别)。

整治工法的适应范围 表 12-56

变异(整治项目)＼整治工法			大工法							小工法						其他	
项目	判定	部位	全断面更换衬砌	部分更换衬砌	增设二次衬砌	增设二次边墙	增设PC板	支撑补强	修补底部	开裂补修	涂砂浆	喷砂浆	嵌缝	通水处理	衬砌背后压浆	围岩压浆	锚杆补强
变形	5	拱墙	○	○	○		△	●									
		底部	○						○								
开裂	5	拱墙	○	○	○		△	●									
		底部	○						○								
开裂	4	拱墙	○	○	○	○	△	●									
拱厚和应力不足	4		○	○	○		△	●									
开裂	3	拱墙	○	○	○	○	○	●		○	○	○					
		底部	○						○	○							
错缝	3	拱墙	○	○	○	○	○			○	○	○					
		底部								○	○						
开裂	3*	拱墙	○	○	○	○	○			○	○	○					
		底部	○														
磨耗	4、3	拱墙	○	○	○	○	○				○	○					
		底部	○						○		○						
漏水	5		○	○	○	○	○		○	○	○	○	○			○	
涌水	3													○			
缺陷和冲刷	4、3	拱墙	○	○	○	○	○						○	○			
		底部	○						○				○				
空洞	3	拱墙													○		
		底部	○						○								

注:△:围岩应力小的场合;●紧急时。

选择工法时，首先用表 12-55 选择与大变异对应的工法，而后按表12-56检出选定工法不能覆盖的变异情况。

3.系统的流程

整治工法分为根本上整治衬砌的工法和与各变异相对应的工法。前者谓之大工法，后者谓之小工法。各种工法的定义如下：

(1)大工法：

①全断面更换衬砌；

②部分更换衬砌；

③全断面加内衬；

④边墙部加内衬；

⑤设 PC 板；

⑥设支护加强；

⑦局部或全部更换底部。

(2)小工法：

①开裂修复；

②表面涂砂浆；

③表面喷砂浆；

④表面缺损修复；

⑤涌水处理；

⑥衬砌背后压浆。

(3)其他：

①围岩注浆；

②增设锚杆。

所以，系统的全流程如图 12-140 所示。图 12-140 的左侧是选择小工法的流程，右侧是选择大工法的流程。

(1)小工法选择流程

变异之中无需进行整治时，可对应各变异选用小工法。

小工法是各个独立的，在系统内把各工法都组合在一起，构成可覆盖全部变异的工法群。

(2)大工法选定流程

选定大工法时，要进行提问，搞清变异的地点，紧迫性、过水断面的富余等，最后要表示大工法的优先顺序。这可用对工期、工费、施工性(施工难易和安全性)和质量(对外力的承载力)四个项目赋予权值，用可信度指标加以处理。这些权值表示各工法的特征,故可用图 12-141 的框架结构加以保持。

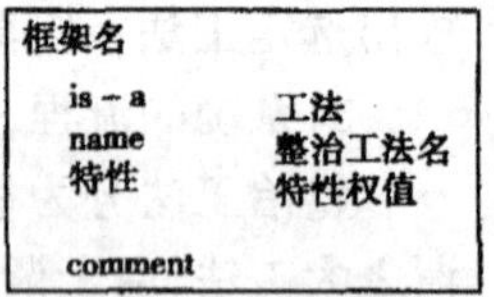

12-141　整治工法数据框架

4.可信度

本系统的可信度用 -1 以上、1 以下的实数表示。1 表示“绝对可信”, -1 表示“绝对不可信”

可信度的计算使用以下两个数:

(1)系统使用者输入的权值(X_j)。在本系统中,数值的输入有三种方法:

①按一般通常用的数值原样输入;

②按 1~12 的数值输入;

③按层次分析法确定的数值输入。

(2)系统内设定的数值(W_{ij}):把各工法的优先度用 -1~1 表示。

按上述数值的可信度计算示例如下:

求工法的可信度 CF_i:

$$CF_i = (CF_{ij})\text{的合成} \tag{12-7}$$

$$CF_{ij} = 0.1X_jW_{ij} \tag{12-8}$$

式中:CF_{ij}——i 工法的项目 j 的可信度(-1~1 的实数);

i——工法;

j——特性项目(工期、工费、施工性、质量);

X_j——系统使用者输入的权值;

W_{ij}——系统内部设定的权值。

下面,举 i 工法的 j 有两个的情况的可信度计算例,如图 12-142 所示。

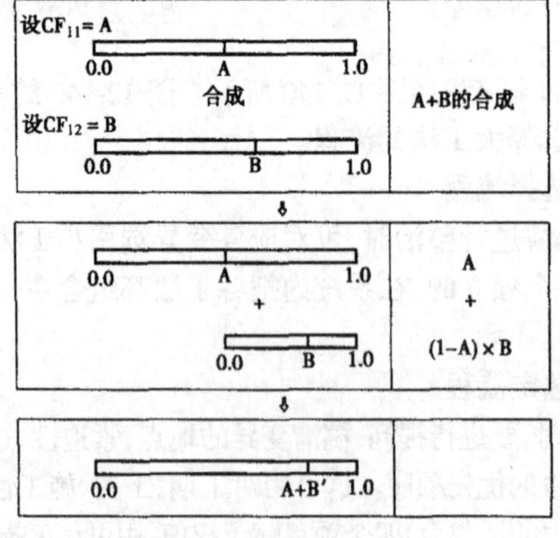

图 12-142　可信度计算例

各工法系统内设定的权值列于表 12-57 和表 12-58。

各工法的权值(全面整治)　表 12-57

工　法	工　期	工　费	施　工　性	质　量
全面更换	-0.1	-0.1	-0.1	0.65
混凝土内衬	0.3	0.5	0.5	0.4
PC　板	0.5	0.3	0.4	0.3

各工法的权值(局部整治)　表 12-58

工　法	工　期	工　费	施　工　性	质　量
全面更换	-0.1	-0.1	-0.1	0.65
部分更换	0.4~0.3	0.5~0.3	0.5~0.3	0.3
混凝土内衬	0.3	0.5	0.5	0.4
边墙内衬	0.4	0.6	0.55	0.25
PC　板	0.35~0.5	0.3~0.4	0.3~0.45	0.35

表 12-59 表示该工法选定区段长度不同时权值的变化。

距离远近的权值　表 12-59

工　法	工　期	工　费	施　工　性
部分更换	$0.3+0.1a$	$0.3+0.2a$	$0.3+0.2a$
PC　板	$0.35+0.15b$	$0.3+0.1b$	$0.3+0.15b$

注:表中 $a=[\cos(\pi L/70)+1]/2$; $b=[\sin(\pi L/70-\pi/2)+1]/2$;其中,$L$-施工区段的长度(m)。

六、系统的检验

采用全面整治工法时,系统的检验情况如下:

(1)重视工期的情况(图 12-143):PC 板是有利的。

(2)重视工费的情况(图 12-144):PC 板比混凝土价格高,因此,混凝土双层衬砌有利。

(3)重视施工性的情况(图 12-145):PC 板有利。

(4)重视质量的情况(图 12-146):都差不多,但全面更换质量好些。

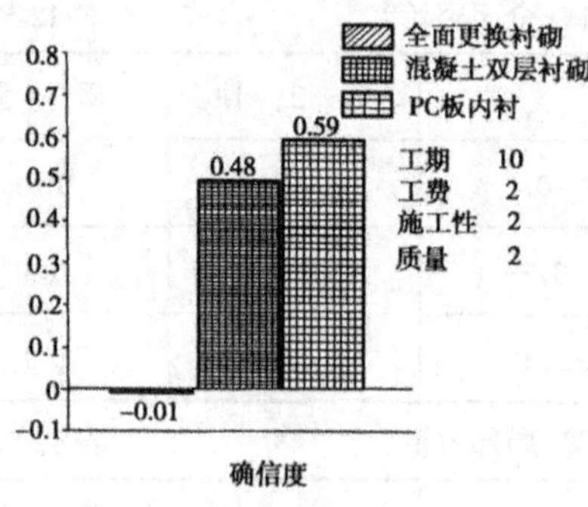

图 12-143 重视工期的情况

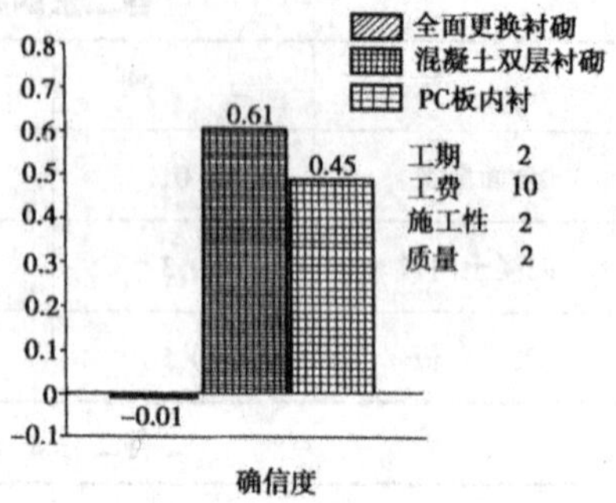

图 12-144 重视工费的情况

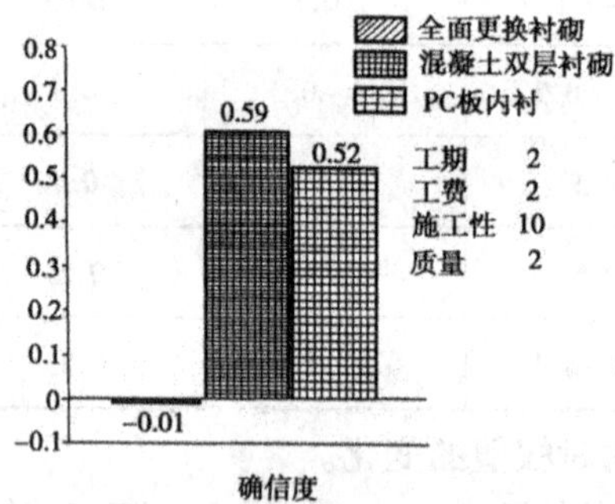

图 12-145 重视施工性的情况

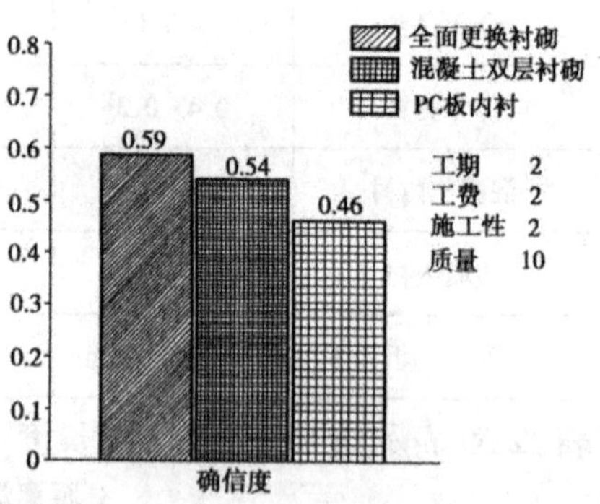

图 12-146 重视质量的情况

参 考 文 献

1 变状トンネル対策工设计マニェアル.东京.铁道综合技术研究所.1998年2月

2 トンネル补强·补修マニェアル.东京.铁道综合技术研究所.1990年10月

3 トンネルの补修·补强におけゐ工法と材料.东京.トンネルと地下.2002年5~10月

4 道路トンネル维持管理便览.东京.日本道路协会 1993年11月

5 关宝树.隧道衬砌模型试验汇编.成都.西南交通大学.2001年6月

6 关宝树.隧道工程施工要点集.北京.人民交通出版社.2003年12月

7 关宝树.隧道工程设计要点集.北京.人民交通出版社.2003年1月

8 コンフソート標準示方書(维持管理编).东京.土木学会 2001年1月